内蒙古自治区文史研究馆 内蒙古记忆丛书·名镇

SALAQI

萨拉齐

伏来旺 高景哲 编著

内蒙古人民出版社

图书在版编目（C I P）数据

萨拉齐 / 伏来旺，高景哲编著. —呼和浩特：内蒙古人民出版社，2020.12（2023.4 重印）
（内蒙古记忆丛书. 名镇）
ISBN 978-7-204-16568-1

Ⅰ. ①萨… Ⅱ. ①伏… ②高… Ⅲ. ①乡镇-概况-萨拉齐县 Ⅳ. ①K922.65

中国版本图书馆 CIP 数据核字（2020）第 260929 号

内蒙古记忆丛书 · 名镇
萨拉齐

编　　著　伏来旺　高景哲
责任编辑　石　煜
装帧设计　徐敬东
出版发行　内蒙古人民出版社
地　　址　呼和浩特市新城区中山东路 8 号波士名人国际 B 座 5 层
印　　刷　内蒙古爱信达教育印务有限责任公司
开　　本　710mm×1000mm　1/16
印　　张　28
字　　数　430 千
版　　次　2020 年 12 月第 1 版
印　　次　2023 年 4 月第 2 次印刷
书　　号　ISBN 978-7-204-16568-1
定　　价　68.00 元

图书营销部联系电话：（0471）3946298　3946267
如发现印装质量问题，请与我社联系。联系电话：（0471）3946120

序 言

内蒙古自治区文史研究馆自1953年成立以来，坚持“存史资政”的建馆宗旨，根据时代发展的需求，充分发挥德才望兼备的饱学之士汇聚的优势，以高质量的文史著述、艺术作品，彰显文史馆应有的社会职能，全力推进文史研究工作，组织馆员、研究员编写、出版了《史料忆述》《土默特沿革》《内蒙古疆域考略》《李守信自述》《德穆楚克栋鲁普自述》《内蒙古文史资料选辑》《内蒙古自然灾害史料》《内蒙古辛亥革命史料》《中国地域文化通览·内蒙古卷》《内蒙古文史研究通览（12卷）》《内蒙古自治区文史研究馆志》《内蒙古自治区文史研究馆馆员自选文集》等诸多成果，为内蒙古自治区的文史研究、文化繁荣做出了应有的贡献。

2017年，基于增强文化自信和文化强区建设的思考，内蒙古自治区文史研究馆提出了“抓创新、重特色、出精品”的文史研究、艺术创作思路，意在发挥优势，倡导原创，由此启动了“内蒙古记忆”系列研究计划，包括地域历史记忆系列、文化记忆专题系列和影像记忆系列三部分。从全区选择了扎兰屯（呼伦贝尔市）、巴彦呼舒（兴安盟）、库伦（通辽市）、王府镇（赤峰市）、多伦诺尔（锡林郭勒盟）、丰镇（乌兰察布市）、托克托（呼和浩特市）、萨拉齐（包头市）、隆兴长（巴彦淖尔市）、东胜（鄂尔多斯市）和定远营（阿拉善盟）等11个“名镇”，选择的标准是自清代以来，尤其是20世纪前半叶，对所在区域政治、经济、军事、文化产生过重要影响的城镇。现在与广大读者见面的正是地域历史记忆系列——《内蒙古记忆丛书·名镇》。

本丛书编写和出版的宗旨是，充分搜集、挖掘、利用文献资料和口述史资料，对在内蒙古近现代史上产生过重要影响的重点城镇及其兴衰历史，进行历史学和社会学的综合研究，力争全面、系统地展现20世纪前半叶内蒙古社会、经济、文化变迁概貌，抢救面临遗失的历史文化，为地方文化产业、旅游业发展提供文化支撑，为自治区乡土历史文化保护和传承做出贡献。

内蒙古历史悠久，是中华文明的主要发祥地之一。6500多年前形成于西拉木伦河、老哈河流域的红山文化是中华文明具有代表性的早期形态，被著名考古学家苏秉琦先生誉为“中华文明曙光升起的地方”。新石器时代通辽的哈民文化、乌兰察布的庙子沟文化、包头的阿善文化、鄂尔多斯的朱开沟文化，在我国史前文明中都具有鲜明的地域特色。距今3500年前后，由于全球气候的变化，北方地区气候逐渐向干冷变化，蒙古高原及其周边区域失去农耕条件，地域经济被畜牧业所取代。为了适应无霜期短促、干旱少雨的自然环境，实现草场资源的可持续利用，草原居民选择了四季轮牧这种与生态相和谐的生存方式，蓝天白云、骏马牧歌、毡包羊群形成了独具特色的风景线，南北朝时期民歌《敕勒歌》生动地再现了游牧世界的生产生活场景。以游牧为典型特征的草原文化成为中华文明的重要类型之一。

城镇是人类文明发展到一定历史阶段的产物，最初形成于原始社会向阶级社会过渡时期。为了抵御掠夺，保护部落财产和人身安全，人们开始修筑墙垣、城堡。防御应该是“城镇”的最初功能，新石器时代氏族聚落遗址——包头市阿善遗址已经出现类似的城垣。真正意义上的城镇出现在国家形态产生之后，概念应包括两层含义：一是有固定的城垣建筑规模、集中居住人群和相对独立、完整的管理系统，二是具有商贸功能。

在大部分读者的观念中，城镇似乎与游牧民族无缘。2000多年前，司马迁在《史记》中曾表述说，游牧人“逐水草迁徙，毋城郭常处耕田之业”，认为草原上不存在城镇。这一观点后来被大多数史学家所沿用，就给世人留下了游牧民族没有城镇的固定印象。事实上，对于草原游牧民族而言，“城镇”并不是一个完全陌生的概念，通过考古和查阅文献可知，从公元前的匈奴到13世纪的蒙古，不同时代的游牧人都有过建筑城郭的历史。有人曾考察过，在内蒙古地区，古代城镇遗址就有400多处（包括历代中原王朝建设的军镇），其中大多为游牧人建设的城镇，诸如匈奴人的统万城，鲜卑人的盛乐城，契丹人的辽上京临潢府、辽中京大定府，元代的上都、鲁王城、集宁路，明代的库库和屯（今呼和浩特），等等。这些城镇虽然也有商业和手工业存在，但主要功能是为统治者提供安全享乐的空间，其政治和军事意义超出经济价值，因此，随着某个草原王朝的覆灭，绝大部分城镇随之成为废墟。清代之前，草原上始终没有形成长期稳定的城镇商贸体系。

早期草原城镇的兴衰，与游牧经济及其对外经贸方式有着必然的联系。“居无定所，逐水草而进”是汉文古籍中对草原民族生产生活典型状况的基本认识，而游牧经济内部生产分工简约，生活产品供给单一，畜产品、猎物和野生植物采集难以满足人们生存多样性的需求。为了提高生活质量，保证物资的丰富，他们必须与周边定居的农耕民族保持稳定的商品交换关系。历史上游牧民族与定居民族的商品交换大体有三种方式：一是“封贡”贸易，属于古代游牧民族与中原地区的特殊贸易形式，前提是双方确定臣属关系，由中原王朝特许，双方在指定区域交易；二是沿农牧交错带（如长城沿线）民间自由贸易；三是周边地区商人深入草原，与牧民进行交易。类似的商品交易方式早在春秋战国时代就已存在，历史十分悠久，我们在史书中看到的内地和中亚地区商人的活动痕迹，可视为清代“旅蒙商”的鼻祖。以物易物是古代游牧民族商品交换的主要方式。

对商品交换的强烈依赖，是与游牧民族数千年历史相伴随的核心经济社会问题，因此，如何与周边定居民族保持稳定的商业往来，始终困扰着历代中原王朝和游牧政权。西汉著名的《盐铁论》以大篇幅讨论了与匈奴开展贸易的利弊，明代“隆庆议和”的核心问题仍然是处理明蒙贸易问题。但是，在封建时代，受阶级矛盾、民族矛盾等复杂因素的影响，边疆商业贸易缺乏稳定性，这是贯穿中国整个封建时代的典型特征，由此引发的战争频繁发生。

在大航海时代之前，地处亚洲腹地的蒙古高原及其沿边地区扼守的著名的

“丝绸之路”，是连接欧亚大陆政治、经济、文化交往的要地。重要的地理区位曾经促成人类文明在此碰撞交融以及草原与中原从新石器时代起步的全方位的深度交流、交往和交融。古罗马金币、古希腊壁毯、古波斯琉璃器物、印有古印度摩羯纹饰的器皿等一系列文物的出土，西亚阿拉米文字母和中亚粟特文字母在草原民族中的使用，4—13 世纪佛教（柔然、鲜卑、羯、氐、羌、契丹、党项、蒙古）、摩尼教（回鹘）、基督教（蒙古克烈、乃蛮、汪古部）、伊斯兰教（畏兀儿）的传播，表明草原地区曾经是古代欧亚文明交流、融汇的热土。特殊的地理位置以及自身对商品物资需求的紧迫性，曾经使数千年间的草原统治者热衷于通过中西商品贸易获取利益，从史书的记载中我们可以得知，大月氏、突厥、回鹘、契丹和蒙古政权均以官方组织的形式推进中西贸易，在中西交通中一直充当着桥梁和纽带作用。然而，随着海路贸易占据主导地位，陆路“丝绸之路”渐渐衰落，16 世纪之后，蒙古高原及周边区域在世界经济地理上的重要位置被海上航路所取代，逐渐转变为边缘化的内陆地区，区域政治、军事、经济、文化发展轨迹随之产生变化，一直到 20 世纪初的数百年间，社会发展呈现出与世隔绝的停滞状态。

清王朝（1636—1912 年）是中国 2000 余年封建历史最终走向灭亡的朝代，其衰亡过程及结局与中国封建制度的衰落规律存在内在的联系，同时与全球资本主义的兴起也有着因果关系。而清朝近 300 年的统治，对蒙古地区的发展造成了深远的影响。

清朝建立后，在深度总结中原王朝治理北方游牧民族经验的基础上，针对蒙古地区推行了一整套针对性极强的政策，如“盟旗制度”“联姻制度”“封禁制度”“扶持佛教制度”等，人为地阻断了蒙古族与外部世界的联系。在多种制度的综合作用下，蒙古民族在思想文化上长期沉迷于宗教的法号香烟，在商业经济上完全依赖于旅蒙商，200 余年间陷入历史上前所未有的封闭状态。

旅蒙商群体的出现，完全是清朝“封禁制度”的附属产物。为了解决牧民无法自由对外进行商品交换的问题，从康熙年间开始，清政府有计划地组织内地商人，经政府特许后进入“草地”从商，由指定的路线出关，在指定的范围交易，在规定的期限往返，不得超期滞留草原。在特定制度的扶持下，旅蒙商群体借助不对等贸易方式，同时利用蒙古封建阶级的骄奢淫逸而获取暴利，到近代，已成为蒙古地区经济命脉的实际掌控者。

旅蒙商经济的运行，促成了清代至20世纪前半期内蒙古经济的特殊格局，客观上影响着内蒙古地区社会结构的变化。其中，清代中后期内蒙古城镇布局的形成，显然与旅蒙商的活动有着内在联系。

与早期的草原城镇相比较，绝大部分清代中后期形成的内蒙古城镇，完全是根据商业需求而出现的。从康熙年间开始，山东、河北等地曾发生严重的自然灾害，一些省份也出现人多地少的问题，危及社会稳定。清政府为了缓解矛盾，逐步松动对蒙地的一些政策，如实施“借地养民”策略，允许内地农民进入内蒙古垦荒，从起初的春来秋归“雁行”，到允许携带家眷定居，草原上开始出现农耕定居村屯，并呈现逐步扩大趋势。在此大背景下，旅蒙商也随之改变“行商”的经营方式，开始在草原上寻找“网点”开设固定店铺，向“坐商”转变，这些“网点”就成为近现代内蒙古地区城镇的雏形。

人口密度和运输便利是商业实现利润最大化的重要前提。清代以来，内蒙古地区城镇的形成过程体现出两个突出特征，即“因庙（王府）兴镇”和“因路兴镇”。历史上，内蒙古地区地广人稀，牧民的生产生活都处在分散的环境中，对于商业经营存在着制约。但16世纪末之后，尤其是清朝建立之后，草原上兴起了大规模修建佛寺的风潮，佛教全盛时期，每一个旗少则有20—30座庙宇，多则60—70座。由于定期的佛事活动，这些寺庙成为草原人群的重要集聚地，也自然地成为旅蒙商首选的经商地。围绕着寺庙，商铺先行进驻，其他行业如手工业、演艺业等慢慢跟进，随之出现教育、卫生等行业，渐成规模后，最终形成了城镇。多伦诺尔镇、王爷府镇、库伦镇、巴彦呼舒镇、定远营镇大体属于这一类型，而一些城镇，如丰镇、萨拉齐、托克托、扎兰屯等，则因为地处交通要道（如丰镇、扎兰屯），或具备传统运输手段之便利

（如萨拉齐、托克托、隆兴长的黄河运输）而兴盛，但也由此导致变数和波动，如萨拉齐、托克托因京包铁路修通而渐渐萧条衰落。

通过本套丛书各分册的描述可以看出，与中原地区和江南地区世人所熟知的“名镇”相比较，内蒙古的“名镇”无论从历史积淀、人口规模、产业特色角度，还是在全国的影响力方面，显然存在较大的差距。但我们选择如上城镇，并称之为“名镇”，是因为这些城镇在清代，尤其是在近现代，对内蒙古地区的社会转型产生了较大的影响力，具有不可替代的典型性和代表性。

城镇的外在表象通常是人口的集聚、商贸的繁荣，而促使城镇产生的根本内因，是适应人类发展需求、形成社会分工的结果。所有城镇都是一个相对独立的社会系统，尽管“无商不成镇”——商业是所有城镇形成的最基础要素，但维系城镇正常运转的组织结构却是繁复的，构成的人群是复杂的，包括管理系统（政府官员、警察、税务）、服务系统（文教卫生）、产业系统（各类手工作坊从业人员）等。城镇又是特定地区社会网络的“网结”，其辐射力决定自身的繁荣程度，其发展水平引领一个地区经济文化的走向。因此，城镇既是人类文明成果积累、传播、沉淀的重要平台，也是一个时代、一个地区社会整体发展水平的缩影，而这正是我们选择“名镇”开展研究的初衷，力图通过分析研究典型案例的方式，再现内蒙古地区20世纪初期的社会面貌。

作为学术性系列丛书，我们对《内蒙古记忆丛书·名镇》的编写时间上下限提出了统一要求，重点研究、介绍20世纪前50年的社会历史面貌。

众所周知，20世纪前半叶是中国历史发生巨变的时期。五十年间，已存在2200多年的封建制度崩溃，但中华民国的建立并未能从根本上改变中国社会的落后命运，依旧延续着1840年以来半殖民地半封建的社会状态，军阀混战，列强入侵，民不聊生，山河破碎。内蒙古作为北部边疆地区，动荡局面较之内地更为剧烈，数千年的游牧封建体系瓦解，内蒙古被割裂为内蒙古、绥远、热河、察哈尔四个部分，阿拉善地区划归宁夏、甘肃；“九一八”事变后，内蒙古东部地区沦陷，随后陷入伪满洲国统治；1937年全面抗战爆发后，内蒙古大部分地区沦为敌占区。在内忧外患中，各族人民饱受封建统治阶级、地方军阀和外国侵略者的欺压盘剥，挣扎在生死线上。经济持续下降，1947年内蒙古自治区成立时，全区粮食总产量仅 18.5 亿公斤，大牲畜等只有 751万头（只）；全区只有七个城市设有医院，内蒙古每千人的病床数和医生数为0.1 张和 0.78 人，人均寿命不足 35 岁，蒙古族民众的平均寿命只有 19.6 岁；公路里程仅 1974 千米；没有一所正规的中等专业学校，更没有高等学校，全区 85%以上的社会大众是文盲。封闭、落后、贫困是当时内蒙古的突出标志。

1921 年，中国共产党成立。在党的民族理论和民族政策的感召下，一批蒙古族进步青年加入中国共产党，成为我国第一批少数民族党员。1925 年，全国第一个少数民族党支部在内蒙古成立。从此，内蒙古各族人民在党的领导下，将推翻三座大山，人民当家做主，建立各民族平等、共同繁荣发展的新中国作为奋斗目标，在大革命时期、抗日战争时期和解放战争时期，内蒙古人民与全国人民一起浴血奋战。1947 年 5 月，我国第一个少数民族自治区——内蒙古自治区成立，从此，内蒙古历史翻开了全新的一页。

50 年，在人类历史上仅仅是一瞬间，但对于中国、对于内蒙古而言，20世纪前半叶，既是中华民族饱受磨难的 50 年，见证了封建时代的覆灭，见证了半殖民地半封建的旧中国积贫积弱、“长夜难明赤县天，百年魔怪舞翩跹”的黑暗；也是各族人民在中国共产党领导下，争取民族独立和解放的斗争彪炳史册的 50 年，见证了中华人民共和国的成立。因此，对 20 世纪前半叶内蒙古地区的历史——以城镇为典型案例开展研究，具有重要的理论意义和现实意义。

回顾历史，是为了展望未来。习近平总书记指出：“新时代坚持和发展中国特色社会主义，更加需要系统研究中国历史和文化，更加需要深刻把握人类发展历史规律，在对历史的深入思考中汲取智慧、走向未来。”研究 20 世纪前半叶内蒙古城镇的社会历史，一是为了探索内蒙古政治、经济、文化的历史发展规律，包括各民族经济文化交流、交往和交融的规律，二是希望通过历史变迁的对比，让更多的读者充分认识到中国特色社会主义制度的优越性、党的民族理论和民族政策的优越性，坚定“四个自信”，在以习近平总书记为核心的党中央的坚强领导下，建设亮丽内蒙古，建设新时代模范自治区。

是为序。

内蒙古自治区文史研究馆馆长　乌恩

2019 年 10 月

目 录

绪 论

伏来旺

萨拉齐镇，古为敕勒川的中心地区，在内蒙古西部地区知名度甚高。萨拉齐，蒙古语意为“务奶食者”。这一名称最早产生在明代中后期，当时蒙古土默特部首领阿勒坦汗在今土默特右旗美岱召镇建立王府“大板升城”。萨拉齐由于相距王府较近，光照好，土质优，青山环抱，水草丰美，牛羊成群，成为当年阿勒坦汗王府奶食品的供应基地，故称萨拉齐。这个镇的主要特点：一是北依阴山，南临黄河，中为广袤的土默特平原，历来是草原与中原的接合部，游牧与农耕的交汇点。二是地肥水美，宜农、宜牧、宜林、宜工，适合农牧结合多种经营。三是地处呼和浩特、包头、鄂尔多斯“金三角”中心位置，交通便利，商贸发达，经济社会发展一直处于领先地位。四是历史上多个民族在此繁衍生息。明朝、清朝和民国时期，内地“走西口”的人们在此相聚，蒙古族和汉族人民相依为命，成为我国民族融合最具典型性的地区。五是多民族的相融形成的多元文化。敕勒川文化、土默特文化、西口文化在这块土地上叠加累积，文化内涵十分厚重。六是近代的辛亥革命发生在这块热土，涌现出众多仁人志士。今天的萨拉齐镇作为包头市土默特右旗旗政府所在地，全镇总面积 102.8 平方公里，辖 21 个行政村、1 个农村社区、1 个养殖园区和 10 个城镇社区。全镇总人口 12.2 万人。萨拉齐经济社会发展的势头不仅在包头市范围内举足轻重，而且在呼包鄂城市集群化发展中产生了较大影响。

(一)

萨拉齐的地理坐标为东经110°14′32″，北纬40°14′38″-40°51′06″之间，东端100公里是内蒙古自治区首府呼和浩特市，西端60公里是中国北方较大工业城包头市。镇北是阴山山脉中段的大青山主峰——九峰山，山势东西两侧向前凸出，中段向后凹回，形成一个类似簸箕的大湾，镇的位置就在这个大湾之南的冲积平原之上。镇西有水涧沟，镇东有美岱沟，地势平坦，土质肥沃。水涧沟发源于大青山山后今石拐区吉忽伦图苏木水涧梁，由小淖兔北流入土默特右旗，沟口在沟门镇庙湾村北，有洪水时向南进入黄河。美岱沟发源于今固阳县大庙乡，流经武川，折返固阳县鸡灯湾，进入土默特右旗，沟口位于今美岱召镇大脑包村北。山洪下泄时，将后山牧场的羊粪、山中沟壑的腐殖质肥土冲向山前的农田。美岱召人常说："后山一声雷，又有水来又有肥。"

萨拉齐最大的亮点是"前有照，后有靠"，中华民族的母亲河黄河早年从这里流过。黄河横贯中华大地，全长5464公里，流经内蒙古830公里，占黄河总长的15%。河流从宁夏石嘴山市进入内蒙古乌海市，受阴山山势阻隔转向东流，经巴彦淖尔市、包头市、鄂尔多斯市、呼和浩特市，到清水河县喇嘛湾后，受到蛮汉山的阻隔，转向南流去，在老牛湾转了一个圈，经由山西流向中原，因此在中国地图上出现了一个"几"字形的大湾，人们习惯上把它叫作"河套"。民间有"黄河百害，唯富河一套"之说。早年的黄河从巴彦淖尔流经包头、磴口、萨拉齐、毛岱、双龙到黄河中上游的分界——呼和浩特市托克托县河口镇，这里称为黄河故道，据说当年萨拉齐城外就有一个黄河渡口。

今日之黄河已向南移20公里左右，但黄河形成的水系仍然滋润着故地。萨拉齐北有三沟（水涧沟、美岱沟、五当沟），南有四条人工渠（民生渠、跃进渠、团结渠、民利渠），沿黄河北岸有13个扬水站，广袤平原上有3000多眼机电井。旗政府驻地萨拉齐镇坐落在其核心区，掌控着优越的水利命脉，可谓“手把龙王”。

萨拉齐的气候虽属大陆性半干旱季风气候，但有阴山横卧在北，挡住了北来的风寒，山前山后气候差异甚大。山后为丘陵草原，平均海拔 1367 米，冬季漫长而寒冷，春季干旱而风沙频发，昼夜温差较大，降雨量少，蒸发量大，无霜期只有 90~110 天。农作物只适合种植莜麦、荞麦、胡麻、油菜、马铃薯等，而且产量较低。山前为五当沟、水涧沟、美岱沟及东部的万家沟、水磨沟等众多沟壑山洪冲积扇平原，海拔 1000 米以下，地势平坦，土质肥沃，降雨量在 360mm~400mm 之间，年平均日照时间 3095 小时，无霜期 130~140 天，最长曾达到 156 天。适合各种农作物的生长，还可栽培各类水果、树木。由于受到萨拉齐镇北簸箕湾的山势影响，在多数情况下，其风力比东西两端的呼和浩特、包头市区低两级，气温高两度，无霜期相对较长，降雨量相对较多。因此，这里宜农、宜牧、宜林、宜果，为人口聚集提供了先决条件。早在北魏时期，一首《敕勒歌》赞美了这里的自然风貌：“敕勒川，阴山下，天似穹庐，笼盖四野，天苍苍，野茫茫，风吹草低见牛羊。”今天的萨拉齐，农畜两旺，五谷丰登，乳香伴着果香飘，在内蒙古西部地区名声显赫。

（二）

地区的名称，大多是人口相对聚集之后才产生的。而在地名产生之前，地已长期存在，只是隶属于一个较大范围的名称之中。萨拉齐从古至今，先后隶属于云中郡、河南地、敕勒川、白道川、丰州滩、土默川地区。据大窑文化、河套文化、阿善文化考古推断，早在旧石器时期，萨拉齐一带就有人类活动。从大青山南台地上多处发现的新石器时期遗址和散布在遗址上的石器、陶器残片可证明，早在距今 6000 年前，曾有先民在萨拉齐及附近地区繁衍生息。

夏商周时期，萨拉齐一带有鬼方、熏育、猃狁、戎狄、楼烦等古代游牧民族活动。战国中期，赵武灵王“胡服骑射”“逐胡开疆”“攘地至阴山”，修筑长城，建立云中、九原等城邑，萨拉齐隶属云中邑。

秦朝统一之后，在今呼和浩特托克托县境内设云中郡，云中郡为全国三十六郡之一，相当于一个省级建制。萨拉齐境属云中郡管辖。西汉时，萨拉齐属云中郡犊和县。

南北朝时期，拓跋鲜卑占据这个地区建立北魏政权，征调东部的敕勒族驻扎阴山前后，这里由此被称为敕勒川。其间，萨拉齐境曾建有塞泉城。1986年，从萨拉齐镇太平村村民王喜承包地里发现的古墓葬中，研究人员发掘出土陶壶、陶灯等文物，并在墓志砖上看到铭文：廉凉州妻姚齐姬墓，太和二十三年岁次己卯七月二十八日记。经文物专家鉴定，这是北魏孝文帝太和二十三年（499年）的墓葬。此后，萨拉齐镇内还发现多处北魏的墓葬群。

隋唐时期，位于今呼和浩特市北部的白道川，是隋唐与北地突厥争战的重要军事通道，名声显赫，大青山前的地域都被称为白道川。萨拉齐境先后隶属隋、唐的云州油云县、榆林郡金河县、单于大都护府和中受降城统辖。约在公元679年，在今萨拉齐境设单于大都护府下属的云中守捉府衙。

北宋、西夏、辽、金时期，萨拉齐境先属北宋，次属西夏，再属辽云内州，金云内州云川县。萨拉齐大袄兑村曾出土西夏的天盛元宝、乾佑元宝及北宋的淳化元宝、至道元宝、熙宁元宝、熙宁重宝等；境北马留村曾出土两大筐西夏铁币，还有金代钱币大定通宝。辽代在呼和浩特城东兴建了丰州城，由此大青山前广袤的平原被称为丰州滩。

元代萨拉齐属中书省大同路云内州。从大袄兑村出土的大元通宝、至元通宝钱币来看，萨拉齐一带与内地已有商贸流通。还有出土的元代小石磨、白瓷瓶、小瓷杯、铜火盆、铜镜、鱼形铜佩饰、铁犁铧、车辖、压胜钱等。表明当时这里曾有居民定居生活。

明朝建立之初，元顺帝退出京城，在塞外草原上建立蒙古汗廷，史称北元，北元与明朝南北对峙276年。明初的萨拉齐属云内卫西境。明正德五年（1510年），蒙古北元达延汗局部统一蒙古后，分封左右两翼六个万户，右翼三万户分别是永谢布部、鄂尔多斯部、土默特部。土默特部万户由达延汗孙阿勒坦汗统领，自此原丰州滩更名“土默特川”，人们都习惯称“土默川”，萨拉齐位于土默川中心区。阿勒坦汗统领土默特时期，做了一件顺应时代潮流、顺应蒙汉民心的大事，即“隆庆和议”。明蒙对峙初期，战争连年不断，明朝用武力不能消灭北元，便采用“烧荒、捣巢、赶马、杀使、绝供”的经济封锁政策，企图困死北元。阿勒坦汗提出双方通贡互市，遭到其拒绝后则以武力掠夺中原物资，以缓解草原困境。直到嘉靖皇帝去世后，于隆庆五年（1571年），双方握手言和，实现了通贡互市，阿勒坦汗受封为明朝顺义王，使明蒙两方获得双赢。在此之后，阿勒坦汗兴建的汗都大板升城冠名“大明金国”。[1] 此时作为奶食基地的萨拉齐也有了名声。

清朝建立后，土默特最后一位王爷被废为庶人，同时废除了王爷的“世袭罔替”，将土默特部编为左、右两翼旗，各设一位都统，直属中央理藩院管辖。都统下设参领，参领下设佐领。康熙年间，两翼旗共有参领12员，佐领60员，掌管两翼旗务。到雍正年间，内地汉族逐步增加，两翼都统衙门缺乏管理汉人的机构，又缺乏处理蒙汉交涉事件的经验，于是清政府设置了绥远城同知厅。后来又增设归化城、和林、托克托、清水河、萨拉齐五个直隶厅，管理汉族事务。到清同治四年（1865年），萨拉齐厅升格为“理事同知厅”，其管辖范围东至今托克托县、毕克齐，西至今巴彦淖尔市的磴口县，北至今固阳县，南至今鄂尔多斯市东胜区，遂有了“萨拉齐的官，管得宽”的民谣。

民国元年（1912年），萨拉齐厅改设县，同时成立萨拉齐城关镇。1937年10月，日本帝国主义侵占萨拉齐县，成立伪县公署。1945年8月15日，日本帝国主义投降，国民党部队占领萨拉齐县，恢复原建制。同年11月7日，八

[1] “金国”之说源自美岱召泰和门石匾铭文，该铭文落款有“大明金国”一词。学界对此有多种观点，具体参见金晨光：“美岱召泰和门石匾铭文考释”，载《蒙古学信息》2004年第4期；薄音湖：“明美岱召泰和门石刻考”，载《民族研究》2005年第5期；乔吉：《内蒙古寺庙》，内蒙古人民出版社2003年版。

路军解放萨拉齐县，成立萨拉齐县人民政府。同年12月中旬，八路军回师晋西北，国民党军队再占领萨拉齐县，恢复原建制。1948年10月23日，人民解放军解放萨拉齐县，成立萨拉齐县人民政府。同年12月初，人民解放军奉命投入平津战役，国民党又恢复萨拉齐原建制。1949年9月19日，萨拉齐县随同绥远省一起和平解放。

1950年3月，萨拉齐县人民政府成立。同年12月，绥中专员公署由包头迁驻萨拉齐镇，改称萨拉齐专员公署。1952年11月，萨拉齐专员公署迁往集宁，萨拉齐隶属集宁专员公署。1958年4月，萨拉齐县并入土默特旗，旗人民委员会驻萨拉齐镇。同年10月，萨拉齐成立太阳人民公社，1959年改称萨拉齐人民公社。1960年2月，土默特旗人民委员会迁驻察素齐镇。1965年3月，经国务院批准，土默特旗分设为左、右两旗，但由于“四清”运动和“文化大革命”运动，拖延了两旗的设立。到1969年元月，土默特左旗、土默特右旗正式分设。土默特右旗革命委员会设于萨拉齐镇，1971年划归包头市管辖。

（三）

萨拉齐的经济发展经历了农耕—游牧—农耕—手工业—商贸—集镇—工业化—城镇化的发展过程。

远古时期，萨拉齐一带降雨量充沛，气候温暖湿润，形成森林草原地貌。随着气候变冷，地壳变化，森林大面积消失，转化为地下煤炭。进入新石器时代，这里一度出现以农业为主的生产方式，后来长期以牧业为主。明代早期的土默特经济仍以畜牧业为主，到明代正德年间，土默特万户首领阿勒坦汗看到单一的牧业经济的脆弱性，遂招徕、吸引内地汉族人民到土默特地区开发农业。在开发的过程中，蒙古包住宅逐步由“升板筑房”改造为汉室民房结构，这种住房结构被称为“板升”。由于人群的集聚、板升的增多，萨拉齐逐步形成小村落，此时的农业被称为“板升农业”。“隆庆议和”之后，明蒙双方开放了沿边马市，蒙古人以马匹换取大量布匹、绸缎、粮食、盐、茶及铁锅等日用品，粮食和蔬菜在生活中的比重逐步增加，生活方式有了变化。阿勒坦汗在政权机构设置了专管板升的“石青开化府”，交由孙子把汉那吉统管。把汉那吉之下有多名管家协助，下设12个大头目，32个小头目。当时整个土默特地区迁来的内地居民近10万人，出现了“开云田丰州地万顷，连村数百”的新貌。萨拉齐地处土默特的中心地区，又有较好的地域、自然条件，农业出现了可喜的景象。

土默川由牧转农的过程，自然需要犁、耧、耙、车、锄、铁锹等农业工具，内地的一批手工业匠人被呼唤而来，萨拉齐成为手工业匠人聚集之地。这一时期产生“务奶食者”地名，表明这里务奶食的人已不只一个人，而是有了小群体；牧业已有了一定规模，且不是单纯的放牧，而是有了半舍饲畜群；奶食已不是单一的向王府送牛奶、羊奶，而是有了奶食品的粗加工。

萨拉齐成为名副其实的集镇，是在清代雍正、乾隆年间。清康熙征战蒙古噶尔丹叛乱时，曾驻跸归化城。他亲眼看到土默特平原虽地处塞外，但比陕北、晋北、河北北部山区的自然条件好，可借地养民，于是放宽了“蒙禁”政策。到雍正年间，大批山西、陕西、河北等地居民“走西口”来到塞外，首先到阴山南麓的平原落脚，萨拉齐自然成为首选之地。早年的“走西口”大多是春出秋归的“雁民”，这种劳作方式当地人称“跑青牛犋”。随着出塞禁令的放宽和废弛，到雍正、乾隆年间，“雁民”逐步定居，由外出打工或小本经营到兴办商铺、作坊；由简易窝棚到兴建板升；由简单的农牧结合到多种经营；由两地人淳朴的伙伴搭档关系，结为蒙汉民族亲密的安达（兄弟），有的还结为儿女亲家。这一时期，萨拉齐周围形成了不少以山西地名命名的村落，如五台营子、定襄营子、祁县营子、繁峙营子。清同治九年（1870年），萨拉齐同知文山主持建起萨拉齐城垣，绕城一周九里十三步，城中先后建有4条大街、14条小街、50条巷，很多巷名以山西地名命名，如忻州巷、崞县巷、祁县营巷、大同巷等。

人口的聚集促使萨拉齐的商贸流通兴盛起来。著名晋商乔致庸的爷爷乔贵发，从山西祁县乔家堡来到萨拉齐当铺当伙计，两年后自己开了一家豆腐、豆芽店铺，淘到了第一桶金。此时的萨拉齐是土默川的粮食、皮毛、药材的重要集散地。据清嘉庆十九年（1814 年）萨拉齐《重修（玉皇庙）台榭碑记》的记载，当时捐银的商户已达 200 多户，担任乡总、纠首的较大商号达 30 多家，萨拉齐工商业的繁盛可见一斑。

清末民国时期，萨拉齐的工商业形成了九行十六社的规模。除钱、粮、货、当四个行业商铺字号外，还有驼户 80 余户，养驼 2000 多峰；车户 60 多家，养二套大车 1000 多辆，形成了一支浩大的行商队伍。此外，药行、牲畜交易、煤炭开采与贩卖业务拓展到归化城、张家口、大同，也涉及宁夏、甘肃、青海、新疆及蒙古国乌兰巴托、恰克图、科布多等地。这一时期，萨拉齐镇百工兴盛。木匠、泥匠、石匠、皮匠、毛匠、毡匠、毯匠、画匠、铁匠、铜匠、银匠、铸匠、干炉匠、编织匠等手工业匠人应有尽有；糖坊、油坊、缸房、染坊、粉坊、豆腐坊、酱醋坊、造纸坊、口袋坊等作坊充盈于闹市街衢。生产的纸张、皮具、铜器、大肚火炉等享誉周边地区，远销京、津等地。

萨拉齐是一块儿风水宝地，人民本应安居乐业。然而，从清末到民国，由于灾患、兵患、匪患、烟患、官患、外患肆虐，各族人民经历了四次较大的天灾人祸。第一次是清同治六年（1867 年），黄河决堤，水淹萨拉齐。《萨拉齐县志》记载："清穆宗同治六年，黄河由今之第三区王八窑子决口，水势东流，直达邑境东界，长流一百五十里，除沿山高地外，皆汪洋一片，悉成泽国。房屋倒塌，村落为墟，以至人无栖止，马无停厩，生命财产付诸流水。"此次水灾致使许多商家一蹶不振。第二次是民国 4 年（1915 年），匪首卢占魁率千余土匪攻破萨拉齐城，抢劫 5 日，杀死 19 人，掠去黄金、白银、货物等，折合银圆 33 万元，致萨拉齐工商业元气大伤，许多商人迁往归化城和包头。第三次是民国 15—18 年（1926—1929 年），萨拉齐连续 4 年遭受空前酷旱，庄稼颗粒无收，经济崩溃，百姓饿殍遍野。美国记者埃德加·斯诺路经萨拉齐目睹惨状，称他的萨拉齐之行是“人生的觉醒点”。第四次是1937—1945年，日军占领萨拉齐，残暴践踏工商各行各业，致使萨拉齐经济滑到谷底。1949年，中华人民共和国建立以后，萨拉齐镇方获得新生，百废俱兴，逐步走向繁荣。

(四)

萨拉齐是一个多民族聚居的地方，民风、民俗丰富多彩。从明清到民国，萨拉齐的民族构成有较大的变化。明代前期，以蒙古族为多数，“隆庆议和”之后，汉族比例逐步增加，到清朝乾隆年间达到半数。这一时期的土默特左、右两翼旗，官员多由满族充任。官员随带家属及侍从，萨拉齐始有满族民众定居。此时，少量回族经商来到土默特，有的在萨拉齐安家。到清同治年间，发生了回族白彦虎、马化龙起义，为逃避清政府的残酷镇压，一大批回族从陕、甘、宁地区来到归绥地区，一部分来到萨拉齐落脚。

民国时期，由于“三座大山”（即帝国主义、封建主义、官僚资本主义）和国民党反动派的双重压迫，蒙古族人口锐减。据《萨拉齐县志》记载：1941年，萨拉齐全县有蒙古族1174人，县城内仅有30户，188人。这一时期，蒙古族失去了本民族的语言，生活习惯、民族风情逐步汉化，但蒙古族的文化元素仍保留并渗透在地区的文化生活之中。如农历腊月二十三日是蒙古族祭火的节日，届时萨拉齐城内的蒙古族有祭火的习俗，会举办较为隆重的祭火仪式。蒙古族的婚礼保留着传统习俗，如新郎娶亲，先到岳父家留宿一夜，婚礼期间有一系列礼仪，还有给新郎系腰带，让新郎掰断羊脖子等游戏活动。女方送亲的人数不限，凡参加婚礼的亲家，愿意送亲的都可送到男方，这与汉族婚礼有较大区别。清代，土默特蒙古族以天葬、火葬者居多，清末民国时，多改为土葬，丧葬仪式逐步与汉族趋同，但孝服颜色为黑色。蒙古族认为白色象征纯洁、神圣，孝服白色与丧礼不相适宜。自民国以来，蒙古族的日常饮食基本与汉族接近，喝砖茶、吃炒米，逢年过节、喜庆宴席上食用手把肉等传统饮食习惯一直保留。

清代及民国时期，萨拉齐的回族多数聚居在城内大南街，从事畜牧交易、皮张交易及屠宰、餐饮、驼运等行业。乾隆年间，大南街建起清真寺，这里不仅是回族进行礼拜的教堂，也是商定各项经济、社会活动的会所。民国初年，大南街建起“私立清真小学”，又成立了“回民俱进会”社团组织。回族对牲畜的屠宰，严格按伊斯兰教的方法进行。饮食习惯有严格的禁忌，喜食牛、羊、鸡、鸭等肉类。他们制作的面食十分精致，有油旋、油香、馓子、麻花、麻叶、酥馍，不仅味道香，而且花样美，深受各民族喜欢。回族的殡葬仪式，与汉族、蒙古族都大不相同，包含着伊斯兰教义的内涵。萨拉齐城内有回族公共墓地，回族仙逝的老人都集中在一处安葬，便于本民族自己管理自己的后事。

汉族的生活习惯兼容并蓄，比较大众化。萨拉齐有几样饮食习惯独具特色：一是莜面，二是烩菜，三是酸饭。莜面有窝窝、条条、鱼鱼等做法，配料有凉汤、热汤，土豆、辣椒、紫皮蒜。做工特别精细，吃法也很讲究，那时人们还常从大青山的沟溪中打回天然矿泉水蒸莜面。烩菜是肉食、薯类、豆类、蔬菜的大杂烩，集炖肉、炒菜、面食等技术为一炉，将七碟八盘烩一碗，里边的原材料各类皆有，营养成分一应俱全。民间常说的：猪肉豆腐粉条子，点心（馒头）圪蛋糕挠子，是萨拉齐一带迎宾待客的常规饭。酸饭是将糜米发酵制作而成的农家饭，不少人家一天三顿与酸饭为伴，早为酸粥，午为酸焖饭，午休起来喝碗酸米汤，晚上酸稀粥。人们之所以爱吃酸饭，皆因沿黄河灌区土质偏碱性，为达到体内酸碱平衡，自然形成的饮食调理之法。夏天吃酸饭有泻火的作用，这具有一定的科学性。此外，萨拉齐山西籍居民多。山西人嗜酸，有“交枪不交醋坛子”的名谚。当年“走西口”的人刚到口外吃不到醋，将米发酵变酸，成为醋的上等替代品。

萨拉齐人的穿衣习惯随着时代而变化。清代蒙古族穿蒙古袍，满族妇女穿旗袍，回族穿小坎肩儿，戴小白帽，汉族穿中式对襟衣衫。到民国后期逐步趋同，以汉装为主。基层的穷苦百姓为了取暖，钟情白茬子羊皮袄、羊皮裤。民间有“破皮袄，烂皮裤，虱子干咬逮不住”“白天穿，黑夜盖，天阴下雨毛朝外”的顺口溜。生活稍富裕的人家，在白茬皮袄外罩个布料面子，显得大气又好看。富人则追求“西宁筒子”大皮袄，即购买宁夏滩羊皮，毛白且细，外吊上等呢料，是当年十分讲究的服饰。更有富商购买青羊皮袄，皮薄毛轻，穿着舒服暖和。青羊为稀有保护动物，隐藏深山，数量极少，价格昂贵，普通人家买不起。这些皮张服饰多为就地取材，很有地域特点。

萨拉齐民俗风情与山西多有相似。每年正月的元宵节，当地都要组织社火活动，有踩高跷、扭秧歌、舞龙灯、耍狮子、搬旱船、转九曲、踢股子，还有抬阁、脑阁。晚上组织观灯，连续活动三天。萨拉齐一带民间流行的吹打乐班子，被称为“鼓匠”。民间的丧事都要请这个班子去吹打，以寄托对逝者的哀思。吹打乐班子的主要乐器是唢呐，辅之以鼓、钗、锣等打击乐器，后来又增加了二胡、笙、箫，演奏的主角以盲人为多。旧社会盲人因生理欠缺，很难维持生计，从小送到鼓匠坊学艺谋生。盲人凭着独特的悟性，演奏技艺精湛，逐步将此作为一种职业。

萨拉齐居民的住房自由蒙古包改建为汉式住宅以来，一直追求坐北朝南的正房。由早期的一门一窗，逐步改建为“满面门窗”，由纸糊窗棂改换为玻璃窗户。这种房屋太阳从东升起，从西落下，一天近 12 小时能照进屋里，采光极好，符合太阳、空气、水是人类生存三要素的要求。房中一盘西炕，与灶台相连，灶中烟火通过炕洞从房顶烟筒冒出，这是自然的暖气装置。炕上铺由江南竹皮编织而成的席子，上面再铺一层由当地羊毛疏压制成的毛毡。民国后期，毡子上再铺一块油布，炕上面的墙上彩画一个炕围子，当地人称“腰墙子”。简易的炕围画称为“两道眉”。讲究一点的要“开池子”，池中画山水树木、飞禽走兽、花卉鱼虫、历史及现代人物，且有故事情节。炕围的作用最初为保护墙壁，避免弄脏衣物、被褥，后逐步成为一种时尚。现在的炕围画艺术被列入内蒙古自治区非物质文化遗产。

萨拉齐地区的民间游戏丰富多彩，经搜集整理有70多种，可分为五种类型，即智能型、体能型、技能型、娱乐型、情趣型。这些游戏有的是祖国各地均有的，有的是这个地区特有的。如：下四方、围老虎、逼茅子、点羊粪珠珠、打毛弹、摞卜卜、抓齿齿、狼吃羊、吊骆驼、点蛐蜒、刨窑窑、跌蛋蛋等，均是当地的蒙古族和汉族群众在共同生活中发明的“土特产”游戏，是游牧与农耕结合的产物。

（五）

萨拉齐独特的地域环境产生了独特的地域文化。魏晋南北朝时期，这里是《敕勒歌》产生的中心地。明代北元蒙古土默特部驻牧时期，这里以蒙元文化为主。阿勒坦汗晚年将藏传佛教引入草原，在他的王府内建立寺庙，宗教文化在这里一度盛行。明末清初，先由旅蒙商探路，进而由春出秋归的“雁民”与当地蒙古民族共同创造了“风搅雪”的语言文化。这种蒙古语中裹夹汉语，汉语中掺和蒙古语，不仅促进了汉族和蒙古族的交往，而且印刻在土默特地区众多地名之中，记录了民族的变迁与融合。

从清代到民国，中华民族出现“下南洋”“闯关东”“走西口”三次移民潮。“走西口”移民潮使土默特地区的人口结构、民族结构发生了很大变化。大批内地汉族过长城出口外，来到塞外草原，带来了内地的文化艺术。如晋剧中的北路梆子是在蒲剧北上晋北后形成的一个剧种，“走西口”的人最早将其带到塞外，萨拉齐成为主要落脚地。许多北路梆子角儿在萨拉齐成名后，在县城建立娃娃戏班，培养了大批晋剧名伶，县境很多村庄组建了晋剧班子。最值得称道的是，人们在土默川上共同生产、劳动、生活，创造了独具特色的西口文化，并突出表现在“二人台”文化艺术之中。“二人台”孕育在晋、陕、冀地区，在土默特地区生根开花，萨拉齐是“二人台”重要的发祥地。

当年各路“走西口”的人们在阴山脚下定居之后，把晋、陕、冀的民歌、秧歌、道情、社火、信天游等文化艺术带到塞外。这些文艺形式在与蒙古族民歌糅合后，逐步形成了一种独特的民歌。这个民歌的特点：一是“风搅雪”现象，既有汉族民歌的音符，又有蒙古族歌曲的韵味，是民族融合的产物，是农耕文明与游牧文明的艺术结晶。二是劳动者有感而发的“饥者歌其食”“劳者歌其事”，尚未经过提炼、加工、润色的原生态之歌，是与人们的生存底线“食、色、人性”相关的，不浮华、不做作、不卖弄、自然质朴且没有异化的“绿色艺术”。三是地区特色鲜明，乡土气息浓厚。在山里唱歌称为“山曲儿”，从平原上山，边走边唱称“爬山调”，在沙梁沙丘（蒙古语称漫瀚）上唱叫“漫瀚调”，一个蒙古族和一个汉族对唱，又把它称作“蒙汉调”。四是自然随意、不拘一格、跌宕有致，与北魏时期的《敕勒歌》如出一辙。五是大量运用比兴手法，使用地方方言，多有重叠词语，似《诗经》般富有灵动的情感。六是以歌传情，纯朴真诚。爱、恨、愁、愤、喜、泣、怒、骂，均为情而歌，亲情、友情、乡情、爱情，充满深情。表达的方式不像江南那种“犹抱琵琶半遮面”，而是真切、大方，脱口而出，比较直白。

起初，这种民歌是一种个体的、随时随地可唱的原生态民歌。会唱的人大多腔调逐步统一，大家慢慢地聚到一起，坐着对唱，被称为“打坐腔”。后来觉得坐着唱不解渴，便站起来，一个化装成女角，另一个化装成男角，男角围着女角转，载歌载舞，人们把这种形式叫作“打玩意儿”。再后来围观的人越来越多，前拥后挤。为方便观众，搭个简易台子，表演由“打地摊”登上了土台，于是“二人台”的名称产生了。

二人台元素曾是单一的民歌、舞蹈形式。后来与蒙古族的民歌、曲艺、舞蹈以及蒙元宫廷音乐、佛教音乐相融，合成一个多元性的独具特色的艺术形式。在二人台发展的过程中，一位蒙古族艺人起了重要作用，他叫云双羊，清咸丰六年（1856 年）出生于萨拉齐县。云双羊少年时家境贫寒，以放牧为生，他天资聪颖，学会了不少民歌。初为他一个人说唱，逐渐几个人一起“打坐腔”。约在清光绪十二年（1886 年）前后，他组织了一个职业小戏班，在家乡、鄂尔多斯、巴彦淖尔等地区演出。他首创用汉语、蒙古语两种语言混合演唱，尝试一丑一旦的化妆表演，伴奏乐器有枚、四胡、扬琴、四块瓦四大件，艺术界将其视为二人台的始创。由于云双羊演技高超，方邻周围、黄河两岸，不少二人台爱好者拜他为师。云双羊去世后，在土默川上涌现出计子玉、樊六、班玉莲、刘银威等一大批二人台民间艺人。出生在萨拉齐的刘银威，从萨拉齐唱到北京，又唱到朝鲜去慰问中国人民志愿军。

二人台艺人在旧社会没有固定收入，演出结束后，观众随便给点儿钱、粮或其他实物，过着一种半农耕半卖艺，又带有乞讨性质的生活。然而就是这么一批热心于二人台的民间艺人，历经千辛万苦，把这个民间艺术传承下来。在中华人民共和国成立之前，此艺术尚无一个准确的定名。直到 1951 年，原绥远省人民政府副主席杨植霖作了一个《二人台翻身》报告，次年，省文化局在呼和浩特市举办第一次二人台文艺汇演。自此，这门民间“打玩意儿”艺术堂堂正正有了“二人台”的名称，并走向中华艺术殿堂。在这个演进过程中，萨拉齐县的二人台，称为“西路二人台”，主要特点是保留原生态的唱腔，被诩为“正宗”。

二人台的演唱形式分为硬码戏、带鞭戏、对唱三大类。硬码戏注重唱、念、做；带鞭戏为载歌载舞，更多地注重舞；对唱戏主要是男女和对，俗称“掏牙句子”。三种演唱形式都深刻地反映出民族文化艺术融合的韵味，这种深度地融合体现在：一是唱腔的融合，二是舞蹈的融合，三是语言的融合，四是曲艺的融合，特别是牌子曲的融合。一百多首牌子曲中分别融进了蒙古曲调，晋、陕、冀的汉族曲调，蒙古宫廷音乐、宗教音乐，还有唐宋以来的古乐曲，可谓海纳百川、兼容并蓄，被誉为“北方丝竹、塞外和声”。值得称道的是，二人台植根于民间，是老百姓喜闻乐见、雅俗共赏的民间文化艺术，生命力极强。它贴近生活、贴近群众、贴近实际。唱词不是从哪里抄来的，而是人民群众在劳动生产生活中自创的，这一点是专业作家、诗人也很难做到的。目前，二人台已被列入国家级非物质文化遗产名录，土默特右旗被文化部命名为“中国二人台文化艺术之乡”。旗政府驻地萨拉齐镇目前有几十个居民文化大院，二人台艺术普及千家万户。

二人台这门艺术是汉族与蒙古族两个民族共同创造的，它不应简单地被理解为是两个人的舞台，而是两个民族共筑的舞台。人们在这个舞台上诉说着他们的历史友谊，歌颂着他们的当世情怀，憧憬着共同的美好未来。这门艺术对我国民族团结进步有一定的现实指导意义。

民族相融文化的发展，推动了地区教育事业的发展。清末到民国时期，萨拉齐镇的教育在土默特地区一直是领先的。清同治之前，萨拉齐就有了私塾学堂，清同治八年（1869 年），萨拉齐同知文山创办了“育才书院”，是萨拉齐官办的第一所学校。清光绪三十年（1904 年），萨拉齐厅成立了教育会，后改为劝学所。民国 12 年（1923 年），改劝学所为教育局。民国 14 年（1925 年）设县立第一小学校。之后萨拉齐学校数量明显增加，还办起清真小学、女子学校、教会学校，教育事业一度名列绥远地区前茅。到 1942 年，从萨拉齐第一小学毕业后进入大学的 45 人，其中出国留学的有 5 人。这 5 个人中，有后来任国民政府立法院立法委员的祁志厚，有号称“萨县三杰”“塞北三大文豪”的荣祥、白映星、陈志仁。

萨拉齐是有名的塞外武术之乡。清同治年间，山东堂邑县的赵老同来到萨拉齐，收徒传授武术。郭誉宏之父郭存礼是大同武林高手，因避官司潜至萨拉齐，四个儿子个个武功高强。郭誉宏的弟子荣连祯、程全中再收弟子董吉昌、刘世明、刘世蕃、尹如川、吴桐、孙继贤等众多弟子。荣连祯、程全中、孙继贤曾任绥远省国术馆教师，吴桐曾任绥远省国术馆副馆长。刘世明、刘世蕃将门派武术传到北京、天津；尹如川将门派武术传到美国。这一武术门派的独门绝技至今已传八代，被列为内蒙古自治区非物质文化遗产保护项目。

（六）

萨拉齐在中国近代史上涌现出不少仁人志士，他们在国家危亡之时毅然投身革命，为国家和民族的解放事业做出了杰出贡献，有的甚至献出了宝贵的生命。

在1900年的义和团运动中，以郭誉宏、郭誉盛、荣连祯、秦长太、高占年为代表的爱国青年，在萨拉齐镇内设坛练拳期间，高举反帝旗帜，高呼反对帝国主义利用洋教奴役中国人民罪行的口号，在各地民众的支持配合下，对巴拉盖、缸房营、二十四顷地等处教堂的不法主教给予严厉惩罚，革命行动震惊中外。

在辛亥革命运动中，萨拉齐很多有志青年奋勇当先，成为辛亥革命的先驱。1905年，山西同盟会派王建屏来到萨拉齐开展革命活动，秘密发展了汉族、蒙古族、回族青年云亨、经权、满泰、武海、马善元、马子衡、安祥、王子选、王瑚、游梦周、牛青山等加入了同盟会，投身到反清的革命运动中。1911年，在北京读书的云亨被同盟会派回内蒙古，在萨拉齐、归绥（今呼和浩特市）、包头等地活动，策动驻地清军起义。是年12月25日，云亨、马善元等人前往萨拉齐厅所属的包头，与同盟会员郭鸿霖等策动驻包清军起义。不幸中了驻包五原厅同知樊恩庆设下的奸计，多名革命义士在马号牺牲。云亨、马善元乘乱脱逃，起义失败。1912年1月12日，山西革命军都督阎锡山率部攻占包头。萨拉齐咨议局派经权、云亨为代表赶赴包头，迎接革命军，进攻萨拉齐。1月14日，革命军到达萨拉齐城西门外，同盟会员满泰秘密縋城而出，将清军在萨拉齐的布防报告革命军。同盟会员武海将自己的马赠送给了阎军统带王家驹，并以实物犒劳革命军。1月17日，革命军攻占萨拉齐，打开监狱牢门，尽数释放囚徒。将释放人员与经权组织的500多名新参军人员合编成敢死队，由经权任管带，狱中释放的萨拉齐人张万顺任队长，参加反清战斗。同盟会对三名蒙古族青年委以重任，云亨为绥远城将军，经权任归化城都统，安祥为归绥道道伊。1月25日，革命军3000余人由萨拉齐出发，东进归绥。没想到在刀什尔（今陶思浩车站附近）遭遇清军阻击，前敌指挥王家驹中弹身亡，阎锡山下令革命军撤回山西。清军重占萨拉齐后，血腥清洗，同盟会员王鸿文等被杀害。1915年，经权、满泰等秘密开展了倒戈袁世凯称帝的斗争。次年，云亨、满泰、安祥、刘会文、李雨田在萨拉齐组织发动了起义。起义部队在万家沟被清军包围，安祥、李雨田牺牲，起义失败。此次起义被称为"萨县五英雄起义"，在辛亥革命史上留下不朽的名声。经权随革命军撤到山西后，为同盟会做了大量工作，但受到阎锡山的排挤，返回故乡。又因倒袁活动被捕入狱而患病，出狱不久病故，享年35岁。云亨受命绥远城将军后，很受孙中山及黄兴的器重，往来于同盟会与山西革命军之间联络，但受到阎锡山嫉妒。1924年，云亨应冯玉祥派遣，组建新军。1926年，云亨在河南的一次战斗中，中弹身亡，享年42岁。

萨拉齐是中国共产党早期开展红色革命工作的地区之一。1925年春，中共北方区委负责人李大钊派蒙古族共产党员吉雅泰回绥远开展工作，发展了萨拉齐一带的进步青年张焕文等加入了中国共产党。同年，上级党组织派员来到萨拉齐，协助在萨拉齐的共产党员李瑞成立了中共萨县工委。在此期间，先后发展30多名进步青年加入了党团的组织，并参与到农民运动和学生运动之中。1926年，共青团员程国材在萨拉齐县立第一小学组建了共产主义少年先锋队。1927年，绥远地区共产党负责人路作霖和绥远共青团地委书记杨曙晓，在萨拉齐秘密开展活动，指导萨拉齐青年的革命斗争。1929年，乌兰夫自苏联学习回国，任中共西蒙工委书记。他以美岱召为掩护，秘密开展地下革命工作，恢复和建立了萨拉齐周边阿刀亥、忽洞沟门、美岱召等地下党的组织和秘密联络点。同时选送了一批蒙古族青年到蒙古人民共和国乌兰巴托学习。

1937年"七七事变"后，日军大举侵占绥远地区。同年10月16日，日军以强势火力发起对萨拉齐县城的进攻。国民党守军虽进行了顽强抵抗，终因力量悬殊，萨拉齐县城沦陷。日军进城进行了惨无人道的屠杀，70 多名无辜群众丧命。

1938 年，按照中央军委和毛泽东主席的指示，八路军 120 师组建了由李井泉任司令员、姚喆任参谋长的八路军大青山支队，开辟了大青山抗日游击根据地。在中共萨拉齐县地下党组织和八路军大青山抗日支队的领导下，萨拉齐人民组织起由王经雨为队长的萨县抗日游击队。这支游击队与敌人进行了艰苦卓绝的斗争，给敌人以沉重打击。1945 年日本投降，人民欢欣鼓舞，但由于国民党的腐败，重赋重税搜刮民脂民膏，萨拉齐民众仍处于水深火热之中。1949 年 9 月 19 日，绥远省“9·19”和平解放，萨拉齐获得了新生。

中华人民共和国成立后，萨拉齐的各项事业有了长足发展，逐步成为呼、包、鄂地区的一个新的经济增长极和文化带动极。历史悠久的萨拉齐镇正在焕发青春活力，绽放出新时代的华彩。

第一章　萨拉齐镇经济发展状况

第一节　由牧业经济转向农业经济

一、明代土默川上的板升农业

明朝中后期，阿勒坦汗率蒙古土默特部驻牧于丰州滩，丰州滩改称为土默川。为寻求民族图存之路，阿勒坦汗在不断向明朝争取通贡的同时，积极实施自力更生，发展经济之策，安置大批从关内逃亡而来的、或从战争中俘虏的汉人，尽其所能，充分发挥他们的聪明才智，善耕者赐其田，能工者用其艺，有智者从其谋，使他们有田种、有工干、有事做。明嘉靖十二年（1533 年），明大同镇士兵因抗拒长官压迫盘剥而发起兵变。哗变士兵悉知阿勒坦汗容汉募汉的政策后，投奔到土默特部。阿勒坦汗妥为安置，分给他们牛羊与帐篷，使其安家落户，娶妻生子。他还一边公然贴出招募汉族人的榜文，悬书求贤，从关内招募汉族人，一边派先前投蒙的汉族人入边招募各种艺人工匠，到草地与蒙古人共同开发土默特平原。据统计，从嘉靖初年到隆庆议和 20 多年的时间里，迁移到土默川的内地汉族人总计有 50000 余人。与此同时，阿勒坦汗还鼓励蒙古民众向汉族人民学习耕作和工匠技艺，他自己也身体力行，在大板升城附近，亲自扶犁耕田、烧制陶瓷。这一政策的实施，给土默川带来了农业和手工业发展的春天，使整个土默特部的经济初步得到了复苏。

汉族人在土默川上耕田做工，租金低微，课税合理，不受剥削。他们不畏劳苦，尽施才艺，造房建屋，修筑城堡，当地蒙古民众称这里为“板升”、“板升城”、“圐圙”（库仑），著名的“大板升城”（美岱召）就是那时建起来的，距大板升城 15 千米的厂汗圐圙（萨拉齐）也是这一时期的产物。位于土默川中心地带的萨拉齐，北依大青山、南傍黄河，苏尔哲河出水涧沟，自北向南流经之地土地肥沃，水草丰美，极宜耕牧。可以推断，明代的萨拉齐（厂汗圐圙）应是一处规模不小的板升，或是汉族和蒙古族共同聚居的圐圙。这一时期的萨拉齐，蒙古人于草原放牧，汉族人民则在板升周围进行农牧业生产。一望无际的平川上，河湖浩淼，阡陌纵横，稼禾荡漾，牧草葳蕤，板升之屋与蒙古毡包皆入视野，土垣之围与牧场圐圙交相映衬。这就是专家们所称的“板升农业”。可以说，没有阿勒坦汗时期板升农业的兴起，就没有清代的“走西口”，也就没有后来土默川的繁荣兴旺。

隆庆和议后，阿勒坦汗爱孙把汉那吉回到大板升城（美岱召），阿勒坦汗将所有板升尽归于他，让他主持板升事务，把汉那吉遂号为大成台吉，妻子五兰妣妓称大成比妓。其时把汉那吉力量极为强大，所部“兵马雄诸部”精兵达30万之多。明万历十一年（1583年），把汉那吉行猎时坠马而死，留下了大成妣妓与年幼的儿子冷克木台吉和布速布台吉。冷克木台吉成人后，娶妻生子，其儿子就是猛克台吉。后来冷克木台吉也早夭，猛克台吉由其祖母大成妣妓抚养成人。此时的大成妣妓已与三娘子的儿子不他失礼成婚，生有一子素囊，后来素囊也夭亡，整个土默川西哨之地尽归大成妣妓与其孙猛克台吉所有。在美岱召家族礼佛壁画中，大成妣妓身后画着一位英俊少年，头戴红珠顶浑脱帽，身穿黄色圆领长袍，表情温和恬静，专家们一致推测这就是猛克台吉。

板升农业的兴起，促成了萨拉齐一带由牧转农。据萨拉齐老户祖辈口耳相传，明朝后期，有一位姓刘的青年，从山西河曲来到萨拉齐，被当时萨拉齐的贵族牧主收留，为其照料牧场牲畜。后牧主见小伙子老实勤快，干活利落，又会各种农活，就想长期留下他，便将女儿嫁给了他。同时，将极大的牧场分给他一块，让他种地。后来，小伙回到家乡河曲县，与姑舅两姨等亲戚言说此事，并说这里土地肥沃，是个好地方。他的话吸引了亲戚中的一些人，当他回萨拉齐时，便拉引程姓、范姓、潘姓、杜姓四家亲戚来到萨拉齐，与他一起耕种土地，牧主也容纳了他们。几年后，他们都将妻儿老小接到萨拉齐，定居在这里。这就是萨拉齐最早的汉族移民。清朝时期，这家萨拉齐唯一的牧主改汉姓为孟氏，为何改为孟姓，目前尚未发现相关文字记述。但此孟姓蒙古人必然属于台吉贵族，如是普通牧民，不可能拥有萨拉齐圐圙这样规模的牧场和聚居板升。清朝时萨拉齐有“达子巷”，所居即为蒙古孟姓人家。民国时，由于孟姓人家人口众多，有部分人家迁往美岱召南的马场村居住。这样的贵族孟姓，极有可能是猛克台吉的后代。其孟姓，应当是选其祖上“猛克”之名的“猛”字，“猛”与“孟”只是汉译蒙的不同写法而已。

在明朝末年，刘、程、范、潘、杜五姓汉族人，成为萨拉齐最早的走西口人。300 年来，这五姓汉始终居住在原“达子巷”附近，与孟姓蒙古人世代杂居，和睦相处，并有了婚姻血缘关系。

清代蒙禁开放后，萨拉齐由达子巷附近逐渐向南发展，遂有了后营子、南营子、东营子、西营子等定居点（以上称谓沿用至今）。从事农业的人口不断增加，使得萨拉齐周边的牧场逐步被辟为农田，经济模式也开始由牧业转向了农业。

二、清朝初期萨拉齐城镇的形成

清朝实行蒙禁政策，禁止汉族到蒙古地区垦殖行商。然而偷偷出口外者始终没有停息。于是，清政府也从严禁到睁只眼闭只眼，再到部分放开，最后到全面解禁，官家放地，移民实边。

如前所述，萨拉齐的人口是由北向南逐步发展的。最早的圐圙，不过只有围绕“达子巷”的一个较小的范围。而后形成北南西东四个聚居点，称谓后营子、南营子、西营子、东营子，当四个营子合到一起时，一个较大的集镇便形成了。以后，除四个营子在人们的口语中常听到外，还形成了北街、南街、西街和东街，而买卖字号毗连的中间街道，则称为中街。

根据萨拉齐及周边地区保留下来的地契所见，清朝康熙年间，汉族在萨拉齐定居生业，租种蒙古族土地已成为普遍现象。人口一旦聚集，则必然建庙。清康熙十八年（1679 年），萨拉齐小厂圐圙村修筑了萨拉齐的第一座龙王庙。

清康熙五十年（1711 年），萨拉齐北 7 千米处的水涧沟门村庙刻石立碑，碑文描述该村当时情况已是："居民千余，垦地百顷，山可障风，水便灌溉，而土宜果木……""清康熙五十八年（1719 年），范昭逵随兵部尚书范时崇勘察、选设从杀虎口至乌利雅苏台的驿站，在其所著《从西纪略》中，萨拉齐周围已有不少较大的村落，如沙尔沁、美岱召、鄂尔格逊、板申气、黑训营、毛岱等，都已具相当规模。"综合以上史料，我们认为萨拉齐在康熙年间已是土默川上的大型村落，且正在逐步向街镇发展。

至清雍正十二年（1734 年），萨拉齐已形成一定规模的街镇，成为归化城以西的又一政治、经济中心。这一年，清政府在萨拉齐设立协理笔贴式，办理周边蒙汉事务。萨拉齐设治既使这里经济渐趋发达，为街镇规模渐趋形成了佐证，又助推了地方政治、经济的发展。此外，现存雍正十二年萨拉齐关帝庙碑文资料也能看出萨拉齐当年的景况。碑载："厂地本系边陲，近世渐沐王化，华夏之民离故土而徙居此者甚众，由是德教洋溢，时和年丰，民安乐业……"[1] 这里的"厂地"即指厂汗圐圙（萨拉齐）。关帝庙部分建筑至今仍旧保存，该庙规模宏大，彩绘、塑像丰富，如果没有众多商家的捐资，这里很难完成如此浩大的工程。

街镇的形成，使萨拉齐又具有了一个新的名称："街"。直到二十世纪 50 年代，萨拉齐周围农村人还有把萨拉齐称作"街"的。萨拉齐北面的人把到萨拉齐称作"下街"，而南面的人则称为"上街"。

三、清朝中后期的移民与放垦

清中叶后，清政府实行移民实边的政策，土默特地区大量放垦土地，山西、河北、陕西等地汉族人纷至沓来。据清乾隆八年（1743 年）的调查，土默特蒙古族典租于汉族的耕地已有 4 千顷。可见当时汉族移民之盛，定居村落

[1] 韩绍祖、望月稔修，张树培总纂：《萨拉齐县志》卷十五 艺文，收入包头市地方志办公室、包头市档案馆、内蒙古社科院图书馆合编《内蒙古历史文献丛书》之八，下册，内蒙古出版集团远方出版社，2009，第 755 页。

随之增多。乾隆年间萨拉齐的汉族移民数量也已相当可观，如《火神庙碑记》（乾隆三十五年）中记道："是地萨拉齐，浩浩沙漠，烈烈风高，然而五方辐辏，烟户万家。"[1]

现存地契资料也显示出，清朝中期萨拉齐周边的汉族移民逐渐多了起来，村落规模也日渐扩大，蒙古族的大量草场被开垦为农田。今萨拉齐镇西老藏营村有杜姓村民保存着杜氏自迁入西老藏营以来的历代土地契约，2007 年这批地契被捐赠到内蒙古大学，牛敬忠、哈斯巴根等学者对地契进行了研究。研究显示，清乾隆年间的西老藏营村蒙古族白银架就大量出租地亩给汉族移民，清嘉庆至光绪年间村里的土地交易更是频繁。[2] 萨拉齐镇榆树营村地契显示，清乾隆三十二年（1767 年）五月，村中蒙古族将祖遗地租给 9 个汉族移民开荒耕种，每年地租银拾伍两贰钱。清乾隆四十九年（1784 年），村子单是乌云达赖一户蒙古族就与其他 24 户汉族移民签有土地契约。到清嘉庆年间，村中出租土地的蒙古族有 10 多户，而租种土地的汉族有 40 余人。

蒙古族世代游牧，对土地面积的掌握不很确切，与汉族缔结契约有时也并非为获取利益。萨拉齐至今流传着一则"一颗猪头定下 90 亩地"的趣闻。约在清道光末年，时至腊月，榆树营村蒙古族到佃户刘家门上收取地租，因平时双方交往甚好，刘家就留下其吃饭并随意交谈。吃喝之间，收取地租的蒙古族提出要把村东的一块土地加租给刘家，因刘家人有信誉，从不拖欠租银。当时主持家务的刘氏一听犯了愁，回答说："家中已无分文，仅留下一颗猪头，哪敢再谈置地租田的事！"收租人一听，痛快地说道："好！就那一颗猪头吧！北起村北成大路，南到毛岱路壕，西至崔家地界，东到砂圪梁的一块地租给

[1] 韩绍祖、望月稔修，张树培总纂：《萨拉齐县志》卷十五 艺文，收入包头市地方志办公室、包头市档案馆、内蒙古社科院图书馆合编《内蒙古历史文献丛书》之八，下册，内蒙古出版集团远方出版社，2009，第 755 页。

[2] 牛敬忠：《清代归化城土默特地区的土地问题及其他——以西老藏营村为例》，载《第一届内蒙古区域史学术研讨会交流论文》，内蒙古大学历史与旅游文化学院、内蒙古地区社会历史文化研究基地，2009 年 11 月。

你，过起年来就签约办手续。”这块地后经刘家测量整整90亩。

清代土默特地区的放垦是一个漫长而又复杂的过程。不同时期的放垦，目的不同、内容有别、名称各异。清朝初期，对土默特地区采取禁垦政策，到康熙、雍正、乾隆三朝，为维护其统治，以征用、效纳及赏赐等办法，“借地养民”，逐渐放垦土默特牧场。清乾隆二年（1737年），萨拉齐周围有“长、泰、宁、善四里官地1903多顷”，并放垦了一些香火地、大粮地、小粮地、义地。清乾隆七年（1742年），归化城都统上奏，声称土默特等两旗蒙古族的牧场已不甚宽裕，“若将草地陆续开垦，必致侵占牧所”。于是，清王朝又为此下达了“牧场禁止开垦”的命令。然而也是禁而不止，时紧时松。

到清光绪二十八年（1902年），因内外交困，迫使清政府又施行“勒令垦荒”和“移民实边”的政策，任命贻谷为垦务大臣，对土默特地区的土地又一次进行大量开垦。到清末，萨拉齐周边除山、河、沙滩、碱地以及一些必要的牧场外，其余土地基本放垦完毕。

四、民国时期人口的聚集

民国时期，萨拉齐县的人口已达饱和。1933年“萨拉齐县城，城内汉民……人口30000余。汉族均于清乾隆年间自忻州迁来。以其时忻州大荒年也”。[1][2] 据1940年《萨拉齐县管内民族户别调查表》所载，这一年萨拉齐县总人口已达140216人，其中汉族人口135964人。[3] 在漫长的移民浪潮中，由于居住时间的长久，移民的心理关于对居住地以及自己身份的认识发生了变化。“萨拉齐附近的移民以山西忻州、定襄、崞县、文水、太谷、祁县人最多。最初都以同乡团体相凝聚，后来在住地认同上逐渐强调‘萨拉齐县’

[1] 林竞：《西北丛编》，神州国光社刊印，1933年，第33页。

[2] 闫天灵：《汉族移民与近代内蒙古社会变迁研究》，民族出版社，2004年，第60页。

[3] 韩绍祖、望月稔修，张树培总纂：《萨拉齐县志》卷四 民族，收入包头市地方志办公室、包头市档案馆、内蒙古社科院图书馆合编《内蒙古历史文献丛书》之八，内蒙古出版集团远方出版社，2009，第515页。

而不是山西原籍地，自称‘本地帮’。”[1] 事实的确是这样的，这种以同乡社团相凝聚的心理因素反映在居住地上便是同乡聚居。这从保留到现在的土默特右旗不少村名、巷名可以看出，如：定襄营子、繁峙营子、五台营子、忻州巷子、崞县巷子、大同巷子等。从移民的这种心理变化也可以看出，到民国时期，萨拉齐县的汉族移民已经淡化了自己客民的身份，而逐渐将定居地作为自己的籍贯。

五、由迁徙到定居的历史进程

自清代以来，萨拉齐的汉族移民大都经历了雁行——常年客居、以契约形式租种土地——寄民落籍、地亩升科的过程。

（一）雁行

雁行，顾名思义指移民在春天到口外耕种，秋收之后返回口里，如大雁一般春秋两次迁徙。雁行者多是赤贫的口里农民，“山西贫民，每岁出口工作者，络绎于途，各背行囊，中藏糜子以傅炊，晚住小店，亦仅费茶水钱数文。至旷野无人处，则践草席地，身裹羊皮，仰天露卧，虽虎狼不畏也”。[2] 雁行是清朝走西口移民的初始，这一时期来到萨拉齐一带的汉族移民多为忻州、代县、定襄等晋北中部地区的农民，他们多是从原籍出发北上，以一天四十华里左右的速度，经雁门关，过杀虎口，进入土默特地区的。[3]

（二）客居并以契约的形式租种土地

清朝中期，大量的移民开始在萨拉齐定居，并以契约的形式租种蒙古人的土地。萨拉齐周边地区最早的地契签订期为康熙年间，乾隆至民国末年者最为普遍。地契以“永佃”即永租类型的契约最常见。土默特右旗敕勒川博物馆藏有十几份这样的契约，今引一段如下：

---

[1] 闫天灵：《汉族移民与近代内蒙古社会变迁研究》，民族出版社，2004年，第159页。

[2] 闫天灵：《汉族移民与近代内蒙古社会变迁研究》，民族出版社，2004年，第144页。

[3] 这里走西口路线和一天的行程里数参考自张文生：《对一个“走西口”人一段记载的解析》，载《第一届内蒙古区域史学术研讨会交流论文》内蒙古大学历史与旅游文化学院、内蒙古地区社会历史文化研究基地，2009年11月。

立出租永远地文约人蒙古海招子，今因差事紧急，将自己祖遗哈只盖村东南地一块，系东西界，东至河槽、西至郝姓、南至乔守旺、北至吴塔子，四至分明，情愿出租与刘耀名下永远耕种，阳修阴葬、栽树取土，一切由己自便承业。同人言明，现使过压地钱五百文整，其钱当交不欠。每年蒙古地租钱贰佰文。日后倘有蒙古人等争夺，有蒙古海招子一面承当。情出两愿，永无反悔，恐口难凭，立出租永远地约存照为证。

计开每年随带蒙古地租钱四百文随带官差神社地三亩。

大清光绪二十七年二月初七日

中见人王兆明、海明子、靠荣富

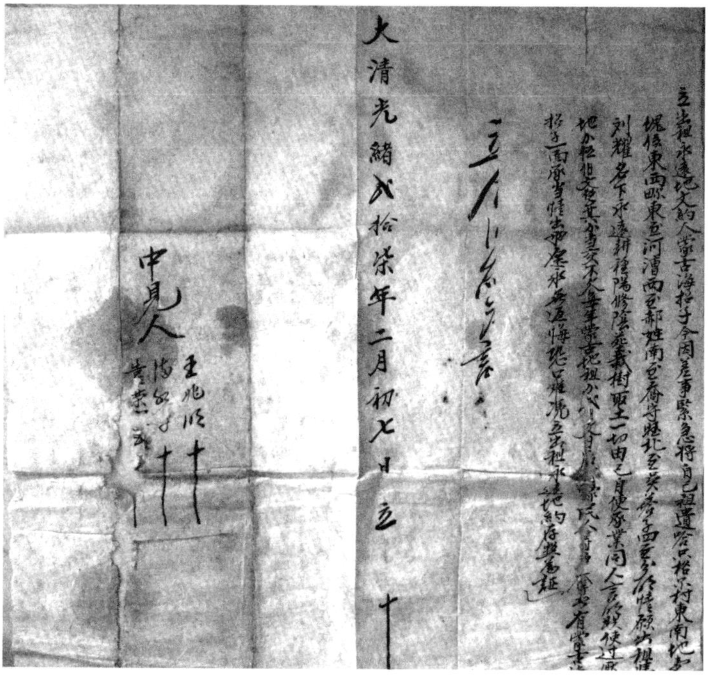

光绪二十七年哈只盖村地契

契约中的“情愿出租与刘耀名下永远耕种”字样就是永佃（租）形式的表现，这样的契约代表着汉族移民以法律的手段将自己对土地的永久使用权固定了下来。“现使过压地钱五百文整”是汉族移民为获得土地使用权而付给蒙古族地主的代价，而作为蒙古族地主的回报则是“日后倘有蒙古人等争夺，有蒙古海招子一面承当”，像这样的压地钱是一次性付给。真正的地租为“每年蒙古地租钱贰佰文”，这种蒙古地租钱是伴随着租地者的使用年限而永远存在的，假使某一天承种者“刘耀”因特殊原因要将土地永久使用权转租给第三方，那么蒙古地租钱将由第三方继续支付给“蒙古海招子”。另外“在西老藏营村地契中普遍写有“许退不许夺”字样，也就是说，只允许租地者退地给出租者，而不许出租者主动收回土地，[1] 这也是租地者有永佃权的标志。地契的另一种形式为“活约”：即某某将地典给予某某，约中载明典价及地租为多少，出租者日后有钱便回赎土地，如钱不到便由承租者继续耕种。今引一段此种契约如下：

立出佃铁水车井水园子地约人张福存、张卯小、张有小，情因用款紧急，今将自己原置到北只图村东南地一块，计地二亩，系南北畛，东至元才、西至张铁、南至武姓、北至张姓，各四至分明，情愿出佃与王通山名下耕种承守管业。同中人言明，共作出佃地价蒙币洋二千五百元整。其洋当日交清未欠，井、铁水车轮流使用浇灌。嗣后洋到回赎，两出情愿，各无反悔，恐口无凭，立出佃约为证。每年随带官差神社地租谷子共八升。

成吉思汗纪元七三九年十二月二十二日立

中见人 贾双套、王在山、张存小

但是“活约”仅是这一时期的土地关系中的一小部分，大部分汉族移民都在以永佃的形式耕种土地。

---

[1] 牛敬忠：《清代归化城土默特地区的土地问题及其他——以西老藏营村为例》，载《第一届内蒙古区域史学术研讨会交流论文》，内蒙古大学历史与旅游文化学院、内蒙古地区社会历史文化基地，2009年11月。

（三）寄民落籍、地亩升科

清朝光绪年间，大量的汉族移民取得了土地的永租权，并在萨拉齐居住有数年之久。尽管他们早已定居，但户籍仍在原籍（口里），在法律意义上不是土默特地区的居民，官方文书称之为“客民”或“寄民”。1883 年，时任山西巡抚的张之洞上奏折要求口外七厅改制、寄民编籍。1884 年，在经过一番周折后，朝廷下达谕旨“土默特蒙兵向赖游牧养赡，现经编立客民户籍，报地升科，蒙古不免失地之忧，著绥远城将军督率土默特参领，按照当年界址，无论已开未开，挖壕立界，绘图贴说，办理明确。并著山西巡抚，于升科时不得令客民任意指报，以清牧界，而安蒙民”，[1] 在兼顾两方面利益的情况下，清政府批准了汉族移民在土默特地区的编户齐民。从此，萨拉齐的汉族移民有了合法的居住权。在户口合法化之后，汉族移民进一步由对土地的永久使用到取得了所有权（或称永业权）。这一过程从清末一直持续到民国，而肇端于清末“督办蒙旗垦务大臣”贻谷的“官放蒙地”。清末的财政拮据与边疆危机是“官放蒙地”“蒙垦”等政策出台的根源，因为“官放蒙地”“蒙垦”既可以达到大量的财政收入，又可以“移民实边”稳定边疆。汉族移民最终取得所有权是在贻谷的清查地亩、出台《土默特查地章程》即“二十一条”（以后又修改为《清查土默特地亩试办章程》即“二十二条”）后。而取得土地所有权的法律依据是此章程（试办章程）的第二条规定：“蒙古户口地亩，多系典与民人，得过价值，地已非其所有，应准实出地价之户照旧管业。”[2] 具体的操作是“先由地户在限期内报地亩（亩数及四至），再由查地局验收地约，并与户司地亩册对照，而后派员丈量，登记造册，发给地户照条（俗称小条）以凭领造。地户须于规定期限内交清地价、加价或押荒银，最后核发大照”。[3] 本来贻谷的出发点是要“民不失地，蒙不失租”，通过此举使早已设

[1] 于永发：《志之余》，远方出版社，2001 年，第 285 页。
[2] 晓克主编《土默特史》，内蒙古教育出版社，2008，第 371 页。
[3] 晓克主编《土默特史》，内蒙古教育出版社，2008，第 373 页。

治又数代久居土默特地方的汉族移民得到土地的所有权（或称永业权），并可以改变蒙古族“有地而不习耕耘，无畜而难为孳牧，惟赖客民租种其地，籍资当差。久之土客混淆，漫无稽考，而奸民非以利诱即以术欺。有本非业主挺然冒称者，有霸种多年抗租不给者，侵占不已，世业全无，无地者有地，有地者无地”的局面，最终还能通过地亩升科后的押荒银与地赋赠加财政收入。但是，事与愿违，最终的结果却是蒙古人地权被夺，汉族移民由缴纳少量的蒙租而被迫改交昂贵的地价与赋税，同时还得承担蒙租，所以引起民怨。尤其在清查萨拉齐地亩时，爆发了吴坝村的群众大反抗。[1] 清查地亩在民国时仍有继续，一直持续到十九世纪二三十年代，其中尤以1915年颁发的“乙卯大照”（汉族移民取得土地永业权后颁发的执照）最为著名。乙卯大照内容大体为：

财政部执照

财政部为发给执照事。今据绥远区垦务局呈报（萨拉齐）县人××住××，承垦坐落（土默特）地方蒙旗报垦地，除由该县登记承垦官产薄第××册第××页，并将该官产四至丈尺亩数应缴荒价与升科额数分款开列外合行给发执照，须至执照者××。

计开 四至：东至××、西至××、南至××、北至××。面积：东西××弓××尺，南北××弓××尺。共地××亩××分××厘，每亩缴荒价银××，共计荒价银××，带收照册经费××，应纳科额××，耗银照升。限于民国××年入册启征合并遵照。

右给承垦人××，准此民国××年××月××日

这类经由国家设立之垦务局，将蒙古族已经报垦之荒地转卖给民间，计亩升科的地亩，所有权完全属于交价承种者自己。截至1937年，萨拉齐县境内的地亩总数已达一万九千五百六十一顷，分别为“大粮地、小粮地、官租地、四六成地是也。……其中“官租地、六成地、四成地三种均系清光绪二十八

[1] 晓克主编《土默特史》，内蒙古教育出版社，2008，第378页。

年向本县清丈局开报，光绪三十三年始陆续丈放。其余大粮地、小粮地，则系民国九年向清理六县官粮地亩局报垦，至民国十四年始陆续丈放”。[1] 以上这几项地亩除官租地外均为升科地亩（六成地地租由农民上交政府，政府从中劈分一部分给土默特旗）。

清末民初，萨拉齐镇可以耕种的土地已基本放垦完毕，汉族和蒙古族之间通过订立契约形成了较为成熟的租种形式。占萨拉齐人口多数的汉族居民，其身份也由客居的寄民转变为与内地同等的编户齐民。在完成上述转变后，萨拉齐镇（城外）的经济模式已由牧业为主转变为以农业为主。

而萨拉齐城内，在种种因素的影响下，从农业人口中分离出来的商业、手工业者又逐步将这座集镇的经济职能由农业转变为工商业，这正是下一节将要探讨的问题。

第二节　近现代萨拉齐镇的经济状况

一、工商业的兴起

1636 年，清朝在土默特部编旗设佐时，萨拉齐仅是土默特右翼旗五甲辖内的一个村落。清朝初年的休养生息与汉族移民源源不断地迁入，使得萨拉齐人口迅速增长，村落规模日益扩大，商店与手工业作坊也逐渐增多。康熙年间是整个中国经济大发展的历史节点，此时的萨拉齐也由村落逐步迈向城镇。经过康熙 61 年的大发展，进入雍正年间的萨拉齐已是“德教洋溢，时和年丰，民安乐业”（雍正十二年关帝庙碑文）的塞外集镇。清雍正十二年（1734 年），萨拉齐修建起规模宏大的关帝庙，这一事件从侧面反映出萨拉齐当时已具备非凡的工商业实力。因为从后来的资料可以看出，修建关帝庙一是因为萨

[1] 韩绍祖、望月稔修，张树培总纂：《萨拉齐县志》卷六 政治，收入包头市地方志办公室、包头市档案馆、内蒙古社科院图书馆合编《内蒙古历史文献丛书》之八，内蒙古出版集团远方出版社，2009，第 541 页。

拉齐的山西籍移民对家乡英雄关羽的崇拜，更重要的是关羽作为武财神被众多的工商业人员所供奉，同时关帝庙内也是商业行会的重要办公场所。关帝庙占地约2400平方米，筑正殿9间，东西配殿各5间，如此宏大的建筑都是萨拉齐商家集资兴建的，这也能看出当时萨拉齐工商业的兴盛。大概从雍正十二年起，萨拉齐成为内蒙古西部地区重要的工商业城镇。

正是因为萨拉齐人口众多、工商业相对发达、交通相对便利等因素，清政府才于雍正十二年在这里设立协理笔贴式，办理周边广大地区的汉族与蒙古族的交涉事务。此后萨拉齐的行政建制屡次升格，到清乾隆二十五年（1760年）正式设立“直隶厅”建制，萨拉齐成为内蒙古西部地区的一个政治中心。政治中心的确立带动了经济的发展，萨拉齐广阔辖区内的农副产品供应着城内的工商业原料需求，反之，辖区内民众的消费需求又拉动了城内的工商业发展。

交通便利也促进了萨拉齐工商业的发展。清朝前中期，黄河由萨拉齐城南流过，远近地区的物资走水路运输，在萨拉齐集散。今天的萨拉齐镇小袄兑村，在清朝中期就是一个黄河码头。清康熙三十五年（1696年），土默特旗在萨拉齐城东南15千米处设立毛岱官渡，由黄河航运到土默川平原、鄂尔多斯高原甚至部分晋、陕、甘、宁等地的物资由这里征税转运各地。萨拉齐北部的大青山中，有众多通往山后的沟谷，走草地的旅蒙商由这些沟谷穿越大青山直达乌兰察布草原，极大地节约了物流运程。1923年，京绥铁路延修至包头，在萨拉齐县设立陶思浩、美岱召、萨拉齐、公积坂、磴口五个车站，北京、天津、河北等地商人入驻萨拉齐，将这里的皮毛等农副产品由铁路运销自京津，这也极大地推动了萨拉齐工商业的发展。

二、物资集散地的形成

清末民国时期，萨拉齐作为工商业城镇，对内的重要职能是（厅）县域农村物资的集散地。萨拉齐辽阔的辖区内盛产谷物、水果、蔬菜、油料、皮毛、鱼、肉、木材、煤炭等。这些农、牧、副、矿产品，大都在萨拉齐城内聚集、交易，萨拉齐的工商业部门又通过对这些产品进行加工处理，转销给广大的辖区内的消费者。

1943 年出版的《萨拉齐县志》中收录的《萨拉齐县物产图》

可以说，辽阔的辖区与众多的居民保证了萨拉齐工商业的发展。辽阔的辖区源源不断地提供了工商业产品的原材料，众多的居民又形成较为稳定的消费群体。《绥远通志稿》说：“本县地土广大，而有黄河水利，农村稠密，产粮之区也，故输出额较别县为独多。”[1] 萨拉齐的工商业在民国时期经常遭土

[1] 绥远通志馆：《绥远通志稿》，三册 卷二十七（下）商业，内蒙古人民出版社，2007，第 775 页。

匪、驻军、天灾等影响，但最终仍然能够挺过难关，有所复苏，全凭借辖区面积的广大。

萨拉齐辖区之广，在《山西通志》里有所记载：

萨拉齐厅境在道治西二百四十里，东西广二百二十里，南北袤一百里。东至多尔济河归化城界一百二十里，西至鄂博口（即今包头城西门外鄂包是）乌拉特旗界一百里（包头未设治前萨辖之西界），南至黄河岸鄂尔多斯右翼后旗界二十里（旧河套二十里，于同治六年南移，今距城四十里），北至后鄂博茂明安旗界八十里（南北袤一百里恐误，今实勘为三百一十里），至旗治一百六十五里，东南到善岱村托克托厅境一百一十里，到托克托厅治一百五十里，西南到黄草洼黄河岸、鄂尔多斯左翼后旗界九十里，东北到白衡戈尔山茂明安旗界一百二十里，西北到后五当沟乌拉特旗界七十里，到乌拉特治一百里。

兼辖鄂尔多斯左翼后旗地，东西广四百三十里，南北袤二百二十里（东至托克托兼辖地界，南至王爱召沙梁界，西至杭锦旗界，北至黄河）。

清末民国后，萨拉齐的辖区范围日渐缩小。清光绪二十九年（1903 年），五原厅由萨拉齐厅析出；民国 12 年（1923 年），又从萨拉齐县析出包头设治局和固阳调治局，1926 年皆单独设县，“盖清初所划之萨厅疆界，至是（1923 年）已减十之七八”。[1] 尽管辖区面积有所缩小，但民国时期的萨拉齐县仍旧是内蒙古西部的巨邑。

三、商贸中转站的建立

县域农村物资集散地是萨拉齐在经济上对内的职能，作为新疆、宁夏、京津等地的中转站则是萨拉齐对外的职能。清代萨拉齐城内的行商就有远距离从事旅蒙贸易者，这些商贩大多是山西籍贯，以驼运的方式穿过大青山沟口，将茶业、布匹等日用品销往乌兰察布。1923 年京绥铁路通过萨拉齐后，以京津资本为背景的商家进驻萨拉齐，直接或间接地从事远距离商业活动，这些人在

[1] 绥远通志馆：《绥远通志稿》，一册 卷一（中）县局疆域沿革，内蒙古人民出版社，2007，第 79 页。

商会内被称为“河北帮”（籍贯为北京、天津、东光、交河、定州，也包括少量的河南人和山东人），他们与从事县域农村物资集散的“山西帮”相对立，争相控制商会内的事务。1941 年到萨拉齐采访的日本学者今堀诚二在《中国封建社会的结构》中写道：“货行为贸易商，主要是把从北京、天津购入的物资提供给赴蒙古国的商队（旅蒙商），同时把商队提供的兽皮、兽毛等转销到北京、天津的中间商。所以他们超出萨拉齐这个领域，担负着国内市场甚至国际市场的一个环节。”[1]

但是，正当萨拉齐在河北帮的运作下积极壮大对外贸易时，包头迅速崛起，取代了萨拉齐在内蒙古西部地区的经济职能。包头在萨拉齐西 40 千米处，原为萨拉齐治下的一个镇。清同治年间，黄河改道南移，原设在萨拉齐附近的毛岱官渡迁往包头的南海子。1923 年京绥铁路的终端修至包头，包头成为占尽先机的水旱码头。“皮毛一动百业兴”，便利的交通迅速使包头成为连接新疆、北京的中心地带，而部分原驻于萨拉齐的河北帮也在主营对内贸易的山西帮的排挤下迁往包头。最终，萨拉齐未能完成经济转型，依旧依赖与县下面的农村交易，只成为了新疆、宁夏、京津等地中转地带（非中心地带）而已。

第三节　近现代萨拉齐镇的特色产业

在县域农村物资集散地和新疆、宁夏、京津等地中转站两个职能的作用下，清末民国的萨拉齐产生了钱、粮、货、当四个特色产业。这四个产业不光是当时萨拉齐的支柱产业，由它们组成的行会组织还控制着萨拉齐的商会，运行着萨拉齐的市政功能（第二章有专门阐述）。以下是四个行业的具体叙述。

一、钱行

钱行即从事货币汇兑的金融机构，类似早期的银行。萨拉齐县境内的钱行

[1] 今堀诚二：《中国封建社会的结构》第二篇 萨拉齐，日本学术振兴会刊，1978 年。

大约在清咸丰时即已开设，“惟据邑中父老传言，谓当清时咸丰年间，本邑一度遭逢水灾，钱行波受损失至巨。准此而言，则本邑之有钱庄，最近亦在咸丰以前，当无疑义”。[1] 截至1916年，“城内尚有钱庄二十余家。其字号为集义和、德玉和、复义厚、义源厚、德生永、德义昌、德和昌、公和德、永盛和、永和庆、宝泉泰、永兴玉、德生泰、福泰恒、福和长、福和庆、复合泰、广义和、义兴恒、裕通银号等，资本最多者一二万吊，少者二三千吊不等”。[2] 这些钱行不仅从事银两、制钱的兑换，而且发行帖子。“帖子”类似于现在的支票，上面标明帖子发行的排列号码、支取金额、支取时间，钱庄见到帖子验明真假后即将钱币如数发给持帖人。敕勒川博物馆现藏一枚萨拉齐厅钱庄印制帖子的模版。此版于2008年发现于萨拉齐镇一处拆迁户家中，模版原藏于该户人家墙壁中，拆迁房屋时发现。模版呈墨黑色，质地为角质，由四行两列十二小块组合而成，每块之间用竹钉串连；通长18.8厘米、宽9厘米、厚3厘米；上端抹角，总体外观像一块石碑。模版的主体信息反映在版芯（版芯亦呈按外观比例缩小的碑状），中间阳刻的三行竖字，右为：　字第　号，中间为：凭帖来取　钱　文，左为：　年　月　日　票；版芯上方留有一空格，空格上方的四个圆圈内刻有“萨拉齐厅”四个正楷字；字两边的大圆圈内刻有“福寿”两个篆字。版芯外围的四个角各有两个对称圆圈，上边内刻“公德”两字，下边内刻“和记”两字。结合前面引文内的钱庄字号推断，此四字读法应自上而下、自右而左，读作“公和德记”。此外版芯的外围刻有“诚信道德”“孝义勤勉”等反映当时钱行职业道德的戒语。整个版块刻工异常精美，图文并茂。此模版的出现说明清末萨拉齐厅的钱行有着完善的汇兑机制，货币的流通相当便捷。

山西祁县、太谷是清末中国钱庄等金融机构发达的地方，同时也是萨拉齐

[1] 韩绍祖、望月稔修，张树培总纂：《萨拉齐县志》，卷十 金融，土默特右旗志史办公室校注出版，1943，第687页。

[2] 同上。

县移民的源头之一。钱行的运作需要大量的资金和成熟的机制、经验，这对于萨拉齐当地的居民而言能胜任者数量不多，故此项业务“多为山西祁县、太谷、榆次、定襄各县资本家投资设立”。[1]

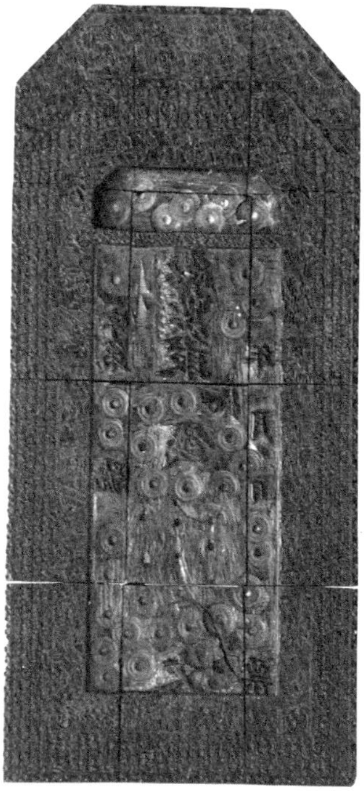

萨拉齐厅钱庄印制帖子模版，现藏于敕勒川博物馆

但是，如此繁盛的金融业在民国4年卢占魁匪部蹂躏萨拉齐县之后，“钱庄、银号悉被洗劫而倒闭，从兹遂成为历史之名词”，[2] 在这之后，萨拉齐县金融机构一度出现空白局面，直至1926年绥远平市官钱局派员来大东街兴盛店内成立分局为止。日伪时期，当局废除绥远平市官钱局分局，改设蒙古实业银行萨拉齐县分行。

二、粮行

萨拉齐县所处的土默川平原素以农业发达见称，所以粮油业在萨拉齐的兴盛是无可置疑的。清嘉庆年间萨拉齐就有多家粮店。清光绪年间，山西商人来萨拉齐建立了兴盛店、太和成粮店。清末民初出现了由本地人建立的大义全、天泰店、义盛恒、德胜全、五和堂、五福堂、德庆功等二十几家粮店。其中尤以“天泰店”为代表。该店在生意旺季时有雇员一百二三十人，并兼营碾、磨、油、醋等作坊。

民国时期，萨拉齐县的粮店一般经营以下活动：1. 秋冬联系卖主（地主）

[1] 绥远通志馆：《绥远通志稿》，三册 卷二十七（下）商业，内蒙古人民出版社，2007，第775页。

[2] 韩绍祖、望月稔修，张树培总纂：《萨拉齐县志》，卷十 金融，土默特右旗志史办公室校注出版，1943，第687页。

低价买进，春夏高价卖出，此过程中还存在着“出九入十一”，即在斗量上溢入损出。2. 充当外地粮商与本地卖主的中介，以抽取百分之二的中介费用。3. 粮价疲软时代替别的粮商或本地地主储存粮食，存粮一年每百石扣除耗粮二石、油每百斤扣除二斤。4. 兼营碾、磨等作坊。粮店一般三年一算账，粮店经营期间财东不过问店内业务，由掌柜（经理）、先生（会计）经营。三年后财东、掌柜、先生会同算账，除本分利。

三、货行

货行即杂货店行业。清嘉庆年间萨拉齐的杂货行就已形成规模。到清末民初，萨拉齐城内有名的杂货店有德茂永、万兴和、义德恒、德兴店、聚德成、永茂泉、和义隆、泰恒衣铺等多家。到民国20年（1931年）左右，萨拉齐镇有杂货、饭铺等二百余家，其中经营洋货、布匹业的有六家，即和合店、德昌店、义盛恒、义长久、同德钰、聚义成。其资本额最多者六千元，最少者一千元，普通两千元。各家全年营业数最多者二万七八千元，少者一万四五千元。年纯获利最多者二千元，少者五百元；经营药材业者有元泰和、永和正、中和堂三家，年纯获利均在千元上下；经营木材业者有两家，一为德聚森，年纯获利五百元，一为复和义，年纯获利四百元；经营山货业者三家，德义泉、惠兴玉、崇义堂，年纯获利近二三百元；经营皮毛业者仅洪源久一家，年纯获利约二千元。[1]

四、当铺

清朝乾隆初年，萨拉齐出现当铺，到乾隆五十六年（1791年），萨拉齐的当铺已发展到56个，在当时整个土默特地区，当铺的数量仅次于归化城（现呼和浩特市）。

典当业的主营业务是抵押货款，同时兼营估衣和珠宝首饰，有时也偶尔代客汇兑。上门借款的，绝大多数是贫苦农牧民、小商贩和小手工业者。另外，

[1] 绥远通志馆：《绥远通志稿》，三册 卷二十七（下）商业，内蒙古人民出版社，2007年，第775页。

一些破落财主，年终结算，入不敷出，去钱庄借款怕丢面子，于是找熟惯的当铺，凭仅有的一点面子指房地为押，临时借一笔款，以度困境；还有极少数富户外出，怕家中贵重物品被盗或高档皮货被虫蛀，也有去当押的；至于那些窘迫的职员、潦倒的知识分子夏当冬衣、冬当夏衣的现象更为普遍。抵押的物品包罗万象：有金银珠宝、绫罗绸缎、箩筐扁担、犁锹锄耙等，只要有一点使用价值的，都可抵押。但一般当品只当市价的一半左右，惯称值十当五。抵押的期限一般为半年到一年者为最多。利率大都是月息 3 分。

清末民初，萨拉齐知名当铺有四家，当地居民依据地理位置习惯称南当铺、西当铺、东当铺、北当铺。北当铺位于萨拉齐大北街中段路西，其铺面与原太平街西口相对。北当铺的商号名称叫“萨拉齐源泉汇”，是清末时萨拉齐县最大的金融机构。北当铺临街处铺面是接待顾客、承揽业务的地方，紧挨铺面西是一处四合头库房院，当铺的店员、伙计、保镖、佣工等都在这个院中打理业务。该院东墙上有小门与库房院及铺面相通。迎北的大门上筑有小阁楼，四周的房后墙上都筑有女墙，每天派有专人护卫值守。

民国 5 年（1917 年）初，巨匪卢占魁匪伙将萨拉齐城内所有当铺洗劫一空，城内东、西、南三个当铺从此倒闭，只有北当铺劫后重生，继续坚持经营到民国末年。民国中后期，北当铺的店掌柜是沟门西湾村人张步昇。张步昇只有一子张喜喜，张喜喜有五子，分别为：张存小、张二娃、张三娃、张四召、张五召。张家在沟门西湾村原“善人堂”西有一处四合大院，修建较为精良。民国末年，萨拉齐北当铺由张三娃经营打理。

第四节　经济转型期的外部环境影响

清末民国时期，萨拉齐的经济发展呈现时荣时衰、极不稳定的局面。从产业转型上来说，传统观念认为钱、粮、货、当一直是萨拉齐镇的四大支柱性产业，实则受国际环境、匪患战乱、交通条件等影响，萨拉齐的支柱性产业一直在不停转换。如鸦片战争以后，中国卷入世界资本主义的浪潮，逐步成为西方列强的原料供应地。此时萨拉齐的皮毛产业一度兴盛起来，与包头一齐成为中国西北地区的皮毛输向京津乃至国外的中转地。又如钱行曾以巨大的资本额度支撑着萨拉齐县域经济集散、对外中转等经济功能，但在1905年巨匪卢占魁洗劫萨拉齐城后，钱行大多倒闭，自此一蹶不振。1923年京绥铁路展修至包头，便利的物流运输刺激了粮行的发达；而日伪时期，因为日军鼓励鸦片种植，鸦片贸易又异军突起。经济领域内的此消彼长，转型不断，缘自社会失序、政治动荡。

一、受国际环境的影响

鸦片战争以前，萨拉齐的经济发展仅受县（厅）域供求关系的影响，处于自然发展的趋势，并无骤起骤落的态势。鸦片战争以后，中国被迫开放通商口岸，卷入世界资本主义的浪潮，成为列强的半殖民地。此时，地处北疆的萨拉齐也开始受国际供求关系的影响，并成为西方工厂的原料产地之一。宁夏、新疆等地的皮毛汇宗流入包头、萨拉齐，然后转销北京、天津。此时，萨拉齐也一度出现"皮毛一动百业兴"的局面——车驼运、制毡、制毯、黑白皮坊等产业相继兴起；货行贸易商频繁在萨拉齐、北京、天津、新疆等地往来；晋商巨贾在萨拉齐开办了为数可观的钱行、当铺，为大规模的资本运营提供金融保障。清中后期萨拉齐经济的迅速崛起，不得不说是受了国际环境的巨大影响。

二、受匪患战乱的影响

清末民国时期，匪患与战乱对萨拉齐的经济也造成了巨大影响。《绥远通志稿》记述道："民国初年，尚有钱庄十八家、当铺四家、粮店十家、马店两家，其余杂货、饭铺等业二百余家。多为山西祁县、太谷、榆次、定襄各县资本家投资设立，营业颇称繁盛。迨民国四年冬卢占魁匪伙攻陷县城，盘踞数日，全城商号，抢掠一空，钱当两行，均归倒闭。自此市面萧条，一蹶而不可复振。民国十年四月，驻军傅营哗变。民国十一年三月，保卫团叛走，各商均饱受惊慌，损失尚少。十五年时局扰攘，军队过往频繁。民国十六年冬就抚之徐文彪旅驻城，各商供应无度，骚扰不堪，地方愈形疲敝，原状已难恢复。各资本家此前尚勉支持，至是均行撤庄。所存者仅少数之小本营业矣。”[1]

1926年，冯玉祥的国民军路过萨拉齐，之后奉军、晋军又接踵而至，粮店的粮食被兵马吃空，粮行因而受到摧残。1936年再次兴盛的粮行，在次年日伪实行统治后又渐行凋敝。

1937年后，萨拉齐的鸦片贸易异军突起。这是因为日伪鼓励民间种植鸦片，烟土交易刺激了经济的畸形发展，“迨至七三三年春，烟价突高，营斯业者皆获厚利，异军突起，左右商业利之所在，人皆争趋俗转风移，识者骇汗。至七三四年七月，经政府统治废独资经营，设土药公司，集各土商之资本合作收买，免却竞争，由此前弊尽剔业务入轨，市面活泼又望繁荣”。[2] 广种鸦片与烟土对萨拉齐药行的打击最大。日伪时期，萨拉齐各药店大量收购罂粟壳，发运天津等地销售。日军投降后，国民党政府禁种大烟，勒令各药店烧毁全部库存罂粟壳，各药店共烧毁八万余斤，其损失约等于整个药行的全部财产。

战乱中的各类摊派与混乱的金融状况对经济实体的打击也不小。1945年后，国民党政府“抓兵、逼粮（不种地的工商业也交粮），逼得人走投无路（回族李惠、马良、白召旦合开的义生厚干货铺就是因为屡次出壮丁款，最后交不起倒闭的）；包头春和钰药店在萨拉齐开设的分号春和钰，就是交不起所摊派负担的粮食撤回包头的。特务、警察的横行无忌，搅乱了人们的正常生活；法币、关金、金元券的相继贬值，使物价飞涨，一日多变，把人民折腾得叫苦不迭。前一小时可买一斤面粉的钱，后一小时连一盒火柴也买不了；各项

[1] 绥远通志馆：《绥远通志稿》，卷二十七（下），商业，内蒙古人民出版社，2007，第775页。

[2] 韩绍祖、望月稔修，张树培总纂：《萨拉齐县志》，卷八 产业，土默特右旗志史办公室校注出版，1943，第651页。

无名的摊派捐款多如牛毛，不住地飞到农工商头上，军队的频繁调动驻扎，人吃马喂任意糟蹋，许多商家经不起负担而纷纷倒闭，即使勉强维持的四五家商铺到萨拉齐解放前夕，也已奄奄一息了。”又如“萨拉齐万盛和清茶馆的锅盔在全县是很著名的。日本侵略军向中国人民宣告无条件投降后，因经理马温企图趁机发财，倾全店油、糖、面赶制干货，数倍价广收蒙疆币，蒙疆银行不予兑换，万盛和清茶馆从此倒闭”。

民国时期，萨拉齐煤炭业中的杨家在悦来窑沟办窑采煤，一办就是几十年。直到萨拉齐解放前夕因办“军煤”（给当时绥远国民党军队供煤）数量太大，按期交付不了，才破产还债、倒闭。

三、受交通条件的影响

1923年，京绥铁路修到包头后对萨拉齐商业的发展起到了刺激作用。“京包铁路通车，交通畅利，直、鲁、豫各商络绎而至，主业洋货，服饰阔绰，铺面整洁，颇重宣传，不重实际。”[1]“以前需用马车运到丰镇、张家口出售的粮食，这时可由火车拉运直通平津，粮行生意大增。”但也打击了当地的车驼运输，不少养驼户、养车户歇业倒闭。

四、金融货币受局势的影响

清末，萨拉齐经济繁荣兴盛，山西等地一些私人资本视萨拉齐县有利可图，先后来萨拉齐县开设钱庄银号共二十余家。他们专营制钱与银两兑换业务、开具“钱帖子”在市场上和工商各业间转账和流通。民国4年（1915年）阴历十一月二十六日，大土匪卢占魁率众攻陷萨拉齐县城，各钱庄、银号随之倒闭。萨拉齐市面金融动乱，人心惶惶不安。为安定社会、解脱困境，经县商务会开会决定，成立当地的金融所，发行以铜元为本位的流通券，面额为十枚、二十枚、三十枚、四十枚等数种，这一措施使萨拉齐紧张的形势得以缓和。其时，中国银行、交通银行发行的一元、五元面额的纸币亦流入本县，但

---

[1] 韩绍祖、望月稔修，张树培总纂：《萨拉齐县志》，卷八 产业，土默特右旗志史办公室校注出版，1943，第651页。

不完全通用。

民国 12 年（1923 年），京包铁路通车后，各省大银行的钞币随各火车站处流入，也流入本县使用。

民国 15 年（1926 年），萨拉齐突遭兵变，市面再次混乱。为此，县商务会鉴于环境之不安定，再次开会议决，收回流通券，就地销毁。这时，已有绥远省平市官钱局发行的平市票流通，面额为十元、五元、一元及铜元票，面额为十枚、二十枚、三十枚、四十枚。这时仍以银两为本位币。

民国 22 年（1933 年）4 月 6 日，国民政府宣布，即日起废两改元、废除了银两制，以银圆为本位。

民国 24 年（1935 年）11 月 4 日，国民政府通令全国，以中国、交通、中央三大银行发行的纸币为法币，废止使用银圆。日军侵华后，这些钞票（法币）亦停止使用。

民国 26 年（1937 年）10 月，伪蒙疆政府成立，发行蒙疆银行纸币，停止了日军侵入初曾使用的满洲中央银行、朝鲜银行和察南银行纸币。面额为壹佰圆、拾圆、伍圆、壹圆四种，钢质镀锌辅币为伍角、壹角、伍分三种，铜质零币一分、五厘两种。1940 年又发行了角票，面额为伍角、壹角、伍分三种，这种纸币使用至日军投降。

第二章　萨拉齐镇的社会变迁

第一节　清末民国时期的社会结构

清末，随着移民的增多，萨拉齐已经成为了一个人口众多、功能完备的城镇。城内街巷纵横，店铺毗连，工商业齐全，周边地区村社林立，人烟辐辏。清政府在这里设立了同知、抚民同知等官职行使管理权。民国建立后，又设立了县政府。但移民建立起来的城镇与乡村，在政府的行政管理之外，还有一套行之有效的自治体系，这些自治体系带有浓重的移民色彩，充分反映出有别于内地的塞外社会结构。

一、乡村社会结构

（一）村社里的自治组织

据清咸丰十年（1860年）成书的《古丰识略》廿三卷载，萨拉齐厅当时辖4乡202村。清光绪十一年（1885年），在山西巡抚张之洞和归绥道尹阿克达春的主张下，奏准边民在土默特地区落藉编户，萨拉齐厅编为1城8乡337村。清末民国时期，萨拉齐周边农村自发地建立起基层社会组织以应对各种行政事务，“于是乃有推选会首之举。其推选办法，系择村中殷实富户公正人作为固定会首，一年一度，轮流任事。其职务除办理村事外，并代催田赋事宜。此外另举甲头一人，专任调解村中纠纷争斗及供应徭役等事，其任职无定期，唯能否胜任为主旨”。[1]

民国时期，为改良旧的农村基层组织，创办新式村政，政府废除了旧的会首、甲头，推行村正、副等职务，并在村之上成立了乡，“各村始设有村正

[1] 韩绍祖、望月稔修，张树培总纂：《萨拉齐县志》，卷六 政治，土默特右旗志史办公室校注出版，1943，第532页。

副，办理一村事务。由村民选举，县政府加委。十七年各村成立村公所，改选村正、副。十九年将各村编乡，由主村及三五附村组合而成，居民须在二百户以上。乡公所之所在地在主村。设乡长一人、乡副一人至四人。经费每月十元至数十元不等。乡长、副纯尽义务，亦有支给少许薪水者。又设有监察委员会，监察乡公所一切措施。调解委员会调解村民之争执”。[1] 此外，在村、乡之上还有区，“县之区域，在民国二年春，因办民警而划分。全县分为六区，每区设正副区董各一人，由各区人民公选，县署加委。每月发给车马费十元。究其实际，各区事项，多由民警长、后由区保卫团董办理，区董徒拥虚名。……十四年四月，各区重行组织。区董办公处负责办理区务。所有保卫团董，专管警卫事宜”。[2] 这样一来，民国时期萨拉齐周边的农村建立起了区、乡、村三级机构，基层行政制度趋于完善。

此外，与区、乡、村三级机构同时存在的还有保甲制度。萨拉齐的保甲制度大概源于口外，清朝时萨拉齐厅境内尚无警备制度，遇有危险便通过保甲组织自卫。“闻本县之有保甲，系由清始，唯无旧案堪稽，不能指实分述。据传早年邑无驻军，遇有匪警即由商民集众守城，虽无军队之组织，然亦能有条不紊，盖即保甲之遗制也。”[3] 保甲制在日伪时期得到加强，为便于其严密地控制人民的反抗，日伪特出台了《修正巴彦塔拉盟保甲制度》。该制度共制定十二条解释内容并附十条附记，将人民的反抗行为定为“内乱罪”，位居罪责头条，且依旧保留连坐制度。[4] 抗战结束后，保甲制依旧由国民党政府推行，“萨拉齐县在国民党统治时期的行政区划是县、区、乡、保、甲制。全县有城

[1] 绥远通志馆：《绥远通志稿》，第八册，卷六十一（上），自治，内蒙古人民出版社，2007 年，第 116 页。

[2] 绥远通志馆：《绥远通志稿》，第八册，卷六十一（上），自治，内蒙古人民出版社，2007 年，第 113—115 页。

[3] 韩绍祖、望月稔修，张树培总纂：《萨拉齐县志》，卷六 政治，土默特右旗志史办公室校注出版，1943，第 620 页。

[4] 韩绍祖、望月稔修，张树培总纂：《萨拉齐县志》，卷六 政治，土默特右旗志史办公室校注出版，1943，第 622 页。

关、吴坝、沟门、山丰、美岱、陶斯浩、哈素、善岱、双龙、毛岱、义城、新城、沙尔沁、大城西、鄂尔格逊十五个乡和一百五十个保，一千多个甲”。

除了以上的这些组织外，民国时期成立的农会对萨拉齐乡村秩序的维持亦出力不少。“萨拉齐县农会创办于民国六年。……是年冬，陆军第一师驻萨，县署特设承办支差处。不时派警协同驻军分赴四乡征草料，骚扰不堪言状。经农会向县再三请求，始将支差局取消。所有军用车辆草料，统由农会代为管理。自是人民痛苦减轻不少。乡村秩序赖以维持。”[1]

在蒙古族聚居的村落，蒙古族自发地组织起蒙古公社。土默特右旗敕勒川博物馆现存地契中有“立出租永远房院地基约人哈只盖村蒙古公社甲头长寿子、满贵子，二人今因差事紧急将村中房院地基一块，……情愿租与刘士龙名下永远居住，修理、栽树、耕种自便为业”的记载，说明在蒙古族聚居的哈只盖村设有蒙古公社。公社与甲头是绥远地区汉族村落的组织形式和负责人，土默特蒙古人也有这样的组织。《绥远通志稿》记载：“公社之设，或一村一社，或数村一社不等。……无论住户多寡，均有公社，以村内丰富之家及素行端正者数人为甲会，轮流值年。凡遇有公务（如官差、兵差经过或驻扎之类），各甲会召集村人到社会议。议定后，由甲会出首办理。若系蒙古族杂居之村，蒙古族亦各自立社。惟村中蒙古族甚少时，亦有不自立社，并不社者。”[2] 简言之，公社就是农村为应付敬神事宜及各种差事而自发组织起来的机构，负责人为甲头，主要职能是向农民收取“敬神及供应官差”时的摊派。这些摊派是与地亩绑定在一起的，甲头收取花销时是按地索钱。

（二）农村社会权利的分配

清末民国时期，土地兼并、贫富分化使得萨拉齐的农村和其他地方一样分

---

[1] 绥远通志馆：《绥远通志稿》，第八册，卷六十三，政法团体，内蒙古人民出版社，2007，第661页。

[2] 绥远通志馆：《绥远通志稿》，第九册，卷七十四，司法，内蒙古人民出版社，2007，第592页。

为地主、富农、中农、贫农等阶级。独特的是，萨拉齐农村的地主是农村权利的主宰者，就连政府官员也不放在眼里。对此，著名文史专家刘映元感触最深。他于1936年底作为绥远乡村建设委员会职员到萨拉齐县乡村进行指导工作。[1] 初到萨拉齐县，他便觉得此地的中小地主和新发户与众不同，“住衙门的带徒弟，各地已在辛亥革命后取消，不想民国成立已经二十六年，萨县仍然保存着这种封建习惯。原来乡村中的中小地主和新发户，因为有钱……为了顶门壮户，情愿自备伙食把子弟送到县政府，拜住衙门的为师当徒弟，家里在衙门有了人就可以少摊派勒索”。[2] 刘映元在萨县乡村住了几天发现地主阶级的势力很大，导致乡建工作无法进行。“本来萨县很可以按照乡建会的方针做一些改良工作，但由于地主阶级和天主教堂的势力很大，所以乡建工作也是冷冷清清，一点不活跃。倒是‘傅作义，胡求闹，撤了区兵放五道，放下五道不盖庙，钻在村里瞎求闹’的顺口溜，比其他各县还流传广泛。……特别是土豪恶霸，平日一手遮天惯了，猛然省里放下一个乡导员，不怕也畏惧三分，处处感觉碍手碍脚，便想尽各种方法来对付。”[3] 同时他感到这里的地主不光是刁蛮，而且熟透人情事故，极善周旋应付。“旧社会是社领导乡，社是真正的基层组织，由大户把持。乡长多半由地主阶级雇佣，他们都走过江湖，闯过码头，社会经验极为丰富，非常难斗。抗战时期有些乡长能把八路军、自卫军和蒙古军三方面的人应付裕如。”[4] 刘映元在萨县接下来的日子

[1] 绥远乡村建设委员会是傅作义在抗战前为加强绥远地区的基层政权建设和培植私人势力而仿效梁漱溟在山东推行的新农村生活运动搞的一套政治行为，具体由各地选派有文化基础的青年到绥远参加乡训所培训，期满合格后回家乡从事农村政权的管理。

[2] 刘映元：《绥远省乡村建设委员会与乡村指导工作员》，载中国人民政治协商会议内蒙古自治区委员会文史资料委员会编《内蒙古文史资料》第1辑，内蒙古人民出版社，1979，第145页。

[3] 刘映元：《绥远省乡村建设委员会与乡村指导工作员》，载中国人民政治协商会议内蒙古自治区委员会文史资料委员会编《内蒙古文史资料》第1辑，内蒙古人民出版社，1979，第146页。

[4] 刘映元：《绥远省乡村建设委员会与乡村指导工作员》，载中国人民政治协商会议内蒙古自治区委员会文史资料委员会编《内蒙古文史资料》第1辑，内蒙古人民出版社，1979，第146页。

里又遇到了意想不到的事，“某村地主据说在子弟童稚时，就施行‘爷爷坐堂，叔叔站班’的打官司训练，因此该村一贯抗粮抗税，群众对坐班房满不在乎”。[1] 就像后套地主王同春通过牛犋、公中建立起来的“独立王国”一样，萨县的地主阶级也在政令有所不达的基层社会里树立起自己的权威。

（三）生产资料的占有

民国初期的萨拉齐一如传统封建社会里的中国农村，“富者田连阡陌，穷者无立锥之地”。民国时期萨拉齐县有田“百顷以上的大地主在二、三、四各区，共有十一家，多招佃户耕种”。[2] 1943 年，萨县全境“农民九万九千二百六十六人，约为全县人口十分之七，故农业于邑产业中为首要。佃农人口二万四千一百七十三人，约为农业人口十分之三”。[3] 在清末民国时期，天灾人祸频繁发生，占农业人口十分之七的自耕农的地位也是极不稳定的，如 20 世纪 20 年代末萨县“荒旱成灾，各村农田多被他省人购去，已故自耕农多变为佃户也”。[4]

在这种情况下，无地少地的农民则以做长工或拌种的形式生存。“拌种又有伴种、半种、半耕等叫法。大拌种则农具牲畜肥料皆由地主负责，仅效劳力，收获后普通系地主六佃农四分，间有各得其半。小拌种则农具牲畜肥料悉由佃户自备，收货后地主至少二成，佃户至高八成。”做长工不必细说，自然是无地农民完全以出卖劳力来换取生活资料。萨拉齐县“长工，每年工资二十五元，除供给饭食外，并捎种一亩”。[5]

[1] 刘映元：《绥远省乡村建设委员会与乡村指导工作员》，载中国人民政治协商会议内蒙古自治区委员会文史资料委员会编《内蒙古文史资料》第 1 辑，内蒙古人民出版社，1979，第 148 页。

[2] 韩绍祖、望月稔修，张树培总纂：《萨拉齐县志》，卷八 产业，土默特右旗志史办公室校注出版，1943，第 650 页。

[3] 韩绍祖、望月稔修，张树培总纂：《萨拉齐县志》，卷八 产业，土默特右旗志史办公室校注出版，1943，第 641 页。

[4] 韩绍祖、望月稔修，张树培总纂：《萨拉齐县志》，卷八 产业，土默特右旗志史办公室校注出版，1943，第 648 页。

[5] 闫天灵：《汉族移民与近代内蒙古社会变迁研究》，民族出版社，2004，第 189 页。

二、城镇社会结构

自清雍正十二年设治以来，萨拉齐日渐成为内蒙古西部地区的工商业重镇。萨拉齐管辖范围辽阔，境内丰富的农业、手工业产品多集中在城内交易；南临黄河，航运便利，山西、宁夏、内蒙古西部地区的商品可经水路运抵萨拉齐。精明的忻州、太谷、祁县等地的晋商，将成熟的商业运行机制引入这里，这一切让萨拉齐变得繁荣起来，城内衙门、商铺、作坊、学校、庙宇、教堂、民居、街、道、巷等构成一座熙熙攘攘的塞外闹市。截至1941年，萨拉齐县总人口140216人，城内人口25925人，城镇人口占总人口的18%。[1]

（一）社会组织结构

清乾隆年间，萨拉齐设立“厅”，民国改设县，厅县衙门是全境社会组织的顶端。萨拉齐的衙门分三班、六房。

三班：是指捕班（管逮捕，必须有武术的人担任）、快班（管民事案件）、皂班（管监狱和县官坐大堂时衙役们站立两廊助威用刑等）。提审案件过堂时，可分为过堂（在外面乡民都可以参加）、过二堂（不准乡民参加）、过花厅。过花厅是在县官摆花的地方过堂，这是和县官有关系的人打官司的地方，谁也不准参加，县官使用说合和解的办法去解决。

六房：是指吏、礼、户、工、兵、刑。每房设掌案一人，书班几人，各办其事。民国初年废除六房改设民政、财政、建设、教育四局。清代萨拉齐厅（同知）的主要职责是处理内蒙古西部地区蒙古族和汉族的交涉事务，所以行文中又称“蒙民理事府”。清光绪八年以前，萨拉齐历任通判、同知均为满洲旗人。县令下设师爷，分红笔师爷（管理用朱笔呈写上级公文）和白笔师爷（管理用黑笔呈写下行公文）。

从现有资料来看，在萨拉齐城内真正行使市政职能的是商会，封建衙门只负责司法、审判职能，它真正的管理对象是广大的农村。当然也有像文山

[1] 韩绍祖、望月稔修，张树培总纂：《萨拉齐县志》，卷四 民族·户口，土默特右旗志史办公室校注出版，1943，第514页。

（同治年间）这样的循吏，在城市建设、教育、慈善、水利等领域均有政绩。普通职官更多考虑的是“捞钱”，清代新官一上任就张贴“安民告示”，内容是严禁赌博偷盗等，随后本县大行（大商家）送县官三千两铺堂银子，名义上是修建衙门，实际上是送给新官自用。新官上任还亲自到包头抓“虎盘”（当时包头约有几十家粮油大店，实际上既无油也没有粮，专做空买空卖的生意，从中牟取暴利），新任县官随便找个借口，派人把一两家粮油店的头目抓来给予刁难，后经过协商，“虎盘”们合伙集上几千两银子送给新任县官，新任县官得到银子后才回到萨拉齐厅。

民国时期的萨拉齐县衙正门

民国时期，尚有部分社会团体协助政府处理社会事务，具体如下：

1. 县教育会

宣统元年（1909 年），由邑绅刘志魁等倡议组立，下设总务、文牍、讲演、稽查四股，协助官厅整饬教育、改进风化。教育会还创建了天足会，由各校教职员巡回讲演，劝导民众厉行放足。民国 15 年（1926 年），教育会以经费不足解散。

2. 县农会

民国以来军阀混战，萨拉齐县境内不断有各路驻军，地方供应浩繁，于是当地筹设农会，专应军需。后改组为“军车草代办处”。1940 年，移驻天泰店东院，下设文书、会计、交际等股分办会务。

3. 街公所

民国 2 年（1913 年），萨拉齐县划为 5 个行政区，城区属第 1 区，设立区公所。1939 年，改设城内街公所，设街长 1 员，置行政、庶务股，专理城区居民的户籍等事务。

4. 回教总分会

民国 2 年（1913 年），城内回族群众感觉仅依清真寺不足以应环境之需要，于是集议创建回教俱进会。1927 年改称回民公会，1939 年又改称回民总分会。内置总务主任 1 员，会计 1 员，监事 3 员，委员 9 员，在城内清真寺办公。回教总分会是当地回族的最高权力组织。除了协同乡老办理宗教民族事宜外，同时代表本民族的利益参与社会活动，如向当地政府提出建议，请求处理和交涉有关民族问题和其他问题等。

5. 伪县公署

日伪时期，日本侵略者组建了伪萨拉齐县公署，下设总务科、民政科、财务科、警务科以及社会团体兴亚道场。伪县公署是日军维持侵略的工具，如民政科下面的烟政股是专管鸦片征收的机构，它是为日军征敛民膏的机构。又如警务科下面的各警察署，是日军维护法西斯统治的爪牙。兴亚学院与青年训练所是实行奴化教育的机构。

1941 年萨拉齐城内各机关、法团名称及所在地一览表

名　称	所在地
县公署	大西街路北
县城警察署	中山街
税务局	大东街川行店院内
街公所	关帝庙街东口
农务会	大西街路北
商务会	关帝庙内
实业银行	大东街川行店院内
清查榷运局	大南街太匠巷南口
盐业组合	大西街路北
土药组合	中大街路北
煤炭税务局	大西街万亨店巷内
土默特旗征收六成正余粮地办事处	同上
邮电局	大北街
蒙疆电业株式会社萨拉齐县营业所	人市街路北
靖亚医院	大西街路南
土默特右翼六中办事处	大北街旗杆巷
屠宰所	大东街玉皇庙街
回教总分会	大南街礼拜巷
回教屠宰所	忻县营子巷
准格尔旗驻萨拉齐连络办事处	后炭市街
蒙疆新闻社	同上
民众教育馆	中大街
县志馆	中大街图书馆
小学校	大东街
女子小学校	河槽街路西

续表

名　称	所在地
城隍庙小学校	大东街城隍庙街城隍庙内
观音庙小学校	大南街观音庙内
财神庙小学校	大西街财神庙内
吕祖庙小学校	大北街吕祖庙内
清真小学校	大南街三道巷路南
耶稣堂	大西街路南
天主堂	大西街路北
清真寺	大南街路西
纯一善社	小南街三道巷路南
蒙疆电气设备株式会社萨拉齐县驻在所	大北街路西
大蒙石绵公司	人市街路北
驼业公会	大北街路北
炭窑联合办事处	同上
家畜交易所	城隍庙街
谷粮业交易所	东通顺街路北
佛学研究所	关帝庙街
育英小学校	耶稣堂内
万国道德会	大东街三元店
万国道德会附属小学校	大东街三元店
天主堂小学校	大西街天主堂内
纯一善社小学校	大南街三道巷路南
土默特右翼五六两甲警察署	大北街旗杆巷路北
一贯道会	大西街
泰东报分社	中大街路南
县公署职员剧团	
合计	58

公行、商会的主要职能在市政建设方面，下文有详细论述。

（二）职业人群的构成

清末民国时期的萨拉齐城内有公职人员、农民、商人、手工业者、兵警、僧道、教会人员等职业人群。

公职人员多在衙门任职，有的是教员，在衙门任职者多有灰色收入，社会地位较高。比如萨拉齐衙门曾设有东西杂营铺，东西杂营铺有县太爷坐的轿车一辆，四人轿子一乘，吹鼓手一班六人。每天县太爷在早、午、晚吃饭时要三吹三打，还设铜炮三座。总管东西杂营铺的人，是萨县“白花”（赌棍）出生的王五豹子。当县太爷出访乘轿时，王五豹子跑在轿前，手托轿杆，轿走多快，他走多快。王五豹子要坐车，只可跨在轿车辕旁。当县太爷下轿或下车后，王五豹子赶忙跑过去给县太爷抽打几下身上的尘土。王五豹子在萨拉齐很出名，家里布置得很排场，穿着阔绰，娶的大小老婆。巴结他的人很多，这些人企图在官司时借他一句话之力。

商人、手工业者在萨拉齐城中扮演着重要的角色，他们组成商会，由商会出资集款操控着整个城市的职能。此外，萨拉齐城是辖区内农副产品的集散地，这项功能的运作主体就是工商业者。据 1941 年调查资料显示，该年萨拉齐城内有商户 269 家，手工作坊 28 家。[1]

清末民国时期，萨拉齐城内广建寺庙，有一定数量的僧道。1941 年城内佛教寺庙有关帝庙、城隍庙、玉皇庙、观音庙、财神庙，道教寺庙有吕祖庙、修真堂、静修堂，僧道人数总计 365 人。僧道依靠信徒的布施生活，较大的寺庙有地产，每年出租给佃户坐收粮食。

民国时期，萨拉齐城内有天主教、基督教教堂各一所。1941 年，城内天主教神职人员有 250 人，基督教神职人员 410 人。教会人员的文化程度较高，

[1] 韩绍祖、望月稔修，张树培总纂：《萨拉齐县志》，卷八 产业，土默特右旗志史办公室校注出版，1943，第 518 页。

对教育、慈善事业的贡献较大，教会人员在城内创办西式医院、教会学校，遇有荒年还组织施粥赈灾活动。钢琴、电影、电话、教学模型、外科手术等多由教会人员传入。

农民是萨拉齐城内的主体居民。萨拉齐城周围的耕地，多由城内居住的农民种植。按照方言习惯，萨拉齐人称大东、大南、大西、大北街的农民居住区为东营子、南营子、西营子、后营子。城内农民除种谷物外，普遍种植蔬菜以供应城内居民食用。部分农民是亦农亦商，农忙务农，农闲经营小规模的商业活动。

萨拉齐城内的蒙古族和回族大多从事固定的职业，也可算作职业人群。城内蒙古族为数不多，他们多是土地出租者。1941 年有 30 户 200 人。伊斯兰教信徒有 300 户 1200 人，他们聚居在大南街、太平街，多从事屠宰、面食制作、种植等职业。蒙古族、回族都有自己的自治团体，蒙古族的自治团体为土默特旗右翼五甲、六甲自治督导处，回族的自治团体为回教俱进会。

（三）浓重的自治色彩

萨拉齐是个移民城市，移民非常珍惜来之不易的财富与安全，因此萨拉齐城内的市民不愿意将财富、安全交由政府派来的流官管理。腐败的封建衙门也没有能力去保护市民、运行市政。20 世纪 40 年代，日本学者今堀诚二在对萨拉齐做社会调查后得出结论：官府为市民什么都不做。市民也想方设法回避与官府的接触。因此公行不得不承担市政的一切工作。商会在政治、经济、社会全领域，大到组织军队的都市防卫，小到祭祀孤魂，凡是在与市民生活有关的全范围进行打理工作，是‘都市共同体’的实体，与欧洲的自由都市有着相同点。官府也把市政委托给公行办理，市民税由官府确定其总额后让公行承担。如果没有公行的协助，官府什么都做不了。

1. 公行、商会的组织历程

萨拉齐在清乾隆年间已经具有相当规模的经济实力，这可以从《萨拉齐县志》辑录的乾隆年间兴建的祖师庙、圣母庙、城隍庙、火神庙、玉皇庙、观音寺等碑文看出。乾隆年间城内的移民也逐渐增多，市政事务复杂起来，在清乾隆三十四年（1769 年），城内出现了由全体店行、粮行、全体（杂）货行、6 家当行组成的自治团体——“本街”。“本街”名称沿用至道光年间，道光以后改用“阖街”。“本街”“阖街”，从名称上来看，应源自街巷自治体。街巷自治体起源于村庄自治体，但在城镇，本街是沿着道路并排的家家户户的团体，起初农家为多，随着城市化的发展，逐渐被商店铺户所占领，虽然叫街巷团体，但已经有了商人公会的特点。清朝道光到光绪年间，“公行”代替了“本街”“阖街”，宣统年间一度称“公社”，民国初年改为“商会”。

公行类似工商业界的联合会，它还要推举出负责日常事务的执行委员，执行委员称“乡总”。乡总从有实力的店铺中轮流（交替）选拔。按照惯例，乡总的成员一半是固定的，另一半由新兴的商铺补充。在行文中，乡总一般都写店铺名称，有时同时并列写个人（店主）姓名。

萨拉齐历代乡总

年号	职业名称	店铺（人）名
嘉庆 8 年	乡总	复盛永 会逢号 永德隆 俊德泰 天享受 恒立局 增降合 复胜园 广盛泰 万兴店 复兴永 万美园
道光 9 年	乡总	（复兴魁 元兴和）世德泉 兴盛泉 万金全 永庆玉 大来号 聚和号 意成号 天成店 世德恒 兴盛荣 万兴魁 永益店
道光 23 年	乡总	庆丰泰 元兴和 人和当 元盛永 合盛永 双会昌 昌兴号 元和店
同治 4 年	乡总	新福盛魁 元兴和 人和当 元盛魁 全盛西 元盛德 德盛泰 元和成
同治 5 年	乡总	元享永 元兴和 人和当 广顺恒 全盛西 三合德 万丰号 元隆店
同治 7 年	乡总	元享庆 元兴和 永丰泉 元盛魁 义盛泉 双会昌 元泰昌 义成店
同治 8 年	乡总	新福盛魁 元享盛 人和当 元盛店 义盛泉 丰裕长 义成美 元和成

续表

年号	职业名称	店铺（人）名
同治 10 年	乡总	复源泰 会逢号 天元当 谦和当 广顺恒 丰裕店 复盛泉 永兴成
同治 13 年	乡总	元享永 元兴和 天元当 永盛长 义盛恒 双会昌 元泰昌 德兴店
光绪 8 年	乡总	复源泰 崇盛源 德和当 泰恒裕 泰泉昌 双顺元 新盛泉 新盛店
光绪 8 年	乡耆	泰恒裕　泰泉昌 （王吉）（张永瑞）
光绪 9 年	乡耆	天顺泉　德和当 （杜士杰）（杨圣麟）
光绪 9 年	乡耆	（杜士杰）（杨圣麟）
光绪 9 年	乡总	大兴泉 天顺泉 德和当 泰恒当 涌泉茂 丰裕号 谨兴店 复兴隆
光绪 16 年	乡总	复源泰 崇盛源 德和当 源泉汇 德和西 聚生楼 永和店 复兴隆
光绪 18 年	乡总	泰恒裕 源泉汇 义盛恒 丰裕号 谨兴店 巨泉涌
光绪 19 年	乡总	会逢号 崇盛源 泰恒裕 源泉汇 泰泉昌 三义泉 永合店 义泰永
民国 3 年	经理人	复兴当 泰泉昌 新盛泉 永合店

表格来源：今堀诚二《中国封建社会的结构》第二篇萨拉齐，日本学术振兴会刊，1978 年。

宣统年间，“乡总”改称为公社的“社长”，民国时期又变成商会的“经理人”“会长”。

乡总的任务非常繁重，包括征税、组织自卫、防洪、建庙、经营学校和义园、基金管理、筹办消防、打井、修桥铺路、组织庙会等，与市政建设有关的事务，都需乡总负责。乡总下面雇佣的办事人员称“保长”，也叫差役、地保，给予薪俸，负责处理日常杂务。保长需要地方上精明干练、有家族势力的人物担任，萨拉齐的保长几乎是世袭的，历来由潘、王两家占据。

萨拉齐的保长

年号	职务	姓名
道光 19 年	保长	潘发荣　王益仿
同治 5 年	保长	梁武禄　王　富
光绪 7 年	保长	潘福荣　王正伦

表格来源：今堀诚二《中国封建社会的结构》第二篇萨拉齐，日本学术振兴会刊，1978 年。

2. 公行、商会的经费

公行运行需要相应的费用，这些费用由组成公行的店、粮、货、当四行业店铺根据各自经营规模的大小，算定厘股（分担比率），再根据厘股按比例征收。这种半税金性私人课税叫摊派。光绪十八年关帝庙石碑上记载了关于摊派的事宜："……遵照详定公费数目，嗣后无论实缺署任永远遵守，尔商贾人等，亦宜仰体断意，按年派交，毋得违误，各宜稟遵特示。计开 萨拉齐每年公费银九百两 包头每年公费银一千二百两。"

公行也从四行以外的店铺征收摊派，但其方法不明确，有时按营业税比例征收。另外，公行打击商业领域的犯罪行为时，相关的罚金也被纳入公行的运行费用中。

3. 公行、商会承担的社会功能

（1）调停

在维系萨拉齐城内社会事业的运转方面，公行、商会和清政府的衙门是相辅相成的。从专制权力的观点来看，清朝是依赖公行统治萨拉齐的，反之，公行也借助清朝权力掌握市政，以"支配客体"的形式来强迫市民服从于它。公行在很大程度上扮演了清朝衙门与市民的调停人。在征收税务时，公行让官府承认市民的要求：比如减税，以此来吸引市民加入自治共同体，制造出共同体的强制力；然后协助清朝办事，比如征税。例如在清光绪十八年，官府规定全体市民缴纳的税额过于沉重，公行经过与官府协商，最后让官府将该年的税额减为九百两。又如官府让市民承担修建道路等杂徭时，公行出面雇佣工人，并承担费用，这样回避了市民对徭役的抵制。甚至官府处理民事、刑事案件时，也需要公行的参与。清光绪九年（1883 年），观音寺的一部分用地被清真寺侵占，公行协助萨拉齐厅衙门审理了这起案件。

（2）市场监督与管理

公行制定商业法规，定期检查市场上度量衡工具的真伪，还采取应急手段维持经济市场。民国 4 年（1915 年），巨匪卢占魁抢劫萨拉齐县城，当时城内负责发放流通券的钱庄全部倒闭，公行为了补救其缺口代发流通券，直到民国 15 年（1926 年），市场机制健全后公行才废止了流通券。

（3）武装自卫

清代时期，萨拉齐虽有“绿营”和“捕盗营”的官兵驻屯，但时有时无，兵数也少。民国以后虽有大军驻屯，但实际上军阀们只知榨取，给市民带来诸多困扰。在无法完全依靠官兵的情况下，县城的防卫任务就落到了公行的肩上。清同治六年（1867 年），甘陕回民暴动队伍逼近萨拉齐，时任萨拉齐厅同知文山决定修建城墙，这一浩大的工程，费用全部由公行筹集。同年冬天，为抵御回民队伍的入侵，萨拉齐城内开始实施团防制度，关帝庙内设置“公行团防总局”，雇佣民团进行训练。城内绅商李联香、史麟玉等二十四家大商店担任团防总局经理。团防费用一部分来自农村的人丁税，其余由公行承担，并由乡总来负责经济监督工作。团防从清同治六年（1867 年）实施，到清同治九年（1870 年）十月废止，实行了整整三年。

清同治九年（1870 年）解散团防后，公行在东西南北四条大街的交汇点上设立了保甲总局。根据保甲法，十户为一班，十班为一甲来组织，甲上设立总团。班长、甲长、团长实行推举制度，甲丁按户选定，团丁经常进行训练。总局购买枪支设立武器库，也负责敲钟来集合团丁。

民国 5 年（1916 年），经过卢占魁蹂躏后的萨拉齐，又依靠公行组建起“保卫团”，并一直运行到 1937 年萨拉齐沦陷以后。保卫团从各户招募壮丁，按月发放俸禄，有浓重的雇佣兵色彩。团总负责所有团丁的训练，配备枪支、军装、马匹。各乡村也设置了分团，保卫团在全萨拉齐县拥有约一千名兵员。民国 11 年（1922 年），保卫团同驻军发生冲突，双方持续两天巷战，后来保卫团解散，随即又恢复。民国 15 年（1926 年），保卫团又与冯玉祥的溃军发生冲突，抢劫溃军的枪支。公行豢养军队，负责城市的防卫，这在周边地区是很少见的。

（4）公共事业

萨拉齐城西有一条源自大青山注入黄河的苏尔哲河。由于县城处于低陷地段，夏天经常有洪水侵袭。清乾隆四十年（1775 年），萨拉齐北门外修建了保安石坝用以防洪。清道光八年（1828 年），公行集资在石坝的基础上，又增建长达 6 里的防洪堤坝，并在堤坝上栽种柳树，多年后采伐获得木材，成为了一个实益和景致兼备的事业。此后公行一直负责修缮堤坝。1937 年，商会又将土堤改建为石堤，乡村代表在商会内组建了“保安石坝管理委员会”，配备公田，利用其公田租金来补贴常年修治的花销。

清道光二年（1822 年）东大街重修龙泉井的时候，公行捐资八千文。清同治八年（1869 年），萨拉齐创建育才书院，书院有六千吊的基金，这些基金被拨放公行，每年能产生七百二十吊利息，恰好支付书院日常开销。公行推举出品行端正、认真负责的实干家来负责书院的管理工作。塞外气候干旱，遇到旱灾，公行便在关帝庙设立供坛祈雨，举行念经、烧香、游街等活动。若是天降甘露，公行又进行“谢雨献戏”活动。修桥补路等事业，也需公行出资。

（5）消防

清末民国时期，萨拉齐的主要街巷有“义勇消防队”，公行负责其管理工作。

（6）慈善事业

清同治九年（1870 年）的团防费用有所节余，一部分建了育才书院，另一部分用于义坟的建设。义坟最初有两所，一处在萨拉齐西南边的卜吉壤，一处在城东的小厂圐圙村西南。小厂圐圙村西南的义坟周围栽种着柳树，里面建置寄棺所，配有驻守人员。公行还组织了恤阴会，从各方募集捐款一千吊作为基金，基金由公行保管，每年得到九十六千文的利息，用于清明节、七月十五、十月初一祭慰孤魂（没有子孙后代来祭祀的灵魂）的活动。

（7）宗教活动

萨拉齐城内的城隍庙、玉皇庙、财神庙、观音寺、吕祖庙都是公行从乾隆至光绪年间捐资创建并修缮的。公行在城内关帝庙里举办盛大的庙会，庙会除有相关的宗教活动外，还请戏班子唱戏。河神庙、龙王庙、吕祖庙、财神庙、城隍庙的庙会则由“五大社”组织进行。五大社是公行的外围团体，由店、粮、货、当四行以外的商家组成。

第二节　行会组织

萨拉齐繁荣的商业、手工业，是由掌柜、经理、老师傅、工人、学徒等在运作。同时，内部又交织着复杂而矛盾的社会关系。调解劳资纠纷、制定行规、摒弃不良竞争、规范手艺人的职级晋升等，都需要一个社会组织去协调处理，这样行会就在萨拉齐的工商业中应运而生。公行、商会作为商业的行会组织，在上一节已有论述，下面着重介绍萨拉齐手工业内的行会组织，现以造纸业为例进行说明。

萨拉齐的造纸作坊有西纸坊（位于原纸坊巷，在今汇龙小区西南）、东纸坊（位于河槽街路西）、北纸坊（位于太平街路南）、草纸坊（位于大北街北门口西）。造纸业很早就在萨拉齐发展起来。清乾隆六十年（1795年），萨拉齐的造纸业者组建了行会组织——义和社。当时的义和社既有掌柜，也有手艺人，是劳资共同体。清道光九年（1829年），为了更好地解决劳资纠纷，全体手艺人（老师傅）从义和社退出，单方面组建了公义社。这样在萨拉齐的造纸业内，出现了单纯的资方行会义和社与单纯的劳方行会公义社。

一、义和社

清道光九年（1829年）以前，义和社是劳资双方共同组建的行会。清道光九年（1829年），造纸业的全体老师傅要求增加薪水，他们在各自的作坊内以损坏原料为威胁手段，最终掌柜们借助官府的力量才平息了这一事件。这次纠纷以后，全体老师傅退出义和社，义和社成为单独的资方行会。义和社内的店铺每年选出两家店铺共同担任会首，会首一年一换，选任非常公平。造纸业的店铺都加入了义和社，清道光五年（1825年）社内会员有八家，1940年有七家，会首为益丰泉、德生泉。

义和社的主要工作是约束老师傅，或者说是对劳方行会公义社做出制约行为。其次，义和社还开展祭祀与慈善事业。

义和社与公义社共同制定出老师傅的薪水。义和社还有权利规定老师傅夜间必须住在造纸作坊内，而不能回家睡觉。这样做是为了防止老师傅在夜间加班给其他作坊制造纸张。造纸业的行规虽然是义和社与公义社共同制定的，但是内容多是规定老师傅应尽的义务。如果老师傅或徒工违反行规，义和社可以强制其缴纳罚金，重者除名。义和社有权利监督业内任何一家作坊雇佣被除名的技术人员。

造纸业的所有从业人员将蔡伦作为祖师，他们在萨拉齐的观音庙内供奉着面貌白皙的蔡伦神像。每年的农历十月初十是蔡伦的生日，届时由义和社组织为期三天的盛大庙会。清嘉庆五年（1800年）、清光绪九年（1883年），义和社两度出资维修蔡伦神像。

老师傅虽然从义和社内退出，但是义和社经费仍由掌柜和老师傅各出一半。老师傅的那份从其月薪内按百分比抽取，掌柜的份额采取均摊的做法。在经费管理方面，义和社有年度预算，超出预算临时补交。

二、公义社

萨拉齐从事造纸业的全体老师傅都参与了公义社，1941年公义社的人数有三四十人。公义社的会首也叫“纠首”，由六名会员组成，任期一年，全体会员轮流担任。公义社一方面与义和社共同制定造纸业内的行规，另一方面也制定公义社单独的行规。清道光十九年（1839 年），公义社单独出台行规，严禁雇佣包月工，同时与义和社达成包件工的薪水标准。1941 年，公义社与义和社商定，以“依照历史遗留的规章，参酌社会情形”，对抄纸工一渠（一百八十张）给三元七角、晒纸工一渠给八角七分六厘、对打杂工，染退麻工，破麻工，解、斩、整麻绳工等都按单位产量规定薪水。

行规里还明确规定，老师傅过世后可以在公义社所有的两处义地里埋葬，棺材和埋葬工作都由社里承担。特别强调的是，这种助葬工作与店铺方没有丝毫关系。

公义社的经费分为入会金、布施、月儿钱。入会金也叫“上帮社钱”，清道光十九年（1839 年）抄纸工交五百文、晒纸工交三百文，老师傅免收入会金。1941 年抄纸工人交十八元、打杂工人交十四元四角、晒纸工人交十二元六角。布施是会费，清道光十九年（1839 年）规定，抄纸工人每抄纸一刀（就是半渠九十张）交四十文，晒纸工一天交二十文。1941 年时按工资的 1% 征收。布施是会费的最基本的来源。月儿钱是辅助性会费。清道光十九年（1839 年），抄纸工人每月交八十文、晒纸工每月交七十文。1941 年时，月儿钱已经废除了。

三、其他小型行会

在萨拉齐，店、面、货、当（也有说钱、粮、货、当）四行是历史悠久、资本雄厚的团体，清代归化城的十三行中就有萨拉齐的四行。除四行外，其他的工商业个体也都以“社”的形式组织了自己的行会。以下是 1941 年萨拉齐城内所有的行会组织一览表。

1941年萨拉齐行会组织一览表

行（社）名	最初出现的年号	关系寺庙	营业内容
一、四行			
杂货行	乾隆34年		往农村售卖都市手工业制品的经营者
面行（陆陈社）	乾隆34年		负责小麦等脱壳、制粉、销售的经营者
当行	乾隆34年		典当铺（主要以农民为对象）
店行	乾隆34年		销售粮食的中间商
二、商业行会			
鲜果社	道光14年	财神庙	零售水果的商店
恒山社	光绪9年		带棚可移动售卖货摊
保安社	光绪23年	财神庙	家畜中间销售商
得胜社			猪肉（汉人经营）
翠锦社			货行（往新疆等地销售出口产品的中间商）
牛肉社		清真寺	牛羊肉店（回族经营）
三、手工业行会			
鲁班社	乾隆32年	祖师庙	木材厂（木材零售）和木匠
义和社（纸行社、纸房社）	乾隆60年	观音寺	造纸经营者
公义社	嘉庆8年	观音寺	造纸业的手艺人
酒饭行	嘉庆12年		饮食业
生皮大社	嘉庆24年	关帝庙	熟皮（鞣革）业
金炉社	道光24年	祖师庙	锻冶店
得胜社	同治3年	城隍庙	柳匠
仙翁社	同治9年	关帝庙	染坊
吴真社	光绪6年	祖师庙	画匠（涂漆、葬仪用纸细工、修饰墙面的作业人员）
威镇社	光绪30年	关帝庙	熟皮（鞣革）业
银行社	民国17年	祖师庙	银匠（银圆宝和银饰加工人员）

续表

行（社）名	最初出现的年号	关系寺庙	营业内容
四、运输业行会			
全渠社			使用骆驼的运输业（汉族经营者）
五、农业行会			
牛埧社			住在城内，在北门外的蔬菜园里工作的农民团体
六、街巷自治体			
西大社 东大社	嘉庆2年 道光2年	财神庙	在西大街组织 在东大街组织
七、其他			
马王社	道光25年	财神庙	

四、行规、行话

（一）行规

行社在长期的生产经营活动中，形成了一套大家公认的行规、店规及传统习惯。这些规定现在看来虽然不尽合理，有些还具有较重的封建行帮性质，但对巩固和提高当时行社经营管理地位起过一定的作用。下面选一个极具代表性的皮毛店号规章程介绍于后。

XXX皮毛店号规章程

第一条　本号财东与号互相定有条约十条，内情严明，双方不得违背，共写八折，七财东各执一折、号内存放一折，与合同万金账同样保存，为将来双方绳成之据。

第二条　本号生意作至何等地位，不准支发别号作投资别业。

第三条　本号副经理理事，遇事互相研究，不得独断独行，经理有统领全权，而副经理理事则有监辅经理襄助号务之权。

第四条　本号生意，顶身力者，每厘每年应支洋二十五元，赚薪水者，按年代与所办之职务规定，上自经理暨阖号众伙照章支使，不准长支。

第五条　本号众伙，按照各办其事，如有情弊不法等事，一经查明，不论顶身力与赚薪水之人，立即受处分，重则出号，决不待至合账时期。

第六条　本号经理等暨众伙，一人止一堂名列账，不得假捏无根据之多数堂名列计，以借挪号上款项，如若察觉，定受严重之议处。

第七条　本号经理众伙，不得私挪暂借大小款项，一经察觉，除照数立令补还外，犹须受相当之处分。

第八条　本号无论经理暨众伙，在号内必须一心一意，共谋号务，不得私自营业。

第九条　本号经理暨众伙，必得有相当承保，无承保者，不得在号服务，而承保则负完全责任，加以盖图章为证据，凡愿作承保者，必先明此规，而免将来遇事之挠舌。

第十条　本号合账以三年为限，所得红利，如正月合账，东家可延存半年，陆续支使，身力则由夏秋两标支使。

第十一条　本号司账主任暨管理现款者，与各司账员，不得由洋箱实存款内，有浮挪分文，并账内外悬虚浮计等事，由执事与司账主任，临时检察之，倘司账主任故意包容，或懒于检察，弄出弊端，被账外力揭发，或执事自行查出，作弊人应当严受处分，立即追赔欠款，而司账主任，亦因之受重大连坐，若司账主任弊病，按监守自盗议，更较别人严重。

第十二条　本号内外各伙等员，不得假借相与并客人等账内或名义，张冠李戴，浮计款项，一经查出，或被人揭发，犯者以号规处理，除追款外，立即出号，刻不容缓。

第十三条　本号全体伙友，如遇挨期施里时，在本省各处住家，初次一年半施里，再后均是一年一回，在家住三个月为限，省外旋施里时，初住头次者，以三年为期，再后均是二年一回，在家住六个月为限，期满必得来号，不准拖延时日，倘遇事故，自料不能如期者，必得预早与号来函请假，若不请假而误限期者，定以处理。

第十四条　本号之众伙，如在本市住家者，与在外地住家不能同例，按五日晚上回家一次，平明必得到号，不准拖延至半年，如家里有事，亦得向号上请假，违者处分。

第十五条　本号众伙互行之冠婚丧葬等礼，上至父母下至妻子儿女等，均由上经管议定，号上与行礼洋五角，顶身力者每人洋一角，效力者每人洋五分，财东另议。

第十六条　本号执事暨众伙，不得担保巨款，并办官方危险等事。

第十七条　本号以揽客图实业为主，不准放无限量之借账、抵垫客人，亦必观察其字号之虚实，并以存货之多寡为标准，内外众伙，各负其责，随时报告情形，以备执事等依此为作营业之方针。

第十八条　本号禁止作油粮期盘等空虚危险生意，暨例外之不正当各营业，违者按情节之轻重处分。

第十九条　本号外交伙员，必得将市面各商情形日日报告，使号内明了，普通市街实情，若沉默不言，应予处分。

第二十条　本号经理暨众伙家内，不得私自取用号中公私物品，违者亦受相当之处分。

以上所定二十条号规，自宣告之月起，即是号内上下人伙，永久遵行实现之期，但此规条，以商号法理所定为必须之情形，如遇事万一有情节轻重，同时斟酌处理，不得漫无限制。

中华民国二十五年二月二十四日即农历二月初二日　XXXXXX 合订

从上不难看出，上述条规既有陈腐严厉的一面，也有人情通融的一面。

（二）行话

几百年来，当地行社在经营发展壮大中，各行各业由于经营的品种不同，经营的方式不同，交往的对象不同，从而形成了许多行内流行的语言或动作，行内人一听就明白，一看就懂，而行外人却不知所云，这就是“行语”，当地俗称“黑国语”。这也形成了一个奇特的行业风俗。随着社会的进步、开放，这些行话正在逐步流失，许多行话更遭到了淘汰。作为行业风俗文化的重要组成部分，行话有必要给予记述。

理发业为了应付社会上各种人物，避免受害，各地通行一些行话，伙计们规定上不传父母，下不传妻子。如：难伺候的顾客叫“啃子”，军警宪特叫“豪蹄”，小偷叫“夹子”，大胡子叫“大盘”，偷钱叫“带害”，理发不给钱叫“漂活”等，通过这些行话，可以互相通气，避免挨打、受辱，求得苟安。

作牲畜交易时，全凭桥牙子从中促成。桥牙子在交易中完全采用诡秘的方式。买主还价、卖主讨价，他们全不公开，讨价时，一面用手在袖筒内捏价，一面说些外行人听不懂的“黑国语”。如称一为“流”，二为“戳”，三为“品”，四为“瞎”，五为“拐”，六为“挠”，八为“挤”，九为“弯”，十为“挂”。如“十一”叫“一大一小”，“五十五”叫“两拐”。在桥市的行话中，把牛叫“差子”，驴叫“鬼”，马叫“分尔”，驼叫“铁面”。说“卖”叫“射”，说“买”叫“沾”等，这些行话完全是在买卖中搞欺骗的工具。

在粮行的市口上，买卖竞争十分激烈，倒市口店的商人非常狡猾，从不说实话，甚至摸不透谁是买方卖方。各店跑街的和站市的都用暗号联络，如挠头皮是买，抠眼睛是卖，在不动神色中，已把买卖做成。

还有一些同行落难的，流落到外地，只要进门一抱拳，口称“兄弟们好!”在抱拳的时候做出本门的暗号或其他形体动作，大家就自然给予热情招待，管吃管住，临走时大家凑个二三十元不等为其周济上路。

此外，各商号内部还有一些行话不为外人所道，如工作、生活、吃饭、外出、禁忌等方面都有许多行话，这里不再一一赘述。

第三章 萨拉齐城镇布局

第一节 城垣及主要街道

一、城垣

萨拉齐虽于雍正十二年设治，但在同治六年前未筑城垣。清同治六年（1867 年），陕甘回民暴动，部分暴动队伍逼近萨拉齐，当时的萨拉齐厅同知文山倡议修筑城垣，以护卫城内居民。清同治七年（1868 年）城垣破土动工，清同治九年（1870 年）基本建成。

竣工后的萨拉齐城垣周长 4520 多米，基宽 4 米，顶宽近 2.7 米，通高约 6.7 米，女墙高 1.8 米，设垛口 3600 个，炮台 28 个，东北和东南开排水孔各一处。城垣东南西北各建一砖门，分别称为泰来门、永清门、定远门、磐安门，各城门洞均为拱形砖碹，上筑有二层门楼。北门口内距磐安门 150 米处建有一座带门洞的阁楼，人称北阁。清光绪十年（1884 年），修筑西北门，称昌源门。城外有护城河，称城壕。

二、街道

萨拉齐城内的街道，在清朝中期就形成大小街道和数十条巷道的格局。萨拉齐城垣落成后，便按照人们惯常的叫法，给各街道命名，唯因城垣的修筑而使萨拉齐实现了太平，遂将原县衙门（后来称后衙门）的一条东西街称谓“太平”街。据《绥远通志稿》载：“城内有大街四道、小街十四道、小巷五十道，以图书馆所在地为中心，名为中街，由此起点，至城之四门，各有大街一道，是城街的主干。县人通称为东街、南街、西街、北街，而不言大也。由西北行为后炭市街及西北门街。又大东街之北为后东街，大北街的中部东向支出之街与大北街成丁字形者，为太平街，均通街也。就中以大西街为最宽，约九丈余。”

按1943年编印的《萨拉齐县志》记载：1940年，萨拉齐城内分4区28街72巷，主要有东、西、南、北大街4条。但县志中所列《县城镇公所街巷表》，为4区27街58巷，显然漏掉了1街14巷。

1940年萨拉齐城镇公所街巷表[1]

区别	街别	巷别
东区	大东街　玉皇庙街 城隍庙街　东顺城街 东桥街　庙后街 东太平街　河槽街	碾子巷　五道庙巷　董厚益巷　口袋房巷 园子巷　弓家巷　刘家巷　郝家园巷西忻县 营巷　东忻县营巷　王永泰巷
南区	大南街　观音庙街 大场面街　中市街 水圪洞街　复兴隆街 庙后街　柴火市街 关帝庙街	头道巷　二道巷　三道巷　回回巷 三官庙巷　一人巷　焦家巷　菅家巷 太匠巷　马阴阳巷　德懋永巷　郭铁炉巷 周效文巷　段家巷　张进士巷　魏家巷 赵老三巷　丁贵福巷　赵口袋房巷 礼拜寺巷
西区	大西街 后炭市街 西通顺街	东柳匠巷　西柳匠巷　新民巷　营房巷 财神庙巷　西三道巷　大同巷　崞县巷 纸房巷　复合西巷　万亨店巷　土地祠巷 夏家巷　张家巷　李挨威巷　岳文明巷

[1] 韩绍祖、望月稔修，张树培总纂：《萨拉齐县志》，卷二 建制，土默特右旗志史办公室校注出版，1943，第600页。

续表

区别	街别	巷别
北区	北大街　北道街 太平街　吕祖庙街 卢福街　东通顺街 西北门街	忻州巷　永合店巷　小磨巷　杨仁巷 达子巷　天盛隆巷　张二威巷　棋杆巷 后沙滩巷　丁绍先巷　张拐拐巷北达子巷 小街巷

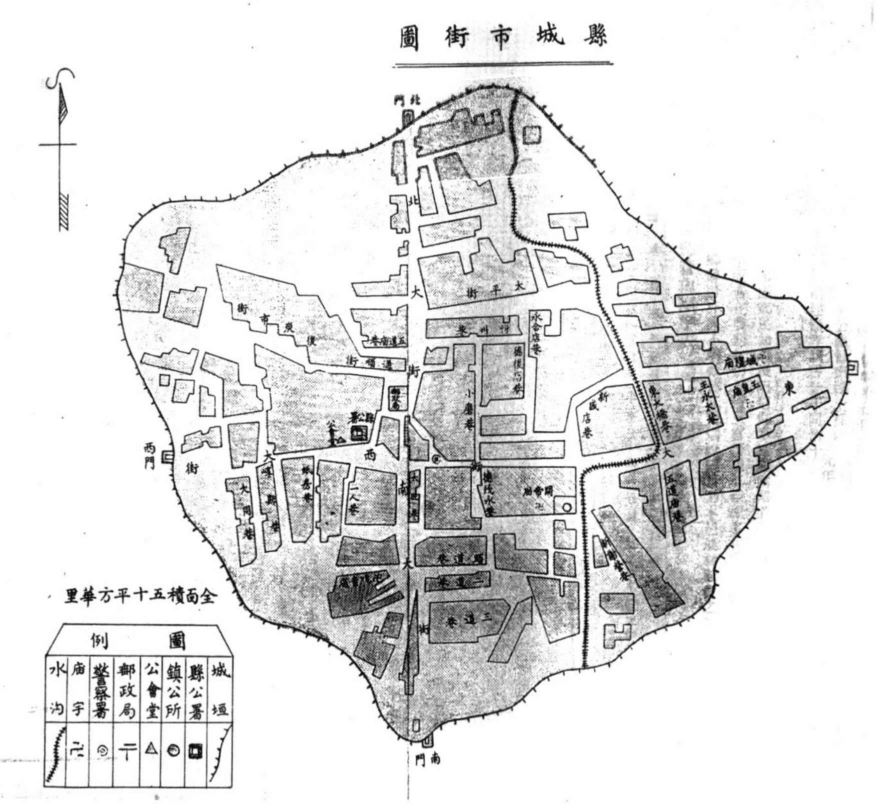

《萨拉齐县志》中收录的《县城市街图》

20 世纪 80 年代时整理的萨拉齐在中华人民共和国成立前的老街巷名称，共计有 18 条街、63 条巷。

街名：大东街、复兴街、大东后街、大南街、正大街、后炭市街、西北门街、大北街、通顺街、三官庙街、复兴隆街、关帝庙街、太平街、人市街、大西街、卢福街、玉皇庙街、中市街。

巷名：学校巷、永合店巷、郝家园子、东河槽、碾子巷、王状元巷、董厚衣巷、东五道巷、园子巷、南河槽、东新县营、西新县营、回回巷、东猪圈巷、西猪圈巷、头道巷、二道巷、三道巷、四道巷、大场面、马阴阳巷、水圪洞沿、营家营、太匠巷、德懋永巷、关帝庙巷、肖懋巷、崞县巷、大同巷、野鬼三道巷、张家巷、财神庙巷、复合西巷、夏家巷、万恒店巷、东柳匠巷、西柳匠巷、岳文明巷、油坊巷、铁匠巷、旗杆巷、西营盘、魏家巷、赵老三巷、礼拜寺巷、茅庵巷、土地祠巷、一人巷、纸坊巷、达子巷、天盛隆巷、张二威巷、小街巷、北达子巷、杨仁巷、忻州巷。

第二节　街巷名称的由来

萨拉齐街巷名称的由来，因历史时期的演变，而呈现出阶段特征。在过去的三百年里，街巷名称有传统的约定俗成者，有因重大历史事件而更名者，有为配合政治运动而更名者。街巷名称的由来，被打上深深的时代烙印。

一、约定俗成的街巷名

萨拉齐城内的街巷多是随着人口增长而自然形成的，缺少有序的规划，由于居民自己出资任意兴建，所以前伸后缩难得整齐，街巷的名称也多是民间约定俗成的，如河槽街以东，称东营子；东门外聚居区，称小东营子；关帝庙街以南，称南营子；县衙门以西，称西营子；太平街以北，称后营子。约定俗成的街巷名称大多以乡土、人物、商号店铺、事物、典故等取名。以下是此类街巷名称的归纳总结。

（一）以最早定居者籍贯取名

初到塞外的晋、陕移民多以籍贯聚居，他们以乡土情结为纽带团结互助，发展生产。籍贯在在农村者取名如定襄营、繁峙营、五台营、寿阳营等，籍贯在城市者取名如忻州巷、崞县巷、大同巷、西忻县营巷等。

（二）以居住者姓名而取名

如王永太巷、董厚依巷、张二维巷、丁贵福巷、张拐拐巷、张进士巷、赵老三巷、杨家巷、张家巷、弓家巷、夏家巷、刘家巷、丁绍先巷、段家巷、岳文明巷、张二威巷、王状元巷、马阴阳巷、周孝文巷、李挨威巷、杨仁巷、肖懋巷、卢福街等。这类巷名中，有的是最早定居者的姓名，有的是取自某个较为知名的居住者姓名，如清同治年间罢官回乡的张进士将府第建在南营子一个巷子里，张府建筑气派、远近知名，这个巷子便被更名为“张进士巷”。又如，日伪时期，地方绅士丁绍先担任了萨拉齐县伪公署第一任县长，伪县政府更换门牌时就将所在的北五道庙巷改为“丁绍先巷”。

（三）以商号和手工业作坊名称取名

如永合店巷、德懋永巷、油坊巷、纸坊巷、张口袋巷、柳匠巷、新盛店巷、德厚店巷、郭铁炉巷、万恒店巷、天胜隆巷、天盛隆巷、万亨店巷、碾子巷、焦皮房巷等。这些商号、作坊在本地享有盛名，因此它们所在街巷便以商号、作坊名取名。

（四）以知名建筑物为巷名

如三官庙后街、土地祠街、关帝庙街、东大桥街、五道庙巷、礼拜寺巷、营房巷、旗杆巷、大场面、西营盘巷、茅庵巷、玉皇庙街、城隍庙街、东桥街、庙后街、观音庙街、西北门街、县府街、吕祖庙街、财神庙街等。营房巷、西营盘巷都是军队驻扎的地方，大场面为城南农民劳作用地。礼拜寺巷为城南清真寺所在地。旗杆巷为清末侯宪章任管带期间所取。因侯宪章买到一处砖木结构、三合头出厦庭院，自己在门庭栽起一对旗杆，此巷便取名“旗杆巷”。由于他的官衔品级不够清王朝规定在庭院竖立旗杆、门蹲石狮之类的资格，由地方士绅出面反对取缔了旗杆，但巷名未改。日伪时期将“旗”字改为“棋”字，仍叫“棋杆巷”。中华人民共和国成立后，此巷改为“勤劳巷”。

（五）以居住群体的特征为巷名

如鞑子巷、回回巷、太匠巷。鞑子巷为城内蒙古族居住地，故取此名。回回巷为城南穆斯林居住地。太匠巷的最早定居者是从山西太原迁来的小手工业者，他们居住此地从事雕刻、油画、炉食等手艺，因此取名太匠巷。

（六）以街巷职能为巷名

如后炭市街、太平街、人市街、柴火市街、牛马市街、毛皮市街、粮市街、煤炭市街。清光绪年间昌源门开后，在昌源门附近形成了煤炭、柴火交易市场——炭市和后炭市，通往后炭市的街道就被称为后炭市街。清同治之前，萨拉齐厅署衙门曾设在这里，人们将此街称为后衙门口街；城垣的落成，萨拉齐遂告太平，便将后衙门口街改称为太平街。民国时期，这里驻扎着县保安团，人们仍称此为后衙门。人市街、柴火市街、牛马市街、毛皮市街、粮市街、煤炭市街，都是因某类货物固定的交易场所而定名。

（七）地理实体为巷名

如河漕街、水圪洞街、后沙滩巷。

二、因重大历史事件而更名者

永合店巷在1945年更名为光复巷。1945年抗日战争胜利后，国民党抗日将领刘盛五回萨拉齐城居住，他在永合店巷买到一处住宅，为纪念日本投降、萨拉齐县光复，便将永合店巷更名为“光复巷”。

三、1949年后的街巷名称更改

中华人民共和国成立后，逐年对萨拉齐镇进行规划、改造，并对街巷名称多次进行更改、规范，对一些旧社会遗留的不文明的街巷名称进行了更改。下面列举街巷名称可见其变化：

大东街：光复巷、解放街、东河槽街、劳动巷、碾子巷、大东巷、东胜巷；

复兴街：西民主巷、东民主巷、跃进巷、利民巷、光明巷；

大南街：大众巷、猪圈巷、头道巷、二道巷、互助巷；

回民街：三道巷、四道巷、大场面巷、南河槽巷、团结巷；

柴火市街：柴火巷、大南巷、前进巷、英雄巷、积极巷；

大西街：大西巷、崞县巷、纸坊巷、大同巷、永红巷；

后炭市街：后炭巷、运动巷、开明巷、新民巷、向阳巷、红卫巷、自由巷、西城墙巷、西环城路、新建巷、同乐巷、共和巷；

大北街：北城墙巷、北菜园巷、兴旺巷、勤劳巷、辛劳巷、凯旋巷、胜利巷、便利巷；

影院街：丰收巷、康复巷、林荫巷、育才巷、电影路、果园路；

和平街：光复巷、忻州巷、文革巷、中市街、革新巷、工会巷；

太平街：忻州巷、光荣巷、自新巷、兴隆巷、农业巷、体育巷；

交通街：体育巷、花园巷、果园巷；

另新建有：东胜街、车站街（火车站）、振华大街，共计有 17 条街 73 条巷。

第三节　公用建筑、民居建筑风格

一、公用建筑

（一）图书馆

也称民众教育馆，位于城内中大街。民国 14 年（1925 年），国民党军队冯玉祥部孙良诚旅驻防萨拉齐，因萨拉齐城内七家大粮店与军队交易中存在欺诈行为，于是孙良诚怒罚七家粮店投资，拆除了萨拉齐镇中心清朝遗留的驿站平房和县衙粮仓，用旧料在驿站原址盖起了二层砖木结构的萨拉齐图书馆。图书馆样式仿欧制楼宇，“凡一层前有露天方台，四面红窗，重檐白壁，巍峨高耸，峙立中街。楼上为图书馆，楼底为宣讲所，内足容二百余众。县志馆寄设楼上，划半为编纂处，窗明几净，微感尘嚣，究属本城特殊胜地”。[1]

（二）体育场与公会堂

1938 年，萨拉齐城内西北隅旧营房遗址建起公共体育场，可容纳数千人，团体性活动多在此举办。

公会堂在县公署西侧，1940 年建成，样式新颖，内部宽敞，可容纳五百人，建筑样式未留下详细记载，《萨拉齐县志》说此地为“为本县著称之建筑也”。[2] 据上年岁的老人回忆，其公会堂只是一个空场地，前面东西宽约 24 米，后面宽约 30 米，南北深 60 米，面积 1600 平方米左右，内建一露天明戏台，经常演出山西梆子戏剧。20 世纪 50 年代后，县、旗电影队曾在这里售票放映电影，还曾作为召开群众大会的会场。1977 年此处建为旗广播站（局）。

（三）官井

萨拉齐的官井有两处。一处在卢福街，为明代古井。最早是孟姓蒙古人饮牲口的井。后为人畜两用井。井筒为石头砌筑，井口为石凿，有一孔，围有石井圈。井旁有长 2 米左右的石槽一个。卢福街有半道街的住户吃用这口井里的水。20 世纪 70 年代，此井被塞填。

另一处位于图书馆前 50 米处。此井建筑年代不详，大约是在清嘉道时期。井筒为石头砌筑，井口有一石井盘，凿有四孔，外围有石井圈，人称四眼井。此井水质良好甘醇，凡中街商户、住户、饭馆，皆吃该井之水。1972 年修柏油马路时，此井封闭，上建语录塔。20 世纪 80 年代改造中心岛时，用路面将井封闭，但该井筒未填塞。

二、商铺

清末民国时期，萨拉齐是一个商业较发达的城镇。它的中街、西街、东

[1] 韩绍祖、望月稔修，张树培总纂：《萨拉齐县志》卷六 政治·教育，土默特右旗志史办公室校注出版，1943，第 508 页。

[2] 韩绍祖、望月稔修，张树培总纂：《萨拉齐县志》卷二 建制·公共建筑，土默特右旗志史办公室校注出版，1943，第 618 页。

街、北街、南街都有大大小小的临街店铺。这些店铺建筑风格与山西的店铺建筑风格相同，皆为砖木或半砖木结构、硬山式挑檐两出水风格。墙体为里软外硬筋拔斗子（里面坯，外贴砖）风格。墙内木柱立架，顶部大梁椽檩支撑。屋顶正中卷棚起脊或偏中卷棚起脊，以正中卷棚起脊为多。屋面全部溜筒瓦，前檐带插扉，后檐无插扉者居多。顺街远远望去，房屋参差错落，一片瓦蓝，十分好看。

门面都装有门板，安全结实。有的门板上留有小窗，便于有夜间购物者寻问，尤以药铺为多见。

较大的商铺为前庭后院，前面是门市，后院为库房、居室、办公室、马厩、伙房等。大多数是庭子房。

此类建筑在20世纪70年代后逐渐失修，有的已坍塌。20世纪80年代改造中心岛时，尽皆拆除，现已荡然无存。

20世纪80年代残留的萨拉齐民国商铺

三、民居

萨拉齐住宅院落有四合院、里外院、豁口院、敞门院等。四合院一般多为殷实富户人家所造，除宽展气派的正房外，还建有东西厢房和南房，院门留在靠路的一边。里外院一般为商户人家所建，后院住主人，前院住佣人或饲养牲畜。沿街的商户人家则多是前庭后院，前面是门市，后面为住户。城里豁口院较少，多在偏僻地隅，贫民所建，皆为土屋，无力建院墙，夯土筑一圈低矮土墙，靠路一面留一豁口木栅挡之。敞门院连土墙也没有，仅为一座孤房。这两种住宅都只有正房，没有厢房，没有南房。当地地处北方寒冷地区，住宅首要条件是防寒保温，所有住屋墙壁较厚，里墙、屋顶都用草泥多次抹平，密不透风，可谓冬暖夏凉。在当地，这样的房式结构称之为中式房。

萨拉齐的中式房

清末民国初期，萨拉齐城内除官邸外，商家、财主的民宅多为砖木、半砖木结构；农民和普通平民的宅院，大多为土木结构。所有居室皆为平房，前低后高，一面出水，满面门窗。极贫户的居室为低矮小土棚，一门一窗。城周边的农村尚有坯碹土窑。

大多数住户的房屋皆为土房。土坯墙，草泥抹底，细泥罩面。墙内木柱立架，大梁一条直通前后墙，横搭两道檩，檩上贯椽，椽上为芨芨或柳条笆子，上复麦秸，草泥压笆。前面出檐6厘米左右，土坯马头。室内为硬土地面，没有顶棚，白垩土刷墙。有的人家有墙围，墙围或用红胶泥涂抹砑瓷。门窗为木制，分上下两揭。满面门窗每揭有两眼大窗，四眼小窗，小窗称槅栮子；有一门，门分内外，内门两扇，称家门，外门一扇，称风门，门上有一小窗，称门头窗。所有窗都用白麻纸糊严，上贴印板手绘窗花和剪纸窗花。一门一窗的人家都比较穷苦，房屋仅有一个门，一个大窗，没有槅栮子。家家都有大火炕一盘，沿山墙通长的炕叫“顺山炕”，通一大段接后灶或前灶的称“棋盘炕”，沿后墙的炕叫“后炕”，贴窗台的炕叫“前炕”。灶为土灶，有“猫巷”通大炕，大炕内有烟道通往烟囱，通烟囱处有一深洞，称“狗窝”，用以烟的回旋和烟囱的吸力。烟囱通过墙体的烟道通向屋顶。当地燃料以煤炭为主，辅以禾柴秸秆。沿山地区也有以树枝为柴，称“硬柴”。火炕、灶台、窗台的高度有固定的尺寸，所谓“尺八的炉台二尺的炕，胳肘子放在窗台上”。

有钱人家的住房大多为半砖木结构，墙体全用青砖砌就的极为稀少，大多为里软外硬的砖包墙。住房都是一出水，讲究雨水即财水，不得向外流。其建筑方式与土房同，也是木柱立架，大梁椽檩，不过大梁和椽檩都是松杆之材，连笆子也是苇笆或木板。屋顶草泥抹平后，要起后脊、覆青瓦。后脊两头有兽头吻。前面出檐更深，有的飞檐插扉，高阶抱厦。屋脊、前檐、马头、外墙壁有许多砖雕装饰。这种房俗称为庭子房，这是当地最好的民宅。庭子房一般为一里一外一进两开的，少数有一进三开的。外间与里间有槅扇隔开，槅扇用麻纸裱糊。室内外间也盘有顺山大炕，里间大多为前炕。里外间都是麻纸顶棚，青砖铺地，墙面和顶棚用垩土粉刷成白色。屋内有土炕与炉灶相通，过火取暖。土炕上方墙围大多绘有彩漆图画，俗称腰墙或炕围子，有的炕围是用腊花纸裱底，上罩清桐油。前门脸儿均为木制，下方是一米多高用砖或土坯砌的窗台。窗子的形制也是上下两揭，两眼大窗，六眼槅榾窗，里外门。所不同的是，门窗皆精工细作，花式多样。两扇内门也油漆成不同颜色，上绘门神或花鸟。民国后期，玻璃传到绥远，富裕人家开始使用玻璃窗，先是将下揭两眼纸窗户改造成为玻璃窗，后将下揭槅榾也改造成玻璃窗。在木镂勾云的窗棂上，贴以剪纸窗花或版印窗花，再覆以白麻纸。民国后期，普通人家也都在大窗下揭安上了玻璃。

1931 年拍摄的萨拉齐民居，时为主持民生渠工程的外国技师住处

中华人民共和国成立后，人民的生活水平都大大提高，萨拉齐镇城乡掀起三波建房热潮。第一次是 20 世纪五六十年代，第二次是 20 世纪七八十年代，第三次是 20 世纪九十年代。

20 世纪五六十年代萨拉齐住宅大多数是土房，满面门窗。下面扎石头根基，上砌三层下碱砖。室内大多数有腊花纸炕围。有的窗台为砖砌，窗户都装有玻璃。国家房管部门也在这一时期建造了一批住宅，将其出租给无房户居住，房屋形制为半砖木结构，门窗为传统的满面门窗。材料多为从寺庙拆除下来的砖石、木料。

20世纪七十年代以后，农民、市民所建房屋有两种形式，一种是“穿靴戴帽”房，一种是“四明角子”房。穿靴戴帽房就是在墙基上放3至5层下碱砖，在墙顶上放3层砖出檐，其余全为土坯砌筑、草泥抹面的房屋。四明角子房就是在基础和墙顶砌几层砖，再将墙四角用砖砌成柱，其余为土坯的房屋。有的是木柱立架结构，木梁木檩；有的为砖砌柱，有的现浇水泥圈梁，无大梁，直接将木檩或钢梁放到砖柱或圈梁上，称为“硬山搁檩”。马头为磨砖砌筑，砖墙大都为白灰勾缝。室内青砖铺地，麻纸顶棚，有的人家是麻刀灰顶棚。各家仍砌筑土炕一盘，土炕上方的墙围子大多绘有彩漆图画，内容有民间传说、戏曲故事、传记小说、花鸟鱼虫、琴棋书画等。房屋间套大多为里外间，有的建有作厨房的后洞。这一时期，房管部门和各机关、企事业单位也建了大批住房。有的是两出水房，砖木结构，墙体为青砖或红砖水泥砂灰砌筑，屋顶挂瓦，封裹不出檐。窗户为开扇小眼玻璃窗，门为五装板双层单扇门，门头有称为“亮子”的玻璃小窗。室内为砖铺地、砖砌炉、砖砌炕，有炕围有彩画。人们把这种房屋称为西式房。

20世纪九十年代后，新建的公产房大部分为砖瓦结构，红砖砂灰砌墙，基础摇砂石砌，水泥现浇顶。前门脸双层开扇木窗或铁窗，双层门，满面玻璃，屋顶两出水、封裹檐，前墙水洗砂，里墙水泥砂灰抹底，麻刀灰抹面，麻刀灰或石膏板顶棚，水泥或水磨石地面，炕帮、炕沿、厨房镶瓷砖，墙壁刮白或贴壁纸。房屋格局多为里外间或一进两开，间隔出厨房、饭厅，有些安装了土暖气、洗浴间。

萨拉齐人特别注重院门，即使土房院落，也要修一个有模有样的院门。凡院门都临街巷道路，规格有大有小，大者称为大门，小者称为小街门。从样式上，有拱形的圆门，也有方门；有垂花吊弹门，也有题额挂匾门。清代和民国时期，主要街道上各式各样的院门构成萨拉齐镇一道亮丽的风景。清末民国初期，各院落均为一家一院的私宅。中华人民共和国成立后，地主、资本家大院中的房屋，有的分给穷人，有的收归国有转租给无房市民，形成众家一院的大杂院。20 世纪 70 年代后，私人所建房屋院落又成一家一院的格局，所建院门更是豪华气派，形式多样。

第四章　萨拉齐商业

第一节　商业发展路径

一、清代商业发展状况

明代后期，萨拉齐周边地区出现板升农业，在板升农业或农牧交错区域，商业形式是原始的以物易物。隆庆和议后，沿边设有多个马市，其时专管萨拉齐的大成台吉（把汉那吉）与其妻大成妣妓都曾管理过马市，与内地商人有过买卖交易。

清朝初年，随着移民的增多，萨拉齐由明代农牧结合的圐圙快速成为塞外一个较大的城镇，商业逐步繁荣起来。早在清顺治年间，中原地区的一些商人就把茶叶、布匹、食糖、食盐等生活用品运到萨拉齐，以换取当地的牲畜、皮毛等产品。由于获利丰厚，萨拉齐的商人逐年增多，有的便定居下来，开店经营，形成萨拉齐最早的坐商。《绥远通志稿》中称萨拉齐的商业“与归化城前后略同。其商业在清乾、嘉时，渐臻发达”。[1] 而归化城在康熙年间已是“外藩贸易者，络绎于此，而中外贸易毕集，乃扼要之地也”。[2] 清雍正十二年萨拉齐设治，极大地促进了商业的繁荣。清乾隆、嘉庆年间，萨拉齐镇商旅云集，店铺林立，商业进入了发展的高峰期。清乾隆二十四年，萨拉齐出现了商人公会组织——本街。[3] 萨拉齐城内仅在乾隆年间就修建了祖师庙、圣母庙、城隍庙、火神庙、玉皇庙、观音寺 6 座规模宏大的寺庙，这些寺庙多由商人出资兴建。清乾隆年间，萨拉齐周边的苏波盖、美岱召等村镇也有了坐商贸

[1] 绥远通志馆：《绥远通志稿》，卷二十七 商业（下），内蒙古人民出版社，2007，第 775 页。
[2] 同上。
[3] 今堀诚二：《中国封建社会的结构》第二篇 萨拉齐，日本学术振兴会刊，1978 年。

易，这些乡村的商号有的是独立的，但更多的是萨拉齐城内商号的分店。如苏波盖村在“乾隆、嘉庆年间，出现了公义店、永和店的皮毛经营组织。每年六月以后为皮毛店收购旺季，工商各业都开始兴旺，来往商人增多，该村的留人店、车马店、钱庄、成衣铺、豆腐坊、饭馆、理发店等随之买卖兴隆”。永和店即为萨拉齐城内派驻苏波盖的字号。[1] 周边乡村的商业发展，从侧面反映了萨拉齐商业的发展。包头著名商号复盛公的创始人乔贵发也在乾隆元年左右，来到萨拉齐厅老官营村经商，稍有积蓄，才转移到包头西脑包。”

清朝咸丰、同治年间，尤其是萨拉齐建筑城垣以来，更是出现了商贾云集、店铺林立的景象。这一时期，专管商务行政的商会组织也日趋完善。清咸丰、同治年间，满洲镶黄旗人文山三度担任萨拉齐厅同知，他在任期间做出了卓有成效的政绩，而这些政绩如筑城、兴办水利、发展教育、建立团防等均是在商会的支持下完成的。

二、民国时期商业发展状况

民国年间，萨拉齐商业的数量、规模呈波浪式发展，时而繁盛时而疲软，这主要是受当时政治局势的影响。民国初年，萨拉齐“尚有钱庄十八家、当铺四家、粮店十家、马店两家，其余杂货、饭铺等业二百余家。多为山西祁县、太谷、榆次、定襄各县资本家投资设立，营业颇称繁盛”。[2] 较大的商号有元泰昌、德昌店、和合店、元兴魁、义字号、大车店等。境内的商号多为山西忻州、祁县、太谷、榆次、定襄等县商人投资设立。经营的主要货物有棉布、绸缎、皮毛、鞋帽、茶叶、调料、肉食、糖业、烟酒、干鲜果类、油漆颜料、陶瓷、铁器、木器、铜锡器、车马挽具、药品、文具等。服务行业有：饭馆、旅店、理发店、澡堂、洗染、成衣、金银首饰加工等。民国4年，境内城乡遭受卢占魁匪部的洗劫，商界受害尤其惨重，加之其后政局多变，市场金融

[1] 见本书第二章历代乡总表。

[2] 绥远通志馆：《绥远通志稿》，卷二十七 商业（下），内蒙古人民出版社，2007，第775页。

紊乱，萨拉齐商业元气大伤。

民国12年，京包铁路通车，河北、山东、河南等省商人络绎而至，经营“洋货”，为境内商业带来转机，但由于继卢占魁洗劫之后，哥老会及大小土匪蜂起骚扰，轮番抢劫。中间又经历了1925年前后各路驻军无休止地搜刮、1927—1929年的特大旱灾，导致城乡经济凋敝，商业受挫不振。只有少数资本雄厚的商号苟延残喘。当时的和合店，年进货额计8万银圆之多，日营业额600多银圆，从业人员41名，堪称操纵本地商业市场的大商号之一。迨至民国22年，绥远省平市官钱局来此设立分局，专门开展为殷实商号信用贷款的金融活动，加之农业生产有所好转，因此商业逐渐有了起色。到民国24年，萨拉齐县城有大小商号136家，资本在千元以上者十余家。主要的杂货业商号有：和合店、义长久、同德钰、聚义成、德昌店、义盛恒、德聚森、复和义、德义泉、惠兴玉、洪源久等。

日伪时期，日军在工商业领域强行实施组合制来进行物资统制，因而导致萨拉齐经济凋敝，而害国害民的鸦片业却异军突起。这可以从以下表格清楚地看出。

1937—1939年萨拉齐县城商店比较表

营业类别	1937年商号数	1937年商号数		1938年商号数		1939年商号数	
		增	减	增	减	增	减
粮　业	6						
货　业	24	9		7		3	
水　业	9			1		5	
粉坊业	7	1		5			1
造纸业	6			1			1
理发业	6	1		1			1
皮毛业	4	1		1			2
染坊业	8	1		1			1

续表

营业类别	1937 年商号数	1937 年商号数		1938 年商号数		1939 年商号数	
		增	减	增	减	增	减
印刷业	2						1
干货业	21		4		2		
黄酒业	2	2					1
首饰业	4						1
乐　业	6						
制粉业	37	1		10			
山货业	10	2		8			4
生熟铁业	26						
磁器业	6						1
中西药业	9	1	1		1		
成衣局	1		1		2		
酱菜业	4						
茶食业	10						
照像业	5						
屠行业	8				1		
糖　业	2						
家具业	1						
阿片贩卖业	45	35					
合　计	269	55	6	35	6	8	23

表格来源：《萨拉齐县志》卷八，商业

如上表所示，1937 年、1938 年粉坊业与制粉业均有增加，尤其是 1938 年增加额度明显（粉坊业 5 家、制粉业 10 家）。粉即淀粉，1937 年至 1938 年加工淀粉的商家增加，是由于这两年农业丰收，土豆增产所致。但是农业丰收，为何表中的“粮业”却连续三个年度没有任何增加呢？这是由于日军强行将粮食行业集中到一起成立“粮业组合”，对粮食实行统购统销。这样粮业与糖业（传统制糖原料也是粮食）在军事管制下，就不会有任何变化。在这样的处境下，许多行业坐以待毙，如 1939 年一年之内就有 23 户工商业倒闭。

上表值得注意的是，1937 年时，萨拉齐经营鸦片的商号突然之间增加了 35 家，总计达到 45 家。这是因为萨拉齐县沦陷后，日军鼓励种植鸦片，并设立了“土业组合”，组织鸦片商进行合作经营。“土业组合”在县城四门设立收购所，并在各乡设有出丈所负责收购鸦片。鸦片的种植和经营，曾一度使萨拉齐的经济出现了畸形的繁荣景象。

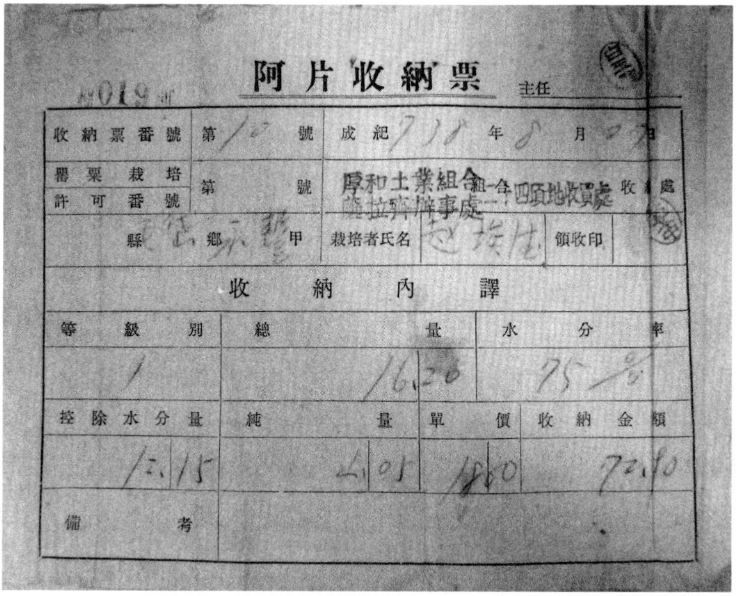
阿片收納票　主任

收納票番號	第 10 號	成紀 年 8 月 日	
罂粟栽培許可番號	第 號	厚和土業組合薩拉齊辦事處	收納處
縣 鄉 甲	栽培者氏名		領收印

收納內譯

等級別	總量	水分率
1	16.20	75

控除水分量	純量	單價	收納金額
12.15	4.05	[illegible]	72.90

備考	

1943 年厚和土业组合萨拉齐办事处开具的鸦片收纳票

此外，在日军的经济掠夺与统治政策下，萨拉齐的驼运业也由辉煌时期的养驼两千多峰，衰落为只留下四百多峰。

抗日战争胜利后，由于国民党政局动荡，导致当地货币混乱，通货膨胀，物价飞涨，苛捐杂税繁重，商业惨淡经营。到 1949 年前夕，萨拉齐城内虽有私商 121 家，但多系小本经营，有的已呈半闭歇状态。

三、商家的兴衰历程

清末民国时期，萨拉齐的商业呈波浪式发展，商家的经营状况时兴时衰，这种动态甚至畸形的发展反映出了时局变化对地方商业的极大影响。

（一）驼运业

清朝道光、咸丰年间，两次鸦片战争迫使中国开放通商口岸，开始半殖民地化进程，中国成为西方世界工厂的原料供应地。地处内陆的包头也于此间卷入世界经济的浪潮，成为中国西北地区皮毛集散地与转销京津口岸的中转地。皮毛业的兴起，带动了驼运的发展。约在清光绪年间（约 1875 年前后），在包头驼运的带动下，萨拉齐的驼运业也开始兴盛起来。如著名驼户何茂的五个儿子都是养驼能手，五儿子何满江，原是驻包头“广恒西”绒毛店的“站厅的”，后来他从“广恒西”辞职，独自开设“义顺公”铺号，经营驼运，来往多地，营业额可观。何家最兴盛时有驼一百五十多峰。贾德荣长子贾达、次子贾二养驼二百多峰，到民国 10 年后发展为三百多峰，成为全萨拉齐养驼最多的商户。贾德荣开办了“德盛泉”商号（地址在原木器厂院内），兼营农业养殖。高文魁的长子高黑、次子高喜黑在脑包沟开办煤窑，养驼十六峰驮运煤炭，到高三毛、高四毛、高七兄弟手里，养驼达到四十多峰。

民国 10 年前后，有王道清养驼八十峰，并开办“兴隆广”“永丰泉”面铺；牛二和、牛月庆、王金牛、张银狮、石老蛇、赵老红等三十多家共有驼一千三百多峰。

民国 14 年（1925 年）后，萨拉齐及周边地区经营驼运业者有八十多户，养驼两千多峰，形成了一支浩大的行商队伍。

1937 年，萨拉齐沦陷后，在日军的经济掠夺与统治政策下，驼运业日渐衰落。许多大的驼户衰变为小户，只养驼两三峰，甚至全部卖掉，当时萨拉齐的骆驼饲养量只留下四百多峰。贸易也由过去的长途驮运转为驮运大青山的煤、焦炭到萨拉齐火车站。这种状况一直延续到1945年日本投降。

日军投降后，民族经济开始复兴，祖国西北各地与内地的贸易往来不断发展，作为长途运输的驼运业又开始兴旺起来。这时，萨拉齐的骆驼又增加到七百多峰。1945年11月和1948年10月萨拉齐两次解放后，八路军回归晋北时，萨拉齐的老毛树、瞿自来宝等四十多人拉驼二百多峰，给解放军驮运煤炭，支援解放战争。他们从萨拉齐驮炭运到解放军和人民最需要炭的和林、凉城、化德、晋北、陕西的神池、五寨，不仅如数领取了运脚费，还领了旅费。

1931年拍摄的萨拉齐驼队

中华人民共和国成立后，萨拉齐的工业、农业、手工业、商业很快得到了恢复和发展，人民的购买力不断提高，从而促进了运输业的兴旺，驼业又得到了新的发展。从1949年到1960年的10余年间，骆驼又发展到八百多峰，从事长短途驮运，促进了工、农、商各业的发展。到了1956年以后，我国汽车制造业飞速发展，长途运输有了现代化的交通工具，驼运主要转于短途，这时萨拉齐的骆驼只到大青山里驮煤，近距离运粮。公社化的第三年，萨拉齐建立了驼运社，由毛三娃、张老虎担任正、副主任，殷润和任会计，入社驼户有四十五户，骆驼四百多峰。当年，社内的骆驼在白灵庙后边的磷煤矿附近放场，因天旱少雨牧草不好，骆驼放场回来后，先后死亡八十多峰。接着驼社便不宣而散了。到 1966 年，驼社又得到恢复，并分了三个队，一队由董祥润负责，有驼百余峰；二队由田二才、杨四喜负责，有驼三十多峰；三队由毛三娃负责，有驼一百三十多峰。由于萨拉齐的道路多系土路，大青山里又多是小沟小洼，不能通汽车，所以驼运业只能短途盘驮，从 1966—1976 年，驼运业又活跃了十年。后来，山里筑起了盘山公路，新生煤矿的小火车也来往于山里山外，用不着骆驼驮煤了，从此骆驼拉了胶车，两峰拉一辆，跑大青山里拉运民用石头。1976 年后，随着机械的普及，畜力运输逐渐淘汰，萨拉齐的驼运便退出历史舞台。

萨拉齐驼户花名表（1925—1945 年）

驼数单位：峰

姓名	数量	姓名	数量	姓名	数量	姓名	数量
何　茂（何满红）	150	王洪庆	6	张　四	7	白三锥	15
贾　二（贾岚）	300	武　力	16	张文元	33	赵大明	6
高　黑	40	苏二周	16	杨存换	15	曹玉马	8
张拐拐	17	苏兴正	6	杜　茹	16	李大憨	7
王道清	80	苏　八	7	李德富	15	李小憨	5
石　明	60	苏三银宝	5	董生福	8	苏二娃	7
牛二和	16	菅　二	15	董润月	5	汉　憨	8
牛月庆	17	瞿二保	15	董　豹	6		

续表

姓名	数量	姓名	数量	姓名	数量	姓名	数量
王金牛	16	瞿五保	15	董巴文	12		
张银狮	15	刘梅林	15	宋小秃	5		
石老蛇	20	范四罗	10	周县富	10		
赵老红	13	阎金寿	16	张厚厚	7		
毛　树	25	张　八	15	郭　礼	16		
樊　润	16	赵有顺	15	任和清	16		
杨起世	21	杨四保	7	丁福柱	16		
张二威	31	杨四老虎	16	丁　三	7		
石满红	7	郝满红	16	丰　科	16		
石厚城	16	张　五	8	岱阿洪	16		
王达庆	16	张二牛头	8	马爱虎	16		

表格来源：《土默特右旗史料》第六辑

（二）粮油业

萨拉齐镇的粮油商业，从萨拉齐形成集镇的时候起就已经开始了。由于萨拉齐地处归绥、包头之间，又有黄河毛岱官渡和磴口码头，地理位置适中，所以，这里就成了富饶的土默川平原所产粮油的主要集散地。甚至武川、固阳等地的一部分粮食也来这里出售。

清光绪年间，由晋商建立的“兴盛店”“太和成”两粮店是萨拉齐有据可查的最早的粮店。兴盛店在镇内设有东、西、南三个销售门市部。“太和成”除总柜两处外，尚设有分柜四处。清末民国初年，由本地人建立了“大义全”“天泰店”，以后又相继出现了“义盛恒”“德胜全”“五和堂”“五福堂”“德庆功”等粮店，萨拉齐粮油业兴盛一时。民国初年，萨拉齐镇粮油业得到了空前的发展，仅粮食店铺就有二十几家。萨拉齐的粮店也经历了此盛彼衰及同一店铺时盛时衰的历程。我们以著名商家天泰店为例说明。

天泰店从资本、业务量和存在时间上来说，都可以作为萨拉齐粮油行业的代表。它于民国4年（1915年）开办，始创之时就有一万两银子的资本。但由于经营无方，办事人员作弊，到民国7年（1918年）就将这一万两银子全部赔光，并欠下几千两银子的外债。店铺不得已倒闭。民国8年（1919年），马二财主对店铺进行整顿，自任掌柜，“天泰店”重新开张。到民国12年（1923年），就将外债还清。同年，京绥铁路通到萨拉齐镇，以前需用马车运到丰镇、张家口出售的粮食，这时可由火车拉运直通平津，粮行生意大增，“天泰店”业务兴隆。

1926年，冯玉祥的国民党军队路过萨拉齐，以后奉军、晋军接踵而至，粮店的粮食被兵马吃空。包头的“天义成”粮店在遭受同样的兵灾后，于1927年将投入“天泰店”的六千两银子股金抽出，“天泰店”只好再次关门。

1930年粮食丰收，粮价大跌，“天泰店”又一次投资组建。重新复活后，大量买进粮食。以后生意越做越好。据1933年统计，店内存粮达两万多石。1936年是“天泰店”生意的极盛时期。粮店在生意旺季时雇用店员多达一百二三十人，淡季时也有六七十人。店内除搞粮食交易外，还兼营碾、磨、油、醋等作坊。

1937年日本侵占萨拉齐县后，各行各业均受控制，百业萧条。粮店从农村买入的粮食，日本军队却强行用所谓公价购买，而且不给现钱。到几个月后付款时，市面上的粮价往往又大涨了，“天泰店”在这种环境下苟延残喘，到日本投降前，终于撑持不下去而又一次歇业。

1948“天泰店”第三次复活。1949年“9·19”（绥远和平起义）以后，平津粮商纷纷涌来，粮源不足，粮价大涨。“天泰店”凭借以前的声誉，一方面从农村赊购，然后卖出，从中取利，一方面给其他粮店介绍业务，收取佣金。此后，直至1951年，天泰店生意一直很好。1952年初，“三反”开始，雇主天津酒业公司派人来查“天泰店”的账，“天泰店”因弄虚作假，欺骗买主被追究赔款，从此永远歇业。

（三）药行

萨拉齐城里的中药店，较早的要数仁德堂，创于清道光元年（1821年）。其后随着居民的增多，中医技术的革新，又有一些中药店陆续开张营业。然而药行的发展也受到时局影响，如仁寿堂，资金颇为雄厚（960两白银），民国25年（1936年）还在包头设立了分号，1945年后因战乱导致经营每况愈下，1949年终于停业。再如春和玉本是从包头春和玉总号支来的，没有固定资金，货源由包头总号调拨，1948年因国民党政府向其摊派小麦三十石，总号只得被迫将其关闭。裕仁堂，开业于1937年，资金2000元，1947年因战乱而倒闭。

第二节　经营特色

一、商业的种类

（一）行商

顾名思义是外出经营的流动商人，是相对“坐商”而言的。萨拉齐的行商最著名者莫过于经营驼运的商户，他们可以说是驼背上的商店，也是一个庞大的流动着的商店。[1]

1. 驼运

（1）驼社及运输品类、范围

清朝宣统年间（1910年前后），萨拉齐成立了驼社。驼社又称“全区社”，最初由十家驼户轮流负责，后来选举出一人常住驼社，并有七家会首，社内服务人员有三至四人。每峰驼每年向“全区社”交纳社费一元大洋。民国年间，“全区社”由贾登洲、杜海才担任。驼社是联合驼运力量、沟通主客关系、将

[1] 驼运内容为刘宪民、张景庭口述，高殿成整理。

驼力合理投入市场的驼户联合机构。既方便了雇主，也使驼力得以合理的开发利用。

萨拉齐的驼户、驼工们，每年从农历五月初五开始放场（休假），到农历八月十五场期一过，驼运的黄金季节便开始了。驼运队内连萨拉齐的大小粮店四十多家，以及棉布业、杂货、中草药店、当铺，各种手工坊、石局、碾磨业、木业、造纸、制鞋、制革、皮毛、油房、酒缸房、铸造、小型日用工业、农具铁匠等业。外运东到归化城（今呼和浩特市）、张家口、大同等地，与当地及京津客商进行交易，西到宁夏、甘肃、青海直至新疆。驼运为沟通萨拉齐古镇与祖国西北各地、长城内外和阴山南北的物资文化交流，发挥了极其重大的作用。

（2）运输状况

短途运输的驼工们拉上几十峰、上百峰驼，驮上杈耙犁耧等农具和杂货，日用工业品、茶叶烟酒等百货，由水涧沟或马留沟、武当沟入山，西到固阳、达尔罕茂明联合旗，东到武川及乌兰察布盟各旗县。货物运入上述地区销售完毕或挣了脚费，返回时又从销售地购进莜麦、小麦、菜籽、荞麦、皮毛、药材、山货等运回萨拉齐，转卖给粮店、药店等行业。冬季，驼运队从大青山里把同盛茂、大阴湾、石灰沟、悦来窑等煤矿的煤炭、焦炭驮运到城中，供各商号、各作坊和居民的生产及生活燃用。也有运到萨拉齐城南的各乡村，交换粮油、饲草及其他农副产品的。春季，清明过后黄河解冻，驼工们便到黄河渡口驮运靠岸物资，如来自河曲、府谷的红枣、海红、瓷器等和从黄河上游运来的伊克昭盟的硫黄、水碱、盐等。

（3）驼队的旅途生活

驼队的旅途生活是艰辛险恶的，特别是长途驮运，必须组成一支浩大的驼运队，做好充分准备才行。在驼运队中，有“领房子”的（途中的掌柜子，他不拉驼而骑着马），有“锅巴子”（炊事员），有护驼狗，有专驮食用品的骆驼，驮有水桶两只，还备有“顶房”（帐棚）、炊事用具、行李、粮食。驼队每链首峰驮行李、粮食，后边的两峰系大、小铃铛。小铃铛系在驼脖子上，大铃铛拴在最后一峰的驼鞍子上。这样，即使在漫漫长夜的运行中，前面的驼工只要听到后面的驼铃声，就知道本链驼无掉队丢失，可继续前进，出没在山涧水沟里，行走在浩瀚沙漠之中。驼队“领房子”的人骑马在前边行路，有时也到后边传话。每走到有水井的地方，他们就搭棚、卸垛、挖灶、做饭。驼队白天休息放牧，夜间出发前行。驼队的护驼狗在运行中跑前跑后，和它的主人一样艰辛。

2. 车运

清末民国初期，萨拉齐的车皆为木棚、木架、木轮铁辋的实板架子车，古称“勒勒车”，当地人称“大车”。养车称“养活车马”“拴车马”。车分载货车和载客车，载客车称“轿车”。载货大车轴轮一体，非常笨重，轿车轴与轮分离，较为轻便。

清代，萨拉齐的车载运输无论是车辆数量还是运输量，在绥远地区都是名列前茅的。萨拉齐的载货木车有三种。一种是二套三套大骡马车，一骡驾辕，两骡拉套，车体长大，载货多，适于跑长途；一种是单套骡马车，一骡或马驾辕带拉，人称“二格半车”，车体较轻小，适于短途运输；一种是牛车，主要用于耕作拉运，车轮为木轮，轮沿无铁辋。主要用于长途运输的骡马大车，每车载重可达 1 吨，日行 40 公里左右。骡马大车有专门跑长途运输的养车户，清朝时萨拉齐的养车户达 200 多家，拥有车辆最多的刘家，养车近百辆。北门口的杜恩慧养车 20 多辆。车户主要受雇于当地商家，为当地商家服务。车辆运输主要跑东路，最远可达张家口、北京、天津、大同、太原等地。东路的路线有两条，一条是走归化城（今呼和浩特市）、凉城、丰镇，到张家口；一条是过归化城（今呼和浩特市）、杀虎口后，东向到大同、张家口，或南向到太原。运出货物以粮油、山货、药材、皮毛为多，运入的货物包括布匹、茶叶、棉花、日用杂货等。往西的车辆到五原、临河、陕坝，往北过五当沟或水涧沟到固阳、百灵庙。

民国前期，萨拉齐的车辆运输达到鼎盛，每家出车都是一个长长的车队，且雇佣镖师押镖。1922 年，京包铁路通车后，跑长途的车户大都倒闭。

单套马车数量更多，主要用于到煤窑拉炭，农耕拉运。黄河水路通时，单套马车到在毛岱渡口、磴口码头盘货；1922 年京绥铁路通车后，单套马车给萨拉齐火车站货场盘货。到 20 世纪三四十年代，镇内尚有马车 500 多辆。牛车在农村较多，在萨拉齐镇内不多。

1931 年拍摄的三套马拉的货车

1954 年，车户开始使用胶轮大车，从事短途运输。1956 年，萨拉齐镇内成立马车社，养车户都入了社，其时有木轮铁辋车 7 辆，有轴承胶轮大车 20 多辆，社员 70 多名，主要给包头市一些厂矿拉运建筑砂石，给煤矿往火车站煤场拉煤。1959 年，该社转为国营，1965 年并入运输联社。20 世纪六七十年代，萨拉齐公社各生产大队也都购置了数量不等的三套轴承胶轮大车，除耕作拉运外，胶轮大车要到包头等城市厂矿搞运输，每年收入颇丰。

轿车是萨拉齐镇一道亮丽的风景。轿车一般由一匹骡子牵拉，木辐铁辋车轮，车棚上有布篷，内置坐凳。骡子是经过专门调驯过的，走跑都有一定节奏。骡脖上挂着响铃，行走时会发出动听的铃声。清末民国时期，萨拉齐有80多辆轿车，主要用于红白喜事。一些商号和大财东也都有自备轿车，用于出行乘坐。京包铁路开通后，轿车用于在火车站接送旅客。20世纪70年代，萨拉齐运输联社制了一批铁质轴承辐丝小胶轮轿车，到20世纪80年代，个体养车户也开始自制铁质轿车，由驴或骡驾辕。

1954年，萨拉齐出现一种轴承辐丝小胶轮木板车，称为排子车，载重量500公斤。这种车轻便灵巧，多为驴驾辕，也有人拉，称为人力车。1960年，全镇组建起了排子车社，拥有排子车40多辆，1965年并入运输联社。

20世纪80年代末，萨拉齐畜力车逐步被机动车取代。

（二）坐商

坐商与行商相对，是在固定场所进行开店营业的商人，坐商一般都具有一定规模的店面，并且长期经营。

1. 粮店的经营方式[1]

随着萨拉齐镇人口的增加，商业经济的发展，粮油业也不断地发展，粮店也增加了。它们一方面承担着对当地人民粮油的供应，更主要的是进行长途贩运，以取得较大的利润。

在京绥铁路未修通以前，萨拉齐的糜米、谷米、麻子等大部分都是用马车运到张家口、丰镇出售。然后再由平津粮商用火车运回去。平绥铁路修通后，粮店就把粮食直接运往平津出售。这里的黑豆曾经远销济南、广州。

粮店的经营方式主要有四种：

（1）现金交易，买进卖出。每年秋收以后，各粮店都要派出收购人员下乡买粮，联系卖主（主要是大地户），然后由卖主运来粮店出售。另外还有产量较少的农民，自己运来镇上出售。各粮店都安置跑街人员，其职责是一方面探听市面粮情，一方面兜揽卖主。这种方式的取利途径有两种：一是秋冬低价买

[1] 贾双喜根据任文彪、杨峰口述整理。

进，春夏高价卖出。二是在抹斗时施奸取巧，俗称“出九入十一”。买进粮食时，每斗可多抹二三合，卖出时又可少抹一二合。连出带入，每斗粮食就可赚回三四合。

（2）预放资金，买“树梢粮”。每逢春夏之交，粮店还要派人下乡预购粮食，叫做“买树梢”。买卖成交后，就将粮款全部付清。穷苦的农民这时正值青黄不接，只好按大大低于秋后的价格将粮食订卖出去。到秋后入冬，粮价渐涨，几个月内，粮店就可得利二三成以上。不过，这种经营方式遇有歉收年头，收回的把握不大，所以一般资本不宽裕的粮店，不敢作这种买卖。天泰店在1952年倒闭时，尚有债权“树梢粮”三四千石没有收回。

（3）介绍业务，收取佣金。外地粮商来这里买粮，都要住在当地粮店，如本粮店粮源不足，就要派人去别的粮店或农村联系买粮。成交后，买卖双方各收百分之二佣金。

（4）代储粮油，扣除损耗。一般较大的粮店，经常都要代客或乡下大地户存粮。这是由于有的粮商卖下粮食一时运不走；有的卖主嫌价低不愿卖，就把粮食暂时存放粮店，这种存粮每过一个伏天，每百石粮扣除耗粮二石；存油，每百斤扣除耗油二斤。这种经营方式看似利润不大，但有两个好处：一是扩大了业务范围，招揽了买主、卖主，提高了信用。二是增加了店底存粮，搞活了资金流转。

粮店经营的粮食品种主要是糜子、谷子、小麦、高梁、麻子等。每个粮店都设有碾磨坊，碾磨坊收入的利润也不另外核算。外运的粮食既有成品粮，也有原粮。面粉由于数量不大，一般不外销，只在本地销售。

粮店一般都是三年算一次账。在这三年当中，财东们大部分不管理店内业务，业务都交掌柜和经理先生们负责。雇用工人的工资，第一年全年可挣八至十元，第二年可挣十至十五元，以后逐年增加，最多时可挣五六十元。三年以后，财东、掌柜、先生会同算账，除去本金后分配利润。民国22年（1933年），天泰店有股十二，其中财股二，生股（生意股）十。掌柜的顶生股七厘，先生、跑衡的、抹斗的等二至五厘不等。分红时，按股分红，每股大约分得二百元。

经营弊端：

1949年前的粮店，经营业务不受政府节制，买卖价格也不受政府控制。所以资本较厚的粮店，往往趁年景好，粮价下跌，大量买进粮食囤积起来，待荒旱之年居为奇货。萨拉齐十年九旱，在其解放前很少有水利设施，基本上是靠天吃饭。一遇荒年，穷苦的百姓即使弄到些钱也买不到粮食。而粮店却与外地粮商串通一气，把囤积的粮食大量外运来牟取暴利，以至于百姓们怨声载道。1947年萨拉齐县简易师范师生发起的禁粮、抢粮事件就是在这种形势下发生的。这一年，春季干旱，粮价上涨。外地粮商来萨拉齐买粮，哄抬市价，大批粮食外运，镇上粮店却空空如也，铺面关门，市场清冷，缺粮百姓无米下锅。在此形势下，萨拉齐县简师师生忍无可忍，在校长贾海峰的支持下，于六月三日张贴标语，散发传单，鼓动群众。在此时激奋的情况下，学生带头，群众随后，到萨拉齐火车站货场，把天泰店卖给天津粮商待运的十多万斤高粱全部抢光。

清末民国时期，内蒙古西部地区荒旱灾难频繁发生。天雨不降，荒旱为虐，赤地千里，颗粒无收。广大百姓旧粮既没，新粮不收，只好剥树皮挖草根充饥。有钱人家依然粮食如山，他们居为奇货，抬高市价。民国18年（1929年），一石米涨至三十元（丰收年头约为五六元）。贫苦百姓没有银钱买粮，逃荒要饭、鬻妻卖子的比比皆是，冻饿而死的不绝于途。而富裕商人养尊处优，哪管人民的死活。以土默川之富饶，遭一个普通的荒年，就造成如此的惨景，其原因并不在于无力救灾，而在于社会制度和统治者的腐败。

民国时期萨拉齐县粮食市场零售价格表（1930—1936年）

单位：元/斤

品名	年度						
	1930	1931	1932	1933	1934	1935	1936
胡油	0.255	0.211	0.155	0.135	0.115	0.110	0.189
麻油	0.171	0.230	0.153	0.123	0.088	0.097	0.168
面粉	0.122	0.108	0.072	0.054	0.055	0.054	0.074

民国时期萨拉齐县粮食市场收购价格表（1930-1936年）

单位：元/百斤

品名	年度						
	1930	1931	1932	1933	1934	1935	1936
小麦	6.74	4.47	2.78	2.61	2.77	3.12	4.02
莜麦	7.32	4.63	1.93	1.83	1.57	3.10	4.31
糜子	7.47	3.98	1.78	1.42	2.11	3.46	4.24
糜子	5.34	2.53	1.03	0.95	1.64	1.80	2.69
小米	6.20	4.29	1.81	1.82	1.77	2.95	4.21
谷子	4.92	2.19	1.12	1.54	1.61	2.69	3.08
高粱	5.34	1.89	1.29	1.11	1.42	1.98	2.40
大麦	4.56	2.15	1.90	1.48	1.77	1.40	1.96
荞麦	3.81	2.52	1.21	1.21	1.27	1.25	1.67
绿豆	7.55	3.27	2.81	2.44	2.66	3.34	3.63
黄豆	5.67	5.67	1.27	1.21	1.60	1.62	3.02
黑豆	7.21	2.85	1.94	1.32	1.81	2.31	3.69
土豆	1.35	0.49	0.47	0.39	0.72	0.60	0.82
胡麻	6.43	5.71	3.93	2.20	1.85	3.03	4.70
菜籽	5.54	4.89	3.39	2.14	1.79	2.50	4.46
麻籽	3.06	3.05	2.05	1.32	1.59	1.32	2.95

表格来源：《土默特右旗粮食志》评审稿，表格中数字为粮食在每年的平均价格。

2. 药行[1]

(1) 药店综述

春和玉：开业于日军侵华期间，是从包头春和玉总号支来的，没有固定资金，货源由包头总号调拨，货款交包头总号。1948年因国民党政府向其摊派小麦三十石，被迫倒闭。

裕仁堂：开业于1937年，资金2000元，经理刘贵其，1947年倒闭。

仁寿堂：开业于民国10年（1921年）左右，民国25年（1936年）在包头设有分号，资金960两白银。经理先为刘耀，后为赵怀公，从业人员十多名，1949年停业。

仁德堂：开业于清道光年间，在包头设有分号，资金2万元（银圆），财东是山西乔寡妇，经理刘耀，从业人员20多名，民国23年（1934年）因财东查缺两账面，控告官府、打官司而停业。

元泰和：开业于清光绪12年（1886年），是从归化城（今呼和浩特市）元泰和总号支来的，资金在日伪时期对外宣称（注册）500元（银圆），实际为1900元，公私合营时为人民币18500元。经理冯金南、范周南，从业人员30名。1937年曾在萨拉齐城里另设过两柜。货源由归绥总号调拨，货款全交总号。

永和正：开业于清光绪年间，是从包头永和正总号支来的，当地没有固定资金，货源由包头总号调拨，货款如数交总号。经理有要安、王存仁、刘鸿基，从业人员15名。

中和堂：开业于民国10年（1921年），设东、西两柜，资金不详（集股商号）。经理周兴旺、杜中宝，从业人员十多名（大都是从仁德堂出来的）。

积义生：开业于民国15年（1926年），资金4400元（银圆），经理徐子文，民国25年（1936年）倒闭。

---

[1] 张静安根据赵友仁口述整理。

德和堂：开业于民国29年（1940年），资金825元（银圆），经理张振业（原是中和堂的）、陈润生（原是永和正的），从业人员十二三人。

除此之外，尚有一些小药铺，如同泰和经营五年左右，因被火烧而倒闭；杨文父子开过德生泰；亢大开过福寿堂；马富、高子俊合开过中西药房（诊所）；萧四、阎兆隆开过以售药为主的家庭小药房等。先后共有较大药店9家、小药铺7家。到1949年，萨拉齐城内仅留大小药店6家。药行人员只有近百名。

（2）药行的经营方式

当时的各药店多是批零兼营，批发业务约占百分之三十。此外，尚有几种方式：

① 前店后厂。有些药店前面卖药，后面制药。自产自销名牌中成药，深受当地和外地顾客的欢迎。如永和正自制的定坤丹、海马种玉丸、历经九年转制的肌南星，不仅当地顾客自购，而且运销外地，还受到北京同仁堂的赏识。此外不少药店还加工汤剂饮片、丸散膏丹，炮制中药销售。

② 先生坐堂，方便患者。各大药店为扩大业务，请坐堂先生为患者诊治。元泰和先后有坐堂医生张五、范文华、乔文，永和正有杜建功、李荫南，德和堂有董广华，中和堂有张富贵、杨文，仁寿堂有王喜庆等。药店对坐堂先生均提供餐饮。此外，有的坐堂先生收诊费，有的从药费中抽成。

③ 各施特长，招待顾客，竞争业务。元泰和经理范周南经常骑驴下乡联系批发业务，方便了农村医生用药；永和正以药的高质量赢得买主，如他们炮制的熟地，能真正做到九蒸九晒，质量高于别的药店；德和堂经理张振业则自己坐堂为患者诊病兜揽零销业务。

为增加销售额，各药店大多要在门外挂一些“满招损，谦受益”“货真价实，言无二价，童叟无欺”“川广地道药材”等招牌。都是早开门、晚收市，夜间叩门随时售药，态度和气热情招待顾客。各药店经营中草药品种比较齐全，即使是常年不销的冷滞药也有储备。患者持来药方基本没有缺味，即便是偶尔无货，亦让顾客稍待，立即派人到他店串换挪借满足顾客之需，千方百计多做买卖，决不准因无货逼走顾客。如出现冷待或逼走顾客的现象，轻则受训斥，重则被开除出店。有的草药价格低微，但制成药后利润就很高，如自制小成药“万应散”，一盒成本只值二分钱，售价却是二角。因此有“药无十倍不出门”之谚。

那时的药行有淡旺季之分，秋冬为淡季，春夏为旺季。有“过了九月九，先生操了手”的说法。

（3）经营管理

药店的盈亏关键在于加强管理和处处节约，所以药店的经理人员在经营业务上，常常精心策划，周密考虑，做到资金摆布合理，购销库存适当，既不能造成积压，也不能脱销缺味，从多方面方便顾客，想方设法促使生意兴隆。在开支方面，总是本着勤俭节约，避免浪费，即使每天的饭菜，都由经理吩咐照做，从不奢侈。一切费用开支，都得经理严审同意，别人无权擅自乱花。

所有从业人员必须精通业务。每个年轻职工工作之余都得练算盘、背药性、学书法、认药材，绝对服从经理的指挥，决不容许有丝毫的营私舞弊行为。为达此目的，管理人员约束全店人员共同遵守，各店都有自定“铺规”。永和正的“铺规”尤为严格，如要求职工每天早起晚睡，中午不准休息。在门市柜台不准坐，即使无买主也得文质彬彬地站着。晚饭后至入睡前全店人员还要加工丸药，一天工作长达十几小时。平时不准外出，除经理外，一律不准在当地安家。要求所有人员都要讲礼貌、守规矩，处处有买卖人之风。对犯有错误的职工，均按铺规办事，轻者受到训斥，重者开除。

从业人员的生活待遇相当微薄，元泰和对第一年入店的年轻职工，柜方供吃住，年薪八两银子，约合银圆十二元多。以后逐年增加二两，待加到二十四两时，得熬八个年头。熬过八个年头如果职工表现好，才给“顶生意”，如果表现不好，须再考查三年。永和正、中和堂每年只给从业人员工资十元，顶生意是十至十五年后的事。

3. 牛马驴桥[1]

萨拉齐的牲畜交易市场——牛马驴桥有着悠久的历史。据回族甘二明老人忆述：他出生于清光绪二十二年（1887 年），在他八九岁时，萨拉齐就有了牛马驴桥。当时的桥牙子（又叫跑桥的）都需从县衙门领取“桥帖”（即正式颁发的牙纪合格证）。从事这种行业的多数是回族人。桥牙子的职责是买主、卖主交易牲畜时居间介绍和协商作价，一旦谈妥成交，桥牙子从中获取一定费用。这些人对各种大畜的形体外貌、皮色纹路、身长高度、口齿年龄、蹄腿鬃尾都有一定的知识和经验。

从清朝到民国 23 年（1936 年），牛马桥设在县衙门西（现土默特右旗邮电局西），1937 年迁往东门玉皇庙广场。桥场地栽有拴马石、木桩，上拴数条大绳，以便排拴入场的牛、马、骡、驴等大畜，骆驼另设专场。桥的负责人叫桥头。现在可追忆起较早的桥头叫白金格（回族），桥牙子有巴老铁、哈罗罗、白应格等五十余人；日伪时期的桥头是瞎三仁（回族），桥牙子有魏银狮、杨老毛、老付四（住吴坝村）等四五十人。

进入桥场的买主看中自己要买的牲畜时，就请桥牙纪帮助掰嘴看牙齿以确定牲畜的年龄，试看走步以验蹄腿。买主中意时即向桥牙纪打问价格。按沿习规矩，不明喊价，牙纪把手插入卖主袖筒中捏价，卖主以手指头表示索价，牙纪然后以同样方式把手伸到买方袖筒去捏。经反复地讨价还价才能成交，成交后，桥牙纪要收取一定报酬。也有的桥牙纪会从中捣鬼牟利。讨价还价有时也用他们的暗语（也叫行话）喊数，代表 1—10 的暗语分别是：流、戳、品、辖、拐、挠、猴、桥、湾、海。这种捏价方式不仅桥行运用，其他行业有时也这么做。只是各行业的暗语不同而已。而且它一直沿用到萨拉齐解放初期。除了桥场进行牲畜交易外，萨拉齐城里先后还有数家牲畜店进行牲畜交易，如李振山在马阴阳巷，费二秃在大西街复家巷附近，马银狮在大西街（旗供销社

[1] 刘宪民、张景庭口述，贾双喜、张静安整理。

旧址）都曾开设牲畜店，以此来留住外地客人，承揽购销业务。有时较富裕的桥牙子把有利可图的大畜和弱畜先买下来自己着意喂养，一旦遇上好价，当即出售，从中谋取高额利润。

由于当时萨拉齐地处交通要道，故除当地大畜上市外，更主要的是来自乌拉特中旗、乌拉特后旗、达尔罕茂明安联合旗、固阳县、武川县、乌审旗、杭锦旗及甘肃、宁夏等地运来的各种大畜。每天上市量约百头以上。这些大畜主要销给河北、山西、陕西和京津等地的客户或贩运牲畜的商人；其中一部分卖给当地商家富户和农民搞运输，作耕畜使役。还有一部分牛、驼由当地肉铺宰杀，供市场销售，每天上市的肉约四五千斤。除肉铺外，上市的肉摊约有30多个。此外，上桥的老弱病残牲畜中的骡、马、驴，多由“尸马行”购买，宰杀后卤汤煮熟，载于独轮车上，以大板刀薄成片状，夹在特制的馒头中，名曰“蛤蟆含蛋”。

牲畜的价格，当时以银圆计，一头牛约20元，一匹马约12元，一头骡子30—50元，一头毛驴8—10元，一峰骆驼20多元。

“牛马桥”一直沿续到1950年。当时桥市的一些牙纪在牲畜成交过程中，经常发生争夺、排挤、欺骗等行为，人民群众对此很有意见。因此在1951年3月，萨拉齐县人民政府对牲畜市场进行了整顿，成立了“萨拉齐县牲畜交易所”，并设立了专门的交易市场，牲畜交易才以新的方式进行。土地改革后，当地农民分到了土地，缺少牛、马、骡等耕畜，由国营食品公司按计划向外地调拨回来供应。

4. 棉布、杂货业

1949年前，萨拉齐的棉布、杂货店共48家，从业人员290多人，这些企业开业的年代有早有晚，营业的年月有长有短。较大的店铺有和合店、德昌店、义长久、义和恒、义生长、同德玉、义聚、三义泉、义兴元、永义长、万兴隆、德生昌、德生祥、聚义祥、聚隆祥、聚和长、恒元隆、鸿昌号、永丰号、同义成等。

和合店开业于清道光年间。财主是山西人李庆，掌柜田义、王堂（忻州人）。从业人员60多人，资金15000银圆。经营布匹、糖、烟、茶、调味品、山珍海味、杂货、纸张等。1937年日本侵华后，此店买卖萧条，经济受损，内部混乱，于1942年倒闭。

义长久于民国13年（1924年）开业。掌柜侯殿林、崔玉全、王本明。从业人员53人。资金10000银圆。经营布匹、绸缎、水烟、茶叶、白糖、黑糖、冰糖、山珍海味、煤油、纸张等。萨拉齐解放后，于1956年公私合营。

大蒙公司是一家日本人开的公司，1939年开业，经理为日本人安藤，会计、出纳、业务员全都由日本人担任，是绥远大蒙总公司设在萨拉齐的分公司。主要经营皮毛、布匹、纸烟、白面、大米等。1945年8月底随着日本无条件投降而倒闭。

5. 酱醋业

萨拉齐有酱园子五个：位于中市街路北的盛记酱园，河北阜城人安殿阁经营；位于大西街路南，耶稣堂门口的张通经营的和后酱园；位于大北街路东郄国祥开设的德和酱园；位于和平街路南原糖业二门市处的张德山酱园；大东街碾子巷南口的胡全章酱园。这五个酱园专门制作各种酱菜，酿造醋、酱油以及各种酱（如豆瓣酱、黄酱、黑酱等），经营年代都较长，后于1956年1月成为合作经营的集体单位。

6. 餐饮业[1]

（1）清茶馆

萨拉齐较早的清茶馆有四和园、德隆元、隆三元等，清茶馆实际就是早餐馆。凡进清茶馆的顾客，不光喝清茶，更主要的是为吃而来。到茶馆的顾客中，既有达官显贵、各路客商，也有邀亲会友的普通百姓，更有一些既讨厌又不愿惹的一帮茶痞，俗称“坐地虎儿”。

[1] 根据张静安口述整理，原文题为《萨拉齐的饮食行业》，载《土默特右旗文史资料1—4辑合订本》。

①幌子

萨拉齐的清茶馆有汉族和回族之分，外观主要区别在幌子上。幌子是4~8块长约尺余，宽约数寸的油漆木板，上面分别写有：“包子烧卖”“大小八件”“中外茶点”“各种饼干”等字样。在每块木板下，都坠有数条飘摆的市布条，汉族为红色，回族为蓝色。回族餐馆门前还悬挂一块油漆大木牌，木牌上书写着阿拉伯文字，上方绘有回族专用的“汤瓶壶”，也有的以汉字标明“清真”字样，以示外来回族同胞可放心进餐。这种幌子和标志牌，每天在开始营业前挂出，收市（下班）后摘回，行话叫“下幌子”。

②营业流程

清茶馆的全体人员，从经理到徒工每天各司其职，前一天下午和晚上加工制作，为次日早晨营业作充分的准备。

每天在日出前，师傅们就动手拌馅并准备蒸包子用的面，徒工们协助各位师傅，跑堂的烧水沏茶，清扫地面，擦抹桌凳（均为长条凳），清除炉灶，搬运各种干货等，一切妥当后便下门板、挂幌子，开始营业。主要经营的品种：蒸食有烧卖、包子，干货有刀切、破酥、澄沙、酥馍、锅盔、半月儿、大小提江、翻毛、敦子饼、大小月饼、饼干、鸡蛋焙子、各式大小麻叶、长寿糕、芙蓉糕、槽子糕，夏天还有绿豆糕以及特制的、现烙现卖的糖、咸、素、肉油旋等十几个品种。

开门后，专门接待顾客的经理、副经理或负责人，衣着整齐地躬立于门口，对前来就餐的新老顾客，很有礼貌地寒暄几句客气话，随后向堂里高喝：“照客”！意即照料进去的顾客。腰间围大布兜，兜内装有数十双竹筷的堂倌儿接口呼道：“里边请”！遂笑脸迎领顾客到他服务的桌边让顾客坐下。每个茶馆都有几个这样的堂倌儿，每个堂倌儿分管数桌。顾客坐定后，堂倌儿边揩抹桌面边问：您共几位？顾客答数后，堂倌儿便把相应数的竹筷放在顾客面前。并立即向储放茶具处高喊：X座X位！负责送茶具的堂倌儿立即将茶具按数送来。茶具分扣碗和磁甄壶两种。往往是一人者多送扣碗，二人以上送口甄壶。送茶具者遂征询顾客：您带没带茶叶？因为有些常来喝茶和茶痞们常常自己带茶来，亦故有此问。顾客如答未带，堂倌儿即介绍说：这里备有小包茶、砖茶、小叶、大方（红、绿、花茶之类），您喝哪种？顾客回答后，按顾客意愿送来，当面拆包倒进扣碗或壶中。此时，沏茶师将一把颈长嘴细的圆形铜壶高高提起，将茶水不偏不倚、不多不少注入碗内。这一过程不许把茶叶冲出茶具外，也不许洒滴在桌面上，尤其不能洒滴在围坐顾客的衣服上。这一点，是清茶馆沏茶师的绝技，不练三五年是达不到上述要求的。

在每张饭桌上，都有特定的几种干货和一两个醋壶。待沏茶后，四处照料的堂倌儿再问：您吃烧卖还是吃包子？还要点什么干货？是喝喝再吃，还是现在就吃？堂倌儿按照顾客需求，向灶房高喊：唉！烧卖要五个（意即蒸五笼）、包子要三个。喊后，如果顾客骤多，堂倌儿根据经验会补充喊道：前后两个，再要三个，以满足顾客的需要。灶房不能随意多蒸。吃烧卖最讲究现蒸现吃，那些久吃烧卖的顾客是不吃回笼烧卖的。万一蒸多了，堂倌儿只能把这种烧卖送给身有急事马上要走的顾客或乡下来的顾客，再就是用食油在火上煎黄了给那些花钱不多、霸着桌不走，从开门到下班喝茶没完没了，专爱挑刺儿、惹恼了他们会闹事的茶痞们吃。

端盘子给顾客送烧卖的店员也有绝技。他在胳膊上先垫一条代手（抹桌布），在这条胳膊上从手腕起往上摞，一次可摞放四五十盘盛有烧卖的小盘子（每盘盛放的烧卖个数各店都有自己的规定，有的店四个，有的店五个不等），店员以轻快的步伐、优美的身段，按照顾客就坐的先后次序或事先打招呼吃了马上要走的顾客面前问：您留几个（盘）？于是按顾客意愿如数放下。对一次要留很多、影响别人进食的顾客，店员也不能使他不满意，只能说您先留几个吃着，马上就来，再端来时马上给他如数留下。

清茶馆的顾客川流不息，挨肩擦背、拥出挤进，高峰时间是早上八至九点。

顾客吃罢将要走时，就喊店员来算账，店员应声而来，首先要客气地问：

“您吃好啦，还要点什么?”边查看盘子，边高声说您吃了什么，共计是多少钱，有时还要重复一遍，这种口读心算的方法叫“牙捣算”。顾客起身后，店员还要说：慢些走，明天早点来，然后向柜房（收款处）高声喊道X元X角X分到柜！收款处如数回应一声X元X角X分，立即把数码打在算盘上，这时，负责紧盯顾客到柜交款的员工，表面上向来交款的顾客表示客气，实际上是监视他是否真的交了款，收款后马上把算盘上的数码抹去。

交款有两种方式：一为交现款，一为递折子记账。所谓“折子”，是一种用细质厚纸特制的折叠式账本，外有布裹的硬封壳，封壳外中间竖贴一红纸条，上面写着本号事先与客户约定的记账凭证，由被赊方供给客方使用。折芯可随时插入或抽出硬壳外套。吃后多少钱先由收款处记在上面，到一定时间（标期）结算一次交款。当时记账的数码不用阿拉伯字码，也不用一二三四或壹贰叁肆数码，而是用一种行业专用叫作扬州码的符号，日期也另有写法。

当时也有摆体面付小费的社会风气，特别是一些有地位、有钱势者，很讲究此法，以示阔绰和大方，且特别愿在人前显示。顾客们往往把交款应找回的零头作为小费给服务人员，收款处遇到此，即向堂内高喊：这位先生（或掌柜）偿XX角分。堂内的服务人员齐声回喊：“谢!”这种叫小费的偿钱，收款处另设一小柜，当天下班后或数日开一次，此款除资本家外，凡被雇佣者都可分到一份适当的份额，以弥补茶馆付给他们工资的不足。

每张饭桌（有时两三张拼为一张）围坐二十名顾客，吃后把空盘子推在他人处赖账者几乎没有。一方面是因为当时的人比较老实，不会做出这种因钱不多而丢人的事，更主要的是茶馆内部事先有一套周密而妥当、不使外人识破的监视方法。如盛烧卖和包子的盘子有区别，放干货时粗瓷盘子放什么、细瓷盘子放什么、木质盘子放什么、完整盘子放什么、带裂纹盘子放什么，都有内部约定。顾客倒茶时，难免要往自己面前桌面上滴水点等，服务人员趁空隙为顾客用抹布揩去，并把顾客面前零乱的吃剩盘子整摞起来，以便再次留食烧卖或包子等。服务员这些迅速的动作，顾客不但不反对，反而会感到满意，认为是服务员对自己的尊重或认定这位服务员勤快，在此情况下，顾客除赏给服务员小费外，还会顺手赏给烟吸。精明的服务员借这些自然动作，把顾客吃过的空盘子不偏不倚地堆放在这位顾客的面前，而且心中已初步算出这位顾客吃了什么、吃了多少，共收多少钱，所以结账时特别快而准。

较大茶馆的掌柜子（经理）绝不吃闲饭，在业务繁忙的时候，有的要帮助先生（收款员）收款或记账，有的则站在一个能监视各方面的位置上，一边和进出的新老顾客不断地打着招呼，一边却不动声色地紧盯着已喊到柜而那位顾客到柜了没有，到柜交款了没有。极个别时候会出现不算账、不交款就溜走的顾客，这时掌柜的会用行话通知门口的迎客者将其客气地请回来。对“把子座儿”（指成群的数人一齐进来的称谓）的顾客，服务人员就要死记其中一个特征最显著者的口音、相貌、身高、衣着等，以防万一溜走，可依其特征追索其人。

一同来吃喝者数人，其中有人先吃先走，服务人员发现有此动向即来问：这位是另算还是一齐算？留坐者如答一齐算吧，服务人员就向盯梢处喊：X 位先走后付，这些先走的人就不会受阻拦了。对已经喊过“到柜”的顾客因其他事情或朋友新来攀谈而未及时到柜交款的顾客，既不能去催先去交款，又怕这位溜掉，服务人员和盯梢人只能不动声色地监视着，待这位动身到柜时，服务员再补喊：X 元 X 角 X 分“已”到柜（用暗语通知：已喊过那位去交款了）。还有的顾客除了吃，还要带走一些烧卖、包子或干货等，须向服务员打个招呼，服务员抽暇找来大小适当的净白纸为顾客包上。在喊款数后要加一句“手里有”（暗语说，他手里拿的也结算了，不是偷的）等。

此外，凡来就餐的顾客进门，无论新老，即使在业务繁忙的高峰时间，服务人员也得千方百计地为新来顾客腾出一个座位来，绝对不让顾客站等座位的，如果因此或倒开水不勤而气走顾客，这些服务人员将会面临被开除出号的危险。

萨拉齐的清茶馆在经营管理方式和技巧上，有不少可取之处。如周密的安排和管理，业务再忙、顾客再多而内部不乱；众多的顾客先吃饭后交款却不漏收，内部严格监视、约束而不显露于外；热情周到、有礼貌地服务体现了“顾客至上”的理念，亦争取了更多的顾客；注重各种食品的质量，保持了企业的信誉而使业务兴隆，这就是“和气生财”之道。

③下班后的工作

清茶馆在中午十二点前客人就很稀少了，这时员工摘幌子下班，营业结束。

下班后，从店堂到灶房、从店堂的每张餐桌到作坊的面案、用具，都要彻底清洁，并用碱水清洗一遍，搞好卫生后店员才能吃中午饭。饭后稍稍休息，管烧、倒水（沏茶）的服务人员要帮炉房工人和面待发酵而用；跑堂的服务人员要立即帮灶房擀烧卖皮子；徒工们剥葱，用大铁钵捣次日用的调料，大家通力合作，都在为第二天的营业作准备。至于肉馅，有的是当晚切，有的是次日凌晨切，但以不耽误营业为限。炉坊赶制次早所需的各种干货和蒸制品。夏天所卖的绿豆糕出笼后，要在地窖中放置一夜才能卖，因其间要数次用开水浸白布拧半干蒙换，以保其既潮润又利口酥爽。

④工人的雇用期和行规

饮食行业雇用和解雇工人，按其行规一般以三大节日为期，即阴历正月十五至五月端阳节为一期，五月端阳节至第二年的八月十五为一期，八月十五至第二年的正月十五为一期。

在这三大节日，掌柜要为员工们摆席酬谢。如果继续留用全体工人，就一起喝酒言欢；如果在席间掌柜突然站起身，向哪位员工师傅举杯敬酒，就意味着他将被辞退。掌柜向被辞退者举酒杯说：“你来本号辛苦啦，但因为买卖不好，你可另寻高门吧！”对有过失的徒工，是每年的二月二和八月十五为辞退期，所以徒工们最怕这两个节日的到来。

⑤生活待遇

掌柜对全号所有人员集体提供饮食和住宿，是为便于管理和统一行动。每月工资，是烘炉（制作干货者）、蒸锅、面案、跑堂（服务员）的“领作者”（约相当于现在的班组长）较高，其他一般工人的工资则较微薄，只能盼从每天顾客赏赐的小费中得到一些弥补。这些人当中，有的人有妻子儿女，但有不少人是光棍汉，且都有不同的恶习，或是嫖妓，或是吸食大烟。所以，这些人虽年复一年地辛勤劳动，却甚少积蓄和成家立业，甚至连件象样的衣着、铺盖都没有，随身衣服白天穿，晚上盖，头枕砖头过长夜，难享人间伉俪之情、父子的天伦之乐，终生可怜地过着独身生活。待到年迈体衰或疾病缠身时，被逐出门，生活无依无靠，流落街头，成为蓬头垢面的乞丐，最后因病饿死于街头。那些勤快的员工虽然成了家，但维持生计亦很艰难。

徒工在学徒期，一般在第一年是供饭没工资，全年仅给两匹土布、一斤棉花作冬夏衣服换。次年略给工资，三年后出徒，给最低工资，徒工学艺是最艰苦的。除了日常忙业务，还得伺候掌柜本人及其家属。为了学到技艺，更要十分殷勤地服侍投拜的本师和其他师傅们。即使偶然分到一些小费，也要拿出相当一部分孝敬师傅作烟茶钱。提水壶、倒便壶不必说，有时还要受师傅们的打骂，学点技艺是非常不容易的。这种学徒的情形，在其他行业中也大同小异。

（2）饭馆

萨拉齐汉族和回族的饭馆，也区别于幌子的造形和颜色。饭馆门左右各悬一个直径尺余的圆形箩圈，箩圈用布围裹，自圈起，布被撕条状下垂。箩圈意示炒菜金灶支撑京勺的铸铁圈，下悬布条意示面条，总意是此饭馆所卖食物，上至炒菜、下到面条都有。汉族饭馆幌子为红色，回族饭馆幌子为蓝色，其余均为清茶馆。较大饭馆门两侧还悬挂黑底金字条联：“南北大菜”“包办酒席”，常贴对联是“闻香须下马”“知味可停车”等。

营业时间为上午开业略晚于清茶馆，下班在下午两三点，有的在晚上七八点以后下班。

饭馆所需原料要比清茶馆复杂得多，回族餐馆专用牛羊肉，汉族餐馆牛羊猪肉全用。炒菜用水锅炉，亦以专用炉灶以壶炊烧。

较大饭馆除在通间大庭广设桌凳供顾客就餐外，尚辟“雅座”供不同顾客就餐。顾客光临后，其接待方法多同清茶馆。所不同者，除送、沏茶外，堂倌儿首先问：几位吃点什么，然后介绍本店所卖菜谱。堂倌儿一口气可背出几十种炒、溜、煎、炸、蒸的菜名；主食有包子、花卷、馅饼、鸳鸯饼、葱花饼、脂油饼、家常饼、一窝丝、清油饼、糖饼等，还有切面、面片、回勺面、卤汤面、拉面、削面、炸酱清汤、打卤等面食和大米饭。在当时，大米饭属上档次的主食。当时虽有瓶装酒，但为数甚少，一般饭馆不备，现喝需要从附近的陆成行（油酒米面综合加工销售的行业）打回老白干酒。

饭馆的餐桌上不摆茶点，仅放醋、酱油壶各一个。顾客点菜后，服务人员随即取来小吃碟、筷子、喝酒的带酒杯，“雅座”还放洁白的擦碟筷餐纸。菜点好后，堂倌儿向灶房通告准备菜品。灶房炒妥后，以炒勺敲击京勺，端盘的服务人员应声而往，分别把菜送到顾客面前，喝酒的，服务人员或徒工把代热的酒亦送来。如果点菜较多，依次送来。服务人员两手端菜也是一绝，两手同时可端六七个满盛有汤带汁的热菜而点滴不撒，更不能撒滴在顾客的身上。在顾客进餐过程中，服务人员不时还向顾客征询添点什么，味口咸淡怎么样，等等。顾客让上主食，如果是馅饼等各种饼类，灶房烙妥后，以饼敲击饼鏊叫服务人员，随即上汤。顾客酒足饭饱后，喊服务人员来算账。服务人员应声而来，并客气地说：您吃好啦，再不添点什么啦？一一报名结算，然后撤去剩菜饭汤和碟筷酒具等，用抹布揩净桌面，送上热毛巾、漱口水，牙签儿等，有的再沏壶热茶。顾客进餐中，有时当面赏服务人员纸烟或酒。顾客起身出餐馆，服务人员要将顾客送出餐馆，并向账房高喊：“X 元 X 角 X 分到柜！”如果顾客当面让服务人员代交时，服务人员则喊 X 元 X 角 X 分代下，把剩余找回交顾客，有顾客当面赏小费的，服务人员当面谢。

较大的饭馆也常为富有的地主、资本家等举办喜庆宴会、聚餐等活动。饭馆也送外卖，即在指定时间把饭菜送到顾客家里。送饭菜的用具是一个椭圆形有提手和盖的提盒，饭菜少时提盒一底一盖，饭菜多时可加一至二节不等。有时一次送去，有时分次送去。

莜面和荞面饸饹馆的顾客，主要是本城或过往此地的收入微薄者以及进城办事的乡村农民。莜麦和荞麦是当地粮食作物的重要组成部分。莜面和荞面价廉、实惠，深受底层百姓欢迎，故萨拉齐城里这类饭馆曾有多家。它的幌子是由上下两节宽圆形箩圈串连在一起，箩圈上涂以白蓝两色并画有波浪水纹，寓意锅水鼎沸之状。

在较大的饸饹馆中，也有兼卖烧卖、包子，甚至还有简单炒菜。这种饸饹馆又叫“烧煳馆”。营此业者，多为资金不充裕，店堂简陋，设备简单，顾客坐蹲进食随便，老顾客较多，业务较为活跃。

（3）干货铺

萨拉齐的各种干货在当时都较有名气。凡较大的干货铺都能保证油糖投放比例，确保成品质量，严守信誉，以畅其业务。经营方式为批零兼营，前店后厂；中小户，特别是家庭户，为了赚钱，投料多取巧，技术较差，成品在观感和口味上均不及较大者。此种产品除自销外，多供乡间小贩贩卖，售价稍低于大户。清末民国初期，全县干货铺常达五十多家。干货铺的主要产品有：

大炉（吊炉）货：各种月饼、大小提江、半月儿、鸡蛋焙子等；

小炉货：糖咸素锅盔、糖咸素油旋、五香焙子、糖咸素三角儿、擦酥焙子等；

油炸货：油饼、糖素麻花、酥麻花、大头麻叶、板麻叶、跑浆麻叶、蜜麻叶、油折子、糖枣儿等；

蒸锅货：现蒸馍、干酥馍（蒸熟后放在高边铁筛内，悬于炉火上烤焙甜酥而不焦，俗称一捏酥），深受老人、儿童喜好。

具备制作上述条件而产品齐全者，多为较大干货铺，小本生意的家庭户只能生产其中的几种勉强维持生活而已。

尽管当时全县总人数比现在少，茶馆、饭馆和干货铺却不算少，其产销路除城内日常销售外，每年从初春到深秋末，全县有众多的定期庙会唱戏，销售干货数量可观；后来种、割大烟时，形成烟市，人员巨增，也加大了消费量；农民进城卖粮、拉秋菜、拉炭，下不起饭馆，为省钱省时，也会去干货铺买个干货充饥。

那时，顾客随时可以买到食物，即使半夜想吃，只要敲门即可买到，经营者不但不嫌太晚和起居麻烦，反而认为是“财神上门”。

较早出名的干货匠有：任茂、弓大嘴、李大、二怀龙等，近代有张才元等。

制做干货的技术既平常又不容易，不同的人用同样的原材料做出的干货，从形状到口感，差异很大。如有兄弟俩李某，都是干货匠，兄弟俩使用同一块面做同样干货，弟弟做的色香味俱佳，外表美观干净，食之爽口，哥哥正规学艺多年，做出的产品与弟弟完全相反，其关键在“手法”上。

此外，每逢元宵佳节到来之际，无论糕点业和茶馆、饭馆，都要加班赶制元宵应市；中秋节来临，又都在节前赶制粗细月饼、翻毛、提江、月光饼等节货供顾客选购，有的也代顾客加工烙制。

除上述正规行业外，萨拉齐街面上还有地方风味的油炸糕、水晶包子、火烧、馅饼、粉汤、豆腐脑、茶汤、咸肉等小食品排列布满街头或沿街串巷流动叫卖，甚至经营到深夜十点左右。

（三）货郎

萨拉齐在民国4年（1915年）被土匪抢劫之后，工商各业在艰难中维持经营。劫后尚能维持下来的较大行店有粮行新盛店、德昌店等，货行大东店、和合店等，残剩的钱店公和德等。其余中小行店也在困难中寻求新的生机。一些本小利小的小商小贩，或者倒闭改作他行，或者挑起货郎担，手摇拨浪鼓，走村串巷，做些本小利小的小百货生意，俗称“货郎子”。货郎担挑着针头线脑、杂散小件百货，有钱换钱，无钱就以物易物，换取一些粮食或皮毛杂物。但在动乱年代，货郎的生存空间狭小，举步维艰。民国初期，军阀混战，土匪横行，对当地城乡危害严重，货郎更是无法生存。

（四）集市

集市也是老百姓普遍参与的一种商业活动。清末民国时期，萨拉齐城内自发的形成了许多专业集市，如炭市、柴火市、草市、牛马市（牲畜市场）、人市（劳务市场）等。

1. 炭市

萨拉齐北边的大青山蕴藏着丰富的煤炭。在清朝乾隆年间，来自山西的“口里”人和当地人共同开窑挖煤。居住在沿山一带的沟门、马留、威俊、此老气、板申气、东园、阿善沟门、沙尔沁等地的村民，他们一方面通过耕种土地获得收入，另一方面靠驮运大青山各沟里的煤炭来增加收入。他们每年在农闲之际，清早赶着驴、骡，还有少量的骡马车和骆驼户们拉着一链一链的骆驼，从马留沟、大小斗林沁沟或阿刀亥沟入山，把悦来窑、石灰沟、宽甸子、

1931 年萨拉齐县马留沟内驮煤的驴队

庙渠、大营湾、石匠窑子、乌黑猫、葫芦什太、海溜树等窑上的煤炭、焦炭驮运到萨拉齐城内销售。城内集中销售的地方有三处，这三个地方都叫炭市。东炭市，原址在西忻县营巷（西民主巷）北口，后迁至东大社（今源泰广场）前；西炭市，原址在万亨店巷（运动巷口）西；北炭市，原址在丁绍先巷（今太平西街东口）。

驴、骡、驼从上午九点多钟，纷纷把炭驮进这三个炭市，经营炭市的炭牙子（经纪人）从每个驮子上拨块大炭（叫拨炭），一作样品，二是归炭牙子个人所得。买主来买炭，双方讨价还价，炭牙子说合，成交后炭牙子用钩子秤给过分量。售后，炭牙子按每驮5分、每驼1角、每车5角收取佣金。炭牙子过秤技术很高，有时能把200斤重的炭驮子过成240斤，超出分量，卖主多给炭牙子佣金。三个炭市每日销售6~7万斤。当年东炭市由二没牙经管；北炭市由李三挠经管；西炭市最繁华，由张大马驹（又名驹大头）、二马驹弟兄二人经营。到了民国年间，弟兄二人由于年事已高，便将生意交给驹大头的儿子自来宝、二根宝、三根宝弟兄三人经管。当年镇内各机关、工厂、作坊、烘炉、铸匠商号以及居民所用煤炭、焦炭，预先都和自来宝联系。由他告知驼户、车户或驴骡驮子，给用户送炭上门。这三个炭市温暖着千家万户，供应着当年城乡生活、生产用煤。在农村，大户自己上窑拉煤，一般农民均由驼户们驮运到村，用炭换粮换草。因此自来宝在萨拉齐颇有名气，娶有大小老婆。

2. 人市

人市原是通往县衙门口人来车往的弯形路，当时叫土地祠巷，后来改名为县府巷。来自山西河曲、偏关、陕西府谷等地的谋生者，在这一带的留人店内住下寻找营生。当地的无业者和附近农村的穷苦农民为了谋求生活，不顾严寒酷暑，每天清早，在路北的铺檐下、台阶上，蹲着、站着等待雇主。有时十几人，甚至几十人，特别是在割大烟季节，可达百人之多。这些人有的被大户雇用做长工、短工，有的被商号、作坊雇去做杂工，还有的被鼓房雇用舁喜轿、抬丧杠。时间长了这个地方就被人们称之为“人市”了，后来人们把对面的街叫作“人市街”。直到萨拉齐解放后，穷人翻身作主，人市就一去不复返了。

3. 柴草市

萨拉齐的柴草市原址在东大社处，即今源泰广场，因这里设有多种市场，人称东大市。原来这里有座三官庙，坐东向西，还有一口石头砌的二眼井，可供人吃及饮牲畜。日伪时期，其北面设有俱乐部，有“草上飞”“二八黑”等山西梆子大戏在这里演出。此处是当年萨拉齐繁华之处，农村进城车辆多聚于此。无业的穷苦人在夏天割上芦草、水稗草、菅草等，背到此处出卖。每背一大捆，重约150多斤。芦草每斤价格2分，水稗草每斤价格1.5分，菅草每斤价格1分。到了秋末冬初之季，沿山一带的农民把大青山上的蓑胡草、黑圪柃等山柴背下山来到此处出售。萨拉齐县南部的农民把糜、谷草用车拉到此地出卖。城内的碾磨业、驼户、车行都来此买草喂牲口。烘炉、作坊来此买硬柴。年代久了，这里自发地形成了柴、草集散之地，人们把东大市叫做柴草市。据老年人们的回忆：民国初年在此处当草牙子的有老二毛、武多鱼。后来有卢双喜、刘大蝉、刘二蝉弟兄等，草牙子备有钩子秤，倒贩或说合买卖柴草。谚语说：柴贩子、草贩子，闹了钱是好汉子！这些草牙子用低价把柴草收下，待早晚草缺时高价出售或代卖，过秤后收卖草、卖柴人的佣金，每百斤收2~3角。秋冬季节，他们把收下的糜、谷草铡碎再卖。柴、草价由上市的柴草多少而涨落。每日销售量为柴一千多斤，草三千多斤。这个“柴草市”延续的年代较长，直到萨拉齐解放后才逐渐消失。

二、商业制度

萨拉齐的商号，各有各的经营方法，各家字号对员工的待遇不太一样，但一般都遵守人性化的商业原则，员工没有重大错误，一般都能与本字号同进退、共存荣。人事制度与工资福利以复字号为例记述。

学徒进号必须有殷实铺保荐举，三年内膳宿由字号供应，衣服零用由铺保（上司）支垫。如系贫家子弟，则还由商号供给衣服、被褥等物。满三年后才发给劳金（工资），每月多者八两，少者六两，一次发给伙友劳金二三十两不等。学徒满三年可回家探亲一次，假期半年。不准备录用的，在此期间即通知其上司转告本人不必再来，令其及早另图别业，免误青春。

顶身股的掌柜和伙友，每年每厘身股可暂支三十两，称“应支”，待结账时由批红内扣除。

号内员工由掌柜起，都是三年回家一次，叫做班期。住家半年。往返旅杂费由号内供给，并预支一年的应支或劳金，如遇婚嫁丧葬等事，视情况还可以预借或给以补助。

号内员工连掌柜在内一律不准携带家眷，也不准嫖妓和纳妾。所有员工一概不准听戏、赌博、吸大烟、吃馆子。顶身股的执事人员，如遇必要应酬，得经过坐柜大先生许可方可看戏、下馆子。

信赏必罚。员工做事出色，立刻破格提升，到账期并加顶身股。号内人伙按地位和身股大小层层节制。如不循规蹈矩，则按错误程度加以惩罚，但除对身股掌柜违章犯则可以随时将股停职外，对其余店伙，尚无特殊缘故，不到账期不得解雇。只有到账期，方可开除，或抹身股，或减其劳金。开除学徒或员工时，得通知其上司领走。开除掌柜时，则请其上司来号谈妥，出具辞退书离号。

当家掌柜必须由顶身股一分者担任，当家掌柜并不亲自执管号事，只负责处理决定重大事件。执事掌柜限顶身股五厘以上者担任，遴选之后，得经当家掌柜带到老家见过财东，获准后才能执掌号事。

号内账务、财务，由坐银柜的“大先生”（相当会计主任）掌管；外部往来交易，由跑街的“头儿”（相当营业主任）掌管，“大先生”“头儿”是号中的主要骨干。顶生意（即店员获得顶身股份的），快者得 9 年、10 年，一般的进号 12 年始能顶生意，甚至有 20 年才能顶生意。

三年一结账，每一份生意，不论财股、身股，经常可分两三千两银子，盈利再多了，也不过多分红；少了也不降低分红，以保持经常均衡稳定的状态，免得伙友们钱多了想另作别图，钱少了又想离号高就。这种办法使伙友们能够长期安于本号工作，不致发生过大的人事变动而影响了营业。批份之外的盈余便公积起来，作为“厚成”，以备特殊之用。

每到账期，正月结算完毕，二月由当家掌柜带上清查册子（即将外欠、欠外等账及存货、财产等决算账册清抄出来，以备稽核审查的册子），回老家向财东交代，顺便在自己家住上半年多，腊月返回字号，才拨付红利。如果当家掌柜住家达一年之久还不回号，大家都要受到不利的影响，顶身股者提不了股级，员工也分不了红利，一律都得拖延一年。而无论财股和身股，倘无特殊缘故，不到账期一律不得提取应分红利。

掌柜在号内职权很大，如无特别情况，财东平时不得干涉号事。买卖赔赚，到结账期，当家掌柜向财东交代“清查”时，财东才能按生意情况发表原则性意见。掌柜去世以后，凡生前在号上顶身股一分以上者，可享受三账的应支红利（即同生前一样地享受暂支及按股分红），三账以后取消权利。身股不满一分者，可享受两账应支红利，作为抚恤。

号内伙食分大灶、小灶，每饭开小灶一桌，限于顶身股五厘以上者吃，主副食相当讲究，顶身股五厘以下者和徒工一样，均吃大灶，主食粗粮占60%，细粮占40%。每逢初一、十五加添酒菜，以示犒劳。

三、经营理念与方式

清末民国，萨拉齐货行、山货行等行业派人外出选购商品运回销售，而粮行只就地经营和接待外客销售，各大粮、货、店栈都自己设有房间，专供来客长短期宿食。通火车后，粮行亦派人远出推销。发生交易时，既有现款现货，也有期款期货，更有赊欠和买空卖空等方式。同行业之间，亦常有大户压小户，甚至把小户挤垮的，故有“大鱼吃小鱼，小鱼吃虾米”之谚。各行业间常有一举爆发的，也有一溃倒闭的。经营方式上大体差不多，只不过各字号因其资力雄厚与否，在经营上有些与众不同的东西。总的来讲，各行业都有以下几个特点：

一是现金准备充足，谨慎从事。无论在哪个店铺，平时都有相当的现金储备，以备应用。防备凭帖挤兑和存户提现，准备遇到珍贵财物来质典时有款收进，还得准备来往较厚的“相与”（有长期贸易往来且关系十分融洽的合作者）商号遇有紧急需用大宗款项时得以及时协助。有时，临时紧急需款也得马上予以垫付，因为现金准备充足，做起买卖也就气盛阳壮，既能获得实力充足、信用卓著的声誉，又能使人乐于往来，把买卖送上门来。由于店铺做生意谨慎，经常审时度势，稳步前进，因此亏赔的事件很少。

二是人弃我取，薄利多做。做买卖并不完全随波逐流、附和别人，而是需要经常深入研究，思虑长远。往往是别人不那么重视的，有的人却锐意经营，因而常能出奇制胜。对利润不贪图多，看起来微薄，实际上利润反而丰厚，风险小，收获大。

三是注重信誉，不辱招牌。复字号做买卖讲究脚踏实地，注重本店信誉，宁可赔钱也不做玷污招牌的勾当。一次，复盛油房运了大批胡麻油到山西销售，经手员工为图谋厚利，油中掺假。此事为掌柜察觉，立即叫停整体更换。虽然造成一定损失，但挽回了声誉，等于花了一笔广告费。从此信誉日益昭著，迎来更多客户。

四是小忍小让，不为已甚。各地各行各业经常有向复字号贷款做投机生意的，这种生意赔赚无常，遇到大额赔损，便不能如期还贷，甚至以破产还债了事。复字号放贷多，这样的事情自然也没少发生。但复字号每遇此事，一直都低调处理，对方怎么还，就怎么收，很少为债务纠纷而变成诉讼。在竞争激烈的商海中，此商号懂得忍让，懂得适可而止。

五是对待“相与”（有长期贸易往来且关系十分融洽的合作者），慎始慎终。与相与初次交往十分慎重，不乱交往，只有经过一再了解之后，认为可以与之共事，才发生银钱往来，否则便婉言谢绝。但一旦有所交易，没有特殊情况发生，总是竭力维持关系，即使贸易无利可图，也不中途绝交。万一对方倒闭成了呆账，也听之任之，当做教训而已。

第三节　著名商家、商铺

一、复兴隆

清道光初年（1821年），山西忻县家禾村的财主陈天宝在萨拉齐垫财，开设南北复兴隆粮店，南复兴隆原址在今互助巷内（原粮食二门市处），北复兴隆在现今东医院的房后。两处共计100多人，其中经理3人，分别为王二庆、宁天富和李秉信。坐柜跑外人员30多人，炊事员3人，生产工人50多人，资金1万多元（银圆），有骡马50来匹用来拉碾、磨面等。经营项目为买卖、加工粮、油。他们把萨拉齐县以南地区及后山固阳、百灵庙，东边武川、旗下营、卓资山，西部河套一带的糜子、小麦、莜麦、荞麦、高粱、谷子、油料雇骆驼驮运回萨拉齐店内，将其加工成米面、食油后出售。到了清咸丰年间，复兴隆粮店成为萨拉齐大粮店之一。顶生意的身股增多，发展到十七八股，主要的经理年迈力衰先后去世，副经理李秉信成了主要经理，复兴隆因股子太多，1938年间买卖处于萧条，李秉信到忻州请陈财东来此算账，陈账东的孙子继承祖业来此结算，由于人事股份的纠葛，从此复兴隆粮店由盛转衰，这时其他的大粮店相继而起。

二、天泰店

民国8年（1919年）大义全倒闭后，将地皮卖给了马二财主并入了天泰店（原址在萨拉齐一中院内），成了萨拉齐的大粮店之一。这些大粮店控制了萨拉齐的粮食，把持了粮食价格，把粮食囤积起来，他们一方面互相竞争倾轧，大鱼吃小鱼；另一方面买空卖空，如春天以低价订购的方式把钱放给农民，待秋后把订购的粮食收回，或者低价收购，等涨价出售。收购时大斗进（每斗大二合），出售时小斗出。那时农民靠的是单一的小农经济，因需要购生产生活用品，只有把粮食卖给这些粮店。

三、源泉当

清末民国初期，萨拉齐有东、西、南、北四家当铺。民国4年（1915年）冬，卢占魁率匪伙将萨拉齐城内当铺、商号洗劫一空，城内东、西、南三个当铺从此倒闭，只有北当铺遭劫后又重振家业，继续坚持经营到民国末。源泉当位于萨拉齐镇大北街路西原太平街西口，是清末时萨拉齐县最大的钱庄。当铺临街铺面是接待顾客、承揽业务的地方，紧挨铺面西是一处四合院，当库房用，当铺的店员、伙计、保镖、佣工等都在这里打理业务。再往西是店掌柜的四合头宅院，东墙上开有小门，连通库房院和店铺。迎北大门上筑有供大仙的小阁楼，四周的房后墙上都筑有女墙，每天派有专人护卫守夜。源泉当主要经营典当衣物、金银首饰、珠宝、玉器、车辆以及房地产业务。

四、义长久

民国11年（1922年），义长久商号开业。掌柜3个：分别是侯殿林、崔玉全、王本明。从业人员53人。资金1万元（银圆）。经营项目有布匹、绸缎、水烟、茶叶、白糖、黑糖、冰糖、山珍海味、煤油、纸张。有门市部2个（店址在后来的东百货门市部和食品门市部）。采购人员跑遍了京津、保定、石家庄等地。在萨拉齐的推销员有侯之美、崔连和、张连遥等。该店货物品种齐全，每当春夏之际，义长久的营业额倍增。该店经营时间较久，成为萨拉齐棉布业中的头等企业，一直经营到萨拉齐解放后，于1956年公私合营。

五、和合店

和合店开业于清道光年间。财主是山西人，名叫李庆，掌柜子田义、王堂（忻州人）。从业人员60多人，有门市3个（原址在今太匠巷西边一个，现土产门市一个，土产公司院内为店院），资金15000元（银圆）。经营项目有布匹、糖、烟、茶、调味品、山珍海味、杂货、纸张等。有来自河南、河北的客人运销货物常住到店内。和合店的跑外人员直抵京津坐码头。据当年该店店员李全老人回忆，在民国七八年间，和合店在京津坐码头的业务人员得知外国传教士在萨拉齐等地修建天主教堂，就在北京主动与这些传教士联络，把修建教堂的银两（钱）汇到和合店，各地修建教堂需到和合店取钱买料，该店得到这笔巨额款项后，不仅增加了资金，并且推销了货物，就这样发了横财。1937年日本侵华后，和合店买卖萧条，经济受损，周文清接任了经理，买卖毫无起色，加之内部混乱，于1942年倒闭。

六、四和园清茶馆

四和园开创于晚清，财东是现吴坝村的温、杨两家，营业场地在今萨拉齐中心岛东头。四和园前面，从清末至民国间，有数间低矮的土平房，叫“堆子房”，据传说是清朝时驿站驿卒到厅省交接公文之处，类似于现在的收发室。民国14年（1925年），国民军冯玉祥部的一位旅长孙良诚驻防萨拉齐，当时的七家大粮店因与军界交往中欺哄军队，孙良诚怒罚七家粮店投资，拆“堆子房”，由商会主办，拆除了县衙粮仓，其砖瓦木石移至萨拉齐县民众教育馆（即后来的图书馆，1985年与四和园一并拆除）。经营者选这个地方开清茶馆颇有见地。首先它是镇内最中心之地，其次是此处往东百余米有一眼水质优良、取之不竭的明代古井，称为“官井”，这是难得的两个条件。另外，最初开设的四和园是平房，旧时包头著名的四美园清茶馆的建筑规模就是仿四和园模式兴建的。后来四和园把前堂拆除，改建为二楼。底层南部作收款和销售干货处，北侧及楼上设座作招待顾客进餐的场地。楼面东西向，前后均为玻璃槅扇，槅扇外均有阳台式廊檐。顾客临玻璃槅扇而坐，边进餐边远眺，极目东大街之概貌无遗。该茶馆在民国初年的经理人员是大同人张大虎、张二海、孙玺、高尚文等人。日军侵袭萨拉齐后，大约于1938或1939年，日伪警察署第一署设于县图书馆，因嫌其址狭小，强令四和园迁往大北街的北馆子址（即后来的税务局印刷厂院），原址被警察署占据，直至日军投降后，四和园才又迁回原址营业。

第五章　萨拉齐手工业

第一节　手工业发展路径

一、明代以来手工业发展进程

（一）明代的手工业发展

明代阿勒坦汗时期，土默特蒙古人中就有牧人兼营手工业技艺者，蒙古人的许多生产、生活用品都出自他们之手。如勒勒车、缰绳、套竿、挽具、皮囊、刀、锤、锯、斧、剪刀、木碗、盘、勺、水桶、衣箱、针、钳、铁叉、毡毯、皮靴、裘、穹庐、鞍鞯等，以及战争和打猎的工具如弓、箭、刀、矛、盔甲等都能自己制造。在1571年通贡互市后，还出现了皮筋、摇车、银碗、釜、杯、金鞍、顺刀、金印、靴、念珠、酒、蜡烛等。在经济发展的地区，已有了造纸、烧砖、冶炼、造兵器、首饰、用具等手工作坊和匠户。从萨拉齐这一名称含义的分析，当时的萨拉齐蒙古人对奶制品的手工工艺一定是非常娴熟的。

曾任宣大总督的明朝官员萧大亨在《夷俗记》中，明朝史学家瞿九思在《万历武功录》中，都对土默特蒙古人的手工业产品有过记载。《北狄广记》也有相关描述。

阿勒坦汗还收纳了大批从内地逃亡到土默特地区的汉族手工艺人。这些工匠能够烧制砖瓦、加工木器、建筑房屋、油漆彩绘，甚至还会制造了纸张。今天美岱召泰和门的石匾上还留有当时木匠温伸、石匠郭江的名字。史书记载，逃到土默特地区的白莲教徒赵全等人为自己修造了豪华的府第，他们打算尊俺答汗为帝，还为之修筑了大板升城。大板升城内有朝殿、寝殿、仓房、滴水楼等，以大木为原料，涂以龙凤五彩，十分壮观。木工丘同为俺答汗造了一艘大船以便横渡黄河，弓匠贺彦英为俺答汗制作了良弓数十张。此外汉族工匠还教会了蒙古人制作攻城器械等，使蒙古人的手工艺水平进一步得到了提高。俺答汗向明朝进贡的物品，逐渐由精致的镀银鞍辔、镀金箭筒等代替了制作简单的金银镯釜。[1]

在阿勒坦汗兴盛时期，汉族和蒙古族工匠的手工业工艺达到了较高的水平，其军卒使用的八角兜鍪、镀金头盔、环刀、铠甲、剑、箭镞都由自己制造。阿勒坦汗赠送给明朝皇帝的金鞍、马勒和箭筒，赠送给三世达赖的各种器物和各色嵌宝石金鞍，领主们拥有的金银驼骆鼻勒、银锅、银盘、金碗、银碗、饰金、银鞍、戒指、金腰带，还有便携佛像、佛教用品等，都具有造形精巧、镂琢细致的特点。特别是隆庆六年（1571 年）互市后，当地的手工业有了很大发展。如七大召八小召的不同规格的佛像铸造，都有非常高超的工艺水平。

（二）清代的手工业发展

经过明末短暂的战乱后，清初的土默特地区进入商业、手工业的快速发展期。清康熙年间萨拉齐已有手工业作坊如柳毡房、潘纸坊等，生产毡条、毡垫、毡帽、毡靴、毡袜、草纸等。清雍正十二年，萨拉齐的手工艺人们修建了规模宏大的关帝庙。清乾隆丁亥年（1767 年），“萨拉齐百工每思神必有凭依之地，而神乃格人，必有酬神之所。而虔始伸爰是新建。”众多的手工业者在祖师崇拜的行业思维影响下，新建了祖师庙。新建祖师庙的碑记中已出现木匠的行会组织——鲁班社。清乾隆三十三年（1768 年），萨拉齐出现了“三合麻铺”“东石局”“西石局”“田木匠铺”等作坊，生产麻绳、石磨、石钵，从事建筑等。清嘉庆二十二年，萨拉齐德泉泰等 12 家手工业作坊组建了生皮大社。清道光五年，萨拉齐有恒盛全、东保兴、广盛永、保兴全、德盛泉、恒兴全、四成号、复盛泉等造纸作坊。清道光年间，萨拉齐毡毛业、纺织业、缝纫业、木业、粮食加工、酿造、造纸、铁业、玉石等作坊约百家（户）。清道光

[1] 薄音湖：《一代天骄和他的继承者》，内蒙古人民出版社，1994 年，第 258 页。

末年（1850年），黑皮坊“聚义兴”开业。清咸丰年间，纸坊“三新城”等开业。到清末民初，各业俱兴，产品日盛。

（三）民国时期的手工业发展

民国4年（1915年）后，绥远地区战事频起，继以旱灾，萨拉齐农商交困，手工业随之衰落。1937年“七七”事变前，地方稍安，手工业始见起色。1936年，萨拉齐有毛织业、制毡业、制皮业、麻绳工业、木工业、五金工业、榨油业、靴鞋业、成衣业、染工业、酿酒业、制糖业共12行业106家，产品50多种。尚未包括造纸、采煤、炼焦等工业以及食品、调味品、酱菜、粮食加工业。

1937年10月萨拉齐沦陷，随后日军在工商业领域内实行统购统销的“组合”制，许多传统作坊因此关闭。日伪时期，也有一些新兴的手工业场坊相继成立，但其多为日军掠夺资源的机构，如1939—1942年，日伪萨拉齐县公署先后建成电灯公司、发电厂、石棉公司、织袜厂、面粉厂等企业。据《萨拉齐县志·工业》载，1940年有手工业作坊125家，工人650名。各行业工人大部分为学徒工，雇工很少。雇工平均工资每月5银圆并供伙食。徒工无工资仅供食宿，学徒期2~3年不等，出徒后与雇工待遇相同。

日军投降后，萨拉齐的手工业有所复苏。至1949年，全萨拉齐县手工业作坊总计625家，有工人约1300人，总产值79.7万元，萨拉齐城内的作坊数量、工人数、产值占到全县的70%。

（四）中华人民共和国成立初期的手工业发展

1949年，中华人民共和国成立。1950年3月，萨拉齐县人民政府设立了工商科，并于1954年将县城内的手工业作坊组建了造纸业、翻砂、铁业、木业等合作社，入社社员103名。1955年，合作社（组）发展到22个，社员789人，对规模较大的造纸作坊实行公私合营试点。同年5月1日，公私合营德生泉造纸厂在萨拉齐成立。1956年，手工业合作社（组）发展到58个，社员2410名，成立了木工厂、巨盛昌皮革厂、精美斋印刷厂、炸药厂、利民粉厂。1959 年，入社社员 2359 名，形成行业有铁、木、建筑、柳编、制麻、砖瓦、制鞋、箩笼、毡毛、钟表修理、刻字、毛纺、五金、缝纫、车辆等 20 多个行业。

二、主要手工业种类与规模

清朝至民国时期，萨拉齐手工业的种类与规模和当地物产及便捷的交通紧密关联。萨拉齐地处平原，农业发达，因而手工业内的粮食加工业如榨油、制糖、酿酒尤为发达。又因萨拉齐交通便利，所以周边地区的皮毛在这里加工成毡、毯、靴子等转销京津。《萨拉齐县志》卷八产业篇中说："邑邻游牧之区皮毛工业尚称发达，输出京津久为经济之源。"《绥远通志稿》则记为"盖萨本钜邑，且地当归、包来往孔道，油、粮、大炭尤为出产之大宗，故地方殷实，在工业上虽无特著之产物，惟榨油、毛织等业，尚称发达"。[1]

具体说来，清朝至民国时期萨拉齐主要手工业的种类有如下几种：[2]

（一）毛织业

1930 年前后，萨拉齐城内共有毛织业作坊 8 家，其中经营栽绒毯业者 5 家，经营毛织袋者 3 家。资本由二三百元至数千元不等，工人共 50 余名，每名每日工资多者 0.15 元，少者 0.1 元，每日工作 9 小时。所用原料为山羊绒，皆由当地及内蒙各地收购，每斤价格约 0.2 元。全年共产大小地毯、床毯一千五六百块，每方尺售价 1.2～1.5 元。产品或就地出售，或销往外埠。全年营业最多者约 7000 元。民国 21 年（1932 年），萨拉齐东郊的新农试验场曾用美利奴羊毛试织毛毯，所织毛毯品质优良，购者踊跃。

从事毛织袋者，共有工人 10 余名，工资与织地毯者同，工作 10 小时。所用原料为杂色山羊毛，皆由本地及后山（今固阳、达尔罕茂明安旗、武川一带）收购。出品有各种口袋、粮袋及草包。每年共织千余条，口袋每条售 0.8～1 元，粮袋每条售 0.3～0.4 元，草包四块对缝售 0.8～1.5 元，均销于

[1] 绥远通志馆：《绥远通志稿》卷十九，工业，内蒙古人民出版社，2007 年，第 31 页。
[2] 绥远通志馆：《绥远通志稿》卷十九，工业，内蒙古人民出版社，2007 年，第 59 页。

当地。

（二）制毡业

1930 年前后，萨拉齐城内有毡坊 4 家，工人 30 余名。各家均由当地及后山一带收买羊毛，每斤价格约 0.25 元，制造白、黑毛毡两种。其制法将竹帘铺地，置毛其上，摊匀沥浆，将帘卷起往返搓之，使毛黏结即成。全年共制 2000 余块，每方尺售价 0.15 元，多销售本县。

（三）皮坊

皮坊分白皮坊、黑皮坊两种，白皮坊主要生产皮衣、皮件等，黑皮坊主要生产车辆家具的绳绁挽具。萨拉齐皮坊开业最早的是黑皮坊，首户是“聚义兴”，是清朝道光年间由山西潘姓财东投资开设的。此后，白皮坊“服和顺”、黑皮坊“双胜”“双德昌”“三义全”等也相继开业。到民国初期，萨拉齐皮坊已成规模，共有黑、白皮坊近 20 家，旺季时从业人员近 200 人。

1930 年前后，城内共有皮坊 6 家，工人 60 余名。白皮坊由本地及宁夏收买山、绵两种羊皮，山羊皮每张价格约 1 元，绵羊皮每张价格约 1.6 元。白皮坊专制各种皮衣，年产量约 2000 余件。绵羊皮衣裤全套 8~9 元，山羊皮褥每件 3~3.5 元，羔皮大衣每件 22~24 元，各种皮衣均销本地。黑皮坊由本地收买驴、马、牛皮，专制皮革。年产大小皮革 600 余张，其售价，黑股子皮每张 2.8~3 元，黑牛皮每张 7~8 元，法蓝皮[1]每张 7~8.5 元。各黑皮坊均用皮革制造皮带、皮条各用具，价值按张折算，均销本地。各家资本平均约 500 元。

[1] 黑股子皮、法蓝皮是指皮革鞣制时因添加的化学原料不同，而生产出来的不同种类的皮张，其中法蓝皮较贵，一般出口西欧国家。

1933 年萨拉齐县皮毛工业表

品　名	单位名称	年产量	单位时价（元）	运销地	厂数	备注
栽绒毯	方尺	12000	1.5	本地及京津	5	
毛　单	方尺	1100	0.2	本地及京津	2	
绒毛毡	方尺	15000	0.4	本地及各省	3	绒毡每尺 4 角 毛毡每尺 3 角
毛口袋	条	2000	1.6	本地	3	
皮　衣	件	3000	3.5	本地	5	普通每件约用羊皮 3 张
皮　褥	块	2000	7.5	本地及各省	3	每块用羊皮 3 张
皮　革	斤	50000	0.8	本地及京津	7	年产牛、马皮 4000 张，每张 20 斤

（四）麻绳业

麻绳业是当地农家之副业，原料为白、黑麻两种。1930 年前后，白麻每百斤价格约 20 元，黑麻约 13 元，水沤麻约 6 元，土沤麻约 3 元，大都购自当地及宁夏。产品分包绳、甘草绳、车绳、底绳等数种，年约制绳 5 万斤。包绳每百斤值 10~12 元。甘草绳 5~7 元，车绳、底绳 28~30 元，均分销本地及后山一带。

（五）木工业

1930 年前后，萨拉齐城内共有 14 家木工作坊，每家资本平均 300 余元，工人共 80 余名。木料大者由兰州、小者由乌拉山购买。每年约制各种木器 3000~4000 件，其售价大车每辆约 65~72 元，木箱每个 10~12 元，扇车每架

33~35元，榆木新式桌凳每套约13元，其他日用家具价格不一，产品均销当地。

（六）榨油业

1930年前后，城内共有8家榨油作坊，均由本地采购胡麻，每石价格约9元，麻子每石价格约5元，制造胡油及麻油两种。制法是先将麻子炒出，磨成油膏，然后装入榨中，压之即出油汁，每年约产油10余万斤，每百斤售11元，均销售本县及周边县市。食品多用胡油，燃灯和车辆润滑则以麻油为多。当地榨油原料丰富，产量也很多。所产麻油由河路至行山西曲沃一带。

（七）造纸业

约在清朝咸丰年间，萨拉齐城里开始有了造纸坊。最早的造纸作坊是萨拉齐城南（南营子）的一家父子班，字号已经无考。后来便是城西南的“三新城”纸坊。再往后出现的是福顺全的“会和泉”纸坊。接着徐家的“三和元”、任家的“龙太泉”纸坊相继开业。清末民初时期，萨拉齐城内已有“三新城”“会和泉”“德生泉”“龙太泉”“三和元”“长胜元”“新太常”“换染号”“栅子院”“潘家草纸坊”等十多家大小不等的造纸作坊，共有造纸工人300多人，日产量176区、31680张，草纸16区、3080张，纸的种类有尺二纸、尺六纸、尺八纸、帐纸。草纸只有一种，为一市尺见方。

（八）石作坊

清乾隆年间，萨拉齐镇内有了专门从事石器制造的石作坊东石局、西石局。到了民国时期，又有刘石局出现。他们自采石头自做石器，以生产农用碌碡、杵臼、小磨为主，还生产作坊用的油磨、推米压面的碾页、碾盘、碾轴、面磨、粉磨以及碑碣庙宇用材。刘石局生意兴旺时期有工人石匠40名。所制碑文光滑如镜、坚硬不损，在砍磨、铣碾方面也有许多诀窍，但因后继无人，许多技艺失传。

（九）金炉匠

清朝时期，萨拉齐的铜、铁、锡、铸诸行，为了自身的利益，成立起行业的会社——“金炉社”，因而民间将从事这些行业者称为金炉匠。

清末民国时期，萨拉齐金炉匠中的铜、铁、铸铁匠人尤为著名，分述如下：

1. 铜匠

铜匠铺，在萨拉齐分为“佛作行”和“圆作行”两种行当。

“佛作行”专门铸造佛像和召庙中的供器，原料均系生铜。这种行当的老师傅代县人最多，因代县临近我国佛教四大名山之一的五台山，熟悉佛作手艺，历经多年研制，代代相传，精益求精，遂成为一项专门技术。

清道光以后，召庙建筑达到饱和，偶有新建，亦为数很少，“佛作行”也随之衰败下来。到光绪年间，精于“佛作”的老师傅多已作古，“佛作”技艺逐渐失传，故此，“佛作”这一行多改为“圆作行”。

“圆作行”的活计范围较广，除了佛像以外，还有铜质的生活日用器物，诸如锅、碗、瓢、勺、盆、壶、火锅以及箱柜上的饰件等，品种有100多个。由于所制的锅、碗、瓢、壶之类均为圆形，故名“圆作行”。圆作器物所用的原料熟铜、生铜都有。铜质器物金光闪闪，非常漂亮，摆饰起来，金碧辉煌，更显阔气，不仅城市中商号富户喜欢使用，对于游牧生活的蒙古族来说更是必不可少，所以销路很好。

清朝时期，萨拉齐的“圆作”行业相当发达，全境共有铜炉4家。“圆作行”不像“佛作行”那样要有多人协作，均系家庭作坊。他们有的设门柜，有的摆摊子，除在本地销售外，还将蒙古族所需的器物经由“通事行”整批收购，远路运销到各地。

民国初年，“洋铁”（镀锌铁皮）开始盛行，随后市场上又出现了搪瓷器物及铝制品，铜铺的“圆作”行当逐渐被取而代之，濒临倒闭。到了日伪时期，因铜为军用物资，全部由日本人所统制统销，大多数铜铺只得关门歇业，工人多半转为“洋铁”匠，仅存的几户家庭作坊也只能做点修补焊接的活儿。

萨拉齐蔺家的铜铺，既搞“圆作”行当，也做“响器”，即戏剧、演艺界所用的锣、镲等打击乐器。蔺家的响器制作有百余年历史，世代相传，经销于京津等北方各大剧社及文艺团体。在铜乐器中，萨拉齐的铜锣非常出名，清末民国时期的有关部门作为标准定音锣。至今，蔺家后代仍从事本行业，并且收益较好。

2. 铁匠

清末民国时期，萨拉齐的铁匠炉有“大炉”与“小炉”之分。大炉，叫做“马车炉”或“黑棒炉”，主要制作没有利刃的各种铁器，供给农牧民使用。小炉，叫做“杂活炉”，专制有刀刃的铁器，供民用，有的还专门制作除锯条之外的木匠工具。小炉的地点比较分散，差不多各大村庄街道都有。

相传，萨拉齐城内在明代就有了铁匠炉，大同人乔家在东营子开炉，还会制造火枪和各种兵刃。到了清代，铁炉业昌盛起来，有了很大的发展。当时，铁匠炉全系手工操作，每盘铁炉最少要有3人，一个拉风箱鼓风吹火，一个用火夹子捏铁，一个打锤。

3. 铸铁匠

萨拉齐在清乾隆年间就有了铸铁炉，人员均来自山西浑源城北的神喜村。他们利用废铁回炉冶炼，再捏模浇铸，全部是笨重的手工操作。当时铸造的铸品大致可分为三类：一类是供寺庙用的铁钟、香炉、铁狮等佛器，这是最能赚钱的，但销路有限，活儿很少；一类是供农民使用的犁铧等农具；再有就是民生日常用具，如煤炉、灶门、锅台面、铁钵（捣调料等用的铁臼）等。因废铁每回炉一次就往硬凝固一次，故不能像山西盂县和潞安的匠人，能够冶炼原铁，铸造饭锅、车甲和火枪用的铁砂，且所铸的煤炉、洋火炉也不如关南匠人的手艺高，除了铁钵由旅蒙商人收购外，其他铸品均不能远销。在本地销售铸品十分有限，一来人口不多，用户稀少；再则生铁铸品经久耐用，这就大大限制了铸铁业的发展。铸铁炉一直保持在两家左右。

（十）印染

1920—1940年萨拉齐的印染工业盛行一时。当时人们穿的是土布，夏天做单衣时穿白布，到换夹衣和棉衣时，就要染成兰色或黑色。这一时期，萨拉齐的染坊有十多家，大者有十几人，小者有三四个人，人少的小染房一般为父子班。比较知名的染房有：德丰泉、公义泉、复顺泉、玉丰泉、玉隆泉、涌茂泉、宝丰泉、德隆泉、义和泉、孟栓拴染坊。这些染房的名字，最后一个字都是“泉”字，这有两个意思，一是和水打交道，二是按照传统的观念，泉就是钱。《周礼·天宫》云：“其藏曰泉、其行曰布，取名于水泉其流行无不遍也。”染坊名皆用“泉”字的根本意义在于使钱如流水一般，源源不断，永不止息。

1940年后，萨拉齐有了机器染布的作坊，手工染布的作坊大多先后倒闭。

（十一）糖坊

萨拉齐较有名的糖坊是“索氏糖坊”，创办于清嘉庆年间。到20世纪30年代，萨拉齐城内有糖坊有12家，工人30余人。

索氏家族三代制作麻糖。第一代是索延奎，从小随父到萨拉齐一带漂泊，长大后拜师学艺制作麻糖，并在萨拉齐城内后炭市大北街买房定居。第二代是索维昌，将麻糖作坊扩建，事业搞得红红火火。第三代是索栓柱，2013年被录入土默特右旗非物质文化遗产传承人名录。20世纪80年代，每到初冬时节，索栓柱便与妻子开锅制作麻糖，旺季时每天产麻糖约150斤。

第二节　手工业行业类型及生产流程

一、主要手工业生产流程

（一）纸坊[1]

萨拉齐所造的纸全是手工白麻纸。手工造纸需要三道工序：打硙——操纸——晒纸。

[1] 刘运来、任怀礼、任廉口述，闫建国整理。

打斫工序最繁琐，就是把收集来的原料如麻团、麻绳的接头等，用大板斧剁开、舒展。然后将其碎成2~3厘米的小段，放到水池里浸泡，时间长短不限。捞出后用石臼捣碎（初捣），然后用清水洗三遍，用生石灰搅拌（漂白），送进蒸锅蒸煮三天三夜。出锅后用清水洗一次，再进行捣碎（二捣），用清水洗三次，再捣碎（三捣），上槽碾碾轧一遍，再洗一次，直到纸浆成洁白泥状始送入操纸池内，加清水成悬浮浆液。

操纸工序较简单，但技术含量高。手工操纸所用的工具为细竹篾编成的搭帘。它是用木条做成的长方块框，中间是用马尾缠绕的竹丝，四边是用布和木框连结起来的长方形竹帘。一张纸的成形一般需要两次进行：第一次把四边掖好，第二次才把纸面做成。连续操作，纸张可层叠。操好的纸层还需加重挤压，把纸中的水分挤掉。萨拉齐的造纸作坊规定，每个造纸工人每天应操纸360帘（每帘2张），用去纸浆（纯原料）3.5斤，要保证每张纸均匀、洁白、厚度重量要相等。当时有个操纸工叫崔合，天天完成定额只用去纸浆3.2斤，并且每张纸都洁白均细、柔软耐拉，来买纸的用户一见崔合操的纸，不用检查就直接带走了。另外一个高手叫杜猛旦，操的纸均密，只要裁成大小相同的块，上秤一称，张张不差分毫。

晒纸的过程是把湿纸小心地剥开，然后用毛刷搭住纸的一边，另一只手轻轻拉住纸的另一边贴到火墙上，用毛刷把四面刷平、剥纸时需要细心，毛手毛脚是不行的。好麻做的纸好剥，纸与纸之间不粘连，不起毛。次麻做的纸很难剥，纸与纸之间粘在一块，剥时会掀起许多绒毛，一不小心就粘坏了纸面，这时就得把纸面上的孔用一块湿纸补上，再用手掌拍结实。晒干后，几乎看不出痕迹。夏天晒纸也可贴到光滑的墙上暴晒。晒干的纸再一张一张取下、码好。

草纸的生产工序和麻纸基本相同，也分三个工序，只是打斫、用料不同。草纸的原料主要是莜麦秸。生产中首先把莜麦秸送到水池中浸泡、腐化（最好是草木灰水），浸泡的时间远远超过麻纸浆的浸泡时间，最长达十多天。泡好的莜麦秸捞出后，需用斧头砸碎、蒸煮。蒸煮过的纸浆还需清洗、捣碎，再上槽碾碾轧成浆，才可送入操纸池。草纸的纸浆比较粗糙，也不用漂白，所以操出的纸面粗糙，草黄颜色，不能进行书写，只能当做生活用的卫生纸。

造纸作坊都是小本经营，整个造纸过程都是手工操作，这就要求每个工段的工人都得有一手过硬的本领，才能保证纸的质量，提高原料的利用率，降低成本。

清末民国时期，萨拉齐的造纸技术在内蒙古地区是比较先进、出名的，有些老师傅不仅在当地显露本领，而且经常闯荡在包头、集宁、丰镇等地。那时萨拉齐三和元的账纸（记账用，要求洁白细腻、不渗墨）、会和泉的老帘纸、长胜元的长胜纸，纸质纤维交结匀细、外观洁白，表面光滑有拉力，是很受欢迎的紧俏商品，远销各地。

（二）打帘[1]

伴随着造纸作坊的红火，萨拉齐也兴起一家专供造纸用帘的家庭作坊，寇金喜专以手工制作造纸用帘为业，此业称为搭帘，也叫打帘。

制作此帘工序既繁杂又细腻，要求操作人员既细心谨慎，又要有足够的耐心。其工序是：要先把竹片破成细条，然后修制成香粗的圆形条，再到铜板眼拉磨。将修好的竹条一头细尖插入铜板眼穿出尖头，用钳夹用力拉拽过眼，使竹丝达到大针那么粗细的标准，长尺许，然后放入油锅略炸，叫作“篾”（萨拉齐人读作“mí”），而后用三根白马尾并合成一条线，系在吊垒上，和打竹门帘一样，细心打制成这种特殊用途的竹帘。其工艺十分细致、复杂，完成一块需十天左右的工夫。但制作的操纸帘却扣纸利落、不挂毛，坚实耐用。

这种打帘技术，当地只此一处独家经营，并传媳不传女。因此，货少紧俏，萨、包两地十多家用户排队购买。后来，寇金喜的一个亲戚常来常往，有时帮忙干些杂活，也经常问些关键问题，这个亲戚逐渐掌握了这套打帘技术，并置办了一套工具在包头办起作坊制作销售搭帘，但所做的搭帘和寇金喜家的

[1] 刘运来、任怀礼、任廉口述，闫建国整理。

产品还是有所区别。日伪时期，寇金喜全家都迁到了包头，继续手工制作搭帘，萨拉齐用户改去包头购买，包头用户也改向寇金喜购买，萨、包两地业务又都回到寇金喜手中，他的亲戚无奈之下只好停业。

（三）皮坊[1]

萨拉齐皮坊在经营上有自己的特点，即不搞独项经营，而搞两项或多项经营。如黑皮坊附带靴铺，白皮坊兼搞生皮等。这种“合二为一”的经营方法，曾使萨拉齐皮坊一度顽强地生存并繁荣。究其优点归纳起来有三点：其一，皮张能得到充分合理利用。如黑皮坊中，好皮面做靴腰、靴面，边角料做靴底及其他农用产品；白皮坊中，好皮选出来做生皮交易，次皮鞣制做产品。其二，节省人力，一班人可经营两盘业务。其三，业务活跃。

皮坊经营分为两部分，一个是账房，一个是工房。经营规模越小，分工越不明显；经营规模越大，分工越细。账房的分工有经理、司账、看柜、跑街的、徒弟等，这种组织一般在规模较大的皮坊里才能看到，如“聚义兴”“双胜”“福和顺”“巨盛祥”等。工房由工头、师傅、工人 、徒弟等构成。萨拉齐的皮坊里设有名为“二工头”的职务，部分皮坊这个职务由技术较高的师傅代替。工人就是在旺季时雇佣的临时技工。简易的皮坊从生产到贩卖的全过程只由一人来完成，即人们常说的皮匠。

皮坊的设备较简陋，只有鞣皮用的大缸、铲皮的大铲、刮皮的刮刀、裁皮刀、裁案等。黑皮的传统生产流程是：回线—浸灰—脱毛—撤灰—鞣制—革条—上油。白皮的传统生产流程是：招剪—鞣制—干燥—干铲—配制—裁制—缝制—整理。皮坊的核心工艺就是鞣制工序，仅以白皮的鞣制为例：过去，白皮坊采用小米、硝等物鞣制白皮，这种“米鞣法”不仅催化速度慢（一次需十五天时间），而且皮张的抗温能力也低。到 20 世纪 60 年代，改用甲醛、硫酸等化学药物鞣制白皮，这种“酸鞣法”的催化速度比过去提高了一倍（一次

[1] 原萨拉齐皮革厂工人岳忠元、王涛口述，闫建国整理。

需七八天时间)，皮张抗温力达到 50℃。到了 20 世纪 80 年代，再次改进为蛋白酶等药物鞣制白皮，这种“酶鞣法”的催化速度比过去提高三倍多（一次需四五天时间)，抗温能力达到 80℃。皮张的毛色、柔软、耐拉、抗温程度与过去不可同日而语。

萨拉齐皮坊在原料的采购和应用上是十分讲究的，也是经营上的一大特色。收购原料是技术性很强的业务，皮坊对跑街的、站柜的技术业务要求很严。不仅要识得皮张的路份，还要分辨出是哪个季节的皮，以及病畜皮、死畜皮等。因为路份、季节的不同，皮毛的质量也不相同。路份不仅分东西南北四路，还有“屠皮”“户皮”“外路皮”之分。“屠皮”是饲养场、肉铺等处由屠家处理过的皮，这种皮张实用，皮张质量最好，使用率很高；“户皮”是指家家户户自己宰杀牲畜的皮张，其质量、使用率次于“屠皮”；“外路皮”是收购的牲畜皮，其中有许多死畜、病畜皮，质量最次。按季节区别，春天的皮毛薄，皮板瘦脆；秋天七月的皮，毛活，皮板薄而柔软；病死的毛色无光泽、皮板瘦。原料收购回来以后，就考虑如何利用这些皮张了。皮张做什么，怎样做，根据具体原料而定。过去，黑皮坊把牛皮主要用于皮靴制革上，马皮、驴皮等主要用于农具的制革上。白皮坊把“屠皮”选出来全部用生皮交易，赚个好价钱。“户皮”“外路皮”好的裁制皮衣、皮裤，次的做皮褥，边角料裁制皮大领、耳套等小件。

清末民国时期，萨拉齐的皮行业有两件产品远近闻名，一是“萨县屠皮”，一是“萨县牛皮靴”。

“屠皮”是屠家剥制的，它不仅皮板、皮毛干净利落，就连腿肘部、颈部的开剥都很讲究。不仅如此，就是牲畜的宰杀也常常选择在皮毛质量最好的膘期。因此，“屠皮”的质量、使用率在皮张中是最好的。过去，萨拉齐的牛、羊肉店铺很多，其中有一部分兼营规模较大的饲养场。每到秋后，饲养场就完全进入宰杀期。这些“屠皮”很受各地皮坊的喜爱。民国前期的“屠皮”除当地留足外，全部销往外地，每年仅发往天津等地的绵羊皮就有一万多张，山羊皮一万多张，牛皮三四千张。

“萨县牛皮靴”是当地黑皮坊靴铺中特有的和主要的产品，分为三种：头号水靴、二号水靴、三号旱靴。头号、二号水靴是针对翻山越岭、爬山涉水的蒙商特制，三号旱靴是针对进沟拉炭、耕植的农民制作的。头号水靴是用七层牛皮做底，帮面选用牛皮最结实、最光滑的地方裁制，靴鞫高至成人膝头。二号水靴用五层牛皮做底，帮面也选用好皮裁制，靴鞫略低于头号靴鞫。这两种靴底都钉有半圆形铁掌和蘑菇铁钉。整双靴甚为笨重，好在穿用人经常是骑在骆驼身上，不常走路。三号旱靴三层皮为底，靴鞫只有头号水靴的一半，也选用好皮面为帮，但不完全用牛皮，马皮、驴皮皆可，这种靴比较俏丽，相当于现在的马靴。这些靴过去都有很好的销路，一些水靴甚至远销外地。

（四）印染

萨拉齐的染房门前，都有个相当于房顶高的大木头方架，上面搭着整齐的长木椽，这是晾布用的，这架子也是染房的幌子，人们看见这架子，就知道这是个染房。染房里面有十几口大缸，把这些缸按一定的距离排好，然后用砖垒一米高的台，把大缸砌在里面，并用灶火加温，溶解原料。染布的水既不能冷又不能热，伸进手去觉得温温的就行了，然后放入适量的老牛湾（今清水河县内）的下河石灰，再把柴磴（今准格尔旗内）的碱放一些。这两种料配不合适就不易上色，这是技术的关键，最后把蓝靛按水的比例放进去，加温溶解后即可染了。染料用的是德国的“爱理斯”和“天信快靛”，美国的“南星靛”（牛头牌），英国的“一品蓝靛”，这些染料用方铁桶和圆铁桶装着，每桶十斤重。染的土布因产地不同，有平山布、行唐布、冬春布等，其中冬春布最好。市布有双龙珠、五福市布、重洋钱市布等。染一个小土布一水蓝一角，两水蓝二角，石蓝四角，染一匹市布一般是一元。

顾主进来染布时，用白麻纸折叠成一指宽的细长条，把姓名和村名要染几水等写好，包进布头的一角，染出后解开就知是谁的，纸条不变色，还是白纸黑字。同时账上也写某月某日，什么人染的什么布几时来取，取走后在名字上画个记号。如果把白市布染成花布，这就要请染房家属来帮忙，她们按照一定的方法把布折叠、包好、缝住，染出来后就成了蝴蝶或是六瓣梅花的图案。这是一种技巧，花是白的，其余的地方是蓝色，这就是所谓“扎花布”。

染房的流程有一水蓝、二水蓝等。一水蓝就是在一个染缸里浸过染匀，再放到另一个清水缸提上几下，两水蓝就是染两次，染好后用木棍套到布里拧，然后晾到门前的木架上。

染房的主顾主要是市民和农民，除此之外各个染房还都和布店有联系。比如公义泉既给和合店染布，也给义长久染。染的办法是染房有一本专给布店染布的账，把账拿去，染什么布、染多少、染几水、何时取，由布店写到账上盖上章，染房把账带回去保存。布店自己还有一本老账，到年底对账时才合住总数，然后再议染价。

给布店染布，价钱比一般顾客要低点，因为数量大。农民进城来染布过十天半月后再来取，染的质量当然比给布店的好。染坊也售卖染好的布，农民有时为省事不愿再来，就来染坊买染好的布。

（五）酿酒

酿酒的作坊当地人称缸坊。缸坊酿酒工艺比较简单，与现代酿酒工艺有很大不同，具有以下工艺过程。

1. 原料处理

为了使淀粉糖化和酒精发酵取得良好的效果，就必须对酿酒原料进行一系列处理。不同的酿酒原料其处理方法是不相同的，当地缸房常见的处理方法有选料、洗料、浸料、碎料、配料、拌料、蒸料、煮料等。

2. 淀粉糖化

用于酿酒的原料并不都含有丰富的糖分，而酒精的产业又离不开糖，因此，将不含糖的原料变为含糖原料，就需要进行工艺处理。淀粉很容易变为葡萄糖，当水温超过 50℃时，淀粉溶解于水；在淀粉酶的作用下，水解淀粉生成麦芽糖和糊精；再在麦芽糖酶的作用下，麦芽糖逐渐变为葡萄糖。这一变化称为淀粉糖化过程。当地缸房一般是二石粮食出165斤酒，所用原粮配料有高粱8斤、豌豆7.5斤、糜子5斤、谷子11斤、糜米10斤以及大曲（发酵用）。

3. 制曲

淀粉糖化需要糖化剂，当地缸坊所用的糖化剂叫大曲。制作大曲是用含淀粉和蛋白质的物质作为培养基，并在培养基上培养霉菌的全过程。常用的培养基为大麦（俗称草麦）、麸皮等，也有的用高粱、糜、谷、豆以及霉坏粮食做的。人工光脚在坯模踩制成砖形，即可存放备用。当地缸房每年踩一至二铺大曲，用粮一百二十石至二百四十石。

4. 蒸馏取酒

经过发酵的酿酒原料中（当地缸房发酵期为3至7天），含有人们希望获得的酒精和水分，还有一部分香型物质。怎样才能把人们希望要的东西从中分离开呢？酒精的理化性质给了人们最好启示，酒精汽化的温度为78.3℃，只要将发酵过的原料加热至78.3℃以上，就能获得气体酒精，冷却后即为液体酒精。蒸馏取酒最常用的工具叫蒸馏器，我国传统称之为“烧锅”或“蒸锅”，因此，用它蒸馏出来的酒叫“烧酒”。在蒸馏过程中，由于温度的作用，水分和其他物质往往掺杂在酒精之中，随着温度的变化，掺杂的情况也会变化，因而形成不同质量的酒精。蒸馏温度在78.3℃以下取得的酒液，称作“酒头”；78.3℃～100℃之间取得的酒液称作“酒心”，俗称“腰窝酒”；100℃以上取得的酒液称作“酒尾”。酒头和酒心的质量较好，杂质含量较低。为了保证酒的质量，酿酒师常常有选择地取酒，叫做“掐头去尾”。用传统蒸馏器获得的酒液都依靠酿酒师的生产经验来取舍，就是用一个酒杯（俗称酒花杯）不断接取流出的酒液来观察酒花的大小、多少、清浊以判断酒度和取酒多少。

5. 老熟陈酿

白酒刚出锅的质量是不稳定的，也十分辛辣不适口，只有存放一段时间后，酒中的化学成分发生一些变化，分子结构重新排列组合后，才达到协调，这一存放过程称为老熟。酒的老熟对容器的要求很高，有的用瓷坛泥封，有的用大木桶、大木柜，用猪血、石灰粘贴桑皮纸封里面贮存，但无论什么质地的容器都应讲究坚韧、耐磨、耐腐蚀、无怪味、封闭好等性能。当地缸坊最常用的酒容器为竹篓，里边也是用猪血、石灰、桑皮纸多层裱糊出来的，俗称“酒篓”。

6. 勾兑

这是现代酿酒工艺的一个过程，就是把不同时期、不同酒品、不同酒度的酒互相搭配、掺和而形成色、香、味更加协调、典雅或风格统一的新酒品。可是，过去当地缸坊是不着急开展这个过程的。只是约定俗成地把酒头、酒心、酒尾按预定度数掐取在一起，形成一种传统不变的酒种，俗称“二锅头烧酒”，或叫“老白干”。

过去当地缸坊大多规模很小，产量较低，也没有什么特别的产品，因此，只供应当地群众饮用，很少销往外地，而且大多形式是以粮食换“烧酒”。

（六）碾坊、磨坊

萨拉齐在清朝初年就有了加工粮食的碾坊、磨坊，至今萨拉齐城内仍保留有碾坊巷的地名。

石碾由两部分构成，底下不动的叫碾盘，上面转动的叫碾滚，俗称碾轱辘。石碾有大有小，大石碾碾盘由数块石片砌成，俗称碾页，小石碾碾盘由整块石料制作。碾盘放在一个高约 60 厘米的圆台上，碾盘中心凿一个圆孔，固定一段硬木作轴。整个碾盘略呈缓坡圆盘状，一般直径约三米。碾滚为圆柱体，根据碾盘大小而有所不同，一般为 80 厘米的长孔，以便穿硬木横轴与碾盘竖轴连结。

石碾的使用根据大小不同而有不同的使用方式。有一人推碾的、两人推碾的；有单畜拉磨的、双畜拉磨的对头畜拉磨，到了近代还有水推石磨、电动石磨。一般露天的多是较小的石碾，多是人力使用。而碾坊都是较大的石碾，多是畜力拉磨，并且多是专业经营碾磨行业的，会收取一定的费用。

碾坊加工业还配有其他一些设施，吊在碾盘上方的漏斗是用木料制成的，上口大，下口小，下口有插板调节粮食流量。通常还有扇车，是上面长、下底窄的一个木制长方体，里面装有挡板、旋转扇轮，外装摇把，可手摇可脚踏，把碾过的带壳粮食边倒入边扇动，使其借用风力把粮壳分离。

石碾在当地可加工糜子、谷子、黍子、炒米等带稃壳的粮食。也用来加工黄米面、豆面、莜面、荞面、高粱面等。

磨坊用于加工人们生活所必需的各类面粉。石磨与石碾的加工理论一样，但构造略有不同。石磨是由上下两块较薄圆形石料制成，称为磨盘、磨扇。磨扇直径约1米，上扇薄、下扇厚，厚度在13~15厘米之间。上、下扇页上都凿有规则的左右斜槽，上扇中心凿有一半方孔，一半小于方孔的圆孔，用于安嵌在磨脐上旋转。下扇中心嵌一铁棒叫磨脐，与上扇圆孔交接。上扇近中心处还凿有一个磨眼用于溜粮。

石磨也分双马磨、单马磨，其放置磨扇的圆台同于石碾，只是磨粮时比石碾复杂。需把待加工粮食先经过筛选、淘洗、清砂，而后用布擦干装入口袋以备第二天入磨加工。一般以磨三烂（三遍）为主要加工工艺。头烂叫破籽、拉籽，磨眼内插轴三根；二烂开始出面率达到90%以上。出面后就开始在箩面柜进行箩面。箩面柜是一长约2米、宽约60厘米、高约70厘米的无盖大箱柜，上面开口处搭两根扁木棍，用于架箩。箩有两种，圆形箩是手搬箩，长方形的箩是脚蹬箩；还有按箩底的材质分为马尾箩、绢箩、铜丝箩等。

磨坊加工粮食以小麦为主，也加工豌豆、扁豆、大豆、大麦等。一般一盘磨每天加工两套，每套用粮6.6~8斗。个别的每天加工四套，最多的有加工八套的。过去，有许多磨坊是和碾坊合二为一的。

（七）制糖

清末民国时期，萨拉齐的制糖业主要是生产麻糖。麻糖以精选小米、大麦芽、芝麻、白糖等成分熬制而成。先将上述原料蒸煮糖化发酵熬制，成黏稠状后出锅，这就有了糖的雏形。待糖不太烫手时加滑石粉反复拉抻定型，最后趁着半干把它们切成条状或块状，即成麻糖。麻糖需经 12 道工艺、32 个环节制成。为了能拉出又脆又酥的麻糖，工人们需要在一个温度高达 40℃的屋子里工作，虽然是寒冷的冬季，拉糖的工人们依然汗流浃背。相反的是，缺少先进风干设备的生产作坊，则要求妇女们在寒风中进行麻糖的风干作业。做好后的麻糖呈淡淡的黄色。

麻糖生产依然是全手工制作，从熬制糖稀，到最后包装出厂，要经过炒糖、拉糖、合气、定型、风干、加热、粘芝麻等多个环节。风干之前的所有工序都需要付出很大的力气，所以大多数工艺都是由男性工人来做。从风干开始后的工序，则由女性工人负责。麻糖的生产周期就是从 9 月份到第二年的 1 月份。萨拉齐麻糖的含糖量都很高，气温高的时候很难保存，这也要求萨拉齐的麻糖只能是季节性生产。

麻糖因用途与原料而分为以下种类：

素麻糖：将熬制好拉成长条的麻糖切成段，即成素麻糖。往往“打麻糖”的人会首选素麻糖，因为只有素麻糖中间才能吹出较粗的孔来。

灌馅儿麻糖：在拉好的长条麻糖中灌入由炒黄豆磨成的“炒面”，此种麻糖具有口感酥脆、豆香扑鼻、不沾牙的特点。但此种麻糖制作工序复杂，技术含量高。

圪料麻糖：将熬制好拉成长条的麻糖拧成圪料型，然后撒上炒熟的芝麻，即成圪料麻糖。有脆、甜、香等特点，小孩最爱吃。

祭灶麻糖：祭灶麻糖是祭灶神用的。民俗说：二十三，祭灶麻糖把嘴粘。传说每年腊月二十三这天，灶王爷要上天向玉皇大帝汇报民间每户人家一年的善恶，便在灶王爷的牌位两旁对联上写道：上天言好事，回宫降吉祥。于是，老百姓为了让他多说自家好话，就会在这天祭灶，给灶王爷供上灶糖等供品，因为灶糖不仅甜，还黏性大，让灶王爷吃了嘴巴甜，多美言几句，或者把嘴粘住，不让他在天上说坏话。

小糖儿：用小米、黄米熬制而成的黑糖稀，专供做干货和糕点之用；在农历五月端午、腊八或年节也出售给市民蘸糕、腊八粥等食用。

（八）油坊

油坊，是用传统方法加工食用油的地方。康乾时期，油坊就已在萨拉齐城内出现。清光绪年间有粮行兴盛店、太和成和糖粉坊双合泉等商号加工食用油。20 世纪 30 年代，萨拉齐城内有油坊 8 家，年产胡油 5 万余公斤。

油坊一般规模不大，加工原理是用石器、木材、金属物等器具把油料里的油压榨出来。清末民国时期，萨拉齐的油坊多为农民的副业，往往秋后开工，春耕大忙前收榨。

榨油原料有胡麻、麻子、黄芥籽、杂芥籽。产品原料不同，出油率也不相同。胡麻每斗出油 4 公斤，麻子每斗出油 1.5~2.5 公斤，平均每石出油 30 公斤。榨油所余之渣叫糁，因其形圆，统称之为饼。糁皆是上好的饲料和有机肥料。每座油坊由五六人参与管理和劳动，有掌柜子、油大师傅、炒籽人、赶磨人、记账先生，有的油坊里还有一位打杂工，另有两匹役畜，一般为骡马。固定设备有磨房或碾房，里面安有大石磨或大石碾，磨房或碾房中的一个角落设有炒油籽的炉灶和炒锅。另有一套间，外屋安装有榨油的主要设备，里屋设有用来蒸面食的大锅及特制的蒸面食笼，顺便住人。另视规模大小，可设库房若干间。炒锅为一块圆形铸铁板，直径 1 米，中心微凹，固定于三面垒有 0.3~0.4 米高小墙的锅台之上。这种锅专供炒油籽或炒莜麦时用，老百姓称这种锅为平底炒锅。

油坊的生产过程是筛籽、扇籽、炒籽、包垛、上榨、插楔、压榨、接油、出糁、入火缸，每个环节都是手工完成。每套榨用 3 人，1 人清、炒、粉碎原料，2 人包垛。每套榨用原料 1.2 石，稍 3 斗，实为 1.5 石，每套榨每日出油约 45 公斤。关键工序是炒籽，约 2 分钟，炒至不糊不焦呈黑红颜色。磨成油膏后，还需踩成硬块排在火墙前焖，焖熟后，用锤打烂擦成粉粒上锅蒸，蒸好后入包包垛。包垛用的是麻袋和马莲，包成垛后垛起来进榨，然后加楔，用大油锤锤楔挤油。挤出的油还须在锅内加适量水和少许盐煮沸腾，倒入火缸打澄。这样生产的油颜色红黄、清亮、味醇、香气扑鼻，放在油缸内五六年不坏不苦，这是萨拉齐油坊的特产。

萨拉齐的榨油方法有两种，一种是用油梁榨，一种是用油锤榨。用油梁榨与黄河南岸的准格尔旗、达拉特旗和土默特右旗后山区的榨油方法相同，即通过“油梁”杠杆作用挤压榨仓的糁饼榨油，俗称“大榨”；油锤榨是用不同重量的铁锤打击榨仓中的楔子出油，俗称“锤榨”。大榨和锤榨的操作方式不同，但榨油的原理是一致的，都是利用锤楔外力反复对油料挤压，最终达到挤出油脂的目的。

锤榨榨油工具的主体部分是用一根直径在1.3米左右的大树制成，中间挖有长方体槽，用以添加糁饼，用锤打木楔挤压糁饼出油。

大榨的设备中最主要的部件是一根5米多长，直径约为80~90厘米粗的大松木，称为“油梁”。油坊中再用4立方米左右的大石块垒成一个大包，这包的最上端超出屋顶1米有余，总体5吨左右重，被称为“泰山”。在垒“泰山”之前，先在地上立两根2米左右高、30多厘米粗的木柱，这柱称为“将军柱”。柱顶的上方密密地放一排粗而短的横木，“泰山”就垒在这排横木之上，两“将军柱”把“泰山”悬空托起。这人造“泰山”威力万斤，更显出了“将军柱”的力大无穷。油坊门口经常贴有：“将军柱力主万斤，泰山石巍巍不动”的对联。把油梁的一端插入两“将军柱”之间事先留下的空档内，使油梁能左右上下活动，但有一定的限距。油梁处于工作状态时，“泰山”石所有的压力，能通过它下面的这排短横木传递于油梁的端点上，这样油梁就不至于把“泰山”撬散。不工作时，油梁的另一端支撑在一个可高可低的支架上，这支架一般称为“二将军柱”。还要准备好三块或五块50公斤重的大石头，称为“拽蛋石”和“爬梁石”。平时，油梁悬空于外屋距地面1.3~1.7米的上方。油梁的正下方用石头垒一个0.3米多高、直径为1米多的圆台（有的油坊不垒这一圆台，只是放一块打制好的圆形石板）。在圆台的面上镶一块打制好的圆形石板，石板四周刻有深深的流油道。这圆台称为“油垛子垫台”，这垫台要离油梁“泰山”的一端很近，离另一端很远。在垫台的近旁挖一个坑，安一只大瓷瓮，称为“储油瓮”。外屋某一角落的地面要用石板铺好，准备一个25公斤重、凿成半球状的石礅，石礅上安装有短而粗的木柄，这石礅称为“油威子”。

榨油有以下操作流程：

1. 炒油籽

油坊首先要分别用筛子、簸箕除去胡麻、油菜籽、麻子、黑芥等油籽中的沙土、杂质，当地人把这一过程称为“拾掇”油籽。拾掇后的油籽要用扇车将油籽扇去杂质，再入锅中炒熟。那个时候，油坊炒油籽一般烧植物秸秆、麦糠等。炒籽时由一人蹲下烧火，另一人用半旧扫帚搅动。每炒熟一锅顺便用扫帚扫入旁边的储籽仓内。每锅炒10公斤上下，油籽炒得不能生也不能炒过度，必须是恰到好处，所以掌握炒籽火候，也需有一定的技术和经验。

2. 磨糁

把炒熟的油籽，用石碾压碎或用石磨磨碎，使其成为稠粥状，当地人称这种粥状物为“油糁”。视畜力的强弱、石磨的大小，每一个工作日把油籽加工成油糁的数量也不相同。每一个畜力工作日称为一套。

3. 蒸糁

把磨碎的油籽洒上适量的水，然后放入特制的蒸糁笼内进行蒸腾。蒸糁前往油糁里洒水称为“上亮”。上亮的大小、蒸腾时间的长短，对不同的油籽、在不同的季节，都有区别，其中有较大的技术含量。所以上亮的活儿必须由油大师傅亲自操作，别人不可代替。其实，磨碎、蒸腾及蒸腾前的上亮，都是为了进一步破坏油籽内部的物理构造，使油籽中的油脂能最大限度地被挤压出来。

4. 包垛

包垛是榨油全过程中的一项关键活儿，也是一项技术活儿，必须由油大师傅亲自动手。首先要在油垛子垫台上放一个大大的柳木蒸笼圈，圈内铺上麻袋或用马莲叶辫成的马莲辫子。把蒸好的油糁一盆盆地倒入笼圈内，油大师傅赤着脚，进去踩实整形，而后认真地包成圆饼状，每一饼重约 10 公斤。然后提起笼圈，把包好的油垛子外周用粗麻绳一匝挨着一匝地缠绕结实。到了 20 世纪 60 年代以后，有的油坊用细钢丝绳代替麻绳，但每匝之间要留有间距，以免油垛子压实变薄之后，被钢丝绳支住不能继续挤压。然后在这个包好的油垛子上面再包一个油垛子，但这个油垛子要比第一个油垛子稍小一些。依此类推，包 3~5 个，越往上面的油垛子要越小，但都要成为同心圆。整个油垛子的外围绕着一匝挨一匝的麻绳。这第一次包的垛子，称为“软垛子”。

5. 上油梁

把油垛子包好以后，要把悬空油梁一端的支架放低，使油垛子成为“扛杆”的支点，然后在油梁的末端挂上已准备好的拽蛋石，为了增加油梁末端的下拽力，可以同时挂几块拽蛋石，并在油梁上放置爬梁石，使油垛子这一支点处承受最大的压力。油垛子经过大力挤压，其中的油脂便顺着垛子垫台上的流油道，流入储油瓮。此法称“大榨油”。

6. 入榨槽

把油垛子包好以后，将油垛子一个个立码榨槽中，在空隙处加插油楔，用大锤猛击油楔，油垛子经过大力挤压，其中的油脂便顺着垛子垫台上的流油道，流入储油瓮。此法称“小榨油。”当油梁压在油垛上之后，还要烧香、祈祷神灵保佑多出油。

7. 二次蒸糁包垛

油垛子被挤压到一定程度后（一般需 30 多个小时），将油垛子拆开，把硬的油渣圆饼（当地称胡麻油渣为胡糁，麻子油渣为麻糁）放在石铺地的角落，先用大锤打碎，再用油威子碾成面儿，上亮（加适量水）后再蒸一次，然后重新包垛子进行第二次挤压。这次包的垛子，称为“硬垛子”。

二、手工业习俗

（一）职级与雇佣关系

清末民国时期，萨拉齐各手工业作坊的掌柜雇佣伙计时，大多选择同乡人士，偶尔加一些异乡人，数量也不会增加到威胁同乡性。关于这个问题，当时的商会会长杨青兰对采访者（今堀诚二）解释：雇佣其他县的人员，不知道其性格，语言也不相通。但是今堀诚二认为，“老乡关系”这个“管道”将他们出身地村庄的社会秩序带到行会内，把地主——农民关系变成亲戚、徒弟关系，把村庄共同体转成行会共同体，成为了各自转让、移动的“频道”。

徒弟被雇佣时，要有介绍人，介绍人多是掌柜或经理的朋友，而且还需要别的店铺作保，所以除了掌柜或经理的亲近子弟，外人几乎不可能被雇佣。入店的时候举行仪式，手工作坊里贯彻的是家父长专制制度。这样的封建秩序，到 1940 年后已经大大瓦解。学徒的年限为三年，店铺提供伙食，全体从业人员一起会餐。没有薪水，除了一般的节假日，也没有其他假期。年限中，不许请假回老家。年限过后，店铺承认学徒升职为伙计（商）或老师傅（工），被当作能独挡一面的工作人员。伙计再工作七八年后才能有身股，而手工业作坊的老师傅却没有身股，也没有机会升职为经理，是商业资本的单纯的雇用人。手艺人不管是学徒还是老师傅，与作坊都是单纯的雇佣关系，他们没有所谓的股或红利。老师傅有离开作坊自己创业的，也有四处跳槽作为自由职员维持生活的。

（二）薪水待遇

清末民国时期，萨拉齐手工业领域内各行业的薪资待遇不尽相同，我们罗列以下行业的具体情况以了解一下。[1]

纸坊的操纸工每天完成定额以后，能领到一块银圆，打杂工能领到操纸工四分之三的工资，晒纸工能领到操纸工三分之二的工资。

---

[1] 此项内容为土默特右旗地方志办公室工作人员闫建国同志在 1985 年前后的采访录。

皮坊里记账、站柜、跑街的、徒弟等都是包年工，职位较稳固。除徒弟外，其他的年工资一般在50~60元（银圆），部分皮坊有给70元的。徒弟在学徒第一年不发给工资，只有棉、单衣各一套。第二年开始发给一些津贴小费，三年出徒后年工资一般在40~50元。工房里工头和商号经营有密切的关系，工资待遇最高，一般年工资大都在百元以上。师傅拥有较好的技术，是皮坊的骨干，工资也很可观，一般年工资在60~70元。徒弟是培养对象也是将来工房的主干，职位相对稳定，待遇同账房徒弟。

金炉社除了铜匠中的“佛作行”和铸匠需要多人协作外，其他行当全是“父子班子”或“朋友班子”。这些行业一般均无财主投资，但因具有浓厚的封建色彩，对技工和徒工的剥削还是相当残酷，主要表现为活儿重、待遇差、生活苦。徒工要习艺三年，谢师一年（铸工除外）。此间，掌柜仅供给粗茶淡饭，一日三餐，中午饭除初一、十五能吃上顿白面外，顿顿是莜面，早晚是炒面稀粥，天天如此，只到逢年过节才按当地习俗稍加改善。四季只供给单、棉衣各一套，也有春节馈赠鞋帽者。常年干活儿不得休息，如在家庭作坊中的学徒，还得替师娘做饭及承担各种家务杂役。四年出徒后，工资低微，生活并不能提高。

“圆作行”原料便宜，工钱微薄，在1933年前后，手艺最好的老师傅月工资六元。

铁匠炉老师傅最高的月工资不超出七块银币，打锤的师傅月工资四五块银币。每天操作都在十个小时以上，操作时有人在旁监视，虽不计件，亦必须做够习惯上的定额，质量上更不能马虎。只在夏天放上几个半天假，让工人们到乡下去看戏、踏青。直到腊月二十三才歇炉，到翌年正月十八正式开市。开市前，要择好日子点炉，先“碾”出一板炉条，以取“一年（碾）通顺”的吉利。

铸铁炉通常是每年清明前开工，视天气好坏，到阴历十月中旬或下旬歇工。歇工时，掌柜准备继续雇佣的铸匠，即预支给安家银子，告诉明春开炉前再来。如果干得不好的，歇工算账后即辞退，另找别家。铸匠的工资是按季计算，最好的铸匠一年赚一百五六十吊钱。各家铸炉在扇火时可以互相调用工人，还可有十吊八吊的临时收入。由于钱挣得少，城里生活费用又比较高，所以，铸匠们均不带家眷，歇工期间多数都回了家乡，只有少数人留在城里受苦再挣点钱，或者做些小本生意，谋点小利。学铸铁手艺没有三年学徒一年谢师之说，差不多一年扇火，三年看火，普通常用的模子三五年也就会捏了。然而铸件的种类、规格是非常繁杂的，做为一个老师傅什么模子都得会捏，如果遇上特殊的条件，捏模子就不能单凭经验办事，还要靠个人聪明智慧。因此，可以说这是一门做到老学到老的行当，谁也不敢说自己就是老师傅。在这一行里，东家、掌柜也都是工人出身，大家吃着一锅饭，没有打骂徒工的现象。学徒最初所挣工资只够自己的穿用，以后逐年增加，四五年之后才能养家糊口。铸匠的生活是很苦的，只在点炉扇火时中午才能吃上馒头烩菜，又常常是放下饭碗就得去用力拉大风箱，常年风吹日晒，渴了喝碗凉水，多数人都落下病根，活不到高寿。

（三）始祖崇拜

手工业领域内的匠人都有对本行业始祖崇拜的行为。在此后的发展中，各类匠人或在祖师庙或在其他庙宇内，都树立起了本行业的始祖塑像，定期举办庙会、酬神唱戏、召开会议等。

萨拉齐的鲁班社于清乾隆三十八年（1965 年）以后在祖师庙内设立社房，当作行会活动的会馆。其他手工业行会也都在和本行业有关系的寺庙里设置了会馆，这些会馆不仅仅是举行祭祀活动的场所，还当作团体活动的根据地使用。鲁班社（鲁班）、金炉社（老子）、吴真社（吴道子）、银行社各自在祖师庙内设立各自的祖师像；祭祀白头佛的生皮大社在关帝庙内设立其神像，威镇社作为单刀会祭祀关帝，仙翁社祭祀梅仙、葛仙两位神仙。这些行业的祖师都在关帝庙内设置祭坛敬奉。造纸坊将蔡伦作为祖师，在观音寺内设置其神像。各手工业行社也特别热衷于供有祖师的寺庙的修缮工作。鲁班社于清乾隆三十二年（1767 年）、清道光二十四年（1844 年）重修过祖师庙。

（四）传承关系

萨拉齐的手工业多是家庭作坊，这可以从字号的名称看出，如潘家草纸坊、刘石局、寇金喜搭帘等。手工业者多有通过刻苦钻研而得来的专利技术，这些技艺是他们的生财之道，因此真正的技艺传承只在家庭内部，临时雇佣的伙计多是苦力、杂工。

一些需要团队协作的手工业，或技术含量较低的行业，其技艺则在同乡之间传承。如萨拉齐“金炉社”所属诸行的工人，以口里（山西）人居多。铜匠大部分是代县和大同人，铁匠大部分是大同人，铸匠大部分是浑源县人，锡匠大部分是文水县和大同人，钉锅匠大部分是定襄县和河北武安人，钉盘碗的大部分是五台县人。

总之，萨拉齐的手工业者多是农民，因此手工业的诸多习俗也深深打上了自耕农的烙印。如家庭作业、同乡传承（村庄共同体在手工业内的反映）、行社的内部管理（村庄秩序在手工业内的延伸）等，无不有着浓重的自耕农色彩。

第三节　知名作坊及产品[1]

一、熟铁业的知名产品

民国年间，萨拉齐的熟铁业作坊共有 17 家，他们各有擅长的技艺，民间将熟铁业的知名产品编为顺口溜：“张铁炉的镰刀、郜铁炉的锄、巴喜召的菜刀、阎四挠的斗（烫斗）、霍福生扣车无对手。”他们的技艺秘而不宣，别人学不了。如霍福生创造实垛车，制车轮是自带木工技艺，将轴轮固定一体，行驶时轴轮齐转动，谓之“死节车”。花轮车是九辋十八辐，行驶轮动轴不转，

[1] 根据葛子英《土右旗民间小手工业》一文改写，原文载《土默特右旗文史资料 1—4 辑合订本》。

谓之“活节车”。他制作死节车的工序，木工完成后再扣铁辋，用桃钉固定，为半成品。顾客没有车棚，欲购成品，他也制棚车带勾心，按成品算价。七八个人尽量生产，打车顾主排队订货。实垛车的特点是小巧玲珑，载货少，走山沟遇泥水淤沙不受阻碍，能延长车和马的寿命。活节车行驶山沟辕马常有生命危险。巴喜召（姓张）他不但打菜刀、厨刀有绝艺，而且在日伪时期广种大烟时创造了马拉浇田水车，代替了用拔撑杆提斗的人力浇灌法，增加了水量，减少了人力。后又进一步改创为短齿轮，体积变小，又减轻马力，农民排队争相购买。

二、福和顺白皮坊

福和顺，光绪初年开业，开始只经营生皮。后来看到黑皮坊附设靴铺经营方式的好处，也增开了皮坊，制作皮衣、皮裤、皮褥和皮大领、皮耳套等产品。在生产过程中，又发现当地“屠皮”有利可图，便大量收购，远运到山东、天津等地出售。但造成当地皮革原料缺乏，便从包头购进“外路皮”进行鞣制，制成皮衣、皮裤等开店销售。这样里外经营，获利不少。由此，“福和顺”在萨拉齐皮业史上大有名气，包头地区的几家皮庄和“福和顺”都有来往。民国初年，包头“天德源”皮庄来“福和顺”做一笔生皮交易，由于买卖不成，导致结怨，“天德源”便派人在萨拉齐城内设立“天缘恒”分店，给“福和顺”扎下眼点，造成恶性竞争。直到日军侵萨，“天缘恒”皮庄才撤走。

三、聚义兴

清朝道光年间，由山西潘姓财东投资开设。萨拉齐皮坊开业最早的是黑皮坊，除经营车马挽具、鞭梢绳套以及其他农用小件外，在皮坊里还附设“靴铺”。主要产品是牛皮靴、分头号水靴、二号水靴、三号旱靴。所经营的这几种产品，对当时不发达的内蒙古地区来说，尤其在萨拉齐等地很受欢迎。“聚义兴”这种前店后坊经营模式成功后，在当地影响很大，引起远近皮坊的注意，便纷纷效仿。清咸丰年间，当地崔姓财主派人去“聚义兴”学徒。出徒后，用学到的皮革鞣制技艺和经营管理方法，开办了“双胜”皮坊，由弟兄俩合资经营。但不久，兄弟闹不和，把皮坊一分为二经营，一家称“双胜昌”，一家叫“双胜”，经营的方法及产品和“聚义兴”相同。

四、公和义

萨拉齐最早的一家较大木器手工业作坊，原址在现在的前大街福利厂院，该院用来制造木器，分设各项制品生产车间。迎街有三间门柜即在现糖业烟酒一门市的西半部，门柜陈列的销售产品有：农具、红油漆躺柜、五彩绘画的镜匣、粉匣等生产、生活用品。附近大街路北（现修灯处）死胡同内有一东大门院是木材仓库。

这家木业店的创办人是大袄兑村的白双牛。白双牛很有远见，他看到萨拉齐县城附近培植杨柳榆树很多，大青山中有桦、松、柏等天然林，便就地取材，在清代光绪年间，他联络沟门村姓崔的，合伙租赁门柜三间，专制他们最拿手的耔耧和杈、耙、木锨等销售于农民。后来门店渐渐发展壮大，雇用技工、收用学徒有 40 人上下，创办资金不详。白双牛在发展中积累资金余额，列为资本，立号名“公和义”，刻制一大木匾书作金字悬于门柜上端。他的资金本利已积累到 5000 多银两，具备条件建立万金账，实行“生意制”三年结算分红，其他粮食、百货业生意制相同。

公和义的经营特点是设专项制作车间，注重工人技术，严把质量关。名师出高徒，其徒工以后加入哪家木店皆称之手艺高强。公和义产品不但在当地闻名，而且在外地也有名气，每年开春有商贩趸买运销后山武固两县以及伊盟、河套五原等地，得到广大农民喜欢、满意。他们进货除当地山、川生产的各种木料，还通过黄河运输收购西路运来的贺兰山白松，东路运输来的山西宁武红松，用其制作生活用品、棺材等。白双牛勤俭创业，管理业务兢兢业业，滴水不漏，公和义财源广进，工友们也跟着沾光。

白双牛弟兄几人都是木匠，他们对木工的技艺刻苦钻研，又对产品严把质量关，所以很快就远近闻名。白双牛靠做犁耧杈耙等农具起家，如别人的杈耙用两个楔子，他们的只用一个楔子，使用起来坚固不脱头。他们不断钻研技术，创造了净粮风扇车。始创的扇车风力小，净粮效率低，通过白老三的指点改进，提高了净粮去土效率，节省了很多簸扬劳力。他们又在三腿播种耧的基础上，研发出双腿耧，方便了沙地农民的播种，并将制耧的技术诀窍传授于许多技工、徒工。萨拉齐在每年的社火活动中都要使用鞔鼓，白双牛、白老三兄弟们未经拜师，研究用牛皮鞔鼓技术，终于获得成功。

后来白双牛年老不幸死亡，他的儿子早逝，有两个孙子未学木工，闲游无业，其长孙白英被培养成中学生，喜爱拉二胡，后给晋剧名演员水上漂独拉胡琴，一跃飞腾，终成名手。白双牛去世，白家无人后继，轮到顶七厘生意的门徒白亮（与白双牛家同姓不一家）担当了公和义的掌柜。他负责管理业务直到民国26年（1937年）日军侵华，萨拉齐县沦陷。日本人新建木房，将公和义多年来积存的松木强行购买一空，继将萨拉齐县城周的树木砍伐净尽，致使公和义30余工人无活可干，苟延残喘支持了两三年，最后终于坐吃山空，倒闭歇业。

五、刘石局

萨拉齐独一无二的石器作坊，为刘润喜、刘明兔的祖父创办，开山采石自采自做，生产农用的碌碡、杵臼小磨等，生产城市作坊用的油磨、推米压面的碾页、碾盘、碾轴，面磨、粉磨等作坊工业用具，以及碑碣庙宇用材。刘石局场址在东前街路北（解放后口袋业占过的院子便是），原材料堆积院内院外，如山如阜，刘石局创办资金不详，但是规模很大，需用很多工人，原来用手工开采原料，最后改成打眼放炮，城内修制成品也需要工人，城内和山区共有近40名工人。

刘石局的匠人手艺高超。萨拉齐北1.5千米的庙湾村有座七圣庙，庙门前一对石制的旗杆就是刘石局承制的。制作的旗杆往往因石料不够长，而用石柱和石斗连接成一定高度。一般的连接方法是石柱插在石斗的石窝里即可。而这对石旗杆却在连接处采用类似齿轮连接法，将插头和插窝刻出阴阳槽线，使其紧密吻合。有好事者倒入清水过很久才可渗漏进去，可见精密度精准到什么程度。这个佳作，在当时闻名于口里口外。

庙湾村的七圣庙，庙前的旗杆即为刘石局承做，1930 年拍摄

到民国初年，由刘润喜的父亲和刘明兔的父亲分成两家石局，刘明兔父亲占据他的住宅，即现青山剧院南侧三十米处的西大门院。院内工人修造，院外堆积原料，后人为这段地区起名叫“石场子”。

刘润喜的父亲在原址经营石局，民国 13 年间，这位老头精神充沛，在场院干活，专制石刻碑文，用料特采一种褐色青石，开采较艰难，它的性质坚硬，不易受损。顾客订货，他选材，初步工序用水磨石磨平碑的前、后两面，涂抹白色后用黑笔画出上楣（碑头）头中留空预备撰文，再画上下左右边线（各种花样由顾主选择）。碑面中心留空白预备书写文字，并按文字数目画线打成方格。老头手巧心灵，工艺精湛，刻字的深度有一定的标准，不敢马虎从事，恐怕失去名誉。自老头去世，无后人继承他的工艺，手艺已失传。一块碑的售价为80或100银圆，根据文字多少来决定。石工这种技艺也有诀窍，如砍磨、洗碾，六陈行愿叫刘润喜、刘明兔来制作，其他工人总不及他们做得合适。后因刘润喜、老喜、明兔都有吸大烟嗜好，怠惰不立，先后去世，由他们的工人王二娃、张丁未接替其业，新立了两家单干户。

六、马尾箩底

箩底亦属萨拉齐独家生产的一种用品，供销于箩笼业，制成面箩供农民和粮食制造业使用，箩莜、荞、豆面，但不得箩小麦面粉，箩小麦面粉系用苏丝（蚕丝专织）箩底。马尾箩底用当地特产黑、白马尾织制成箩底，有大、小花格式陪衬，细致美观，工艺精湛，也属独家秘方，不传于外。此艺是清朝时由托县中滩村的李二来萨暂居轿夫店王五豹子的院中，他将这项工艺传授于五豹子的儿子，又传至五豹子的孙子。民国末期，萨拉齐广销机制铜丝箩底，铜箩底的造价低且耐用，马尾箩底的生产从此被淘汰。

七、大肚火炉

大肚火炉是萨拉齐铸铁业作坊“文元炉”的知名产品。文元炉由萨拉齐城内东前街住户杜虎高创办。杜虎高在世时精通炉圈、炉盖、镣盘等火炉用具的制作。杜虎高去世后，他的儿子杜月小成为文元炉的第二代掌柜。

约在1925年，萨拉齐市面上开始销售进口洋铁皮（镀锌铁皮），除制作生活用品，茶、便、酒具以及煤油灯壶外，还制卷二尺许为一节的火筒竖于炉口。此后洋铁匠又改进用五六节火筒连接拐窜窗眼伸出檐下，借用室外空中风力抽吸烟火，家家户户感到舒适，并改烧焦炭为生炭，节省了煤费，加强了取暖作用。

杜月小和他的工人们共同研究，决心改进地方上火炉的缺点。他们改进后的火炉，流烟不走窗口改专走室内烟囱：由室内烟囱壁凿一圆眼，借用原走炕的烟囱一箭双雕直流而上避免风反向吹，同时改制火炉之模型，从炉体旁嵌入五寸长的原铁横筒做烟口（预备安装铁皮烟筒，保护了铁皮的耐烤）。与此同时加大炉盘面积，另制直径七寸许的活圈，圈口另加炉盖，既能烧茶壶又能炒菜煮饭。新火炉研制成功后一举两得，在市场上推销广泛。老工人觉得还有不足之处，而后又稍改了一下炉圈、炉盖之模型，附加了一根铁挑棍，便于用户揭取炉圈、炉盖。这种火炉虽然具有诸多优点，但炉身为直筒，不易蓄火保温。

文元炉的第二代掌柜杜月小去世后，他的儿子贵贵不爱祖业，改行唱戏（著名艺人生铁旦），因此文元炉的第三代掌柜由杜虎高的得意门徒袁如意接任。袁如意是萨拉齐镇西老丈营村人，约生于清同治年间，卒于1939年。袁如意幼年家贫，学徒于文元炉（现大东街小学东），由于他勤奋好学，善于思考，钻研技术，聪慧过人，深为师傅杜虎高所器重，把关键性的铸造技艺全部传授于他，故袁如意的技术掌握较为全面，在呼包间的铸铁行业中享有很高的声誉。

民国中期，袁如意开始对原直筒火炉进行改进，终于研制出更为舒适实用的大肚火炉。大肚火炉把以往直筒火炉的四方平盘改为圆盘，且边沿上翘寸余，成围圈，既美观又便于烤食物。为了更大幅度地蓄火保温，他又将直筒炉身改为外挺大肚，盘下肚侧或左或右开一流烟道，口铸短截圈口，以便接于炕厢或火筒。为了减轻重量，他又将火炉的厚度减薄，将炉肚上凸起的花纹改为平地起纹（为了减少厚度）。此后又将镣盘改为长条型可抽插的。研改之后，试销于市，大肚火炉大受欢迎，成为名产品。

民国后期，由于袁如意曾到当时包头（东河区）耍手艺，遂把大肚火炉的技艺也流传到包头。从那时起，包、萨两地均以此种模式铸造供售。由于大肚火炉具备了许多优点，所以问世以来，经久不衰，不但畅销当地，在邻近旗县也享有盛誉。

第六章　萨拉齐民俗民风

清末民国时期，萨拉齐镇的蒙古族民俗已与汉族民俗渐趋相同。时令节日方面，蒙古族仅在某些特殊的时节依循着本民族的特色。如蒙古族信仰藏传佛教，燃灯节或是五月十三等节日，城内蒙古族去往附近的五当召等寺庙参与佛事活动。农历腊月二十三日，汉族祭灶与蒙古族祭火同一天进行，但是蒙古族的仪式相对隆重一些。再如，除夕夜蒙古族也有接神的习俗，但是具体时间往往在凌晨四五点钟，也就是太阳升起之前，而汉族则在午夜十二点钟前后。

早在清朝前中期，萨拉齐城内、城外的蒙古族婚俗分为新旧两种。城内蒙古族与汉族杂处者，因濡染汉化，婚礼多仿汉俗，谓之新礼。城外仍本古制（即蒙制），谓之旧礼。汉化后的蒙古族婚礼中，保留旧俗最明显之处就是新郎娶亲时，须留宿在岳父家一夜，这是蒙古族一直自母系氏族社会就遗留下来的习俗。

蒙古族的丧葬习俗也受汉族影响较深。但萨拉齐的蒙古族也依据本民族的心理特点，对某些葬俗进行了改造。如蒙古族原本无孝服，后受汉族影响也穿戴孝衣，汉族孝衣为白色而蒙古族却改造为黑色，因蒙古族认为白色象征纯洁、神圣，与丧礼不相适宜。蒙古族原本天葬、火葬者多，土葬者少，清末民国受汉族影响多数改为土葬。但土葬所用棺具与汉族有异，且一度将尸体呈坐姿置于轿状棺木中下葬。

蒙古族习俗也受到了满族的影响。如萨拉齐的蒙古族取名多有“连祥、连升、富成、常德”等。从保留到现在的老照片来看，萨拉齐的蒙古族妇女也有佩戴满族头饰者。

民国年间，萨拉齐的蒙古族多数已取汉姓、说汉语。城内达子巷的蒙古族取汉姓“孟”，据传因其祖上有名“孟克”者。城郊小厂圐圙村、朱尔圪岱村等蒙古族多取“云”姓。1947年西盟调查组在对土默特旗的调查报告中说：“土默特辖区内之蒙民，人数甚少。近数十年来，以秦、晋两省贫民，来此开垦务耕，所以蒙民完全汉化，一切衣食住行之方式，均无差别。……许多已受高等教育之蒙古青年和贵族，对于汉文甚有研究，而于蒙文语已不识为何物也。”这一时期的土默特蒙古族尽管丧失了许多民族特征，民族意识却相当的浓厚，在1934年的蒙古自治运动中，萨拉齐的云继先（后湾村）、亢仁（章盖营村）等蒙古族青年曾先后在百灵庙蒙政会里任职。这时的土默特蒙古族虽然“40岁以下会讲蒙古语的已经不多见，可是它在内蒙古西部也是教育普及最早，知识青年最多，民族意识最浓厚”。

汉族的风俗习惯也受到蒙古族的影响。清末民国时期，萨拉齐镇的汉族在下茶（婚俗的一个环节）时，需由男方送给女方一只“碰门羊”或是一条羊腿，下茶的礼品中还需要有两方砖茶，这些显然是受到了蒙古族的影响。有的汉族在举办喜宴时，也邀请坐腔班子热闹，甚至表演“风搅雪”节目，这也是受了蒙古族习俗的影响。

民国以来，传统习俗多有革新，萨拉齐地处塞外，民风民俗虽不像内地那样大幅开化，但作为内蒙古西部重邑，其风俗或多或少也有变革。如标榜门当户对、明媒正娶的传统婚礼，此时也受到挑战，自由恋爱、新式婚礼出现在年轻人群中。《萨拉齐县志·礼俗》载：“谨案萨邑僻处西北风俗尚纯，男婚女嫁胥听命于父母，其范围除血族外概可结婚，比年风气稍开，新式婚仪间有举行。”

传统礼教中的繁文缛节和陋习也有革新。如春节晚辈给长辈行礼，女子缠足的现象有所减少，尤其是开化的家庭已经认识到这是一种陋习。

萨拉齐人有“善于诉讼”的民风。《萨厅乡土志》：“民情每因细故微嫌，辄兴讼狱，习俗浸以奢侈。”这种习气是由萨拉齐设治早、辖地广的特点造成的。萨拉齐自雍正十二年设置协理笔贴式，此后又兼理乌拉特三旗、鄂尔多斯左翼中旗、左翼后旗的蒙汉交涉事务，所以民间有“萨拉齐的官，管的宽”

的说法。在如此广袤的地域上，势必要累积大量的诉讼案件，而这些案件（尤其是蒙汉交涉）的审理又都在萨拉齐的衙门进行，所以萨拉齐人对诉讼的程序、法律的漏洞、衙门的陋习相对要熟悉，甚至是“精通”。俗话说“久病成医”，久打官司自然也会成为诉讼高手（类似日后的律师）。这形成了萨拉齐较为独特的民风——“善于诉讼”。

第一节 节日风俗

一、蒙古族节日风俗

游牧时期，土默特部蒙古族的时令划分需适应游牧季节及民族传统，以月十二圆缺为岁，以日三十出入为月。冬季狩猎，春季议事，腊月行祭灶。佛教传入以后，某些宗教祭日也渐渐成为人们的节日。清中叶以后，随着生产方式由游牧向农业的转变，其风俗与汉族日趋接近，仅在某些方式及情节上有所差异。如蒙古族的中秋节色彩较为淡薄，而腊月二十三（汉族祭灶，蒙古族祭火）则比汉族隆重得多。

（一）祭灶

土默特蒙古族的年事活动实际是从腊月二十三祭灶开始的，其仪式特别隆重。蒙古族向来把灶视为家族兴盛的标志，早在成吉思汗时代就有幼子“守灶”的规矩，数百年来相沿成俗。

腊月二十三日夜里，全家除未出嫁的女儿外，全都要跪在灶前，家长双手高举着盛有羊肉、水果、红枣、草料和麻糖的筛箩，一面旋转，一面用蒙古语祈祷：“霍来！霍来！将石蒙更，也勒，也勒，补音，克西格！”意思是：把银钱和福禄带来吧！随后，将筛箩中的祭品和酒一齐洒入灶中焚烧，谓之“送灶”。也有的人家牵一只绵羊到灶前，将酒洒在羊背上，祭祀后宰杀掉，谓之“领牲”。祭灶结束后，将宰杀掉的羊煮食，谓之“放乌叉”。

祭灶后，人们便开始忙着准备过年了。清扫房院，擦洗供器、餐具、灯盏，拆洗被褥、衣物，装饰室内外陈设，张挂年画，置备供品等。年货吃食早已备好。蒸了点心（点了红点的馒头）、油糕，炸了馓子、油圐圙、油弹弹、油饼等油食，炒了炒米，烹制了肉食，等等。方形的红漆看盘内盛放着各种食品，置于炕桌或橱柜上。装看盘也有讲究，一般是 4 小 1 大共 5 件，1 尺的大盘里，码起 2 尺高的馓子，每层馓子中间夹放大红枣，上苫哈达。大盘周围放四个小盘，各装一种点心。看盘只是一种摆设，是神圣的供物，不能随便取食。来客后，主人会另备点心招待。到年三十，一切准备就绪。然后就做年饭、包饺子、贴春联、垒旺火，等待年夜的到来。

（二）过大年

除夕这天，家家户户都已作好过节的准备，家长把各种干果、点心等分成份，装入碗内，送给孩子们。晚上一宿不睡觉，称为熬年。全家人坐在一起，或讲吉利故事，或谈明年的光景，或猜谜语等。一家人和颜轻声，不准生气，不准喧闹，以图大吉大利。

蒙古族在除夕夜也放鞭炮、点旺火。旺火置院中心处，木架上放一大锅，内填实土，以块煤垒就，点燃后淋油使其旺气冲天。全家老少男女穿戴整齐，在家长带领下，点燃旺火，燃放爆竹，燃楮焚香，敬神祭祖。然后，按辈份拜年，长辈给晚辈（主要是小孩子）压岁钱。清末给铜钱百枚，象征百岁，后来给钞票，钱数不拘。拜年时，一面请安叩首，一面用蒙古语祝贺，并洒米酒一杯。家里拜完年之后，天将拂晓时出门向本姓各家拜年，接着向全村蒙古人（不论贫富，也不论是否亲戚）拜年。年后相逢，男人们前屈左膝，以右手着地行叩拜礼，并诚致祝词。女人们敛衣三拂，或双手按膝屈腿，表示请安。

正月初一这天，富贵之家的男子都穿长衣，老人系腿带，外加短褂，脚蹬薄底矮靿靴（香牛皮或黑缎面）。中等户则身着新短衣。女人多梳成高髻或满洲式发型，踩高底绣鞋，穿大坎肩，长衣宽袖。新过门的媳妇还要冠以钿子。一般人也普遍穿新衣。

（三）正月十五（元宵节）

正月十五元宵节，蒙古族有念经的习俗，官宦、大户人家请喇嘛诵经，一般人家则由老人轮流聚会念六字真言或《金刚经》，念毕聚餐。世居这里的蒙古人与汉人一样，在正月十五要“闹元宵”。形式、内容亦如汉族。

（四）清明节

蒙古族清明节习俗基本与汉族相同，唯祭祖稍异。祭奠时，对老祖宗（五世以上者）的坟墓，各家共同烧奠。之后，把祭剩酒食聚集在一处，人们按辈份、长幼八字排坐，由尊长给每人分酒食，受分后向尊长请安问好。此时，人们已无泣容，面露欣慰之色，有的谈笑，有的歌唱。新婚夫妇在坟前认大小，请安。聚会完毕，人们各自回家。

（五）七月十五

土默特蒙古族受汉族影响，视七月十五日为鬼节，蒸面人、祭祖、挂五色纸同汉族。

（六）中秋节

清末至民国初年，不少土默特蒙古族不过中秋节。其后受汉族熏染日重，开始普遍过此节日，寓庆丰收及团圆之意。但不供月，其它基本同汉族。

（七）腊八节

土默特蒙古族过腊八节，其俗虽同汉族，但偏重于纪念释迦牟尼成道，因而早先有于是日念经的。

其他节日如二月二、端午等基本与汉族同。清代早期，萨拉齐城内蒙古人仅孟姓一家。城周有云姓、巴姓、敖姓等。清代中后期，来萨拉齐定居的蒙古族渐渐增多，日久天长，各家过节风俗也逐渐趋同，没有明显差异。

二、汉族节日风俗

（一）大年

大年即春节，又称“旧历年”，是一年中最隆重最热烈的节日。为过年，当地人从过腊八就开始忙了，一直要忙到除夕，开始正式过年，直到二月二，才算把大年过完。大年之节是非常特别的节日，在大节中套中节，中节中套小节，是节中有节，节节相连，几乎天天过节。每个小节都有不同的讲究和说道，都有不同的内容和形式。这些节日有：年三十、年初一、年初二、破五、人七日、游八仙日、十子日、杨公忌日、元宵节、小添仓、老添仓、二月二。

1. 年三十

年三十即除夕。街上、村里一早便放起鞭炮。孩子们穿上了新衣新鞋新帽，带着小鞭炮，东家跑，西家串，看年画、看对联、看灯笼，称为“跑大年”。上午，贴年画、贴门神、贴对联、贴大字，给神位前摆供品、供器、香炉，将“天地爷”“灶王爷”等神像“请”入神龛，然后就去坟地祭祖。

午饭后，家家户户要劈柴打炭，将旺火垛好，贴上“旺气冲天”的竖联。旺火状如一座黑宝塔。垒旺火是很有讲究的，既要垒得圆，又要垒得尖，还要垒得牢固。

傍晚，要把水瓮打满，将灯笼和所有房间的灯点着，终夜不熄。然后恭恭敬敬地给各神位和祖宗牌位重新摆设供品供物。供品取“五”字，意为“五福临门”。即供桌上放五个小盘，分别供凉菜、干果、鲜果、油食、花供（即花馍），特别是要摆上枣山。之后便点烛、焚香、奠酒、放炮，最后是作揖磕头，三叩九拜，叫“安神”。安神炮放过以后，则要求寂静，不仅不再响炮，也不许大声喧哗，不准到处走串。

从年三十这天，有许多忌讳。特别是在言语上，不能说不吉利的话，如“破、败、灰、赖、完、不够、不行、没有”等。

2. 熬年

除夕夜又称“大年夜”，家家户户不睡觉，称为“熬年”。点亮灯烛、垒起旺火、安过神后，全家人便围坐在一起，有说有笑地包饺子。饺子里，多包入硬币，据说吃饺子时，谁吃到硬币谁有福气，这一年里一定会交好运。包完饺子后，全家人开始玩，或打扑克，或打麻将，或讲故事，或说绕口令。这一夜，不许大声吵嚷，不许在地面或院内洒水、倒水，不许扫地。

电视普及后，大年夜看中央电视台春节联欢晚会成为千家万户的消遣方式。大家在玩耍中、说笑中、吃喝中，都期盼着一个神圣时刻的到来——接神和祭祖。

3. 接神和祭祖

旧俗认为，在大年夜，天上各路神仙都要来到人间，与人间同享太平欢乐之年。为迎接众神光临，故有“接神”之俗。据说，各路神仙光临后，又都回到天庭，只有灶王爷留下来，继续坚守岗位。旧时，接神一般是在初一凌晨3—4点钟进行。以后越来越早，春节联欢晚会零点的钟声一响，人们就开始点旺火接神了。

点旺火时，先将底部点燃，烈火燃着木柴，燃着大炭，刹那间青烟直上，烈焰腾空，红光辉映，爆竹震天，烟花灿烂，灯火通明，整个世界仿佛沸腾了一般，年夜的热闹气氛达到高潮。

接神由家庭男主人操持。净手后，放炮三声，添上新香，摆上新供，跪伏于拜毡，行三叩九拜之礼，此即谓之接神。中华人民共和国成立初，过年接神中的一些迷信活动渐简，“文革”期间，接神活动被作为“四旧”而破除。20世纪80年代后，接神作为一种民俗活动在民间逐渐恢复，但其内容和形式都发生了变化，虽有接神称谓和供品，但无跪拜之礼。

接回神后，家族内要举行隆重严肃的祭祖活动。这时，同族各户男女一齐来到供奉祖宗神位、容谱的祠堂或堂屋内。燃红烛、焚条香、上供品、烬黄表、响鞭炮。人们严肃诚敬，叩拜祖先。叩拜时，由长辈带领，按男左女右站立在两旁，依长幼辈分一一向祖宗神位焚香、跪拜。

接神、祭祖仪式结束后，人们各回各家，围着自家旺火周围正转三圈，倒转三圈，称为“转旺火”，为的是驱邪求吉，祛病除邪，一年通顺。接神时，忌出嫁女儿在娘家。如必须在娘家住，女儿要躲到厕所回避，等接完神再出来，迷信认为，出嫁女儿大年夜在娘家对娘家不利。

在接神时，当地有请鼓匠的习俗。接神前，鼓匠沿街吹打，挨家挨户拜年，有钱人家请回院内吹打一通，以增添喜庆气氛。

接完神，就开始煮饺子、吃饺子，称为“揣元宝”。煮饺子如遇饺子煮破，忌讳说“破”，而说“挣了”。饺子煮熟后，要放炮，且将第一碗饺子敬祖宗神位。随后，全家人围坐在桌上，吃新年的第一顿饭——揣元宝。

从这天起，女人忌针，男人忌劳，直到破五以后。

4. 拜年

当地拜年从正月初一开始，一般到正月十五前后基本截止。俗话说：“有心拜年过了寒食也不迟。”虽为玩笑话，但也说明拜年时间之长。

旧时，拜年活动按远近亲疏的社会关系，可分为以下几种。一是同宗族内晚辈给未出五服的长辈拜年，如在同院或邻近居住，则于正月初一凌晨接过神祭过祖后进行。二是给近亲中长辈（包括同地域居住的同宗族长辈）拜年，一般是正月初一上午进行。三是女儿女婿到娘家拜年，一般是初二上午进行。四是给居住在同一地区的其他亲戚长辈拜年，可在初一、初二和初四的任意上午进行，初三忌拜年，初四大拜年。五是给居住在不同地区的亲戚拜年，要在初五后的任意上午进行。六是给其他人拜年。如同事、同学、朋友等，可在任何时候，互祝“恭喜发财”“过年好”等。

同家族拜年十分讲究，从叔伯亲属依辈分大小，已婚者成双成对，先拜爷爷奶奶辈，再拜父母辈，拜完长辈后，在同辈中小的拜大的，即兄弟弟媳给兄嫂拜。子辈拜完后，孙辈也以同样的方式拜。未婚的，则只有男子拜，女子不拜。同辈拜年不磕头，只作揖或行鞠躬礼。凡未成年的子孙磕头后，长辈要给压岁钱。在外面拜完年后，最后回家给父母磕头拜年。

当地还有新人拜年的习俗。即当年结婚的新人，第二年春节要到双方亲戚家拜年，且各家都要给新人压岁钱。初一在男方家拜年。初二到娘家拜年。

5. 接财神

正月初二是财神节，萨拉齐有接财神之俗。接财神也要垒旺火。初一傍晚，垒好旺火，初二凌晨发旺火、放爆竹、接财神。村民、市民初二接财神的不多，主要是商人、店铺老板等。

此日女儿、女婿回娘家拜年。财神庙会举办庙会。

6. 破五

正月初五民间称为“破五”，常言“大破五”。“破五”日，在当地来说有许多讲究，在初五的前四天里，家家不动扫帚、不动针线、不洗衣服、不农事劳作、不远行、忌用生米面做饭吃等。过了初五，这一切守制就破除了。在初四晚上或初五一早，家家户户洒扫庭院，把旺火灰渣、尘土、香灰、爆竹纸屑扫置簸箕中，并剪黄表纸人于其上，送焚十字路口，并燃放爆竹，谓之“送穷”或“送穷媳妇”。当地有“扫穷送穷，一年顺通”的说法。

大小店铺在正月初五开市。

7. 人七日

正月初七谓之“人七日”，古代称“灵辰节”。传说人的灵魂于除夕夜出走，于初七日夜归回附体，故曰“灵辰”。于是，当地风俗于初七这天夜里点灯置于门上，让自己的灵魂望灯而归。初七日忌出门远行，即使外出也必须要赶回家，否则回了家的灵魂难以附体，当年多灾多难，病魔缠身。

8. 八仙日

正月初八谓之“八仙日”，或称“游八仙”。游八仙以祭祀铁拐李、汉钟离、张果老、何仙姑、蓝采和、吕洞宾、韩湘子、曹国舅八位神仙。是日，提倡出游或走亲戚，称初八这日是出门办事的好日子。新女婿新媳妇可以在这天出外地亲戚家拜年。请客活动自此日开始。

初八还是祭星之日，祭星又称“顺星”，与“顺心”谐音。旧时，正月初八晚上，家家都要举行名曰“遥祭北斗，顺禳星辰”的祭祀仪式，现已多不举行。

9. 十子日

正月初十为鼠日，谓之“十子”，也称“实籽”。老鼠俗称“子神”，即生命繁衍之神，传说老鼠在这天娶媳妇。晚上，要在瓮旮旯、墙角点灯焚香助兴。祭鼠实际是人的生殖崇拜的俗传，希望自家多子多孙，人丁兴旺。十二属相中子鼠为首，象征时序和事物之开端。

当地这天有吃莜面之俗。蒸莜面时，制作莜面小臼十二个，分为十二个月，与其他鱼鱼、窝窝一起上笼蒸制，出笼时看其小臼内积水多少，以主卜某月雨旱。此日还要祭拜五谷。将糜、麻、谷、豆、麦五种粮食放在五个碗内，作为祭祀对象，焚香鸣炮，对天祈祷，以求当年风调雨顺，五谷丰登。俗称“接籽头”，故称“实籽”。

10. 杨公忌日

正月十三是一大忌之日，叫“杨公忌日”。俗语说：“犯了杨公忌，百事不如意。”此日不仅忌出门、忌劳作、忌动土、忌婚嫁……总之，一切重大举动都在禁忌之列。萨拉齐俗语还说：“初三、十三、二十三，搓麻捻线贼相（音“习”）攀。”至今当地不少人还有此忌讳。其实，这些全是迷信之说。据《四库全书·钦定协纪辩方书》卷三十六《辩伪》一章，也对“杨公忌”有这样的记载：“世俗多畏杨公忌，通书亦多载之。谓其日不宜出行，举事犯之不利，皆因未悉其原委，故为所惑耳。今按其说乃是室火猪日，其术元旦起角宿依次二十八宿，次序顺数值室宿之日，即杨公忌。”

（二）元宵节

元宵节与天官、地官、水官三官活动有关。三官又称三元大帝，其诞日分别为正月十五、七月十五、十月十五，故称三节为上元节、中元节、下元节，元宵节即上元节。因此，把元宵节期间的各项活动综合起来叫“闹元宵”，又称“闹三官”。

元宵节是春节的第二个高潮，有焰火、灯会、秧歌、高跷、旱船、舞龙、耍狮、打腰鼓、转九曲等丰富多彩的民间活动。元宵节从准备到结束要大庆5天，即从正月十二开始，至十六日结束，每日社火不断，锣鼓喧天，热闹红火。

正月十二，搭彩棚，也叫搭灯棚，搭三官棚。正月十三，挂花灯，所以这日又称试灯节。三官庙开始唱戏，开始栽“九曲”、秋千架、旋床架等。各种红火如高跷、彩车、龙船、龙灯、狮子、抬阁、脑阁、皇杠、秧歌一齐出动，沿街表演，称为“踩街”。实为预演、彩排。

正月十四的上午和下午，文艺队到机关、企事业单位表演，各单位给予烟酒或钱币赞助。乡村文艺队在本村表演。夜间，沿街各单位、店铺点燃旺火。花灯展区的花灯全面开放，迎接参观。村民、市民相拥如潮，前往花灯展区观灯，各文艺队也要到花灯区表演一番。旧时，花灯皆为彩纸或纱绢手工糊制，样式质朴而生动。这天，九曲、秋千、旋床等活动全面展开。

正月十五为上元节正日，社火活动达到高潮。上午，各乡镇选出优秀节目到市县参加汇演。各代表队以彩车和彩旗仪仗队打头，轮流上场，都使出各自的绝活，令人赏心悦目。整个表演区，鼓乐齐鸣，鞭炮震天，气氛喧嚣热烈。入夜，月挂中天，花灯齐放，旺火齐燃，焰火凌空。旧时，当地的焰火为当地匠人制作的地面火，称“土火”。这种“土火”虽土气十足，但创意特别，构思巧妙，制作精细，主要有“天鹅下蛋”“猴尿尿”“炮打紫禁城”“三打金弹”“起火带炮满树林”等。现在都是从烟花产地订购的高空火，多为礼花。同时，各种社火活动也融入其中，锣鼓齐鸣，炮仗连天。街道上，表演场，观众万人涌动，欢呼声、叫好声一浪高过一浪，元宵活动达到高潮。随后，各种红火即转入沿街各户，谓之转旺火。转旺火转到谁家，谁家都有一番接待。现今均由家户备烟酒接待或赏以钱物。

正月十六继续热闹一天，至下午收灯。其他娱乐活动照常进行，有的直到十七八。特别是转九曲，深受人们喜爱。旧时，十六日下午各行各业社团敲锣打鼓，持香柱、牌位，到村外或五道庙送瘟神，谓之除百病。

（三）老小添仓

添仓，本为“天仓”，为星官名。属二十八宿中西方七宿的娄宿星。共六颗，位于娄宿之南，相传是天宫掌管粮仓的神。正月二十五是仓官爷的生日，祭仓官，为的是祝福风调雨顺，粮食盈仓。因“天仓”与“添仓”谐音，且祭祀活动中有“添仓”仪式，故亦作“添仓”。正月二十日为小天仓，二十五日为老天仓。小天仓祝福夏粮丰收，老天仓祝福秋粮丰收。

添仓日清晨，用炉灰在院中围画仓窖形状，在仓窖内放一些糜麻五谷。同时，主妇、孩童则用高粱杆编成牲畜车辆，装五谷、干草等，摆设于仓窖前。接着，焚香放炮，焚化高粱杆车辆牲畜。晚上，将水缸内挑满水，里面放置用糕捏成的灯碗，内点灯烛，并烧香磕头，燃放烟花爆竹。据说，仓官爷爷要来饮马。添仓节，当地有二十吃莜面、二十五吃烙油饼习惯。

（四）中和节

农历二月初二为中和节，也称龙抬头日。民间信奉的是传说中主管云雨的龙就要从大海升天了，开始兴云布雨。所以，大家要祈求龙王保佑民众，祈求风调雨顺，五谷丰登。民间传说，每逢农历二月初二，是天上主管云雨的龙王抬头的日子；从此以后，雨水会逐渐增多起来。因此，这天就叫“春龙节”。当地流传着“二月二，龙抬头；大仓满，小仓流”的民谚。

二月二早上要吃枣山，称做“搬枣山”。搬枣山即标志着大年过去了。中午吃水饺，称为“安龙眼”。晚上吃面，称为“龙须面”。二月二要剃头理发，谓“剃龙头”。人们认为，在这一天剃头，会鸿运当头、福星高照，一年顺利。妇女在这天忌针，因为怕扎瞎龙眼。

（五）清明节

清明节又称“三月节”。清明节的前一天，为寒食节。寒食节，又称“小寒日”“禁烟节”“冷寒日”。由于寒食节与清明节相连，民间都合在一起过。

寒食节是纪念春秋时晋国介子推的节日。据载，春秋时晋文公重耳即位后为报恩，逼救过他命的近臣介子推出山封官而火烧绵山，致介子推葬身火海，为纪念这位贤人，将清明前一日定为禁火日，禁火后以冷食度日，故称寒食。过寒食节时，当地用白面蒸面鸟，名曰“寒鸦儿”（或“寒燕儿”），待半干后，或用线串成串，或插在酸枣枝上，备日后儿童食用。亲属间，还相互馈赠对方孩子。其寓意有三：一是因清明、寒食禁火，人们提前蒸面食作为小儿干粮在寒食节时充饥；二是寒鸦又称孝鸟，与清明祭祖恰合；三是清明时恰值寒鸦（或燕子）北归，是为融融春意之象征。当地人在寒食节还要给十二岁前的儿童佩戴“寒串串”。寒串串是将各种颜色的布剪成指头大小的小圆片，用线串成串，中间用芨芨杆儿间隔。顶为蓝布，代表天；底为白布，代表地，中间为任意色布，数量为儿童的虚岁数。下面缀以各色布条的穗子。将其钉于儿童衣肩或帽后，用心驱邪避凶。

寒食节的第二天即清明节。清明这天，人们携带冥镪、冥币、水酒、食物、果品等物品来到祖坟进行祭扫活动，称为“上坟”。清明节有打秋千、放风筝等娱乐活动。

古代“午”与“五”同音，所以端午又称端五、重午、重五。五月五日古人又有以兰草沐浴的习俗，所以又叫“浴兰节”。端午节又有请出嫁女儿回娘家过端午的习俗，故又称“女儿节”。

（六）端午节

农历五月初五为端午节。五月是酷热炎暑到来之季，也是各种流行病、毒瘴邪气泛滥之时，被人称为“恶五月”。五月端午的一切活动都围绕着驱邪除秽展开。

《萨拉齐县志》载：“五月五日为端阳节，束五色线于腕间，剪纸作蛙、蛇、鸡、蜈蚣等状，贴门首以驱毒虫。悬蒲艾，饮雄黄酒，食凉糕、角粽。小儿胸缀布制小鸡，含杀害虫意。终日足不出户，曰躲端午。”

1. 除秽气和驱五毒

农历四月，当地有大搞室内卫生的习俗。家家户户都要除尘、刷家、糊窗户、挂纱窗、吊门帘，迎接端午和夏季的到来，忌讳五月打扫家。

端午清晨，到野外采回艾蒿，挂于门头上，用以除浊秽、驱五毒、祛邪湿、保平安。有的还将艾蒿编成辫，晒干后可用于驱蚊。

当地亦有将五色纸剪成蛇、蝎、蚰蜒、蜈蚣、蟾蜍形，谓之“五毒符”，贴于孩童内衣后背，还给孩子背上缝艾香包，手腕上系五色线，称为“端午索”“长命绳”，以驱毒除病，祛邪避灾。大多人家在家门上贴有剪纸或彩印的红公鸡、黄老虎，下方贴绿青蛙，据说可降毒虫，除邪秽。

2. 躲端午

端午是中国民间传统的“女儿节”。当地有出嫁的女儿回娘家过端午的习俗，民间称为“躲端午”，以免病魔侵害。女儿回娘家过端午要由其兄弟等叫。当地流行的一句顺口溜：“端午鸡鸡黄老虎，叫你姐姐过端午。”

3. 吃凉糕和饮雄黄酒

端午节当地人早餐多以凉糕为食。凉糕，是以当地的特产黄米、红枣熬成稠粥，摊薄，待凉后沾糖饴、玫瑰露、苜蓿酱而食。午饭时，有喝雄黄酒的习俗。雄黄酒少量饮用有解毒的作用，外用有杀虫、除疮毒的功效。

4. 百事禁忌

在当地民间，五月可说是百事禁忌，举凡大事都要赶在五月前或五月后做。诸如破土动工、起房盖屋、搬家乔迁、婚姻嫁娶等等，甚至拆洗缝补、扫房刷屋等家常事也要避开五月。

（七）七巧节

七月初七称七夕，也叫乞巧节，当地称七月七。传说这天是牛郎织女相会之日。

七月七也称“女儿节”。这一女儿节与五月端午的女儿节有所不同。五月端午的女儿节主指出嫁女儿，七月七的女儿节主指未出嫁女儿。在七夕女儿节，大闺女要学做鞋，据说只有在这天学做鞋才能学会。

传说每年七月七日，牛郎织女要借喜鹊所搭的桥通过天河相会，还说这天晚上夜深人静之时，在葡萄架下可以听见这对情侣的亲密话语。还有这天常有雨下，俗称为牛郎织女相哭之泪。

（八）中元节

1. 祭亡人

七月十五即中元节。传言此日是道家三官中地官的诞日，所以，又曰鬼节。旧时，城隍庙有城隍出巡的仪式，并要唱戏。佛教则举办盂兰盆会，祭奠亡人，超度亡灵。

祭奠亡人的活动主要在下午进行。一是亡人的后代前往坟地烧纸、祭祀、填坟，其形式如清明节。二是妇女哭祭。《萨拉齐县志》载：七月十五，“妇女携香柱供物出城外或村外哭祭亡人，声震天地，游观者众，夕始散。”妇女哭祭有三种情形。一是哭祭死去的父母。二是寡妇哭祭死去的丈夫。三是母亲哭祭早夭的子女。旧时，当地有出嫁的女儿三周年后不能再进娘家坟地之俗，故父母亡三周年后，出嫁之女祭奠只能在十字路口烧纸遥祭。

2. 蒸面人

另一个风俗是蒸面人，送面人。七月十五前，家家都用新麦面蒸面人。面人有大人，有孩童，孩童叫“爬娃娃”，大人亦有男有女。此外，还有面羊、面鱼、面兔、面狗等动物。蒸熟后点以食红。当地蒸面人不用于祭祖，而是用于馈赠后代。如母亲给儿女蒸，奶奶或姥姥给孙辈蒸。平辈之间不送面人。

3. 放河灯

再一个风俗是放河灯。放河灯多在沿黄河边的农村举办。七月十五放河灯也是祭奠亡人的一种方式。过去，沿河一带多以摆渡、打渔为生，遇到风浪，常有船翻人亡的事发生，因此河水便成了这些落难者的坟墓。放河灯时，多在河灯上写上亡者的名字，以使亡者能够得知生者对他们的祭悼和祝福。

（九）中秋节

八月十五称为中秋节，团圆节，当地人俗称“小大年”，为一年四季中除春节外又一隆重节日。其时，五谷丰登，瓜果飘香，农人稍闲，隆重庆贺。过八月十五的活动主要有打月饼、供月、赏月、送月饼等。

1. 打月饼

当地人称制作月饼为“打月饼”或“烙月饼”。月饼的主要原料为油、糖和面粉。大户人家要打上百斤面的月饼，小户人家也要打上二三十斤面的月饼。打月饼以油和糖的多少分为二油二糖、二油三糖、三油三糖、满油糖等。

2. 供月

八月十五晚上，人们摆果焚香，供月拜月。所供月饼为一特制的大月饼，称为“月光”，所供西瓜雕成各种形状，民俗称“刓月”，有“犀牛望月”“丹凤朝阳”“玉兔捣药”“花篮”等。当月亮未出时，就张挂灯笼，在院中供桌上向着月出方向摆设月光饼、月饼、瓜果等供品。月出后，鸣放鞭炮，并在月光牌位前跪拜许愿，焚烧月光纸，祈求五谷丰登，天下太平，家庭幸福，步步高升。

（十）九月九

农历九月初九为重阳节。萨拉齐人过重阳节讲究吃糕。因“糕”与“高”同音，象征步步登高，独具深意。重阳节吃糕有三种吃法。一种是吃炸糕；一种是吃素糕；一种是吃枣儿糕。人们经常吃的炸糕，即用胡麻油或葵花油炸的糕。素糕是蒸熟搋软未炸的糕。九月九时，当地盛产的麻子已经收获。将麻子捣成泥，兑以清水，搅匀，用箩子过滤去渣滓，熬以土豆、香菜等，以此蘸素糕吃，别有一番香味，俗称“麻糊糊蘸素糕”。枣糕亦称花糕。其制作方法是将当地的特产黄米面蒸熟、糅匀、摊薄，铺洒一层煮熟的红枣，然后几层叠在一起即成，切成薄片，佐以糖饴、玫瑰露蘸食。一些人家还把薄糕片，搭在未成年的儿女额头上，并祝福道：“愿儿百事俱高。”然后再吃。

（十一）十月一

十月初一，俗称鬼节。这一天，当地有祭祖上坟的习俗，名之曰“送寒衣”。据《萨拉齐县志》载：“剪纸制衣裳，共冥褚上坟焚之，曰送寒衣。”其风俗活动同于清明节、七月十五。

十月初一，也是冬天的第一天，此后气候渐渐寒冷。当地以这天的天气状况预卜整个冬天天气的好坏。说棺材铺与皮袄铺打赌。十月初一天冷，则皮袄铺赢，天暖则棺材铺赢。说明人们不希望有暖冬出现。因为暖冬时，人容易患病，死亡率高。而冬季寒冷则各种病菌均被冻杀，人不易患病，死亡率低。

（十二）腊八

农历腊月初八为腊八节。腊月初八是纪念释迦牟尼成道的节日，因此为吃素之日。腊八节民间有吃腊八粥和腌制腊八蒜的习俗。当地人对做腊八粥很重视，也很讲究。早在节前十天半月，主妇们便忙于置备佐料。有江米（即糯米）或黄米、红枣、红豇豆、核桃仁、花生仁、梨脯、葡萄干、青红丝等。米和豇豆在头天晚上就须淘洗浸泡。腊八这天，天还不亮，主妇们就起床熬粥。开锅后，撇出红艳艳的米汤，浇到头天就已掘回的、并已立于院中的冰人或冰块上。粥熟出锅，第一勺粥要先给冰人的嘴角糊上，然后，一家人围坐在炕上，裹着白糖，蘸着用小米熬制好的小糖（即糖稀），或用红糖腌了半年的玫瑰苜蓿酱享用。

（十三）小年

腊月二十三叫“小年”，称为祭灶日。传说灶王神是一家之主，事无巨细都逃不过他的眼睛，它经常暗中观察一家人的善恶，每到腊月二十三，就要升天向玉皇大帝禀报人间之事。如果被他说了坏话，就会被惩罚或夺去寿命。祭灶这天，家家户户都要将灶台、几案、供器、锅碗瓢盆收拾得干干净净，揭下旧灶神换上新灶神像，并贴对联：“上天言好事，回宫降吉祥。”摆上粘糕、糖果等一类祭品，嘴里念叨着：“粘糕粘嘴、糖果粘舌。”目的是粘住灶王的嘴，叫他少讲坏话。另外还有烧饼、茶、草料等祭品，饼和茶供灶王飨用，草料是灶王骑乘的饲料。人们用这些东西贿赂他，叫灶王多言好事，造福万民。当地民间这天有用麻糖祭灶、煮猪头习俗。

第二节　婚俗

一、蒙古族婚俗

（一）订婚

土默特蒙古族订婚分小定、大定。小定即订婚。男方备置双数砖茶点心、豆馅大馍50个、全羊1只以及给新人首饰、衣料等物，由媒人送到女家。小定数月或年余后举行大定，大定时送礼有所增加。大定之日，女家杀羊摆宴，款待宾客。席间，媒人代表男家向宾客敬酒，然后与女方父母亲商定彩礼。通常男家彩礼甚微，而女家陪送却不少，所以有“娶得起聘不起”之说法。宴席毕，媒人朗诵联姻祝辞，讨问新娘生肖八字，以便选择迎娶吉日。

（二）娶亲

婚礼前一日，新郎戴红缨帽，身着长袍，肩挎弓箭，足登马靴与武士装束的伴郎骑马前行，其余迎新宾客，骑马跟骡驮轿或车随行。行至女家门前，将牵来的碰门羊等礼物交给女家。女家迎亲持鼻烟壶迎接，新娘嫂子手端木碗，用手蘸少许牛奶在新郎弓箭上抹一下。进院前，伴郎要给嫂子敬酒3杯。进院时，新郎把弓箭挂在门外。入座后，女家把来客请到屋里，新郎、伴郎由女家送礼人领着认亲。翌日启程时，新娘由其兄抱上轿（车），娶亲送亲者上马，新郎抽弓搭箭，先射女家窗户1箭，再射1箭从新娘轿车顶飞过。射箭毕，一行人驱马奔向男家。

（三）迎亲

娶送亲队伍行至离男家二三里处时，送亲车马停驻，娶亲一部分人策马先回。随后，送亲小伙子们骑马追赶，抢夺新郎、伴郎帽子，如果夺得其帽，席间男家向女家赔情，并饮酒歌唱。送亲人行至男家院门，鞭炮齐鸣。新郎姐姐或嫂子从院内跑出，将盘内羊头和食物倒于轿（车）底下，并绕轿（车）一圈跑回，喜轿进院停下，新娘由其兄抱下轿（车），由搀扶人簇拥着踩毡走向喜房。新娘进入喜房，男女两家争夺门槛上毡子，抢到为胜。

（四）拜灶

拜灶即拜天地。拜灶前，梳头娘要为新娘开脸、梳头。开脸即用棉线剃去新娘面部的汗毛。然后梳头娘给新娘梳头。梳头时，新郎、新娘背靠背坐着，梳头娘把新娘长发搭在新郎头上梳3下，接着把新娘头发编成练垂。

拜灶时，灶前设香楮、供品等。新郎新娘跪在拜毡上，将灶内柴火点燃，焚香烬表，按照司仪口令，先拜天地，后拜祖宗，再依辈分次序，参拜亲戚中的长者。最后夫妻互拜，同饮喜酒。

（五）筵宴

宴席开始后，走礼人手执酒具，新郎嫂子或姐姐领着新郎、新娘逐桌敬酒，行礼认亲。席间，乐器声、歌唱声、猜拳行令声以及青年人向新娘讨喜糖喧闹声不断，充满欢乐气氛。筵毕，亲友共聚，饮酒弹唱，内容多为蒙古叙事民歌，如《阿日文特物太》《哈彦席勒》等。现在则以蛮汉调、爬山调和二人台调为主，歌词内容丰富多彩，演唱形式有独唱、对唱、合唱，往往唱到深更半夜，乃至通宵达旦。

（六）婚后礼俗

结婚次日黎明时分，新娘起床梳洗打扮后，先到厨房生火，然后到公婆房中掏灰，表示尽媳妇本份。公婆在灰内埋有戒指或玉耳环，做为赠给媳妇的礼品。第三日，新妇娘家父母、叔婶、姑嫂、兄长等人到男家认亲，称伊勒圪沁。客人来到时，家长率新婚夫妇至门外迎接，入室后，互献哈达，互换鼻烟壶，之后茶点招待，中午酒宴款待。席上，新婚夫妇向双方家长敬酒，行跪拜礼，双方家长互相敬酒。席散后，女方家长起身回家，男方全家至门外相送并敬上马酒。新妇过门满 1 个月时，要回娘家住 1 个月，称住对月。按照传统习惯，这 1 个月中要为婆家近亲长辈每一人做一双鞋，回到婆家，交由婆母分别送给尊长。

二、汉族婚俗

旧社会，男女青年婚姻受父母之命、媒妁之言支配，多有早婚。有的人家孩子到十二三岁时，家长就请媒婆张罗婚姻大事，有的甚至私定娃娃亲或指腹为婚，最晚男孩不超过二十一二岁，女孩不超过十七八岁，否则就要被笑话。还有的父母将贫寒人家的幼女抱领回家作为儿媳抚养，俗称“童养媳”；或捡遗弃女婴，由男孩母亲哺乳养育长大，称“奶媳妇”。待女孩长到一定年龄，父母做主，与儿子圆房成亲。正常婚姻大体有托媒、议婚、订婚、出嫁、迎娶、婚礼、拜堂、洞房、回门等程序。

（一）托媒

托媒，即请为婚事说媒的人，亦称“冰公”。一般都由男方委托媒人前往女方家提亲，即使女方相中了男方，也要通过媒人示意男方前来说媒。

俗话说：“天上无云不下雨，地下无媒不成婚。”过去男女双方成亲，必须要有媒人牵线搭桥，来回传话，最终才能使男女喜结良缘。即使自由恋爱，或因青年男女不便直接同对方父母提起，或因双方父母不便与对方提及某些条件等，需委托一个中间的人，一来可传话，二来也可调解某些矛盾或误会。

（二）议婚

议婚又称“议亲”，是商议男女婚姻之事的最初阶段，包括提亲、过帖、相亲等，直到定婚为止。

1. 提亲

提亲即求婚，指男方委托媒人或托靠亲友前往女方家中说媒，这一程序相当于“六礼”中的“问名”。提亲前后及提亲期间，男女双方都要通过亲戚朋友对对方的门第、门风、家境，父母的品德、为人，女子的品貌、行端等进行全面了解。

2. 过帖

提亲后，如果女方家长应允，男方便再次让媒人到女方家，询问女方姓名和出生日期，同时也将男方的姓名和出生日期送达女方家，以便“开八字”，请阴阳先生看“合婚”，审看男女双方的命相是否相合，并推取“四柱”。具体的做法是把男女双方的出生年、月、日、时辰“四柱”干支写在绢帛或红纸上，称为“命单”。

此后，双方请人卜算，看男女属相有无克异，可否“合婚”。男女双方“八字”相合后，两家择吉日传换庚帖，重新写明男女各方的出生年、月、日、时辰等事项，亲事算初步定下。这一程序相当于“六礼”中“纳吉”的部分内容，由于现在不再时兴“合婚”“过帖”，这道手续自然也就免了。

3. 相亲

经过提亲，双方同意后，媒人先要领男方到女方家里见面，称之为“相亲”或“看亲”。

相亲时，男方要带一些简单礼物（例如烟糖等）到女方家。双方见面之后，如女方留男方午饭款待，说明女方父母认可。如若迟迟不备饭菜，说明女方没有看对男方，亲事便告吹。这种事不会当面说出来，只能是凭借男方和媒人的察言观色了。

如果男方相亲成功，女方当即会择日到男方家，称为“看人家”。主要是看男方的家境，如房舍、牲口、饮食、炕上铺垫、家中摆设、父母穿戴等。

（三）定婚

经过相亲，男女两家对婚事都满意后，便可正式定婚了。旧时，定婚不同于“订婚”，定婚即六礼中的“纳彩”，也称“定亲”，当地俗称“下定”，一般在结婚前数月进行。订婚即订立婚约，男女在 15 岁左右或之前就已订婚，有的甚至还订娃娃婚，即在婴幼儿时就由双方父母订立了婚约。到结婚前，才行定婚之礼，以确定婚期。定婚前，媒人还要往来于双方，商量男方赠送女方的彩礼、衣装、首饰、物品和女方陪送的嫁妆，以及交付方式等事宜，并确定定婚的日期，当地称“商话”，也叫“上话”。定婚这天，男方要携带烟、酒、糖、茶四色礼和钱物，郑重地向女方家送去聘礼。

男女双方定婚要在选定的这一天分别设宴款待至亲好友，名为“定亲饭”。男方在叔叔、舅舅或哥哥的陪同下偕同媒人一齐来到女方家，送给女方定亲礼金、衣服、首饰等。女方家长将男方所交礼物接收，并将所赠四色礼（烟、酒、糖、茶）自留一部分，回赠男方一部分。将酒倒在自家的瓶中，在空瓶内留少许酒，并在瓶内装入一些绿豆，再插一根两杈大葱，让男方带回。定婚时还要互换“龙凤帖”，男方给女方的“龙帖”上写着“求吉”字样，又叫“恳帖”。大致内容有：“愧乏玉田，仰祈舍诺。×××鞠躬。”女方给男方的“凤帖”上写有“允吉”字样，大致内容有：“德愧比凤，愿切乘龙。姻愚弟（兄）鞠躬。”“龙凤帖”类似现在的结婚证书，要到当时的政府部门交税盖印，具有一定的法律约束力。

（四）走水礼

相亲定婚后，要进行第一道程序——走水礼（也称交彩礼）。男方派舅舅或本家叔叔和媒人携带钱、物，其中活羊一只、大馍馍四十八个（盖红双喜字样，内包豇豆馅）、一刀猪肉（带三根肋条）或一条羊腿（前腿，肉上面贴上大红喜字）去女方家送礼，女方家要热情招待，鸣放鞭炮。有的家庭也将走水礼同定婚一同进行。

（五）探话与择日

探话，就是男方让媒人向女方父母探听当年闺女出嫁不出嫁，也就是探问女方聘不聘。同时，协商娶聘的日子，即择吉定日。

择日，主要看女方的属相与所选日期的地支是否相合，是否妨碍。在择日的同时，还要择月，也是主要看女方的生肖，看女方在出嫁当年的大利月。

嫁娶的吉日选定后，就要“下茶”。下茶也有讲究，最好是对月茶，也可以下二十天，最短是十天的茶。

（六）下茶

下茶通称“茶礼”，是迎娶前男女双方的最后对话，如果定婚时没有交付彩礼的话，下茶时必须交付。另外，下茶时，女方家要对婚礼提出若干要求。如在过去，可以提出要迎娶轿几乘的，要鼓匠几班。现在是要车几辆，陪同娶送的人多少等。当媒人到女方家把出嫁的日子定下来之后，男方就要开始做“下茶”的一切准备工作。

旧时，男方去女方家“下茶”，“下茶”时，要选择偶数的吉日，由媒人和男方父母的直系亲戚用车，或者用人扛抬送礼品到女方家。礼品除仍需带两方砖茶、两瓶酒等四色礼外，还需带一斗米一斗面、两块红烧猪肉、一条羊腿（前腿）、四十八个大馍馍。米面叫“斗米斗面”，猪肉表示骨肉之亲，羊腿表示迈步欢乐，大馍馍表示成双成对。同时，男方要牵两只母羊，称为“娶女羊”。还要带银圆二元或制钱二千，称为“长命钱”。

接过聘礼的女方家，要取出其中一部分返给男方，叫“回礼”。回礼时，把羊腿收下，猪肉退回男方；大馍馍回“五对”，叫“五犋牛”，长命钱返还一半。另外，下茶席间必先喝男方家带的美酒，但不能全部喝干净，要留一少部分在瓶中，待一切事情谈妥，男方归时，女方把空瓶用红头绳连在一起，寓意为永不分离。瓶内放五谷，插一根两杈生葱，意思是扎根、开花、结籽，粮食满仓，财源广进，早生贵子。

（七）敦人与走礼

娶媳妇、聘闺女都要请人待客，称为“敦人”，又称“办肆筵”，还称“待人”。

“敦人”有大敦、小敦，指敦请亲友的范围大小。敦人大小，应根据自己家的经济条件而定。经济条件好的，当然要大办，条件差的只请父母的近亲。确定了敦人的规模后，就开始请人写请帖、发请帖，称“下帖”。给至亲和近处的亲戚朋友下帖，东家要亲自送达，表示敦请的诚挚。远方的亲朋要写信或拍电报。到正式办事的前一两天，主家还要派人和车前往亲家“接亲（qīn）家”。亲戚也早已做好准备，等待主家派人来接。

被邀请参加婚礼的客人有两类，一类是同姓同宗的族亲和娘舅门上的亲戚，以及与父母磕头结拜的干亲等，称为嫡亲。另一类称朋亲，包括父母的朋友，自己的朋友、同学、同事，邻居、村亲等。

（八）安鼓

娶亲的前一日下午，鼓手花轿到来，称为安鼓。在安鼓前，新郎要由伴郎（称伴女婿，一般由姐夫或妹夫担当）陪同上坟祭祖。古时的婚礼比较复杂，一般都要持续三四天，前三日要请办事人，后三天要谢办事人，有的地方也叫“谢厨”，近代婚礼为三天。

（九）送箱柜

临嫁之前，娘家为女儿置办嫁妆，包括内衣、外衣、鞋袜、首饰、化妆品、洗漱用具等，也有陪送大件衣柜、梳头匣、梳妆台、对枕、镜子等，还有送大红柜、风景木箱的。女方在男方交彩礼、下茶后，将男方送来的喜馍分送给所有直系亲戚，亲戚们也纷纷送来衣物、首饰等，俗称“添箱”。送箱柜时，将亲戚“添箱”的礼物一并送到男方家。

（十）宵夜酒

娶亲头天晚上，要举行一次小宴，叫“宵夜酒”。主要目的是由代东主持，共同商量第二天娶亲、拜人、安席坐席等事宜，确定前往迎娶的人员，按照辈分、年龄的大小拉拜礼单子，安排第二天肆筵坐正席的人员。此外，通过代东好言好语化解可能发生的某些矛盾纠葛。

旧时拜人，各家有各家的不同礼路和遗风。主要有里三堂、外三堂、混三堂之分。“三堂”是指主家堂、亲家堂、紫微堂。里三堂，指新郎父亲的亲戚，亦即本宗亲戚。如新郎的爷爷奶奶、叔叔婶婶、姑姑姑夫、哥哥嫂嫂、姐姐姐夫，以及远方的同姓宗亲。如果行里三堂礼，则须先拜本宗亲戚，而后再拜外戚。里三堂礼有欺客的缺陷，常常会引起外戚的不满与反对，甚至有大吵大闹、翻桌子、罢礼等令主家大失面子的事端发生。外三堂，指新郎母亲的亲戚，亦称外戚。如姥爷姥姥、舅舅妗妗、姨姨姨夫，以及娘舅门上的其他舅表亲戚，冰公大人、干亲奶亲也在外三堂之列。外三堂礼是先拜外戚，然后再拜本族，故有欺主的缺陷，也会遭来麻烦。混三堂，不分家族，按辈数、岁数由大到小依次而拜。这种拜法比较公平、公正，争议不大。后来，大都改作混三堂。

（十一）娶亲

娶亲是婚姻的最后一道程序。男方娶亲时需带离娘馍馍、离娘糕各四十八个，放入大笸箩内。上面盖糕片，糕片上贴大红“喜”字，中间放一个红枣。还有红烧猪肉两块，称“离娘肉”；用白面蒸的喜兔兔一对，并用红头绳系在一起以示千里姻缘一线牵。

娶亲还需给新娘带新被子、遮脸红（红盖头）、装新衣等。如果有花轿，还要带一个用红布封口的酒壶，叫“保平壶”，还有罗盘、黄历书、狗皮、笤帚、锅刷、弓等，用来避邪。去时，新娘的花轿不能为空轿，要选一个小男孩坐在里面，称为“压轿”。娶亲的队伍一般由 7 人组成。其中有新女婿和伴女婿、大客 2 人、放炮 1 人、拿红毡 1 人、挟拜匣 1 人。大客即娶客，有男娶客、女娶客，如没有女娶客，男娶客为 2 人。娶回来时应为 10 人，包括新娘和两位送亲人。回来的人数切忌单数，俗称去单回双。凡是娶亲的人都要佩戴纸或绢扎的大红花，新郎要佩戴大金花，还要十字披红绿绸，称披红挂绿，头戴宽边黑色礼帽，身穿马褂长袍，胸前系一铜镜。娶亲时，还要携带 2 朵红花，1 朵大金花，预备给新娘和送亲人佩戴。

男娶客一般由舅舅、叔叔或哥哥担当，具有东家赋予一定的权威性、自主性和处理应急事务的能力，如遇女方出难题，能够巧于应付、迅速化解。当地有“媳妇到了门前，还得花一个牛钱”“养女三诈”等说法。大客主要是负责解决到女方家后可能出现的各种问题。女娶客特别讲究，一般由妗妗、姨姨、嫂嫂担当，姑姑、姐妹（新娘的大小姑子）均不得当娶客，因为当地有“姑不娶，姨不送”之俗。旧时，女娶客要头顶凤冠、身穿蟒袍、腰扶玉带，宛似戏台上皇后娘娘的形象。下花轿后，负责给新娘穿戴打扮。伴女婿负责抱新被子、插金花，协助新郎办事，保护好新郎安全，指点新郎有关礼仪等。拿红毡的负责路经的桥梁、大树、青石、石碾、寺庙、水井、十字路口，要用红毡遮挡，以青龙、白虎等邪秽“冲喜”。挟拜匣的需要挟一个特制的红木匣，去时，里面放有红纸写就的一张请帖和一张谢帖。请帖是用于请送亲人的，表示男方父母郑重邀请女方派代表送新娘子到夫家，并参加婚宴。谢帖是男方父母用于感谢亲家对第二天回门的儿子和儿媳以及陪同人的招待。

参与娶亲者必须父母、姐妹俱全且健在，俗称“全人”。娶亲者临出发时要吃饺子，称“上马饺子”，也叫“起马宴”。上马饺子包得都较小，每人一碗，连汤一起吃。新郎的饺子有一个大的，里面包有 7 个小饺子，称做“子母饺子”，意为五男二女七子团圆、多子多福。宴毕，随着三声炮响，代东先生一声令下，娶亲队伍立即出发。娶亲人员出发的顺序是：挟红毡的、放炮的、挟拜匣的、新郎、伴女婿、大客。

娶亲用轿，一般是给新娘预备一乘，男女大客各一乘，称三乘轿。如新郎不骑马，也坐轿，称四乘轿。其他人则乘坐轿车或骑马，在吹鼓手的导引下，娶亲队伍浩浩荡荡，炮仗动地，鼓乐喧天。尤其走到每个村的街市人多处、十字路口，吹鼓手更是卖劲，鞭炮、麻炮震天，十分红火热闹。

当娶亲队伍来到女方家村口时，鞭炮、麻炮齐鸣，以示通报。女方家听到炮响，要到大门口将新郎和娶亲人迎接回家。女方家桌上置有香烟、红糖茶水和水果、糕点等，娶亲人除抽烟、喝茶外，其他食品均不得食用，否则会被笑话。另外，女方家在桌下还放有两双红筷子、两个酒盅，代表新郎、新娘的碗筷。在起席时，挟拜匣的人要把请帖、谢帖放在柜上，把桌上的盅筷、糕点、水果全部装在拜匣中拿走，当地人称为“得富贵”。在回来的路上，娶亲的人要将水果、糕点全部吃掉。旧时，娶亲的不在女方家吃饭。现在，女方家也备有饺子、酒菜等，称“下马饺子”，娶亲的人要象征性地吃一些。

聘家的新娘不能和娶家的迎亲人员在一个家，要到另一个家梳妆打扮，也为换新装方便。新娘梳妆打扮前，首先要开脸、梳头。新娘要用两条新白线将脸部汗毛绞掉，使脸部光洁明净，并将头发梳成有后髻的媳妇头型。新娘妆扮完毕，故意迟迟不动，称为“崴富贵”。这时，放炮的要放第一通炮。当放完第三通炮后，伴女婿要陪新女婿出门跪于天地爷牌位前举行插金花仪式。新娘的弟弟要把“金花”插在新郎的帽子上。伴女婿代表新郎赠给插金花者赏钱。这时，头戴凤冠、身穿霞帔、腰系玉带、罩着红盖头的新娘，打扮得像戏曲舞台上的皇后娘娘似的，在众人的簇拥下走出来，由兄长背着登上喜轿或车，离别时新娘要哭哭啼啼，表示与父母难舍难分。

新娘上轿后，要把轿内预先放好的大红袄（硬衣、硬裙）穿上。硬衣背后有一面用来照妖的铜镜，大红袄的腋窝内，缀有两串鞭炮、两瓣蒜，用以避邪。新娘上轿后，要将弓和锅刷挂在轿帘外，以避邪驱妖。

这时，送亲人员上了轿或轿车。送亲人员又称新亲、送客，主要作用是代表女方父母把女儿送到夫家，并全权处理临时遇到的意外情况。送亲人员的选派也极有讲究。当地有“姑不娶，姨不送，姐姐送了妹子命”的说法。也就是说，新娘母亲的姐妹和自己的姐妹都不宜做新亲。新亲的辈份、人数、男女一般要与娶客等同。送亲时，还要携带几样东西。一是送亲礼，或面料，或毛毯，或其他贵重物品。当拜堂时拜到新亲时，作为赠礼赠于新人。当然，这是女方东家早已准备好了的。二是备一些礼钱，即坐席时将有厨子专门为新亲炒菜，作为感谢厨子的小费。三是携带两个特大的花馍，叫“馏儿食”。馏儿食上面捏有各种面花、十二属相等，寓意仍在于多生、早生。

娶亲队伍不得走重复的路，称“不走回头路”。途中如遇庙、井、石等，应拿红毡遮掩轿窗和新娘，为的是避邪。如路遇别家娶亲的，轿夫们要比试技艺。同时，双方新娘要互换胸花、手帕、红腰带等物，并相互用箩面箩子遮面而过。如遇出殡，认为是大喜，娶送亲人都要说“今天吉祥，遇上财宝啦”等吉祥语。

（十二）下轿

娶亲队伍回到男方家时，把喜轿停在大门外，俗称此为“憋性子”。然后新郎从轿内探出身来，或在马上，用伴女婿拿来的挂在新娘轿帘外的弓，朝着新娘的轿虚射三下，以消灾避邪。此后，新郎将弓挎于肩上，由伴女婿扛着，踏红毡进入新房。

此时，鼓乐大作，鞭炮连天，男方亲友、邻里一拥而出迎接新娘。迎接新娘的人也叫“搀新媳妇的”，多由嫂子、姐妹担当，但必须是未怀孕的“全福人”。新娘由迎新的人搀下轿来。娶家大门的两边事先立放着用干谷草捆好的草把，粗约20厘米，内放一个糕、一个点心，再用五色线在每个干草把上缠五道腰子，用火点燃，婆婆一手端油碗，一手拿勺，在两旁点燃的草把上撩油，同时一边撩油一边口中念念有词：

一勺勺，两勺勺，明年养个秃挠挠。

反铺席子倒铺毡，生下娃娃坐高官。

白女女，黑小小，跟上娘娘往出跑。

走下轿来的新娘，在大家簇拥下踏着红毡慢步走向喜房。这时，有人将五谷（糜、麻、谷、粱、豆）、谷草节和五色纸屑扬撒到新娘身上，称为“撒帐子”。据说，此举可避“三煞”（青羊、乌鸡、青牛）。新娘还要从摆好的炭火盆上慢慢跨过，跨火盆一为避邪，二为日后夫妻越过越红火。跨过火盆后，要笑的人要快步跑到新娘前面放一个马鞍，新娘必须从鞍上跨过，此谓“新人跨马鞍，一世得平安”。

新娘一进洞房，代东先生吆喝道：“新人入洞房，北极喜气大吉祥，新人面向喜神位，动箭射在五鬼方。”代东喊罢，新郎从肩上取下弓、搭上箭，左脚蹬炕沿朝着墙壁开始射箭。第一箭从西北方乾位射击，第二箭从正北方坎方射去，第三箭从东北角艮方射去。这时外面的人将窗户纸打破，称为“打喜窗”，让五鬼邪气从喜房内走出，也叫“百马闯壮”。

与此同时，新郎用秤杆挑去新娘的盖头。小姑子端来洗脸水，请新嫂子洗脸，称洗去晦气，新娘要给小姑子赏钱。

（十三）拜人

拜人，也叫拜天地、拜堂，这是婚礼最隆重、最热闹、礼仪最繁杂的场面。拜人开始之前，东家的男主人向牌位跪拜、上香、烬表。然后在代东先生的主持下，按照前一天晚上宵夜酒时列出的拜礼单的顺序，新郎新娘拜天地、拜祖宗、拜父母、拜亲戚、拜新亲、拜冰公，最后是夫妻对拜。每拜完一位，伴女婿便手托礼盘，向被拜者弯腰叩头，收取礼金。现在随着社会经济的发展进步，拜人的习俗已不存在了。

（十四）安席

安席在过去是婚礼中的重中之重，坐席讲究很多，男女要分开来坐，每桌只坐六人，其中二人是一正一副，其余四人作陪，称“支桌腿的”。

宴席分早、午两餐。早餐为面糕或汤糕，流水待客，坐桌不分尊卑。午餐称正席，有凉盘、蒸锅、炒、炖等菜系，以碗或盘子盛菜上菜，称几大碗或几大盘席面。无论什么席面，第三道热菜必上红烧肉（当地称扒肉条），这道菜一上，代东先生就要领上新婚夫妻到各桌认亲敬酒，俗称“拜酒席”，也叫“满酒”。在拜席满酒中，代东先生每到一屋都有一套安杯道词，把婚礼中各道环节不周到之处一一解说，请各位亲朋好友谅解。敬酒首先从首席开始，然后是父亲家族最尊者，依次而下。敬酒是对新娘记忆力的又一次锻炼，从拜礼开始到敬酒，新娘要对每位亲戚的辈数、称谓暗暗记在心里。席间不乏借酒耍笑之人，但新娘也不能恼怒，要机智化解。

坐席期间，各席所上酒菜是一样的，但送亲男、女大客席面都有例外，当地有大厨房专门另做一道拿手菜向送亲桌献菜习俗。大客要答谢厨工，并赠赏红包，称为“谢厨子”。在代东先生领新人满酒的同时，主东家也要轮桌满酒，以表示对各位尊亲的谢意。

（十五）闹洞房

拜完人要“抓喜钱”，喜钱事先预备好的崭新钱币二三十枚不等，先让新娘抓，新娘尽量多抓，有的让夫妻双方一齐抓，看谁抓得多，谁的福气就多。

抓完喜钱，嫂嫂、小叔、朋友等，要拦门耍笑，出许多故意刁难的可笑节目，目的都是为了增进感情。

在婚礼上不仅要笑新郎新娘，也可耍笑亲属或前来看热闹的人，给整个肆筵增添了喜庆气氛，俗称“三天没大小”。

席散后，新娘进入洞房，坐在新被子上，面向置于“喜神”方位的喜灯，称为“守喜灯”。喜灯又称“长命灯”，一盏两捻，同时点燃，一个代表新郎，一个代表新娘。喜灯忌讳吹灭，一直到耗尽油自灭为好，据说喜灯燃烧的时间越长越好。如两个灯头同时燃烧到天亮，说明夫妻长命百岁、白头到老、生活美满、儿孙满堂。

在新娘守喜灯的同时，人们就开始闹洞房，一直要闹到晚上。闹洞房是传统婚礼中不可缺少的一个环节，可以算作婚礼的高潮。俗话说，不闹不发，越闹越发。闹洞房能增添热闹气氛，驱除新娘的冷清之感，因而有的地方也称之为“暖房”。

（十六）回门

回门是在婚礼的第二天，新郎要陪新娘回娘家。回门当天一早，新娘的弟弟要来迎接，俗称“叫姐姐”。然后，新郎新娘在伴女婿和弟弟的陪同下回娘家。

回门这天，女方家的亲友们要耍笑新郎。新郎未进门时就会被小舅子、小姨子等少男少女包围，热闹一番。新郎进门后即被安排入席，第一道菜就是饺子，称为吃下马饺子。在包饺子时，女方家小姨子、嫂子故意在饺子中包入辣椒粉、盐、调料面等辛辣之物，想耍笑新女婿。新女婿想尽办法推让，一旦躲不过，不是被辣得张口打喷嚏，就是被咸得闭口难咽，惹得众亲友喜笑不止。

第三节　丧葬习俗

一、蒙古族葬礼

《土默特志》记载，清代土默特蒙古族“丧无棺椁之备，以火化之，或以毡毯裹其尸，弃之原野，谓以尸体食禽兽，为种善根”。在古代，游牧的生产方式决定了蒙古族的丧葬习俗，于是便实行天葬。明朝晚期之后，藏传佛教传到内蒙古，蒙古族贵族便实行火葬，而贫苦牧民依然天葬。清朝中期后，随着生产方式由牧转农，蒙古族居有定所，葬俗也与汉族相同，实行土葬。土葬之法与汉族大同小异。

（一）火葬

蒙古族火葬习俗是由藏传佛教传入内蒙古地区。火葬前，要为死者备引魂马一匹（贫户也有做纸马的），将尸抬至柴炭坑旁，浇酒酥油，然后点火焚烧。点火前孝子一人将引魂马牵至尸前，燃火以后，孝子男左女右分跪两边，喇嘛诵经。诵经毕，众起立。大喇嘛牵引魂马转火坑 3 圈，留 2 人看守火坑，余皆返回。次日，喇嘛念安息经，用土将坑填满。第三日，喇嘛念洗脸经，感谢四邻土地，并为丧家祝福。骨殖也可捡起放家中龛内。逝者衣物全部赠谢诵经喇嘛。喇嘛逝后全用火葬。

（二）土葬

蒙古族土葬习俗古已有之。相传明代时，阿勒坦汗逝世后先行土葬，后三世达赖喇嘛到来后，才按照藏传佛教的宗教仪轨重新进行了火葬。

蒙古族土葬讲究墓地，一家一族葬于一地。为选择墓地，人们往往延请勘舆家（即阴阳）度其地形，勘其风水。按旧习惯将墓地选定之后，即使废掉良田，在所不惜；地非自家所有，出巨资购买，毫不吝啬。人们认为坟地好坏，与家业兴败关系重大。坟地既定，为一家或一族所私有，并被列为禁区，任何人不得耕种、放牧、取土、辟路。清代中期，不少土默特蒙古族有熟坟（即埋葬骨灰坟地），清末以后都已成为生坟（即以棺木土葬坟地）。20世纪30年代之后，旧坟地失治，许多人家另觅新坟地。

坟地埋葬亡人，均以辈分排列，祖、父、子、孙依次排列。唯一的例外是土默特辅国公家族葬制，位于美岱召侧后山脚下的公爷府墓地，从西北起，分别埋葬历代辅国公及其子嗣，按逆时针方向排列为圆形，间或有墓碑，无墓志。

人去世后，孝子立即穿戴孝衣。早先，孝衣为黑色，后来效行汉式，改为白布孝衣。孝子带讣文向诸亲友报丧，历述亡人生卒年月日、祭葬时间及地点，即使不带讣告，孝子也必须亲自前往磕头报丧。入殓尸体的棺木，以柏木为好，还要在棺材表面刷以彩漆，富裕人家以绸缎裱里并打蜡。人咽气后，家人为其更换寿衣，口内含玉片或铜钱。然后在室内设灵床，灵床一般是家门板，将尸体停放在上面。入殓时移尸入棺，并把随葬之物一并放入，由亲人们盖棺并号啕尽哀。入殓后于屋前设灵堂，日夜点长明灯，孝子守灵，焚香摆供烧纸，以示祭奠。出殡多选逢七之日，最长停灵49天。停灵期间，家人延请喇嘛念经，为逝者超度修福。

送葬时，将棺材移入租来的棺罩内。起灵时，鼓匠奏哀乐，孝子执绋拉灵。绋用白布做成。富裕人家的灵柩前有纸扎人马之类，这些冥物各色相间，招摇过市。一般人家以引魂幡开路，纸钱撒地，至坟地后将棺木放入墓穴中，正位后掩埋。

封土之后，丧事已毕。丧家设午宴，一是为了酬客，二是为了祭祀。宴会上有民间鼓吹乐现场奏乐，贫困人家仅炸糕、烩菜、供仙而已。土默特蒙古族也有合葬习俗。其他如复三、过七、过百天、过周年等礼仪大致与汉族相同。

土默特蒙古族的土葬还有一种特殊的形式。死者所用棺材形似木轿，尸体用白布包裹，入殓之时，将尸体以坐姿摆放入棺内。这种葬法流行于清末，民国之后逐步废弃，大约是蒙古族由天葬、火葬向土葬过渡的一种形式。

二、汉族葬礼

萨拉齐一带传统的丧葬仪式包括如下内容：临终、招魂、停尸、装穿、报孝、入殓、破土、破孝、点纸、叫夜、聒灵、守灵、跪灵、迎主家、出殡、下葬、卸孝、复三、过七、犯七、过百天、过周年，祭奠大体遵循着若干程序，这些礼俗有着丰富的地域文化底蕴和神秘色彩，也有不少封建迷信荒诞不经的东西。

（一）临终

清末民国时期，萨拉齐的民间认为凡是50岁以上因老、病而死者，都算寿终，称之为“喜丧”，也就是人们通常所说的“白喜事”。对于这种正常的死亡，家人早有准备，儿女子孙都要在死者临终前日夜守候，称为“送终”。当地有“人死时，子女谁守在身边送了终，谁才是真儿女”的说法，显然是“百善孝为先”的孝悌文化的俗话。

（二）装裹

寿衣，当地俗称“装老衣”。人到了60岁左右，就要自己缝制寿衣。自己没有能力缝制的，子女为其缝制或预先购置。

人在临终时候，亲属为其剃头、洗脚、穿寿衣等，俗称“装裹”“装穿”。

有的地方则在咽气后进行装裹。咽气后，没有合眼的，要将其眼睛合上，称为“揞眼”，没有闭嘴的，要将其嘴合住，称为“合口”。给死者装裹好后，还要将一枚硬币塞入死者口中，俗称“口含钱”，并且要在死者上衣袖口内装好“打狗饼子”。“打狗饼子”是用白面做成并在锅内烤熟的小饼。数量与死者岁数相等，另外再加两个稍大些的饼，称做“天一个，地一个”。最后，孝子们要立即戴孝，为死者安床烧纸，称为“点下炕纸”。

（三）安床

安床也叫“停尸”，就是把死者的尸体移放在门板或棺材盖上。将死者放好后，在脸上苫一张白麻纸，叫“苫面纸”，古代称“面衣”。

停尸后，亲人们自披重孝，跪在地下，点燃长明灯，此灯俗称“照尸灯”，同时焚烧纸钱，嚎啕痛哭，俗称“嚎丧”。

安好床、停好尸，点了下炕纸后，首要的是立即请阴阳先生。阴阳先生画了符，贴在门楣、窗框、大梁等有关地方。接着便择日子，批“殃榜”。之后，孝子们便分工忙碌起来。主要有送孝报丧、破土打墓、请鼓匠、订纸火、搭灵棚、砍引魂幡、请办事人、准备肆筵等。

（四）讣告

讣告的形式有两种。一种是在大门外悬挂“通天纸”，一种是张贴书面讣告。

亡者停尸后，孝子首先要在大门口外的一侧吊上具有报丧性质的“通天纸”。通天纸俗称“岁头纸”，用老白麻纸折叠，首尾相剪，连缀成链，其数量依死者年龄再多两张，用红头绳扎绑一块黑炭，悬于大门外一侧，称为“望乡台”，又叫“望乡炭”。

讣告旧称“殃榜”“告牌”，请阴阳先生用白麻纸书写，内容为死者姓名、出生年月日和死亡时间等。写好后粘贴在高粱秸缝制的箔子上，钉于大门外。

（五）入殓

入殓多数是亡后第二天傍晚太阳落山以后进行，如果是在凌晨或上午去世，一般在当天傍晚入殓。入殓前，儿媳妇、闺女、孙女三人边哭边到村中十字路口装“土鸡鸡”。“土鸡鸡”是入殓时给死人枕的枕头，又叫“鸡鸣枕”，是用白布缝制成雄鸡的形状。

入殓时，首先由阴阳在无盖的棺材上面摇摇铃，而后孝子们开始打垫棺材。棺材的底部垫上厚厚的干草（即谷草），两头用草纸（即卫生纸）填实挤严，以防尸体腐烂而流出液体。干草上面再铺上褥子。然后将死者抬出入棺内。死者头枕土鸡鸡，脚蹬莲花脚枕，平躺仰卧，表示已赴西天极乐世界。

这时，死者家的人如果在场，则要看一看死者，同遗体作最后的告别。家人勘验完尸体后，儿子（如没儿子，女儿也可）手持酒精棉花，给亡父（母）揩擦眼睛、嘴唇，称为“开光”。最后在阴阳先生边摇铃边念咒的同时，孝子将棺盖盖上，用长命钉（木辖）封棺。

入殓后要把棺材移到搭好的灵棚内，在大材头上要放一碗半熟的糜米饭，俗称“倒头捞饭”。在棺材的大头顶端放置圆肚小口瓦罐，俗称“醢饭罐”。每天在早晚吃饭前，儿女们要把当天所吃的素饭菜等放入醢饭罐内一小部分，一直延续到出殡。棺前放一张桌子，桌上摆供品、供仙（白面大馍）、香炉、蜡台和长明灯。桌下放一个砂锅或者小瓦盆，俗称点纸盆，为前来祭吊的亲友焚纸、祭奠所用，出殡时要将盆摔碎。

灵棚搭好后，旧时有钱的人家还要请和尚或道士前来做道场，超度亡灵。做道场时，最引人的是“跑五方”。一个和尚转高桌、越板凳，在前面奔跑，孝子在后面跟随着跑。为了亡父亡母早日升天或转世，即使累得气喘吁吁也心甘情愿、在所不惜。

这一切安顿好后，丧家就准备择日、打墓、报丧、写鼓匠、订纸火、肆筵等事项。

（六）破孝与戴孝

破孝是出葬的前一天，为参加丧礼的亲戚裁剪孝布，制作孝衣。破孝要请外人，多为有经验懂礼路的中年妇女，称为“破孝的”。

破孝是按辈数、按亲戚的远近关系分发孝布的，尺寸、数量、颜色的搭配都有讲究，各不相同。辈份大者一身孝衣，辈份小者一方孝巾，有单裤子半身，上下全身，在过去，凡是穿全身和半身孝的这些人在出殡前一天晚上叫回来喝宵宴酒时，代东先生都要让摊聒灵钱。

什么关系的人穿什么样的孝服，而“分配”孝服也有一定的礼节。一般的关系，主家送上即可，而特殊的关系如人主、四门亲家等，都要由孝子跪叩呈上，称作“献孝”。当人主、四门亲家前来祭吊时，所有孝子们都走出院门迎接。接到席棚后，按程序以尊辈长上的礼俗依次坐好，所有孝子，身披孝衣，双膝跪地行跪叩之礼。长子、长孙（没有长孙的由长子替代）头顶圆盘，盘内放有早已破好的孝衫、孝裤、孝帽，并呈给男姑舅、女主家。献孝后，主要男孝子要陪人主、四门亲家到灵前给亡者点纸祭奠，女孝子（媳妇、闺女）要陪伴哭丧。

如死者与孝子系父子、父女（未嫁）关系，孝要从头到脚一片白，一律不锁边，不缝衣襟，腰扎麻绳，即所谓“披麻戴孝”。如果双亲中有一个健在，则鞋后跟处不用白布包严。此外，只需戴孝帽，却无孝服。孙子、重孙孝服外还有特别的标志，如孙儿、孙女孝帽前面缀红十字一个，重孙缀红十字两个，腰系红裤带一条。外孙孝帽前缀蓝十字一个，重外孙缀蓝十字两个，腰系蓝带一条。男孝子的孝帽有的如相公帽，有的则只盖一块白布顶，后面都缀有长条，如单亲去世，则缀一条，如双亲去世，则缀有两条。侄子辈也按各自父母是否离世而缀长条，如双亲均在世，则不缀长条孝。

女婿、侄女婿身披白大褂上衣一件，不穿孝裤，俗称“大孝衫”。外孙全身孝，其中外孙女是遮脸布带孝帽，俗称“大罩”。老娘舅舅也称人主家，孝帽一顶，腰孝一条。主家儿子、媳妇都须自备孝服，女儿或侄女辈必须由主家扯新白布现做，其他人主、儿女亲家和朋友的孝服都由主家供给，称为“送孝”。

孝子服孝期间，都要散发，以麻束之，男左披，女右垂。男子不穿皮鞋，不着红服，不理发刮胡，妇女则不穿带有红或艳丽布料的衣服，不化妆、不戴装饰品，直至百日后才剃发。

（七）吊唁

下葬前一日上午，要重设正厅灵堂，移棺入内，称“移灵”或“请灵”。正面要摆放灵牌、死者肖像、纸火等。

吊唁这天，出门在外的子女或其他直系亲戚都要不顾一切地赶来。临到家时要“望乡而哭”，已出嫁的女儿更要一路哭来，到家后先到灵前跪叩、烧纸、哭悼，直至有人劝慰搀起才停止。

亲友前来吊唁，要携带礼品或礼金，送挽幛、纸扎，俗称“烧纸”。亲戚祭吊亡人一般都要蒸“供仙”，“供仙”又称“大供”，是用白面蒸制的大白馍。至亲祭吊为“三牲礼”，其他亲戚为普通礼。“三牲礼”除带有整奉子大供外，还要携带猪头 1 个、鸡 1 只、鱼 1 条，故称做“猪头三牲”。亲戚吊祭时，由穿大孝衫的女婿迎接并陪同到灵前点纸，称为“接纸”。

（八）安鼓与点纸

死者入殓后，主家就派人到鼓坊订鼓匠，赁灵棚席棚，赁棺罩。棺罩是出殡时罩在棺材外面的罩子，形如大轿，按所抬人数分为 8 杠、12 杠、16 杠等不同的规格。抬棺的人称“杠夫”，由于人多，需有 1 人指挥才能步调一致、抬得平稳，指挥的人称“杠头”。

出殡的前一天下午，鼓匠就来到主家。在距离灵棚不远的僻静处，鼓匠用大炭堆起小旺火，支起鼓架，开始了“吹打”，此称为“安鼓”。

安鼓后便开始点纸，也称跪灵。比较繁杂的就是开点纸单，即排列所有亲戚点纸的先后顺序，是当地丧葬礼俗的重中之重。点纸单在头天晚上就已弄好。旧时开点纸单有三个礼俗，有“内三堂”“外三堂”“混三堂”的分别。“三堂”是指亲家堂、主家堂、紫微堂。亲家堂为姑舅两姨，主家堂为本家叔叔等，紫微堂是姥爷、舅舅。内三堂是点纸先从本家的爷爷、叔叔、姑姑、兄弟、朋友开始；外三堂点纸是先从姥爷、舅舅、姨姨开始；混三堂点纸是不管姥爷还是爷爷、舅舅还是叔叔、姨姨还是姑姑，谁的岁数大，先由谁来点纸。这三种不同的礼俗，各地常通以混三堂多见。

点纸也是丧葬中最隆重的一环，有一系列的仪式，鼓乐喧天，纸火排放灵前，地下要铺上干草（即谷草），请出男姑舅、女主家、四门亲家分坐两旁。男孝子手持出丧棒，男左女右，夫妻面对，分两行跪在灵前。孙子另起一行，跪在父亲的后面。闺女和孙女要站在棺材前添酏饭罐，女婿站在灵前侧面要给点纸的亲朋递烧纸，叫“接纸”。

接纸、点纸的同时，四门亲家要先为儿女们在灵前披挂孝幛，称为“挂孝”（因“孝”字古代读如“号”音，故有的地方呼作“挂号”）。孝幛多为一块绸缎料，折叠后用一张麻纸包裹，披挂于男子左肩、女子右肩。

点纸遵照事先协商开好的点纸单，一辈一辈、一家一家地进行。点纸者到了灵前要双膝下跪为死者烧纸磕头，同时灵前两旁所跪的孝子们也都要同时磕头。

（九）叫夜

叫夜又称“上庙”“告庙”“送灯”，是孝子前往土地庙、城隍庙或五道庙举行的活动，意思是向阴间报到注册。叫夜有的在人死后第三天夜里举行，有的是在第五天夜里，有的则在出殡的前一天夜里。

民间传说，人死之后，就被黑、白无常锁往阴间地界报道，三日后放回与家人团聚，发丧入土后，灵魂儿再回阴间听候阎王发落。发落时，阎王会让判官捧出“生死薄”，查看此人善恶、寿数。再根据阴间的定制执行转世轮回，或转为人身，或转为兽形，或者打入地狱受十八层酷刑。三日亡人魂归时的叫夜称“小叫夜”，在发送的前一天夜间称“大叫夜”。

叫夜有“送”和“叫”两种不同的习俗。所谓“送”，是孝子往出走，全部要哭着，往回返就停止哭声。“叫”是往出走孝子不哭，往回走就要嚎啕痛哭。叫夜时，挑上用来照明的“火煁子”，死者女婿排头，手端供品盘子以及烧纸、香炮、黄表等物。女婿后面是抱灵牌的长孙，吹鼓手随后，男孝子们手提出丧棒，按长次排着队，跟在鼓匠的后面。排在最后的是坐着送灵车的女孝子，少则几辆，多则十几辆。在鼓匠吹奏下，叫夜队伍一路前行，每到庙宇，男孝子即跪地烧纸，鼓匠奏《烬纸调》。到了五道庙，孝子叩头祈祷："请五道爷将死者的灵魂收取，免受阴曹地府之罪。"

凡是叫夜经过的路上，每家门口燃烧一堆柴草或三五步一个灯，或在墙缝里、墙上放灯。这一习俗叫"送灯"，远远望去就像闪烁的星火。据传，这是给死者灵魂指明上西天的路，也引死者灵魂归来。叫夜回来后，男女孝子要在大门口通天纸下每人点燃一张烧纸，呼唤着"××收钱来"才能回家。

如果在发送前一天叫夜，回来后就要安排宵宴酒、摊派聒灵钱。安席前，凡参加葬礼的众亲朋按照代东的要求开始入席。入席后，所有的亲戚朋友要按主次坐席，富家席面特别丰盛，同时也特别讲究。酒过三巡，菜过五味，孝子们分别到各席敬酒。

宵宴酒后，代东先生要安排聒灵。在过去，聒灵的一切费用都让侄子、侄女、孙子、外甥、干儿子、闺女来摊派，俗称"摊聒灵钱"。所谓的聒灵钱也是一种夸富，也是亲人给老人花的最后一次钱，叫名扬钱。

聒灵夜间，闺女、媳妇轮流不断哭丧一直到天亮，因为第二天就要出殡，鼓匠一直要吹到鸡叫时方可休息。

（十）起灵

入殓时，棺盖是虚钉着的，起灵时才正式封钉。灵起前，孝子们一齐跪下烧纸，阴阳先生站在棺材前，再次寻问男姑舅、女主家需不需要"开光"。如不需"开光"，阴阳先生立即进行封棺。如主家提出还需"开光"，阴阳先生就要揭开棺盖，长孝子要用蘸酒棉球为死者揩拭眼睛、面额。同时，主子家进一步进行尸体验证，这也是亲友最后的一次瞻仰遗容。

随后阴阳先生手挥斧子，盖棺封钉，亲人回避，不动哭声。阴阳先生边钉边念诵：

手执金斧要封钉，东西南北四方明。

朱雀玄武来照应，青龙白虎两边封。
一钉添人要进财，二钉福禄天降来。
三钉二圆及第早，四钉子孙满堂厅。
代代子孙发大财。

这时，孝子们齐喊：“××躲钉！”同时，死者的亲人放声痛哭。钉好棺盖后，阴阳先生再一次说：“现在‘欠灵’了，有孕的，有妨四相的马上躲开。”接着，长孝子扛起大材头，是为“欠灵”。抬棺的孝子左右四人，在众人的协助下，把棺木移出灵堂，搬到大门外的棺轿里或灵车上。所有送葬的人们按照预先的分工职责，有的拆灵堂，有的搬纸火，一起行动起来。孝子要把死者生前所用的枕头扯破，把里边的荞麦皮子和枕套一起烧掉，意思是死者已上天堂，到了极乐世界。民俗称“扯了枕头打了碗，阳家世上他不管”。

（十一）出殡

起灵后，由长媳妇抱“发财罐”，长女抱“酾饭罐”，孝子每人怀揣一个“供仙”，称“揣富贵”。长子或长孙在女婿的搀扶下，肩扛“引魂幡”排在前面。送葬前，灵车起动之前要烧纸轿车子。接着，要由长子摔盆，当地叫“打砂锅子”。长子头顶砂锅（或瓦盆），猛地向地上摔去，所有孝子一齐号啕，悲声一片。随着瓦盆的破碎声和孝子们的哭声，代东大吼一声：“起灵。”于是扛夫起杠，鼓手大作，送葬队伍上路了。

走在前面的是鼓匠班。鼓匠后面是“担浆水的”，“担浆水的”多为雇的乞丐或“鞭竿子”担当。再后面是长长的纸火队，纸火队后面就是拉灵的孝子孝孙了。其后就是灵车，灵车后面是长长的送葬车队。

棺材抵达墓地以后，女孝子们下车痛哭，男孝子则做下葬的准备。大孝子下到墓穴内，将墓坑再次进行整理，把随葬的“酾饭罐”“发财罐”“长明灯”放在墓坑壁上南北方位的龛内。阴阳先生要摆下罗盘仪测定南北方位。如死者配偶已亡，需要“合葬”，合葬是在旧葬处，旁边按男东女西另开一穴，并将配偶的棺材露出，且两棺要保持同一水平，并使棺盖相接，两棺中间铺红布或

出殡的队伍（1936年在萨拉齐城内吕祖庙前街）

者红纸，并放梳子，用小镜照墓穴数分钟后击碎。接着在阴阳先生的指挥下，扛夫将灵棺慢慢放入墓穴。

掩埋时，阴阳先生在墓穴摆动三圈引魂幡，孝子们沿着墓边将土一把一把洒向墓坑，左转三圈，右转三圈，最后将腰里缠的麻辫扔到墓穴内。接着用铁锹往墓穴填土，并在墓穴的后方大材头前插上引魂幡。坟丘堆好后，要把出丧棒按大头朝下、小头朝上插在坟丘前面。

安葬后第三天，孝子要到坟地给新坟添土、安砌墓门，称为“覆三”，又称“圆坟”。从人死那天算起，每隔七天，丧家要设宴祭祀，一直到七七（共计49天）为止，称为“过七”。一七叫“头七”，最后一七称“尽七”。人死一百天时的祭祀活动，称为“过百天”。

第七章　萨拉齐饮食文化

萨拉齐城内因民族构成和移民户籍地不同而形成了风格迥异的饮食文化。

明朝末，虽然萨拉齐已有汉族耕作甚至定居，但仍以蒙古人居多，其饮食主要是蒙古族饮食。萨拉齐之名的意思是制作奶食品的地方，各种蒙古族传统奶食品都是非常精良的。

清代乾隆之后，萨拉齐汉族移民逐渐增多，农牧结合的生产方式也逐渐被纯农业生产方式取代。饮食方面也是你中有我，我中有你。到清末民国初期，随着汉族移民的骤增，萨拉齐镇及近郊蒙古族人口比例急剧下降，蒙古人游牧的生活习性更加淡化，所以其饮食习惯已与汉族无太多差异。传统的奶食、肉食仅在节日及宴会期间食用，日常饮食以小米粥、荞面、莜面、豆面、山药、豆腐、粉条、馒头、油糕等为主。晚秋腌咸菜等，亦与汉人同。零食如麻花、馓子等为茶食，粽子、凉糕、月饼为时节食品。日常饮品则为加盐的砖茶。但受民族文化根深蒂固的影响，放弃了游牧生活的萨拉齐蒙古族仍旧在饮食上保留着一些本民族的特点。

萨拉齐的汉族多是山西、陕西移民，因而延续了晋陕两地的饮食习惯。日常、节日、宴席等饮食，大体上与原籍地相差无几。由于年代长，晋陕两地移民的饮食也相互吸取，从而形成萨拉齐独特的饮食文化。萨拉齐素来以盛产粮油著称，所以以米、面、油、糖为原料的干货、酿皮、米凉粉、碗托等小吃独具特色。清末民国初期，由于水利灌溉条件的落后，萨拉齐只在少量有井的水地里种极少的小麦，而大量种植的是莜麦、土豆、高粱、谷子、糜黍、豆类等旱田作物，所以各式莜面、油糕、山药丸子、酸饭、高粱面等成为普通饮食。清末民国初期，萨拉齐的百姓多是亦农亦牧，在农业种植的同时，也兼营羊、牛、猪、鸡等牲畜养殖。因此，肉类食物也会在节日、宴席上出现。

萨拉齐城内大南街、太平街附近聚居着回族居民，他们的饮食习惯既有与汉族饮食相同之处，又有本民族自身的特点。回族在面食的制作上独具一格，他们的馓子、长麻花、麻叶、酥馍、千层饼等可口美味。回族风味小吃有羊杂碎、爆肚、酱牛肉、烤鸡、抓饭、切糕、枣糕等。

城镇化后的萨拉齐，饮食也打上了深深的商业烙印。不同于家常便饭，一些配料讲究、做工精细的饮食多在餐馆中出现。餐馆的营业对象多是萨拉齐城内有头面的富商财东、军政要员、地方豪绅等上层人物。商业饮食中最著名者莫过于清茶馆里的烧卖。烧卖的原料、制作、销售等一系列环节，体现出了萨拉齐城内市民对饮食的品味与追求。

第一节　蒙古族饮食

16 世纪，萨拉齐蒙古人以吃肉食为主，也吃少量粮食。人们以肉汁煮粥、乳汁和面烙饼，还用马奶与米酿酒，也用牛、羊乳制酥酪。炒米一直是蒙古族的主要食品之一。清中叶以后，直到民国年间，蒙古族以吃肉为主变为吃粮为主，但蒙古族至今也离不开奶食品和炒米。民国后期，除个别纯蒙村外，奶食品并不普遍食用。酪蛋子、奶豆腐之类则多从草原而来，并不自制。奶油亦来自当时的乌兰察布盟和伊克昭盟。现在，大多则从超市购买。

一、茶食

茶食是指蒙古族饮用砖茶或奶茶时配备的食物。萨拉齐蒙古族的茶食有炒米、馓子、麻花、油圐圙、圪达巴尔苏、羊油面茶等。

1. 炒米

在以牧业为主的年代，炒米是蒙古人的主食。牧民每日两顿奶茶一顿饭，顿顿奶茶不离炒米。制作炒米的原料以糜子最佳。先将糜子淘洗干净，在锅内焖至半熟，捞出放到炒锅（专门用来炒粮食的锅，浅而平）内，拌细砂烘炒至熟，然后将砂筛去，去皮后即成炒米。炒米分籽炒米和花炒米两种。籽炒米烘炒时不使糜仁裂开，花炒米烘炒时要使糜仁裂开。食时，要将炒米用清水、茶水浸泡，半碗可泡成一碗，也可另加奶油、奶皮、糖、盐等作料助食。

2. 馓子

馓子是一种油炸食品，主要用作早点、零食来招待客人。

3. 麻花

麻花也是一种油炸的白面食品，主要用作早点、干粮来招待客人。

4. 油圐圙

油圐圙的制法较特殊。先将黄米面炒熟，趁热用温砖茶水和起，置于小瓮中发酵。适宜的温度下，发酵过程（实际未完全发酵）大约需 20 小时。当地人称这一过程为“㽏”，指面粉糖化的过程。没有㽏到位的面粉，甜度不够，㽏过头的面粉又会发酸。将㽏好的面粉捏成半个手掌大的圈状，下油锅炸熟，即可食用。

5. 圪达巴尔苏

也叫油食子，用白面加糖水和成面团，擀薄后切成一寸长的小条状，放入荤或素油锅炸，是茶食中不可或缺的上等辅食。

6. 羊油面茶

是用将文火化开的羊油倒入白面炒熟，最后加水煮沸，添入盐、葱等作料，再洒入炒米而成的一种便餐。

二、肉食

萨拉齐蒙古族的肉食，主要是羊肉，其次为牛肉，后来受汉族影响也大量食用猪肉、鸡肉等。

1. 羊背子

蒙古语称作“五叉”，是蒙古人迎宾待客的食品，也是一种礼仪敬品。全羊由第七肋骨至尾部切为一段，再割四肢、头、胛各一件，带尾入锅，以食之鲜嫩为最佳火候。吃时，客人用刀在羊背上划十字形，然后厨师操刀先由背上左右割肉三条，跪递客手，客人割一、二条赏给厨师。然后各人边割边吃。

2. 炖羊肉

炖羊肉即炖熟的呈块状的骨头和肉，是萨拉齐蒙古族常见的肉食。羊宰杀后，将带肉的骨头斫成块，并把大块肉切成均匀的小块，一起放入锅里的清水中，添加适量食盐、红辣椒、茴香煮，熟后用刀具剌食，味道非常鲜美。现在炖羊肉的调料中添加了花椒、鲜姜（或干姜）、香葱、香菜等，有时也加点土豆，再用慢火炖熟。炖肉，以骨头、肉、汤为一体，具有鲜嫩、味香等特点，通常与糜米焖饭一起食用。

3. 灌肠

灌肠即在羊肠内灌入调制好的肉食而煮熟的食品。宰羊时将羊血从胸中空出，盛入盆中后加入少许食盐，拌入荞麦面和剁碎的羊肺、腔肉及各种调味品，将羊肠洗净后灌入其中，然后放入清水中煮熟。在煮的过程中视情况要用锥刺肠放气，以免膨胀爆裂。煮熟的灌肠切成块，放入盘中，即可食用。灌肠中的油、肉、血、面、调料齐汇，色香味俱全，并且制作简便，食之味香。

三、奶食

1. 奶皮子

将新鲜牛乳倒入锅中，以文火煮沸，不停地用勺扬奶，使油浮于表面。然后点入生奶，并搅入少许面粉，再徐徐滚炼，奶上即结皮一层。用筷子将皮挑起，置阴凉处晾干即成。奶皮子用来泡炒米或茶食均可，但是有钱人家才能做得起奶皮子，普通蒙古人很少制作。

2. 酪蛋子

酪蛋子又叫奶酪。将提取黄油所剩的沉淀奶块包大布袋内挤压，使之成为较大的块，或炒或晒，即成酪蛋子。其味稍酸，用来泡炒米或作茶食。穷苦人家吃不起奶皮子，多吃酪蛋子。

此外，奶食还有奶豆腐、酸奶子、奶油等。

第二节　汉族饮食

一、日常饮食

清末民国时期，居民一日三餐，早晨多食山药稀粥，拌以炒面，佐以自腌的咸菜，农忙下地干活则多吃酸粥或烙饼。午饭以小米饭、莜面、高粱面为平常主食，佐以山药、白菜大烩菜，偶有豆腐、粉条。晚饭仍以稀粥为主。白面尚属稀贵之食物，不常吃。一年四季中，春季除正月外，最为清苦，旧粮已尽，新粮未收，一些贫穷家庭只好以野菜、树皮度日，俗称："肥正月，瘦二月，七死八活三四月。"到了夏季，各种蔬菜瓜果逐渐上市，尚可肚饱一时。秋季是一年中的黄金季节，正值收获大忙，夏粮入仓，蔬菜瓜果遍地，晚秋又有新米可食，所以农人有"收不收、吃一秋"之谚。冬季，为农闲之时，也是收获的好季节，遇有丰年，吃食丰裕，四季不愁。且家家户户大多饲养的鸡、猪、羊也多于此季宰杀，肉食充足。更有兴者，往往于此季架鹰提枪，设套猎捕，狼、狐、狍、黄羊、野兔、野鹅、野鸭、雁、沙鸡、野鸡、斑鸠等飞禽走兽一时也成了盘中之餐，剩余的还可出售于市，换取零钱贴补家用。

二、节日饮食

萨拉齐是汉族、蒙古族、满族、回族等各民族杂居的地区，节日饮食除传承原籍祖先过节饮食习俗外，又因地制宜吸收了当地其他民族的许多过节习俗，因而形成了独特的饮食文化。每个节日的饮食有许多讲究，并且具有一定意义。

（一）春节饮食

萨拉齐的节日饮食以春节饮食独具特色，为了过好春节，家家户户从腊八后就开始忙碌置办起了"年货"。

首先要栽葱、腌腊八蒜、生豆芽。还要腌酱菜、煮青豆、煮杏仁，炸花生米、炸莲花豆，煮猪头、煮下货等，作为过年常备的凉盘。主食类有蒸点心、枣山、花馍、炸油糕、油圐圙、油蛋蛋、麻花、馓子等。肉食类有猪、羊、牛、鸡、兔、鱼等。还将猪、牛、羊肉和萝卜、白菜等制作成拳头大的肉丸和菜丸，以备做馅。此外，还要磨豆腐、压粉条等。

大年三十中午炖猪骨头或炖鱼，焖一锅米饭，并要多焖多剩，称为“隔年捞饭”，寓意年年有余，富富有余。晚上吃长寿面（亦称连年面）或水饺。初一至初五，早上大都吃饺子，于前一天夜间包好。中午的饭菜较为丰盛，尤以初一为最。初十称十子节、实籽节，吃莜面。做饭时农妇捏十个莜面臼钵，按顺序放置笼中蒸熟，揭锅后，视其钵中水多少而测定几月有雨及雨量大小，以此来预卜一年收成。正月十五元宵节，早上吃水饺，午饭丰盛同初一，晚上吃元宵。正月二十为小添仓，多吃莜面、水饺。正月二十五为老添仓，多吃烙油饼、莜面。二月二龙抬头，早上多吃水饺，午饭也比较丰盛，也有的人家吃烙饼，谓之“安龙眼，披龙皮”。

（二）其他节日饮食

惊蛰日当地有人吃梨、给牛啖药或吃麻油素糕的习俗，称“打潮气，治百病”。

清明节中午要吃水饺。清明前一日为寒食节，民间有蒸制面鸟之俗，称“寒燕儿”，熟后点染红点，用线穿成串，或插在酸枣树枝上。

端午节前一天晚上做好凉糕，第二天早上吃凉糕、饮雄黄酒，中午吃水饺。

七月十五中元节这天，中午吃水饺，节前蒸制面人。

八月十五中秋节，节前家家制作月饼、月光，亲戚间互相赠送月饼。中午饮食同春节，主食多为饺子，另有炖菜、炒菜、凉菜。晚上吃月饼、西瓜，喝酒赏月。

九月初九重阳节，这一天有登高、吃糕的习俗。冬至日吃水饺。腊八节早上吃腊八粥，中午信奉佛教者吃素食，非佛教信徒吃荤食。

腊月二十三是祭灶日，有吃麻糖之俗。此日，大多数人家煮猪头猪蹄，蘸腊八蒜吃。

三、宴席饮食

生时满月、圆锁祝寿、嫁娶丧葬、开业庆典、乔迁新居、请朋会友等宴席称为“肆筵”，又称“席面”。清末民国时期，一般人家多为“三个盘”，殷实人家以大碗盛菜上桌，以显示丰盛豪华。一般有四四席、六六席、八八席，又称为四大碗、六大碗、八大碗。

第三节　回族饮食

清末民国时期，萨拉齐的回族主要聚居在城内大南街、太平街附近，饮食习惯既有与汉族饮食相同之处，又有本民族自身的特点。回族喜甜食。回族婴儿出生后，有用红糖开口之俗。菜肴中有不少是甜菜，如它似蜜、炸羊尾等。米面中的甜食就更多了，如凉糕、切糕、八宝甜盘子、甜麻花、甜馓子、糍糕、江米糕、柿子饼、糊托等。

一、面食

面食是回族人民的传统主食，其品种之多，花样之新，味道之香，技术之精，无不显示出回族人民的聪明才智。主要有：

蒸制食品：如馒头、花卷、蒸饼、包子、烫面饺、烧卖等。

炸制食品：如油香、馓子、油不浪儿、长麻花、麻叶、油条等。

烙制食品：如白焙子、油旋、酥馍、干垫儿、三角儿、千层饼、馅饼等。

此外，还有面花。面花是以小麦面为主要原料，通过丰富的想象、巧妙的构思，精心加工制作出既可食用、又可观赏的回族面食造型艺术品。

二、肉食

回族喜食牛羊肉和鸡鸭鱼等肉，禁食猪驴骡及凶禽猛兽之肉。在可食的肉类中，也必须按照伊斯兰教的屠宰方法，所宰之物才是合法可食的。回族风味小吃有羊杂碎、爆肚、酱牛肉、烤鸡等。

三、米食

米食有大米或小米干饭、稀粥、抓饭、糕等。稀粥常配以各种豆类、干果或加肉、土豆等。抓饭是将江米焖熟后，拌以多种干果再蒸，并撒上白糖食用，也有拌肉的肉抓饭。糕分切糕和枣糕。切糕是将黄米或江米碾成粉后拌水蒸熟，包以糖馅、什锦馅、豆馅或肉菜馅等，油炸后即可食用；枣糕是在蒸熟的素糕上密密摊上一层煮熟的红枣，卷成卷切片儿，或炸或直接食用。其他还有元宵、麻团、茶汤、“摊花”等，均非常有特色。

四、茶饮

回族人民最喜爱的传统饮料是茶。茶既是回族的日常饮料，也是设席待客最珍贵的饮料。主人敬茶时，客人一般不要客气，更不能对端上来的茶一口不饮，那样会被认为是对主人不礼貌、不尊重的表现。

第四节　特色饮食

一、酸饭

酸饭，就是将糜子米、黄米或小米发酵后，做成带有酸味的米饭。发酵的汤水称为浆，这种做法叫做浆米，工具为瓷罐，称为浆米罐。过去各家都有浆米罐，置于锅台浆米。酸饭有酸焖饭、稠粥、稀粥，其味道香美，营养丰富，当地人喜食。

二、莜面

莜面是当地的主要食品之一。莜面有山、川之分，尽管同样加工精细，但由于水土地脉关系，山莜麦色白筋道，熟食利口清香。川莜麦则色暗不精，适口不爽。莜面的制作极有讲究，称为“莜面三熟”，即莜麦炒“熟”，面用开水泼“熟”，和面制作后蒸“熟”。莜面品种多样，常见的有条条、鱼鱼、窝窝、饺饺等。

调食莜面，有多种吃法，冷调、春季菜少，多为腌菜盐汤加腌芋头丝、山药丝，滴点油、放点葱末；夏季因蔬菜逐步上市，先后有水萝卜、黄瓜丝、鲜芋头丝炝上花椒油、葱花，再加上小葱、韭菜、大蒜泥及油炸辣椒面，吃后再喝上一碗蒸面水（当地人有“原汤化原食”的流行说法），再吃上几片蒸山药片，鼻尖汗珠出，浑身大汗冒，十分舒坦。热吃是用猪牛羊肉熬汤、烩菜调、氽着吃等。

三、合锅面 饸饹面 氽羊肉面 臊子面

面是萨拉齐最普通的饮食，白面、莜面、荞面、豆面、玉米面都可制作而成，人们较常食用的是白面。面的吃法多种多样，有肉臊面、氽肉面，最有特色、最常吃的是一锅煮的合锅面。所谓合锅面就是将各种配料，如土豆、肉丝、豆腐、蔬菜、作料等，与面条、面片合在一起煮熟的面食品。

饸饹面是先将白面软软地和好饧着备用，再将肉切成小丁或短条，称为臊子，与土豆、豆腐、鲜菜、山珍等熬制到熟，称为臊子汤。待水开后用“饸饹床”将饧好的面压入汤锅内，煮熟捞入碗中，浇臊子汤即可食用。手擀的面条也多浇臊子汤，是为臊子面。

氽羊肉面是将羊肉切丁或切丝放入碗中，加入葱姜蒜丝、盐、味精、酱油、胡麻油、水等适量腌制，在开水锅中下面条或面片，待面煮熟后迅速倒入腌制好的羊肉汤料，搅拌均匀，汤开后即可食用。氽羊肉面的特点是葱油香气扑鼻，羊肉鲜嫩。

荞面饸饹是将干荞面用特制石灰水和起，稍软后填入饸饹床眼内压入开水锅中煮熟，浇上肉臊子，分大小碗，加醋热吃味美可口，经济实惠，还有丸圪团、擀条条等多种吃法。

四、油糕

当地的糕为黄米糕。黄米是黍子去壳后的米。黄米经淘洗后，碾轧成粉，掺水拌匀，上笼蒸熟，搋揉成块即可。糕有两种吃法：一种是炸糕、一种是素糕。炸糕是把搋好的糕团揪成小剂，捏成圆片，包入豆沙、白红糖、韭菜等馅，入油锅炸成金黄色，称为炸糕。未炸的糕称为素糕。油糕是当地最讲究的食品，过年过节，大小肆筵，招待客人，都必制炸糕。素糕有麻糊糊蘸素糕的吃法。麻糊糊是将大麻籽捣碎，加水过滤淋汁，再加入豆腐、土豆等，熬煮成汤后蘸素糕食用，也可蘸羊肉汤食用。

五、山药丸子

是以土豆为主要原料的一种简易饭。把土豆削皮洗净擦成丝，拌上白面或莜面，以散落不粘连为宜，上笼蒸熟即可蘸凉盐汤食用，也可炒食。食时佐以各类咸菜，酥软油香，十分鲜美。

六、羊杂碎

羊杂碎，在萨拉齐享有盛名，是深受当地各民族人民欢迎的一种价廉、味美、到处可见的风味食品。当地的群众最善制作羊杂碎，其做法也颇为纯正，正宗的羊杂碎讲究“汤、料、味”。汤要老汤，料要新鲜，味要奇香。羊杂碎的原料是羊下水。制作羊杂碎时，预先将羊肚、小肠、羊头煺洗干净，放入汤锅煮熟，捞出待用。再将新鲜的羊心、羊肝、羊肺等清洗干净，切成薄片或碎丁，放入老汤中用慢火煮熟。然后再将煮熟待用的羊肚、小肠、羊头肉等切碎，一并放入锅内稍煮即成。最后，再把羊油炸出的辣椒糊和新鲜的香菜依次放锅中。这样，一锅奇香四溢的羊杂碎就算做成功了。盛入碗中，鲜红油亮，吃到口中，肥而不腻，鲜美的汤、料，令人胃口大开。尤其是在冬日严寒的清晨，吃上一碗又烫又辣的羊杂碎，会让人觉得好像是在肚里装了一个小火炉似的，温暖如春。

七、杀猪菜

这是萨拉齐进入大、小雪之季杀猪时的一种特殊饭菜。杀猪后，主家取猪脖上的一块肥肉（俗称槽头肉），配以腌制好的酸菜、土豆、豆腐、粉条，满满烩一大锅菜。再焖一锅糜米饭，招待前来帮忙的邻友。

八、烧猪肉

烧猪肉也叫扒肉条。将带皮的腰条肉切成 10～20 厘米的方块，下锅煮七成熟时停火备用。在小锅中放少许油，放白糖旺火烧锅，不停搅动糖，直至溶化变色成深棕色，迅速浇入凉水和少许白酒，搅动均匀便成焦糖色溶液，倒入煮肉锅中给肉上色。将油锅烧至冒油烟时，用肉叉叉肉块，皮面朝下迅速下入油锅，悬空烧之，待皮均匀起小泡后出锅。再入煮肉锅浸泡起花，之后捞入笼屉冷冻，半冻时切薄片装碗入笼打蒸锅，先干蒸半小时后出油，再加入大料、葱姜蒜段，浇入盐、味精、调味料加水配成的料汤，亦称浇汁儿，再蒸一个半小时，即可出笼扣碗。烧肉入味筋道，绵滑鲜美，是当地最有特色、最讲究的肉食。

九、炖猪肉

将带皮腰条或五花肉，切成斜块下锅慢火煸炒，直至出油，肉皮开始卷曲，撇出多余的油，下调料炝锅，待炝出香味后再加入适量盐、糖、酱油、料酒，加水再用慢火炖，直至一个半小时或两个小时即可加入味精拌匀出锅。此肉味道醇香浓郁，肥而不腻，软滑可口。

十、猪肉勾鸡

将猪五花肉切成小斜块，鸡肉剁成大块，先将鸡肉入开水汆一下，去掉腥味浮沫备用。锅热后，将猪肉块入锅煸炒，待出油后猪皮略有卷曲时，下入大料、花椒、葱姜蒜、酱油、盐，煸出香味后，再将鸡块下锅煸炒，直至料汁浸入均匀后，加水慢火炖至熟即可。特点是色红入味，猪鸡肉香和谐，美味可口，是当地居家必备的一道菜。

十一、黄焖鸡　香酥鸡

黄焖鸡的制作方法是先将鸡剁成中块，在白面粉、淀粉、鸡蛋清中略加盐，加水拌成糊状后倒入鸡块拌匀。油热后，将鸡块挂匀面糊下油锅，炸至金黄色装碗，碗中加葱姜蒜块，再加料汤后上笼快火蒸 1～1.5 小时即成。特点是鸡肉鲜嫩，味道鲜美。

香酥鸡的制作方法是先将整鸡下锅加入葱姜蒜、酱油、盐、味精慢火炖至七成熟捞出，淋去水分，油烧八成熟时下锅炸至金黄色即成，如果油温过高，可分两次炸，不能出现焦糊状，略微改刀撒入芝麻盐或椒盐即可食用。

十二、大烩菜

大烩菜的主料是猪肉、白菜、粉条、豆腐等。猪肉以去骨腰条肉或五花肉为佳，也有加入排骨的。先将猪肉切成3厘米左右宽的片，入锅炒出油后加入葱蒜等调料，入味后分层放入白菜、豆腐、粉条、土豆等，加水烩到熟即可。

十三、炖羊肉

选后山带骨羊肉剁成块，在凉水中下锅，逐渐升温煮，待水开后撇去浮沫，加入葱姜蒜等调料，慢火炖五成熟时加少许酱油增色、少许料酒去腥、少许咸盐增味。姜蒜加量要大，炖至汤少肉烂即可出锅，炖羊肉的特点是味美不膻，滋补暖胃。也可放入若干土豆、胡萝卜块等。

十四、开河鱼

鱼类在冬季河面冰封的情况下生存，需要减少活动量、减少吸氧量，这样就造成了皮下脂肪的堆积增厚，因此春天河开后，鱼才显得特别肥硕、鲜美。在河刚开后，萨拉齐人总要到黄河岸边购买几尾开河鱼，或宴请好友，或自家食用。开河鱼仅用井水加些盐、辣椒、茴香、葱、蒜慢火炖熟就特别爽滑鲜美，再焖一锅新碾的糜米焖饭，是当地人特别地道的、传统的美食。

十五、烧卖

烧卖是当地极富盛名的一道传统美食。萨拉齐烧卖选料讲究，做法精细，馅大皮薄，味道纯正，久负盛名，可谓当地一绝。几百年来，烧卖从原料挑选，到加工制作，再到销售食用，在当地已形成一种饮食文化。

清末民国初期，萨拉齐人食用烧卖一般都在清茶馆里。清茶馆所售烧卖之馅，无论汉族和回族一律使用牛羊肉，而且习用现宰鲜肉。凡作馅之肉，不许带进筋膜，倘不慎带进去，遇有挑刺儿顾客，或高声责问，或置于桌上故意示众。遇此等事，掌柜立即向顾客道歉，严责过失人员，并许诺今后定要严保质量。为此，在每家清茶馆里，都有一名技术较精的工人，专门负责剔除肉内的筋膜。这种工艺叫“打烙肉”，所剔出的筋膜叫“打辣子”。此工人对牛羊肉的每个部位都很熟悉，剔除时必须按肉的纹路寻纹去膜，绝不许乱开刀。刀具都是专用的。剔后，既去筋膜，又不会破坏整体肉态。内行的人都能叫出各部位的专门名称，并且都知道什么部位的肉怎么吃最好，如此部位宜包馅、彼部位宜炖煮等。

清茶馆凡当天卖剩的肉，负责打烙肉的工人就必须把此削切成薄片，在专备的晾肉架（木椽）上面，再苫防蝇窗纱，如果苍蝇很多，还要专门让一个徒工用马尾蝇刷不时抽拂驱赶，以防苍蝇落在肉上注蛆。晚上，所有剩肉要移放地窖内，或以麻绳悬于水井保鲜。

肉馅必须切成蝇头大小的方块，不许连刀。那时没有绞肉机，故必用刀切，据说刀切肉比绞肉机加工的肉味佳而好吃。馅用肉的要求是不能过肥，也不能过瘦。过肥，油化后显得肉少，食之也过腻；过瘦，顾客不满意，且肉显得干瘪不润而味不佳，必须肥瘦适度。因而，对肉商送来的肉，都要认真验收精选，绝不收人情肉。万一都不合意，就自宰糟牛或占羊（育肥，较大的茶饭馆均自己育一部分牛羊，以备货竭之需），以确保烧卖、包子的肉馅质量。

烧卖的制作，关键在肉馅之美和面皮的味道。当时拌肉馅的作料，仅有花椒、干姜、胡麻油、食盐。民国后期才逐渐使用酱油，根本不用味精。那么当时仅此几味作料，为什么味道那么浓呢？据后人采访民国时期几位萨拉齐颇有名望的制作烧卖的老师傅，才知道用料有如下的讲究：

第一，馅必用鲜牛羊肉，牛羊肉本身就味灵。第二，泡制作料是关键，而且重中之重是掌握准火候，如花椒的焙烤。花椒有麻度浓淡之分，对麻性大者，焙时要火稍大而不焦，焦则失味而苦，欠火则麻嘴，要掌握到味既浓而正。干姜以河南省清华片姜为正品，当然有鲜姜更好。胡麻油，要用经过火缸的纯正胡麻油。第三，向肉馅中投放作料的先后次序和绞拌方法同样是关键。同样的肉和作料，不同的人用不同的方法，会拌出不同的味道来。

烧卖馅内还要放焖子。焖子是将淀粉以开水制成凝体，用时拌入肉馅内，起黏合肉葱作用。焖子的用量也是一门学问，放多了，肉馅会成硬块状，不可口，放少了会散馅。

制作烧卖皮子也有相当高的要求。做皮子的面粉，最早采用当地陆陈行加工的头三箩上等面，京绥铁路通车后就采用外地来的袋装“洋面”（面粉）。每斤面可下60个剂子，用特制的鼓形擀杖旋擀，可轧制出花边，擀时广撒淀粉，以防皮与皮互粘。皮沿皱折薄似纸，底心稍厚，以防蒸熟脱底，成皮直径10厘米左右。

民国时期既没有电，更没有吹风机，所以蒸烧卖所用的火力全靠人力拉动风箱鼓吹。拉风箱也有讲究，要长时间不能停顿，力道均匀地拉，这样才能保证火候的稳定。有经验者能将这一枯燥的工种，变成一种愉悦的享受。他们拉风箱的声调，富有十分优美的音乐节奏，而其推拉时的身段姿态，也颇有舞蹈的色彩，时常有许多好奇者围观欣赏。

刚出笼的烧卖，形似含苞待放的荷花，口边有过多的淀粉残迹，皮色莹光玉洁，能透射出馅状，提放数次而底不能漏馅，馅大皮薄，用筷子夹起垂悬似胆囊，放于食碟中又像饼如荠，入口馨香。食后用加盐的砖茶漱口，并连饮几杯咸茶解腻。烧卖所含之羊肉、葱、姜都有温补驱寒之功效，所以尤其适合冬季早餐食用。

第五节　名吃

一、拿糕

原料为白面、荞面、莜面、玉米面，做法是在开水锅中撒入蒿籽适量，将面粉边撒边搅拌，直至稠糊状，倒入少许开水，盖锅略煮即成。吃法为凉盐汤蘸食。

二、麻糊糊蘸素糕

清末民国初期，地方上缺菜少油，麻糊糊蘸素糕便成为当地人秋季常食的特色饭。麻子，当地的一种一年生植物，果实主要富含油脂，用来榨油，也可嗑食。制作方法是：把颗粒麻子筛选干净后炒熟，入铁钵或碓子中捣碎，倒入细箩中，置盆上，边倒入水边搅拌，让其脂质和水淋入盆中，直至剩皮渣为止。再把脂质和水倒入锅中与山药、豆腐熬煮成汤，加入调料和鲜香菜即可食用。鲜菜缺少时，村妇们常在野外剪摘一种野生吸麻嫩叶下入锅中，此时汤汁别具一番滋味。入口油香鲜美，蘸食素糕或泡食糜米饭为最佳搭配美食。

三、大刀肉

大刀肉又叫咸肉，因销售时用80多厘米长、10多厘米宽的薄背快刃的大片刀切肉而称为大刀肉。

咸肉的原料多是骡、马肉，也有少量驴肉，且多是老、弱、病、残不能继续使用的牲畜之肉。因咸肉是用陈年老汤煮，肉味浓郁、鲜香可口。

咸肉的另一种就是猪的头蹄下货，也称猪熟肉。猪熟肉的特点是色泽红润鲜亮、味美醇厚，是家家户户必备的下酒凉盘菜。

清末民国初期，萨拉齐人还喜欢将白焙子用刀开口，然后将大刀肉、煮鸡蛋夹入，是既营养又可口的早餐。萨拉齐人形象地将其称为“蛤蟆含蛋”。

四、粉皮

粉皮是当地夏季消暑的传统小吃，家家户户都能制作。做法是以绿豆粉为原料，配以适量的白矾、水，搅成稀糊状，在锅里边加温边搅动，直至熟透成黏稠状，案板抹油后把绿豆粉糊倒上去，用特制竹、木刮板刮平刮薄，层层叠加，待凉后卷成圆柱，切成约15～18厘米长段即可。吃时再用小刀把圆柱切成2厘米宽的圆圈，放入碗中，浇入特制的盐汤，佐以黄瓜丝、水萝卜丝、香菜、蒜末、辣椒面、熟芝麻、胡油，拌均匀即可食用。咸酸可口，油香扑鼻，是夏季的美味佳肴。

五、碗托儿

萨拉齐碗托儿有糁糊子和绿豆粉两种。糁糊子碗托儿的原料是荞麦糁，用水发过后，在细箩上反复搓成细粉，用水冲入盆中成稀糊状，加入适量白矾搅匀，倒入锅中边加温边搅动，直至成黏稠状，熟后舀入碗中，凉后即成。绿豆粉碗托儿除了原料用绿豆粉外，其制作方法和糁糊碗托儿一样。这两种碗托吃时都是切成小方条，或擦成粗丝状，浇入盐汤、鲜菜和粉皮作料，只是口感不同。糁糊碗托儿松软适度，可口挂味；绿豆粉碗托儿精滑可口，但不挂味，因此，盐汤的制作口味要重些。

清末民国初期，萨拉齐的巷子里经常有提着篮子叫卖碗托儿者。这类人多是六十岁左右的老者，小臂之上挎着当地人用雾柳编制的篮子，篮上罩着白布，用悠长的声音喊道："碗托儿，糁糊子碗托儿。"

六、米凉粉

与绿豆粉皮有异曲同工之妙的还有米凉粉。其制作工艺基本同于绿豆粉皮，只不过原料是现加工的糜米，辅料是蒿籽。其制作方法是把米淘洗干净，温水下锅，稍后捞出，待无水后，加工成面，沸水入面，边搅动，边加入适量蒿籽，待成黏糊状后，一层层摊薄，凉后切成细条即可食用，食用的盐汤配料、吃法同于粉皮。

七、酿皮

酿皮的原料是白面，其制作方法是：把面粉和成日常吃面条的面团，然后放在有适量凉水的盆中不断挤捺，直至留下一小块面筋为止。然后把面糊舀入开水锅中的特制旋子上流匀烫熟，层薄为尚品。放入凉水锅中揭下，再进行下一次操作。面筋团则放入笼屉蒸熟。吃时，把面皮、面筋切成小条，浇入盐汤，加入鲜菜小料即可食用。特点是软滑筋道，味美可口，可当主食。完全可与粉皮、凉粉媲美。随着销量市场的扩大，盐汤的制作也有了创新，在传统制作盐汤的基础上，加入熟马油、鸡汁汤及丰富多样的香辛小料，使盐汤变得既有黏稠感又没有黏结凝固，清香醇厚，辣不刺喉。

另有面皮一种，是白面加适量水、胡油，入特制机器中搅动，挤出如纸状面条，人称面皮，吃法如凉粉、酿皮，也可为主食。

八、茶汤

茶汤是当地最具特色的传统小吃。做茶汤的原料为糜米面或小米面、淀粉、红糖。工具是一尊特制的大铜壶。

做茶汤需要一定的技巧。具体操作方法是，用小匙取米粉3匙，取淀粉1匙多，边用匙背顺时针搅拌边加温水，待充分搅匀无结块时，掀起龙嘴大铜壶，将开水划出弧线冲入碗中米糊，翻转变熟，接水的量正好在满碗时停止，不洒不溅不外溢，松软适度，翻碗不扣。上面洒红糖即可食用。

清末民国初期，茶汤是萨拉齐各庙会上必不可缺的小吃，妇女、儿童逛街累了，喝一碗茶汤，既解饥渴又减乏累。

九、萨拉齐干货

萨拉齐有名目繁多的干货，远近闻名。清末民国初期，全县干货铺达五十多家。主要产品有：

大炉（吊炉）货：各种月饼、大小提江、半月儿、鸡蛋焙子等；

小炉货：白饦、干垫儿、锅盔、油旋、五香焙子、糖三角儿、擦酥焙子等；

油炸货：油饼、糖素麻花、酥麻花、大头麻叶、板麻叶、跑浆麻叶、蜜麻叶、油折子、糖枣儿等；

蒸锅货：现蒸馍、干酥馍等；

糕点：小刀切、破酥、烧饼、长寿糕、乌龙糕、薄脆酥、蛋黄酥、青梅酥、核桃酥、巴裂酥、罗汉饼、三鲜饼、立桃、卧桃、蜜柿子、莲花酥、菊花酥、千层酥、罗丝猴儿、白阳饼、江米条、糖枣儿、桃花、小麻叶、芙蓉糕、三奇麻、喇嘛糕、绿豆糕、槽子糕等。

十、糕点

萨拉齐较早的糕点业三星成，开业于民国11—12年（1923—1924年），那时的糕点叫“京点心”。产品全为手工捏制的酥皮货，品种不太多。后来相继开业的有宏庆斋、德顺斋、复盛厚、复义厚等，产品品种较前有所增加。再后来清茶馆也生产销售“京点心”了。

当时乃至中华人民共和国成立前销售“京点心”时，十分讲究包扎，用里小外大两层细白纸（同现在办公纸或色令纸）包成倒斗形纸包，上覆录色令纸、梅红纸、用木刻板印门票（宣传品）各一张，单细麻绳十字捆扎，留有提环。后来又发展为极薄木板特制点心盒，盒外圈裱糊印花色纸。此盒捆扎时亦上门票，以作广告宣传。

民国末期，萨拉齐制作糕点的高手，要数回族退休老工人白召旦。他幼时学徒于包头（即现在东河区）瓦窑沟的本地班庆春和点心铺，学习地方式糕点技术，后又到市内北京班同升元点心铺学做京式点心。经过两处学艺，白召旦技艺大进，眼界开扩，互取各家之长，可制出多种品式的糕点。如小刀切、破酥、烧饼、太师、白桃、钢卢、饼干、供饼、长寿糕、乌龙糕、薄脆酥、蛋黄酥、青梅酥、核桃酥、巴裂酥、大八件（每斤 8 个）、小八件（每斤 16 个）、罗汉饼、三鲜饼、立桃、卧桃、蜜柿子、莲花酥、菊花酥、千层酥、罗丝猴儿、白阳饼等。油锅货做成江米条、糖枣儿、桃花、小麻叶、芙蓉糕、三奇麻（蘸芝麻和青红丝）、喇嘛糕。夏天做绿豆糕以及各式糖果制品。

民国时期，萨拉齐街面上像样的点心铺，都要在门脸前设玻璃看盒（即陈列橱柜），盒内陈列的样品有：破肚石榴（破肚处必须有颗粒较多、籽粒欲跌的石榴籽）、全佛手、柿子（必须带有柿叶和短枝）、鸭梨、立桃、卧桃等。这些陈列品都要涂上近似真品的颜色。技艺高超的糕点师傅，能将此类食品做民酷似真品。陈列品长期放置不会变形，目的是供群众参观，作广告宣传、招引顾客。

第八章　萨拉齐服饰文化

传统习俗中，蒙古族爱穿宽大长袍，袍之颜色，男重黄紫，女重红绿，冬为老羊皮，夏为单衣，秋夹袍。男子蓄发辫戴帽穿靴。女则头戴玛瑙玉石、珠串分垂两肩，曰“练垂”，手套钏镯，足着皮靴。据《萨拉齐县志》（卷十二生活）载：土默特蒙古族“民元以后，服制渐与汉人同，无甚轩轾矣”，也就是说蒙古族和汉族之服饰在日常生活中已无太多差异。这一时期，蒙古族服饰演变中较为特殊之处，就是孝服的出现。如前文论述，死者去世，亲属身着孝服本是汉族的礼俗，蒙古族在清末以前并无此俗。清末，随着蒙古族和汉族交往日渐加深，土默特蒙古族的丧礼中也开始出现着孝服的习俗。但与汉族白色孝服不同，土默特蒙古族的孝服为黑色。因为白色在蒙古族的观念中代表纯洁、高尚，所以不宜出现在丧礼之中。而代表压抑、悲伤的黑色，则适宜为丧礼所采用。

清末民国初期，萨拉齐镇的汉族衣饰均尚俭朴，无论男女多着短衣，男子在春秋季节则着黑、蓝两色布制袄裤，炎夏多着单布裤褂。

严冬时节，男子皆穿不加面子的老羊皮袄，俗曰白碴皮袄，头戴各式皮帽，足踏毡窝或厚棉鞋。富裕人家或普通人遇有婚丧庆吊、酬酢往还，有穿长袍或套马褂者。民国时期，萨拉齐乡村女子尚多缠足、穿耳戴环、抹粉涂脂、着红裤绿袄，裤脚紧扎，概不系裙。而城内的妇女渐已开化，剪发、天足，富家女子短袖旗袍，服式摩登。上流社会的头面人物，衣冠整洁，或穿西服或着长衫，头戴礼帽，脚蹬皮鞋，手执手杖。

鞋袜多采用本地土布为原料，鞋大部分是长脸厚底，鞋脸由两块构成，合缝处或用线，或有皮条缝合，而以用线缝合者为多。袜子大多为布质长靿，以方便于劳动。

衣着的原料以河间土布及红色机织布（洋布）为主，中上等社会以机织缎（洋缎）为主。女子所用的衣料较男子为优。女子未嫁之时，一律梳发辫，故一望而知为未婚女子。既嫁之后，妇女则一律结髻，辫与髻是区别女子嫁没嫁人的唯一标识。

第一节　蒙古族服饰

一、服饰的沿变

蒙古族服饰主要包括首饰、袍子、腰带、靴子四大部分。

历史上，土默特蒙古族的服饰是丰富多彩的。按照《夷俗记》记载，16世纪中叶，土默特蒙古族衣着和发式特点为：祝发（即削发）左衽。“发皆削去，独存脑后寸许为一小辫。”“衣以皮为之……亦或有衣锦服绣者。”“凡衣无论贵贱，皆窄其袖”，“袖之制，促为细褶，褶皆成对而不乱。”“又别有一制，围于肩背，名曰贾哈，锐其二隅，其式如箕，左右垂于两肩，必以锦貂为之。”所谓“贾哈”就是一种短马甲，衣襟极短，仅至肋间，两前襟呈角形，展开确如簸箕一样。后来，这种叫“贾哈”的前襟和后背稍长了些，称之为“坎肩”。

土默特蒙古族无论男女，皆穿靴子，靴底很薄，便于骑乘。男人的帽子如同清朝官吏的红缨帽，但制作得特别小，仅可以盖住前额，帽两边缀以索，拴系于项下。帽檐也很窄，帽顶上也缀着红缨，帽顶前面缀着一个小银佛。

17世纪初，土默特蒙古族“帽用红氆氇，靴用粉皮”，“袄黄缎边，臂手用皮吊线，裤用皮，佩香系绦。”清朝初期，萨拉齐的蒙古族除官员穿满服外，一般人仍着蒙古袍。其后，服饰趋习满俗，方领变为圆领，窄袖变为箭袖（即马蹄袖）。至清乾隆年间，随着大规模农事垦殖，服式又为一变，贫困蒙古族农牧民多有穿汉式衣裤者。清中期之后，服装既有传统袍服，也有满、汉服式。

民国以后，男子春、夏、秋季戴瓜皮帽，上缀顶珠，冬天戴毡帽，顶上缀缨。贴身穿布制背心，冬天加穿棉坎肩，外穿皮袄，以老羊皮为多。中等收入人家穿羊羔皮，富裕人家穿青羊皮、狐狸皮衣。绸带系腰，挂褡裢及蒙古刀。上身有的会另套马褂，多以哈拉及团花缎制成。裤子分单、棉、皮多种，老年人也穿套裤。脚上穿单脸或双脸布鞋，富人穿黑缎或香牛皮制的短靿薄底靴。女子穿半截袍，不系腰绦；下身穿各色裤子，扎绑腿带不穿短衣。妇女戴镯、戒指、耳坠。姑娘每逢节日、宴筵时，面施脂粉，发施杏子油，斜插珠花，钗簪显眼。老年妇女顶柿饼发髻，布巾包头；脚穿绣花布鞋或缎鞋。袜子均为白布自制，男女无别。

二、服饰的品类

1. 衣着

（1）蒙古袍

萨拉齐的蒙古族只在节庆场合穿蒙古袍。春秋穿夹袍，夏季穿单袍，冬季穿皮袍、棉袍。男袍一般都比较肥大，女袍则比较紧身，以显示出女子身材的苗条和健美。蒙古袍的特点是宽大袖长、高领、右衽，下端左右不分衩。袍子的边沿、袖口、领口多以绸缎花边、盘长、卷云图案或虎、豹、水獭、貂鼠等皮毛装饰。有的蒙古族还喜欢在袍外套穿坎肩。蒙古袍颜色因地因人因季节而异。男子多穿蓝色、棕色；女子多喜欢红、绿、紫等色。单夹袍一般颜色较淡，如淡绿、粉红、浅蓝、乳白等色，棉、皮袍多为青、灰、深蓝等色，忌黑色。

（2）衫子

衫子为贴身内衣，右衽，多用白、棕色土布或布缝制。布衫不外露，忌讳不穿外套只穿衫会客或作客。

（3）裤子

夏季，男女皆穿单布大裆裤；冬季，男子穿绵羊、山羊皮裤或内絮羊毛、驼绒的棉裤，女子穿单裤，外套棉护膝或绵羊羔皮、牛犊皮缝制的护膝。

（4）坎肩

分变通式和装束式两种。装束式坎肩，选用花纹清晰、色泽鲜艳缎子。坎肩有4个下摆，把脖领、襟、腋窝和4个开衩口用黑、红色大绒或库锦镶边。坎肩开襟分直襟、斜襟两种，吊里子，无领无袖，后身较前身长，前襟横列两排钮扣或缀以带子，四周镶边，对襟上绣着鲜艳花朵，并缀有五颜六色、光泽闪闪的钿光片儿。各种坎肩均以绸缎为面，锦缎绦子镶边，有各种鲜艳美丽的图案。

（5）腰带

腰带一般多用棉布、绸缎制成，长3~4米不等，色彩多与袍子的颜色相协调。扎腰带是为骑乘时保持腰肋骨稳定、垂直，也为御寒保暖。男子扎腰带时，多把袍子向上提，束得很短，显得精悍潇洒。腰带上还要挂上蒙古刀、火镰和烟荷包。女子则相反，扎腰带时要将袍子向下拉展，以显示出娇美的身段。也有的妇女不扎腰带，尤其妇女穿坎肩时，一般不扎腰带。到清末民国以后，由于逐渐脱离了游牧，骑乘不多，腰带不扎为多。

（6）帽子

蒙古族冬季都戴风雪皮帽或毡帽，有圆顶和尖顶两种，立檐，三耳或四耳，有的带至肩后披。此种帽抗寒保暖，汉族赶车、拉骆驼跑远路者也多戴此帽。其他季节男子多戴礼帽，女子有的戴帽子，有的扎头巾。蒙古族礼帽一般用精致呢料制作，是一种椭圆形的、四周有一圈宽边檐的帽子，多为黑色、棕色、灰色。帽筒前高后低，帽顶中央稍凹陷，帽筒与帽檐相接处，缀以花纹镶边。穿蒙古袍或西服，佩带礼帽，显得文雅美观。在清代，年轻女子多罩头巾，头巾的质料有布、麻、绸、绢等，大约丈余长，色泽有粉红、青蓝、鲜绿、洁白、深棕、葫芦黄等。两头用各种颜色的丝线绣上花边，包扎时将头巾一头夹在右侧鬓角上，并略露下垂，或者在右侧挽一个小结，把头巾的穗头垂下来。留约15厘米长垂于右侧耳旁，天寒时可将头顶和下颌、脸颊保护，外出时常常包裹起来，只露眼睛，以防日晒风吹。已婚妇女们则用头巾包住头顶后，缠一圈，不留穗头。在庄重的场合，妇女要戴上绣有丹凤朝阳、二龙戏珠等花纹图案的帽子。帽顶上有红色穗子和闪光明亮的帽顶宝石。民国以后，大多罩小头巾，或不罩头巾。

（7）靴子

蒙古族无论男人女人都穿靴子。蒙古靴有皮靴和布靴两种。皮靴多为涩面并压有网格花纹的香牛皮制作。靴头粗大，靴尖上翘，呈马蹄形。靴底多为皮底，为多层底，形状如船形。靴头部绣以似鸟爪形图案。

2. 饰物

（1）男子佩饰

男子佩饰主要有蒙古刀、烟袋、烟袋荷包、火镰、鼻烟壶袋等。蒙古刀刀柄长 10~12 厘米，刀鞘用檀香木或黄羊角制作，上套是镌刻着花纹的银箍或铀箍，刀鞘上附有筷子筒。

（2）妇女佩饰

妇女佩饰主要有头饰、胸饰、耳环、耳坠、手镯、戒指等。妇女头饰又叫头戴，主要由练垂和发套两部分组成，多用珠、玉、珊瑚、琉璃等材料串缀，部件分额箍、练垂、珠穗、发插等。高档的头戴不仅制作工艺精湛，而且多用数百颗珊瑚、数十条银链、珍珠串和许多银环、银片以及玛瑙、玉石等穿缀而成。一副头戴一般都重达三四斤，有的可达十余斤。这种头饰，只在喜庆之日或节日期间才佩戴，日常生活中妇女们一般多罩头巾。妇女的胸饰用金、银、玉等材料制作。戒指用金、银、钻石制作。头饰和胸饰大多在重大场合佩戴。未婚女子不戴耳坠，戒指不能戴在中指上。

第二节　汉族服饰

一、服饰的沿变

清末民国初期，萨拉齐城乡汉族居民的服饰，大致可以分成两个截然分明的阶层。一个是长衫阶层，大凡官宦、读书人、生意人中的上层人物，男的都是穿长衫的，里面则是短衫和阔腰长裤，有时候外面再罩一件马褂，人称“长衫马褂”，头戴瓜皮帽。妇女则穿绣花边的衣裙，佩手镯、耳环，足登木质高跟绣鞋。另一个是揽长工、打短工的劳苦大众，不穿长衫旗袍，男人多穿束脚短大裆裤、大襟上衣，戴毡帽或罩白羊肚手巾，多系腰带。女人多穿裹腿长裤，大襟长袄，头罩手巾。男女衣料皆系土布，自染杂色。

民国时期，贫苦农民与之前变化不大，职员穿大衫，戴礼帽或瓜皮帽。面料讲究夏丝绸，冬裘皮，戴戒指、怀表。孩童穿裹肚。至 20 世纪 40 年代后，兴西装、中山服、旗袍、罗裙。面料多为夏布、阴丹士林、机制蓝布等，富室豪门则多为呢绒、毕叽、绸缎。中学生、职员服式多着中山装，少数政界人士则着西装革履，配眼镜、手杖。军政富商眷属，则穿短衫、罗裙，夏着短袖旗袍、长筒丝袜、绣花缎鞋或高跟皮鞋。民国时期女人最大的特点是取消了缠脚，有的彻底放了脚，鞋依“天足”，有一部分是在缠脚中途放了自己的脚，叫“解放脚”，当地人称“二宽板儿”，鞋也随之。“裹脚布”仍在裹成了形的妇女中使用着。

中华人民共和国成立初期，农民多穿对襟袄、大裆裤，用料仍为土布。干部、学生多着军干服、中山服、八角帽、圆帽。后又兴起学生装、春秋服及长短大衣。面料多为土布、机布两种。女子多穿翻领褂。“文革”后，衣料逐渐增加了化纤、混纺、毛料等，服式逐步由中山装转为西服，女子开始着裙装。

二、服装的种类

1. 衣着

清朝时，汉服也同满服，即长袍、马褂。民国时期，无论男女多着短衣。男子春秋季节多着黑、蓝两色布制夹裤，炎夏多着单布裤褂。较贫者则多赤臂，冬季男子皆穿老羊皮袄。遇有婚丧庆吊，酬酢往还，穿长袍，套马褂。儿童一年四季穿开衩裤，七八岁时穿补裆裤，视如成人。女子则红裤绿袄，裤脚紧扎。城镇买卖人家、公务人员、青年男女穿着较为讲究，其他人一如乡村。

服装的缝制，大多由家庭主妇来承担。妇女以做针线活儿的技巧来衡量本事。女孩从懂事起便在家里跟着母亲学女工，称为“做针线”。一家老小一年四季缝新补旧，几乎占据了主妇毕生的精力。

（1）上衣

上衣称为“袄儿”，一般有短衣、长衣、内衣、外衣之分别。过去一般贫民既为经济所迫，又因劳作之便，均是穿着短衣。贴身小布衫、夹袄、棉袄、单袄等是常穿的服装。男布衫为对襟式，女为大襟式，一般为五排绦纥繨小扣。夏天色浅冬天深，穿着大襟衣服可直接避免肚前受凉。外套服饰多数是马褂。乡绅学士、地位显贵的人穿长袍马褂。女士一般喜爱在衣服的胸口、领口、袖腕之处，精工细作地绣上各种花鸟图案。

小儿衣服常见者有刺绣精美的兜肚、小花袄、饭巾、斗蓬等，比大人的衣服更富有装饰性。

肚兜多为儿童或年轻妇女所穿。通常似菱形，上方下圆，左右稍尖，上面系有带子，可以套在脖子上，左右又有带子，则用来缚在腰间。肚兜以红色为主，上面常常绣有漂亮的图案。

皮袄有两种，一种是白茬皮袄，一种是吊面皮袄。白茬皮袄新时多不带面，为普通人常穿之物。羔皮皮袄即细毛羔裘，大多外挂上等布面，有的还挂里。此外，尚有狐、青羊、水獭等各种名贵动物皮制的皮袄，但属少数。

（2）下衣

当地人也称下衣为“裤儿”。旧时均为大折裆式，裤腰上另加宽约半尺的裤腰，有护腰保暖的作用。大裆裤子穿、脱固然方便，但是笨重不灵活。女人裤有花色和装饰上的特色。裤角镶花边，补绣各种花草。到了婚嫁时，花裤穿起来比平时要漂亮得多。

小儿穿连脚裤，上衣下衣带鞋袜都缝在一起，故又叫连身袷儿。稍大一些，则去掉鞋袜，仍是连衣带裤。连身袷儿有的仿照老虎等动物，后面缀有小尾巴，刚学步的孩子穿上，更添一番生气。

妇女的围裙有印花的，绣花的，也有普通布料的。其中尤以粗布印花围裙为佳，颜色造型粗犷热烈，引人注目。

（3）冠帽

清末民国初期，境内男子如车夫、驼夫大多裹以头巾，商贾市民则多戴瓜皮帽、红缨帽，农村冬季多见毡帽，春、夏、秋三季多罩白羊肚手巾。清末民国初期，一种火车头皮帽很适于当地需用，一时很为火爆。民国后，多为礼帽、火车头帽。中华人民共和国成立后，多为带舌平帽、前进帽。

老太太以戴黑大绒帽为显贵，夏日常头顶一块方手帕，前额两角掖在耳朵后面，自然舒展。青年妇女多罩花格毛巾，后流行方头巾，天冷时扎在头上，无需防寒时，在胸前打个结，后边成三角形披开，颇为雅致、大方。

孩子诞生、满月、周岁，家长们制作各种式样的花帽。最常见的有虎头帽、狮子帽、狗狗帽、小猪帽、相公帽、八仙帽、瓦棱帽等。这些帽子绣工精细，造型潇洒自然，色彩强烈丰满，是女红中的绝活。

毡帽　样式如壳，有驼、白两色，共二层。戴时，剪开里层翻别，称为耳子。剪前头一个半圆，大小如铜子，绷鼠头苫额，称为鼠头毡帽。帽耳子上可绷各种绒皮，以狐皮最好。毡帽于20世纪五六十年代渐绝。

瓜皮帽　当地也叫帽壳子，清朝时期、民国时男子戴之为多，六瓣组成，下边沿缀有绦纥繨，顶部装饰有珠玉，多呈黑蓝色。

红缨帽　形如圆壳，沿外别，头顶缀珠或绦纥繨。平日不常用，为大婚喜庆之时才戴。

火车头帽　方圆形，用棕色条绒面料制成帽盔（即帽胎子），再将染色的猫、兔皮缝于帽盔上即制成。

风帽　也叫“风斗”或“观音斗”（因与泥塑或绘画中观音大士所戴头巾相似而得名），有夹、棉、皮之分，一般为黑缎子面，黑平绒里儿，亦有紫缎或蓝缎面及黑布面。早期都是家庭自做。辛亥革命以后，特别是20世纪40年代都由大的鞋帽店出售。帽扇很长，可护住颈项，用带系于颈下，头部可遮及前额，所以老年人一般都喜欢佩戴，罩在小帽的外面以避风寒。

（4）鞋袜

萨拉齐通常最普遍流行小沿口布底鞋和布面皮底鞋、双脸鞋，其次为牛鼻鞋、凹脸鞋，这种鞋穿起来很舒服。民国初中期，金绫鞋、圆口鞋、胶钵鞋也较普遍。上述是城镇一般市民常穿之鞋。除此之外，还有一种毛毡鞋是本地车夫、驼夫常穿之鞋，历史悠久。如今流行皮鞋，不过老年人却还是觉得布鞋穿着舒服、松软透气，更加称心些。当年的布鞋，男的以黑色为主，女的多用绸、绒，尤以绣花鞋最为引人注目。

过去，家庭主妇们最缠手叫劲的营生要数做鞋了。首先拣破碎布条一层层粘起来，有半寸厚的样子，俗称打毛布底。上下两面再夹一层耐磨的布，然后将白麻拈转拨吊，搓成细麻绳，手戴羊皮护掌，钢锥打孔，在打好的毛布底上按鞋样大小，针线花纹样式，细针细线地纳起来，俗称“纳大底”。这是一项既讲力气又讲技巧的活儿。特别是绱鞋，要双绳上下对拉抽紧，用力均匀。最后打湿新鞋，用楦子定型。这种鞋子穿脚上挺而不硬，耐久结实，有的地方叫它“踢倒山”，足见其结实程度。

当地气候寒冷，御寒靴类多以毛皮制做。高靿的由羊毛擀成，称为“毛嘎蹬”，齐膝盖长，骑马坐车、走泥踏雪最为适宜。低靿的厚毡靴叫“毛窝”，宽松随脚，较受老年人的喜爱。普通棉鞋称做“毛帮儿”，为双脸单鼻式，鞋口较小，前后开叉，样式没有男女差别，只有大小之分。帮面多以华达呢、灯芯绒、平绒为主，底和帮都垫有毛毡或内充棉花。这种棉鞋轻便、暖和，又便于制作，是较为流行的。妇女过去不会做鞋是要遭人耻笑的。凡为人之妇，大大小小的鞋样子便是一份财富。鞋也便具有了双层的功能，既是作为姑娘、媳妇手艺的展示，又是表达心意的礼物。男女相爱、订婚、结婚，妇女要把亲手做的新鞋作为馈赠姑爷、公婆的见面礼。当男人出远门时，行囊中也总少不了沾满爱妻千针情、万针意的千里鞋。

清代，袜子有毛袜、皮袜、布袜、毡袜等。20 世纪 30 年代后，有丝袜、线袜、绫袜，属少数。

牛鼻鞋前脸有两道棱直通鞋尖，中央三角形小脸，多层布、实纳底，非常结实耐穿。新穿时，往往使人脚后跟磨破血流数日。

毛毡鞋有普通型毛毡鞋、毛嘎蹬两种。普通毛毡鞋由羊毛擀制而成，前开口、低靿，鞋底再加一层布底。毛嘎蹬制作同上，较硬，长靿至膝，底部多钉皮掌，为车夫、驼夫常穿之物，中华人民共和国成立后日渐减少乃至绝迹。

2. 发式与妆饰

婴儿之时，男孩剪发或辫发向天，称为天辫。稚童期间，男童剃“三搭头”（即前脑、左右颞骨各留一绺），或剃头顶枕骨下部至耳际，中留一圈称为“油钵盖”，或前头留一掌头发，称为“马鬃”，后燕窝留一撮头发，称为“救命毛”。十二岁时，脑后扣碗，剃去其余，缯发辫，始为成人，即古之绾发。女童剃脑后至鬓间，缯双辫或单辫子，前有刘海散额，也称为马鬃。其间也有梳双髽髻，以发绾两鬓间。至十四五岁以后，满留头，或梳髽髻单辫，去刘海。至大婚前，以架梳偏髽髻。中华人民共和国成立后，髽髻头渐少。女童多为双辫形或运动头。孩童时期无论男女只佩戴一些金、银、铜长命锁、手镯、玛瑙串珠等饰物。殷实家庭出身的则有金银、宝石戒指、手镯、珊瑚宝钗等。

清代时，成年男子留辫子。辛亥革命后直至民国年间，成年男子都相继剪掉长辫，留成了其他各种各样的发型。在农村，成年男子大都用剃刀剃成光头，少数剪了辫子后，留有长发，称“大挠薄”。一些城镇里的工人、劳动者，大都是剃光头，也有少数蓄起头发，类似平头、分头之类。商界、政界、知识界等中上层人士多留成分头或是背头。清代有身份的男子帽子都缀以碧玉，手拿折扇，指戴戒指，腰挂香囊、佩玉等。民国时期，上层社会男子头戴礼帽，手执文明杖，胸佩金、银链怀表，指戴金银戒指，也较为时尚。

妇女的发型也经历了几个不同的历史阶段，有着它的发展与演变过程。自清代以来，青年妇女、中年妇女、老年妇女，发型也不尽相同。妇女婚后都绾髻，俗称“媳妇儿头”，又叫“圪都子”。清朝时未婚妇女都留一条长辫，民国后也有留短发的。民国后期、抗战时期，直到20世纪五六十年代，青年女子均梳长、短双辫或短发，辫子末梢扎有红色的毛线或红色绸带。“文革”时期则一律短辫短发。20世纪70年代末以后流行烫发，八九十年代后流行焗油、染发、盘头，老年妇女多梳剪发头。21世纪后，女子发型五花八门，难以尽数。首饰有头冠、金银宝钏、叉针、耳环、项链、手镯、戒指等物，其中玉石、玛瑙首饰也占有较大比例。

在清代，妇女化妆品只有官粉、胭脂、杏脂油等。民国至解放初期，虽然品种有所增多，但工艺不先进，也仅局限于雪花膏、润手油、口红、香水等普通类型的化妆品，饰用者也是城镇中等以上生活水平的妇女，且多是淡妆。在农村或儿童中则使用很少，使用者也以润手油保护皮肤为目的。儿童等则多用海娜花（凤仙花）包手，一夜之间，手指甲晕红，经久不退。

第三节　回族服饰

回族群众来到萨拉齐以后，把带有本民族特色的服饰带到了这里。但从明末清初开始，回族的服饰习俗受到封建统治者的强迫限制，被迫“尽行禁革”。但是，回族并没有因为统治阶级的禁止就完全屈服而全部改着汉装，而是把一些民族特色较浓的服饰习惯，坚持和保留了下来，并在广泛吸取汉族和其他兄弟民族服饰的基础上，形成并发展成现今的具有回族特色的服饰。

在服饰的颜色上，回族往往以白、黑、绿为主。回族崇尚白色，视白色为最纯净、最纯真和最清白的色调。也喜欢穿戴黑色的衣物，黑色象征着持重，给人以高雅、大方、庄严的感觉。回族人民在服饰色彩上表现出了对美的追求。

一、男性服饰

回族男子喜爱戴白色无沿圆帽。圆帽有平顶的，也有四角或六瓣的，萨拉齐人称“白帽顶”。讲究的人，在白帽顶上镶有金边和精美的花纹图案，或在帽前正中用金线或绿色线绣有阿拉伯经文“真主至大”，有的则绣着“清真言”。帽顶也可是绿、黑或蓝等色，质地有布料、平绒、呢子，也可是棉（丝）或毛线钩织的。热天以戴白色的为主，冷天则戴深色、厚料的。戴白帽顶，最初与伊斯兰教有关。回族在礼拜叩头时，前额和鼻尖必须着地，为了方便，就戴上了无沿圆顶帽。后来回族男子不论是耄耋老人，还是呀呀学语的幼童，都戴这种“白帽顶”，作为回族的外观标志。阿訇、“海立凡”及资深乡老也有戴“泰斯塔勒”（波斯语译音，意即清真寺的教长或阿訇头上缠的布）的。一般用白、黄色毛巾或布料缠头。

坎肩是回族男子服饰的一个重要组成部分。白衬衣套上一件适体的对襟青坎肩，黑白对比鲜明，清新而雅净，体现出回族简朴、大方的民族特点。坎肩可用不同的面料，根据季节分别做成夹的、棉的或皮的。既可当外套，也可穿在里面。坎肩以青色的居多，也有蓝、灰等色的。工艺一般都简单，只在襟边、袋口处用针扎出明线，使各边沿平整工整，突出服饰造型的线条美。皮坎肩选料讲究，是在夹坎肩内挂一层羔皮或其他贵重动物皮，穿上轻便又保暖。这对爱清洁、讲卫生，又尚习武的回族人经常洗手脸、洗小净、练武艺或干活儿都免除了挽袖子的麻烦，十分方便。

回族男子十分注意面容的修饰。男子留胡须，被认为是一种风度美和大丈夫气概。因此，有的回族男子从十二岁左右就开始留须。胡须的样式有多种，有的留全脸胡子的“连鬓胡”；有的只留下巴胡，俗称“山羊胡”；青年人则喜欢留唇上小胡须。为了保持整洁、干净、美观，他们经常修整胡须。回族老人往往单独置备一把精致的小篦子，随时特别是每日早晨要精心梳理一番，显得精干而有神气。

二、女性服饰

回族妇女的传统衣服样式比较单一，大多是大襟衣服，只是装饰内容较为丰富。特别是妙龄少女和年轻媳妇的衣服上，或嵌线，或镶色，或滚边，有的还在前胸、前襟上绣花。衣服的颜色，老年人一般多着黑、蓝、灰等色，中青年妇女喜欢鲜亮些的，但也绝不爱妖艳之色。中、老年妇女也常穿坎肩。回族妇女一般不穿短袖衫、短裤和裙子，即上衣露不过肘，裤子露不过膝，忌赤脚行走。

回族的女子大多从小就扎耳孔，也称扎耳朵眼，有的七八岁开始即戴耳环。作为一种美的饰物，耳环在回族妇女的审美趣味中是必不可少的美的标志。回族沿袭继承了先辈戴戒指的习俗。不论老少，只要经济条件允许，都要戴一枚戒指，这已成为回族妇女的普遍习尚。她们还喜爱戴手镯，据说这是一种孝敬老人的象征，戴上它，就会经常警示做媳妇的不能忘记侍奉公婆。回族妇女很少有戴金手镯的，也总爱戴一只玉石或其他料的镯子，戴在手腕上，富有装饰美，更加增添回族女性的魅力。

回族妇女一般都不露头发，戴白圆撮口帽，过去更多的是戴盖头。盖头旨在盖住头发、耳朵和脖颈，因为回族视这些为妇女的“羞体”，必须全部护严。这种习俗来源于阿拉伯地区，最初是为了防风沙，讲卫生；《古兰经》中也有有关戴“面纱”的信条。回族妇女在戴盖头前，或把头发盘在头顶，或把头发盘在脑勺后，戴上帽子，再戴盖头。盖头的颜色分绿、青、白三种。未婚少女戴绿色的，显得清俊秀丽，充满活力；已婚中年妇女戴白色的，显得干净持重，洁净美丽；老年妇女戴黑色的，显得素雅端庄，极富持重感。而且老年人的盖头长，要披到背心处；少女和媳妇的盖头短，前面遮住前颈即可。盖头可以根据经济条件和季节选择不同的面料；讲究的还要在上边镶上金边，或绣上风格素雅的花草图案。现如今妇女戴盖头的习俗虽然仍保留着，但在平时为数不是很多，只有在宗教活动场所和回族过节时才戴。

第九章　萨拉齐教育

早在清代康乾年间，萨拉齐镇内及城周各村的大户人家就设有私塾。这些私塾培养出大批有文化的人，不少人在科举时学有所成。萨拉齐县衙正门左右两侧建有钟鼓看台，为许多县衙所没有，据传清代规制，凡本县出过进士以上官员，方可在衙署大门建台。从中也可知萨拉齐厅出过一些人物，这些人物都曾是私塾的学子。清末民国初期的私塾所收学生多出自富裕家庭，其数量多则30~50名，少则3~5名。私塾在萨拉齐镇内一直延续到1949年，中华人民共和国成立后，萨拉齐各村街都办起了学校，私塾便成为远去的历史。

萨拉齐镇的初等教育起步较早。清同治八年（1869年），城内建成了育才书院（萨拉齐第一小学前身）。清光绪三十年（1904年），萨拉齐厅成立了教育会。次年，萨拉齐万同知余宝滋对本厅塾师进行考录，并组织成立师范速成班，后将结业人员分派各乡执教。在此前后，基督教、天主教也纷纷办学。其教学用书均采用国家颁行的教材，教师也须经厅署鉴定。

清光绪年间，包头人张基来萨拉齐园子巷开办似“私塾”规模的女子学堂。刚办时只招了5名女学生。清光绪三十年（1904年），由萨拉齐厅同知刘守德主持，分别在东南西北四街创设了四所义学。东为城隍庙街小学，西为财神庙街小学，南为观音庙街小学，北为吕祖庙街小学。每所小学各有学生30~40名，教师1~2名。

民国元年（1912年），萨拉齐县新设劝学所，要求各乡、镇都要办学，即使较小村落，也要联合建校。民国2年（1913年），萨拉齐县知事王建屏同回族俱进会会长马善元等人于城内大南街三道巷置一院落，创设清真小学（回民小学前身）。该校渐见发展，后正式被定名萨拉齐清真高级小学校。同年春，县知事王建屏还在城内南街礼拜寺巷内创设女子学校，初设1个班，后逐渐增设班级。

民国 12 年（1923 年），劝学所改为教育局，局址在旗杆巷，设局长 1 人，督学 2 人，事务员 3 人，书记 1 人。将“鼓乐”“戏剧”税捐杂款拨归教育局征收，作为教育经费。教育局成立后，立即着手对已建置的各类学校进行整治。对那些名实不符且无前途的学校加以减并，促使当地教育事业较快发展。民国 14 年（1925 年），萨拉齐女子学校正式被定名为萨拉齐县立女子高等小学校 。同年，将原设于东南西北街的四所义学改建为公立学校。在萨拉齐城隍庙创办了公立第一小学校，在观音庙创办了公立第二小学校，在财神庙创办了公立第三小学校，在吕祖庙创办了第四公立小学校。同时，在萨拉齐旗杆巷教育局院内还创办了县立模范小学校。民国 18 年（1929 年），第一、二、三、四公立小学和清真小学因经费问题而停办，镇内仅存第一高小、女子高小和模范高小三处小学校。日军入侵萨拉齐后，各学校均遭到严重毁坏，特别是城内最为突出。当时，学校校舍及场地都变为日军的兵营。1940 年后，学校才得以恢复。

1948 年，当时镇内公立小学办得好的学校有县立第一小学、第二小学、女子小学、清真小学。

民国前期萨拉齐镇各学校一览表

名　称	地　址	成立年月	全年经费	学生班次人数	教职员人数
县立第一小学校	县城东街	1904 年	4300 元	8 班 246 人	9 人
第一女子小学校	礼拜寺巷	1913 年	1340 元	5 班 84 人	3 人
县立模范小学校	旗杆巷教育局院内	1913 年	888 元	4 班 72 人	3 人
公立第一小学校	东街城隍庙	1906 年	400 元，由所在地镇内摊派	3 班 57 人	2 人

续表

名　称	地　址	成立年月	全年经费	学生班次人数	教职员人数
公立第二小学校	南街观音庙	1906年	400元，由所在地镇内摊派	3班46人	2人
公立第三小学校	西街城隍庙	1906年	400元，由所在地镇内摊派	3班74人	2人
公立第四小学校	北街吕祖庙	1906年	400元，由所在地镇内摊派	2班50人	2人
萨县清真小学校	县城三道巷	1913年	480元，向回民起，由牙、屠行捐	3班50人	2人

资料来源：据《绥远通志稿·教育》相关内容整理

民国时期，萨拉齐县是绥远省考上大学最多的县，也是出国留学生最多的县，他们大都毕业于萨拉齐城关内的小学校。

萨拉齐的中等教育始于1946年秋，当时国民党萨拉齐县参议员贾海峰等人筹建了萨拉齐简易师范学校。次年初，该校招生100名，正式开学。原定两年结业，结业后学生作为师资分派各乡，但因资金短缺，学期减为一年半。1950年春，人民政府接收了这所学校，改名为绥远省立萨拉齐县中学。

第一节　私塾

一、私塾的形式

私塾是民国之前由私人设立的教学场所，其在萨拉齐及周边地区一直保留到1949年前后，之后被国立小学取代。

萨拉齐的私塾有以下几种形式：

（一）集资联办，共同管理。由三或五个“大户”联合筹组，共同商聘先生执教，其费用，包括先生的薪水、伙食及所需纸墨笔砚等由各家均摊。教学规程也以群谋共策为主。

（二）自筹资金，独家聘教。有的大财东、富裕户为使其子弟出人头地，显世扬名，选聘颇有声望又确有学识的先生任教，一切费用由自家承担。

（三）先生办学，学生付费。个别自恃威望且家境较宽裕又不愿受聘的先生，在自家办学，求学者大都是本地或近邻的孩童，也偶有大龄学生。学堂里的所有费用及先生的薪水，由学生分担。

（四）义务筹学，费用摊付。有热心办学又德高望重者，自己出面筹办私塾，聘请塾师，筹集经费，招收学生，并过问书房的事宜。

私塾所收学生数量视具体条件酌定，多者30~50名，少者3~5名。

二、课程设置及知名私塾先生

私塾主设课程：《三字经》《百家姓》《四言》《七言杂志》《朱子治家格言》《幼学琼林》《四言诗》《五言诗》《七言诗》《千家诗》《千字文》《弟子规》《名贤集》等，稍长则有《大学》《中庸》《孟子》《论语》等，有的私塾开设《珠算》课程。

民国初年，萨拉齐城内较大的私塾有5所，最有名气而又受到群众拥护和学生喜欢的私塾是潘恒（清末秀才）书房和胡德鑫先生书房。胡德鑫，河北省平山县万里村人，1892年生。1928年来到萨拉齐县，定居于后炭市街4号院，以教私塾为业，人们称胡先生。胡德鑫一贯生活俭朴，不喜张扬，治学严谨，要求学生严格。教出的学生不少成为国家的有用之才。此外，清末包头、萨拉齐地区著名的同盟会会员王建屏也曾在萨拉齐做过私塾先生。王建屏，字树侯，山西省忻州三交镇车道坡村人，青年时期反清，参加同盟会，1908年被派到萨拉齐，以设馆教书为掩护，宣传革命思想。辛亥革命后，任萨拉齐县首任知事。

三、教学方法及学期

入学儿童从《小学》至《四书》，日日背诵并教识字。通常，读至《四书》塾师才开讲，《诗经》以后的课程可由学生选学。

"私塾"的学期分为两种，一曰"长书"，前半年从农历二月上旬开学，六月中旬放假；后半年从七月中旬开学，腊月上旬放假。一谓"春冬书"，前半年从农历二月上旬开始到三月末放假；后半年从十月开始到腊月上旬下学。前者，学期长、纳费多，多系富家子弟。后者，学期短、纳费少，多系贫苦人家子弟。他们除了缴纳不起较高的学费外，主要原因是由于他们都已成为家庭中必不可少的辅助劳动力。所以他们只能读一两个月"春冬书"就辍学了，仍是文盲。有的只能写自己的名字，记个豆腐账或能看懂一点人工账。

私塾内体罚是很常见的。学生学习出现错误，或因贪玩耽误学业，私塾先生就会打板子——用所谓戒尺敲打学生的手心。待官办学校兴起后，萨拉齐的私塾学童私下流传"赵钱孙李烂席片，越打爷爷越不念，再打爷爷上圐圙"，"圐圙"指萨拉齐，因当时萨拉齐已普及官学，不体罚学生，故有这样的顺口溜。

第二节　官办学校

一、清朝后期的官办教育

萨拉齐的官办学校始于清朝同治八年（1869 年）。第一所官办学校由萨拉齐厅同知文山会同绅商李联香等筹建，定名为"育才书院"。院址在城内关帝庙东，设备简陋，设教师二人，文山自任总监。学生人数仅为 20～30 人。办学费用是从修筑萨拉齐城垣募捐的款项盈余部分挤出制钱六千串，作为本金交由商会，所得年利息为七百二十串，作为教学经费。

清光绪二十七年（1901 年），清朝上谕通令书院改设大学堂，各州县改设小学堂，并多设蒙养学堂。在此大背景下，清光绪二十九年（1903 年），萨拉齐厅同知清治呈准另觅地址，提用育才书院旧有存款六千串制钱作为移院址的经费，到清光绪三十年（1904 年）竣工，将原育才书院搬迁到城内大东街一所粮店院内，改名为“蒙小两等合设学堂”，民众称之为“大学堂”。管理学堂事务者名为监督，由同知清治兼任，并聘请地方绅士赵振九、王玉如为副办。王濬文为正教员，赵运鼎、曾继孔为副教员。学堂分为蒙学和小学两级，蒙学即初级小学，小学即高级小学。课程设有经学、文学、数学、历史、地理、格致（自然科学）、体操等。将存于商会的六千串本息全部交由学堂管理，仍用年息作为常年经费。学校扩建后，校舍面积增大，学生人数大大增加。堂内分甲、乙、丙三班授课。

清光绪三十年（1904年），萨拉齐厅新任同知余宝滋将绒毛、渡口、船筏等税捐增补学堂经费，进一步扩招了学生。之后又逐年调整了堂长和老师，提高了管理水平和教学质量，学堂呈现蒸蒸日上的好势头，培养出了不少优秀人才。如：留学美国的祁志厚（定远），考入北京大学的白映星（镜潭）、张登鳌（占魁），考入北京医学院的刘铎（振声）、李秉芳（子馨），考入中国大学的陈国英（俊卿）。赴山西继续深造的有：刘昆（玉山）、马定国（可一）、周善谋（效文）、张云汉（寿山）、杜晋臣、胡嗣业（季宗）、杜子质、任和卿、赵绥亭。到其他地方学习的有刘聚章（会文）、李玉林、安祥（子祯）等。后来留学美国的侯璠（子焕）、留学英国的尹如川，也都是该校培育出来的。

清光绪三十年（1904年），绥远城将军贻谷和归绥兵备道台胡孚宸倡导创办新式学堂。次年，余宝滋同知在吴坝、西老藏营、沙尔沁、土合气、大巴拉盖、鄂尔圪逊、公积板、板申气、黑麻板、威俊、水涧沟门、北只图、苏波盖、麦达召、何家圐圙、麦达桥、东老藏营、托斯和（陶思浩）、道试尔、毛岱、善岱、保同河、沙金兔、大岱、善友板申等乡，设立了25所小学校，其中吴坝小学校和西老藏营小学校属萨拉齐镇域的学校。

清光绪三十三年（1907年），为了使蒙古族儿童能够上学读书，土默特旗公署在归化城文昌庙创办了土默特第一初等小学堂，次年又在关帝庙设立土默特第二初等小学堂。在此基础上，土默特旗公署认为，这两所学堂“止可邻近村庄儿童就学，其鸾远四乡各村镇之学龄儿童未能一并来城就学，致令向隅，实非教育普及之道”。遂于清光绪三十四年（1908 年）十二月间上奏朝廷，请求推广半日学堂。被允准后，副都统三多即于宣统元年（1909 年）一月廿六日“通谕兵、户司、学务股暨十二参领转饬所属各佐，速即筹款设立半日学堂”。于是，分别在包头镇召梁街福徵寺办起包头半日初级小学堂；在萨拉齐东街玉皇庙开设了萨拉齐半日初级小学堂，招收蒙古族子弟入学。按要求，这所半日小学堂“常年经费银二三百两，均由地方就地筹款”，实际上，经费是由当地蒙古族民众筹集。该学堂于宣统三年（1911 年）九月停办。

宣统二年（1910 年），同知刘守德于西街财神庙和南街观音庙内设立了西区小学校和南区小学校。宣统三年（1911 年），又于东街城隍庙西节孝祠和北街吕祖庙内设立了东区小学校和北区小学校。至清末，萨拉齐镇内就有了 8 所小学校。

二、民国时期的官办学校

民国初年，萨拉齐撤厅改县。首任萨拉齐县知事王建屏大力提倡普及教育，要求较大村必须设立一所小学校，小村两村或三村建一所小学校，萨拉齐县的教育事业有了大幅进步，仅两三年时间，全县竟办起 120 多所学校。但因各种条件限制，加之农民认识不足，许多学校有名无实。在县城里，将原“高等学堂”改称“两级高等学校”。相继由刘聚章（会文）、赵子让（水亭）、祝藻（佩文）、董湖（叔平）任校长，内设高级班两班，初级班一班。课本改用“共和课本”。高级班的学科有国文（文言）、历史、地理、算术、常识、体育、唱歌、图画、手工，学生人数较之前也有所增加。

民国 2 年（1913 年），萨拉齐县设“劝学所”，专办教育事务，并在包头镇设立“马王庙小学”一所。知事王建屏督同回民俱进会马善元、王子选等向当地回民集资兴建了“清真小学堂”。萨拉齐县成为全绥办学的优秀县。

民国 4 年（1915 年），巨匪卢占魁洗劫萨拉齐后，不少村学校停办，人谓“萨县教育退化”了。

民国 12 年（1923 年），政府撤销“劝学所”，改设教育局。将鼓乐、戏剧等捐税拨归教育局作为教育经费，每年由包商投标包收。经费有了着落，在外地求学的大、中学生也都完成学业陆续归来。于是，教育局便着手进行整建学校工作，从此萨拉齐县教育事业逐渐有所改善。

（一）改制：将原“两级高等学堂”改名为“萨拉齐县立第一小学校”，学制定为“四二制”（初级四年，高级二年），校内设高级两班、初级四班（初级为复式教学）。

（二）新建：民国2年（1913年）春，萨拉齐县县长王建屏于城内大南街礼拜寺巷内设女子小学一所，名“萨县女子初等小学堂”，当时因地方狭小房舍不多，故只招生1班，聘教员兼校长1名。以后逐渐改进，改称县立女子小学校。城内东、南、西、北四街区，各设初级小学一所，教育局附设初级小学（模范学校）一所，每所初级小学内，各设初级四班，教员一人，皆系复式教学。20世纪20年代，萨拉齐县考上大、中学校的人数倍增，如李仲琛、程国材、张羡孟、张国玺、张国霖、陈国奇、丁文藻、亢仁、高秀、高荣、李子英、周善祥、刘承邦、李雨田、张登鳌、董湖、贾海峰等，皆为优秀学生（人数甚多，不能一一枚举），至此，萨拉齐县教育事业达到民国极盛时期，人称萨拉齐县为文化县。

（三）扩建：1922年，萨拉齐县立第一小学扩建学生宿舍3栋共计13间，修建了校门。1924年春，增设高级班1个。

（四）增设：1935年，国民党中央政府拨款，命令在全省各村建立义务小学，萨拉齐县在每一行政村各设义务小学一所，在县城内东、南、西、北四镇各设义务小学一所，开设课程有语文、算术，课本是义务小学专用课本，专收贫苦人家子弟就学。课本和纸、墨、笔、砚等用具，均由学校发给，除城内4所学校的教员是由省教育厅直接委派外，设在各行政村的教员则由乡政指导员兼任，由于教员责任心差，设在乡村的义务学校则徒有虚名，没有收到应有的效果。

1937年秋，增建“萨拉齐县立第二小学”（二校）一所，内设一至六年级各一班。

三、日伪时期的教育状况

日伪时期，萨拉齐的教育事业遭受到严重破坏。二校校址（旗杆巷）被伪法院占用。一校、清真学校、“女校”等校址均被日军强行占用。学校只得停办，乡村的学校也都不例外。

1938年，日伪政权在西北城墙脚下新建了两间教室，作为萨拉齐县立第一小学校址，并增设分校一处（简称“二院”）。委派校长、教员责令其开学上课。此时“一校”的班级，扩充为高级4班（五、六年级各2班），初级4班，因教室仍不敷用，一、二年级仍为复式教学。将原“一校分校”拨归“女校”使用。当时城内只有这两所学校复课，又因大多数家长宁可让孩子们失学，也不愿让孩子们接受奴化教育，所以学生人数顿减。后来，“万国道德会”办起一所“私立启智女校”，招收年龄较大的家庭妇女入学，专讲《论语》《孝经》，另外传授烹调、缝纫等技术。“纯一善社”开办了一所“私立纯一小学”，学生人数只十余名。日伪政权建立的大乡公所所在地的小学，也都陆续开学，但学生人数却寥寥无几，直到1940年才逐渐进入正常轨道。1939—1940年，镇内还建立了朱尔圪岱小学、大袄兑小学、小袄兑小学。1940年，朱尔圪岱小学设有两个班，学生33名，教师1名；大袄兑小学一个班，学生18名，教师1名；小袄兑小学两个班，学生15名，教师1名。

1940年萨拉齐县立大东街小学校概况表（已迁西操场）

校名	所在地	学级数	班数	教职员数			学生数		
				男	女	计	男	女	计
县立大东街小学校	大北街旗杆巷	6	6	8		8	173		173

1940年县立女子小学校概况表

校名	所在地	学级数	班数	教职员数			学生数		
				男	女	计	男	女	计
县立女子小学校	河漕街路西	3	5	2	3	5	5	66	71

1940年萨拉齐县立清真小学校概况表

校名	所在地	学级数	班数	教职员数			学生数		
				男	女	计	男	女	计
县立清真小学校	城内南镇大场面街	3	5	5		5	99		99

1940年萨拉齐城内街立小学校概况表

校名	学级数	班数	教职员数			学生数			备考
			男	女	计	男	女	计	
萨拉齐县街立财神庙街小学校	1	3	1		1	37		37	现在之校名为新政权后改易
萨拉齐县街立观音庙街小学校	1	2	1		1	39		39	
萨拉齐县街立城隍庙街小学校	1	2	1		1	28		28	
萨拉齐县街立吕祖庙街小学校	1	3	1		1	35		35	
合计	4	10	4		4	139		139	

以上资料来源：《萨拉齐县志·教育》卷六

四、1945—1949 年的教育状况

1945 年日军投降，同年 9 月，萨拉齐县立第一小学、第二小学（女校与第二小学合并），城内东、南、西、北四镇小学以及清真小学校相继开学复课。经过日伪八年统治后的萨拉齐各校，虽已复课，但其容量远不能收容更多而又迫切要求上学的青少年入学，许多适龄儿童仍被拒于校门之外。

1946 年春，萨拉齐增建崞县巷小学一所，周边乡村的小学也都陆续复课。城内恢复教学的还有天主堂小学、万国道德会私立启智女校（设一至六年级各一班，开始招收青少年）、一贯道崇德小学三所宗教会堂设立的小学。萨拉齐县立第二小学也恢复，校址设于原侵萨日军山崎部队操场。

1946 年 5~6 月间，国民党萨拉齐县参议会议长刘昆（玉山），副议长陈璧（昆山），参议员贾海峰、刘盛五、李瑞霖（雨田）等人组建“兴建委员会”，逼迫在日伪时期以贩卖大烟而大发横财者强行捐款，将收得的捐款用于萨拉齐县培训师资上。

1947 年春，成立了萨拉齐县简易师范学校，招收正班生 100 名，分甲、乙两班。另招补习班学生 40 名，学习期原定 1 年，后因学生学习程度参差不齐，又延长半年，于 1948 年夏结业，分配到各校任教。

1948 年“简师”结束，后在萨拉齐县参议会议长刘昆主持下，利用“简师”原有的一些简陋设备和教师，改建“萨拉齐县立中学”招收男女生 100 名，分为甲、乙两班，于该年农历九月初九正式开学上课，这就是萨拉齐县在解放前的第一所中等学府，1971 年改称为萨拉齐第一中学。

第三节　社会团体及士绅兴办的学校

一、教会学校

（一）三妙女校

三妙女校是萨拉齐耶稣堂在 1909 年创办的一所女子学校。在此之前，耶

稣堂曾聘请一位周姓的忻州人开展教学活动。三妙女校招收的学生大部分是教堂收养的婴孩，但也有非耶稣教的信徒子弟。学校一切经费及学生的学习用具都由教会负担，不收学费，教会对待教徒和非教徒一视同仁。当时萨拉齐流行"男子上学堂，女子下厨房"，女子上学者实属罕见。三妙女校的学制是初小四年，高小三年，儿童七岁入学。学校的教师有的是聘请的，有的是由优等毕业生担任的，她们既是该校的学生，也是教师。首任校长是达里白（女，瑞典人），教师有经革成（蒙古族）的姑姑、曹守坚、曹守德等。三妙女校一直兴办到 1949 年后，先后毕业数以千计的学生，为萨拉齐培养出不少人才。

三妙女校初办起时，学校因材施教，学完小学课程，成绩好者可继续升学；成绩差者可到织地毯和绣花厂学艺，这样既发挥了各自专长，又培养了各种人才。

日伪时期，三妙女校在教会的庇护和瑞典传教士安得顺的关注下得以继续开办。当时还成立了初中班，由鄂行九任语文教师，从呼市郊区聘请到一位在北京某大学肄业的李作枢任数理化教师，本校培养出来的湖南长沙圣经学院毕业的鄂载帝任生物教师，安牧师教授英语，当时的语文课以学古文为主。为了应付日伪教育部门的检查，学校还聘请了育英小学校长刘秉义教授初浅的日语。三妙女校在 3 年多的时间里培养出 20 多个初中毕业生。

1945 年传教士安牧师二次由瑞典来萨拉齐耶稣堂，培养了堂内最后收容的 20 多个女婴。这些女婴先在三妙女校上幼儿园、初小，1949 年后又升入高小、初中，并继续在卫校、医学院等深造。1981 年，曾在萨拉齐传过道的奚师娘等 4 人来中国访问时，还专门约见了这批婴孩中的部分人。

继首任校长达里白后，又有鄂毕格牧师任校长，他于民国 4 年（1915 年）患霍乱病去世，葬在萨拉齐东门附近。鄂毕格去世后，美国牧师施比善任校长。

（二）育英学校

育英学校也是萨拉齐耶稣堂于 1922 年创办的。学校面向社会招收教内外的学生，最初系男校，后也招收女生。任教者先后有王有章、李尚庆、阎吉元、魏永茂、刘天福、吕凤山、郭元、韩先生、刘文、呼瑞温先生等人。日伪统治时期，该校学生人数增加到200多人，班级1~6年级，是极盛时期。任教者有刘秉义、周荣、周美德、葛永昌、张占惠、任端、常珍宝等人。1948年因经费不足停办。

二、其他社会团体和士绅办学情况

（一）私立启智女校

启智女校全称为启智女子小学校，由时任萨拉齐县万国道德会理事长杜良臣于1938年创办。该女校是由住房改造而成的，校址在杜良臣自家院（原萨三小，现大东街小学校园）内。教师则由从北京聘请7名万国道德会女会员担任。经过积极筹备，并且向伪县政府申请备案，学校于1939年春，正式定名为“萨县私立启智女子小学校”。教师是通过万国道德会从北京聘请的一些有文化的年轻女会员。开始时，学生招收的大多是年龄较大的家庭妇女和巨商富户、地方士绅的女儿，每年入学仅四五十人，以后每年入学120多人。讲授内容主要为《论语》《孝经》，宣扬“三从四德”，同时传授烹调、缝纫等技术，培养时代的贤妻良母。

日本投降后，学校纳入六年制学课，入学人数一跃上升到300余人。继而又克服重重困难，扩建了校舍，增加了设施设备，开辟了操场，聘请王与贤、史良、王树勋等为正式教师，聘请刘秉义、周子麟、董世昌、乔英等为义务教师。

（二）源善育婴堂创办的学校

源善育婴堂先后办过两次学校。每次约七年到九年，学生人数百名，老师四名。其中一位叫王化甫者，是三道河的出名秀才，学问、品德、教学都很好。由于源善育婴堂创办的学校系社会慈善事业，所以不收任何费用，师资力量也颇为优良，所以学生争抢入学，虽然校舍有限，十分拥挤，但当时在社会上博得大家好评。

（三）佛学研究所小学校、纯一慈善社小学校

两所学校内容详见下表：

校名	所在地	创立年月	教职员数	学级数	班数	学生数					经费来源
						一年级	二年级	三年级	四年级	共计	
佛学研究所小学校	城内东猪圈巷	民国22年1月7日	4	2	3	34	56	16		86	系由学生收纳，如有不足该所补助之
纯一慈善社小学校	城内三道巷	1897年8月10日	3	2	2	20	40			60	由各慈善者捐纳

第四节　萨拉齐镇各学校简况

一、萨拉齐大东街小学（萨拉齐第一小学）

萨拉齐大东街小学的前身是清同治八年建立的育才书院，是一所建校150年的老学校。据《萨拉齐县志》载：清同治八年（1869年），邑同知文山暨绅商李联香等创“育才书院”，校址在城内关帝庙东。创院之始，设备简陋，有教室3个，宿舍数间，小操场1块。首届招生80余名，所收学生均为乡镇富豪子弟，所授课目有四书、五经、文学等，修学期限为4年。

清光绪二十七年（1901年），清政府上谕通令书院改设大学堂，各州县改设小学堂，并多设蒙养学堂。清光绪二十九年（1903年），萨拉齐厅同知清治呈准另觅地址，提用育才书院旧有存款六千串制钱作为移院址的经费，到清光绪三十年（1904年）竣工，将原育才书院搬迁到城内大东街一所粮店院内，

改名为“蒙小两等合设学堂”，群众称之为“大学堂”。管理学堂事务者名为监督，由同知清治兼任，并聘地方绅士赵振九、王玉如二人为副办，秉承监督办理学堂一切事务，聘王涉文为正教员，赵运鼎、曾继九为副教员。学生分为蒙学、小学（分别为初级小学和高级小学）两级。蒙学设置课程有国文、算术、修身、历史、地理、自然、唱歌、图画、格致、体操等。入学学生达100名。为了方便学生住校学习，修建斋堂4排共18间，另设库房和师生厨房。清光绪三十四年（1908年）取消副办名义，聘张贤任堂长，宣统二年（1910年），改聘杜巨元任堂长，贾湘任正教员。

民国成立后，相继由刘聚章、赵子让、祝藻至任堂长；民国6年（1917年），学校极盛，“盖因经费充足，职教员办事认真。”奉令将“蒙小两等合设学堂”改为”萨拉齐县高等小学校”（简称一高）。委派吕九卿、马定国、郭万福、刘昆先后任校长，设三个高级班，两个初级班，学生约150余名。其间，全体师生在“五四”运动反帝、反封建革命浪潮推动下，思想觉悟大大提高，教师队伍整齐，学生学业成绩较好，升学率较高。1924年国共合作后，中国革命运动出现了新局面，翌年萨拉齐县也建立了地下党、团组织，新思想和新文化在校内迅速传播。自然课教师程国材（程明达）经常秘密向学生讲授“五四”运动后中华民族新文化的方向，宣传共产主义思想。在共青团员程国材老师的启发和教育下，学生刘琛源、侯绍先、胡智登、武其高、程建文、徐则林、徐传绥、侯生懋、武功、高万宝等参加了由他组织领导的少年先锋队组织。绥远共青团委书记杨曙晓同志曾于一个深夜，来校给进步学生介绍国内外形势，讲述孙中山先生对中国革命的功绩，还介绍了中国共产党的革命活动。此时，学校领导和教师思想要求进步，教育和教学成绩突出。由于当时学校倾向进步，有些学生后来走上了革命道路。如李维中、刘深源等。

民国18年（1929年），校名改为“萨拉齐县立第一小学校”，先后派张登鳌、董占魁任校长。民国21年（1932年），由刘士琦接任校长，不久，县教育局又委派赵文炳任校长。当时萨拉齐县的知识分子都集中在教育界和国民党的地方组织内部，彼此争权夺利，派系斗争激烈。是时因校长调动频繁，激起全校师生义愤，便发生了驱逐赵文炳、殴打胡继宗（县教育局长）的事件。反动的教育当局委派郭万福（景斋）代理校长，并以“行为不轨”为由，勒令学校开除了学生秦志昌、张同金等，另有十几名学生受到了记大过的处分。民国23年（1934年）期间，先后由张登海、张登江、王培仁任校长，设高级班4个（五、六年级各两人），初级复式班2个（一、二年级一个班，三、四年级一个班），在校学生达230余名。

“七七事变”不久，萨拉齐县沦陷，学校被日本侵略军强占，一切设备破坏无遗，学校停办。1938年间，日军为了推行奴化教育，在大北街旗杆巷设校，改校名为“萨拉齐县大东街小学”。1942年，在西营盘大操场修建新校舍后，学校随即迁址，当时教师有8名，设有6个年级、6个班，共计学生173人，课程以日语为主，另设语文、算术、修身等。日本侵略者在学校大肆宣扬亲日思想，推行法西斯奴化教育。学校这时改为“萨拉齐县立模范小学”。

1945年，日本投降后，国民党政府接管了萨拉齐，派李沛任校长，暂在旗杆巷复课，对原来大东街校舍拨款、修缮，工程告竣迁回，校名恢复为“萨拉齐县大东街小学校”。翌年，游世基接任校长。1948年冬，萨拉齐县第二次解放后，学校教师参加了由萨拉齐县县委书记高鸿光、县长章叶频主持的在萨拉齐中学（现萨一中）举办的“时事学习会”，学习了毛泽东主席的《论联合政府》《论持久战》等著作，听了高鸿光同志《关于目前形势和任务》《关于知识分子工作》的报告以及章叶频、韩燕如同志的讲话。会后，任王恺为本校校长。王恺原是萨拉齐县观音庙街小学校长。1937年曾去延安抗日军政大学学习。他任校长后，率先领导教师复了课。解放军转移后，国民党县政府重返县城，大肆搜捕爱国人士。白色恐怖笼罩全县，王恺校长惨遭杀害，其他不少教师受到追查和审讯，并撤销了游世基的校长职务。

1949年，“九·一九”绥远和平解放后，萨拉齐获得了新生。1950年3月，改名为“萨拉齐县立第一小学校”，学校有教学班10个，学生675人，教职工16人。1951年后对学校进行扩建，教学班增至15个，学生767人，教师25人。1985年与解放街小学合并，在教学班32个，在校生1447人，教师共83人。

二、萨拉齐后炭市街小学（萨拉齐第二小学）

1937年秋建校，校址在大北街旗杆巷，设6个年级，每个年级一个班。同年10月，日本侵占萨拉齐后，校舍被日伪政府设为法院，学校遂解体。

1946年，学校得以恢复，校址设于原侵萨日军山崎部队据点驻所。学校占地面积1100平方米，校内有宽阔的操场以及能容纳千人的大礼堂和洗澡堂。

1949年，"九·一九"绥远和平解放后，该校校长由李尚仁担任，教导主任由陆定贤担任。1950年3月，县人民政府成立文教科，学校改名为"萨拉齐县立第一完全小学校"。1950年到1953年校长由吴秉忠担任，教师有贾海山、惠锋、周殿正、王继殿、张同贤、殷亮、孙兆元等，教学班共12个。1953年后，校长为张同贤。

中华人民共和国成立初期，学校的学生不仅年龄较大，而且年龄差距也大，有的已经成家立业，有的甚至父子、母子同班、同年级。20世纪50年代，该校也招收过住宿生，住校生近200人。20世纪50年代，萨二校进入辉煌发展期，教学质量和升学率都跃居全镇第一。1972—1973年，学校曾招收初一、初二年级的学生，于1973年秋季将中学班归并到萨一中，小学改为五年制。1980年，学校率先兴办学前教育。学前班学生人数爆满，最多时达360人，幼儿教育搞得有声有色。2007年，学校再次招收寄宿生，1991—1996年，小学毕业成绩连续位居全镇第一。2008年撤销萨拉齐后炭市街小学，并入实验小学。

三、萨拉齐解放街小学（萨拉齐第三小学）

解放街小学的前身是"萨拉齐启智女子小学"，1951年5月，县人民政府接管了启智女校，改称为"萨拉齐县公立女子完全小学校"，招收学生仍然全部为女孩。其时，全校共有教学班7个，其中一年级为双班，共有学生241

人。1952年，改称为县立第三小学校，校舍总面积为5900平方米，学生总数为262人，有教学班7个，有教员11人、勤杂人员2人。1953年改名为“萨拉齐第三完全小学”，因位于新命名的街道解放街，又称解放街小学。是年，学校开始招收男学生，学生总数为350人。1960年到1965年，解放街小学进入辉煌发展期，全校共20个班，在校学生900多人，连续数年夺得小学升初中入学率全镇第一的好成绩。其时，校长为罗文魁，教导主任为木华林。1985年，萨拉齐解放街小学撤销，并入大东街小学。

四、萨拉齐回民小学

萨拉齐清真小学建校于民国2年（1913年）阴历四月。最初由县知事王建屏督同回民俱进会的马善元、王子选等（同盟会员），向当地回族群众集资1000元，在城内大南街三道巷路南，购院一所（有正厅子房7间，东西厅子房各5间，东西配房各3间，南房带门共7间）。另有广场一块，占地面积1010平方米，创设“私立清真小学堂”。萨拉齐的回族群众从此有了自己的学校，经费由桥、屠附加捐款作支付，另从清真寺回族群众的月钱收入内拨出一部分款，简单地购置了部分桌凳等设备，聘请王培元为堂长（即校长），招收汉族和回族学生30多名，设一、二年级，复式教学1个班，课程有国文、算学等。民国6年（1917年），改聘富日新任堂长，增设为3个年级2个班，有学生70多名。民国12年（1923年），学校改为“萨拉齐县县立清真高级小学校”。富日新辞职后，又新聘请董介安任校长。民国14年（1925年），改聘王则三任校长，并增聘2名教员，增设高级小学1个班，至此全校共为3个班，学生总数达90余名。民国17年（1928年）委任马登云任校长。民国19年（1930年）由郝云峰任校长，有学生93名，共分5个班，高级5个班，初级4个班，教职员5人，当时的待遇是校长每月20元、教员13元、事务员5元，每月经费共88元，因桥、屠捐款办理不善，有拖欠经费现象。据此，萨拉齐县教育指令接管收集经费，并调整学校经费。

1933年，学校改为县立清真小学校，由李瑞霖（雨田）任校长。民国25

年（1936年），李瑞霖调离学校。由刘忠（回族）任校长。民国26年（1937年），“七七事变”后不久，萨拉齐县沦陷，学校被日本军营占用而停办。民国27年（1938年）复校后，由陶琛（回族）任校长，教职员5人，学校设5个班级，共有学生99名，所授课程以日语为主，教育措施和管理手段完全推行法西斯式奴化教育。民国34年（1945年），日本投降后，学校由县教育科接收。复校后，改校名为“县立第三小学”，仍由陶琛任校长。

1949年，“九·一九”绥远省和平解放后，萨拉齐县随之也获得解放。少数民族的教育事业受到党和人民政府的高度重视。1950年，县人民政府接管了学校，贯彻执行了党的民族政策，本着“既承认历史，又照顾现实”的原则，将第三小学校改为“萨拉齐民族小学”。学校有6个班级，学生250人，教职工12人，董英任校长。1953年学校改为“萨拉齐县回民完小”。1956年改为“萨拉齐县民族小学”，增设蒙文班2个，招收蒙古族学生70人。

1958年萨拉齐县、土默特旗合并后，民族小学为大城西、沟门、吴坝、萨拉齐4个学区的中心学校，任命回族教师马国璋为中心学校校长。政府部门曾多次拨款维修校舍，扩建体育场，增加教学设备，同时又抽调有教学经验的教师来民族小学工作，积极扶植，学生升学率、体育成绩、学校文艺队表演奖项均列全镇第一。1961年，学校班级发展到14个，学生660人，教职工增加到28人。1962年，国家教育部批准回民小学为实验小学。20世纪五六十年代，在回民小学担任过领导同志的还有刘钲、傅科、成志忠、侯文魁、李英等。

1969—1972年，学校增设初中班，有24个班，学生1314名，教职工36名。1984年，学校改名为“回民学校”。

五、萨拉齐县简易师范学校

1946年6月，萨拉齐的贾海峰经个人、商号等募集办学经费，租用大西街天主教堂西厢房当教室，创建萨拉齐县简易师范学校。贾海峰任校长。1947年初，贾海峰组织召开校务会议，准备招收简师班、补习班学生。简师班学生享受公费待遇，学期暂定二年制；补习班学生自费，学期为半年制。简师班的教学目的和要求是：通过学习，使学生掌握一定知识，能在农村小学独立任教，热心为教育事业服务，在教育战线工作不满两年不准转业，否则追回在简易师范学习期间的一切费用。招生对象为当地失学青年和有志于教育事业者，愿意深造的在职小学教师也可报名。1947 年 2 月，学校正式张榜招生。经考试，录取简师正班生 100 名，补习班生 80 名，以农村学生居多。学校要求该校正班生、班主任老师一律住校。学校给每位学生、教职员做制服一套，并给教职员毛毯一块。训导处组织学生参加早操、升降旗、打扫卫生等活动。课程设置以中学课本为主，加授师范生必修课，如《教育概论》《教育行政》《儿童心理学》《教学法》《乡村教育》等，另加《古文选读》作为补充教材。1947 年 3 月开学。同年 6 月 3 日，县里举行“六三禁烟节”纪念活动，师范学生掀起了反饥饿运动，并在贾海峰校长的支持下，学生和饥民们把火车站准备运走的粮食一抢而光，这就是发生在萨拉齐的“抢粮事件”。同年 7 月，贾海峰校长和教务主任被捕，学校近乎瘫痪。到下半年开学时，补习班学生已经结业。学校只剩简师班学生，但有些年龄小、有条件的学生都已到外地读书，有的学生参加了青年远征军二〇八师。贾校长被捕后，校长之职由县参议会议长刘岂代理。通过第二学期的教学，校方发现学生学习程度参差不齐。因此，校方决定简师班学习期限延长半年。于 1948 年夏天毕业前，学校特意安排学生到包头市马王庙小学、金龙王庙小学实习，通过观摩教学、听取各校领导和教师的经验介绍，提高了学生的教育和教学能力。经组织毕业考试，90%的学生合格。经过“政审”合格后，毕业的学生均分配到乡下学校任教。至此，萨拉齐县简易师范学校停办，改称为萨拉齐县立中学。

六、萨拉齐第一中学

萨拉齐第一中学位于萨拉齐大西街北侧，其前身是萨拉齐县简易师范学校，于 1947 年春由地方绅士贾海峰、吕士俊等人筹划成立。1948 年改称为萨拉齐县立中学。1950 年春，学校改名为绥远省立萨拉齐县中学，由绥远省文教厅直接领导。当时，校舍租用天主堂西厢房，有3个初中班，学生120名，教职工18名。1951年，将小巴拉盖学校的中学部师生合并到萨中。1951—1957年，萨中不断扩建校舍、招募师资，逐渐扩大招生范围，所招收学生涉及萨拉齐、托克托、清水河3个县。1956年增设高中班2个，学校改名称为萨拉齐县立完全中学。1958年称为土默特旗萨拉齐中学。1960年6月，在呼和浩特市各中学对口检查评比中，萨中被列入上游中学之列。1960年至1965年，萨中的高中毕业生毕业成绩和高考成绩均名列内蒙古前茅，年年高考总成绩在全自治区排名第二，位于赤峰中学之后。其时，萨中的口号是“学福建，赶赤峰，誓夺内蒙第一名”。自1959年至1966年，萨中共毕业高中生595名，有319名升入区内外大专院校，其中包括因“文革”而未参加高考的84名1966届高中毕业生。1972年，萨拉齐中学被更名为萨拉齐第一中学。

第五节　毕业于萨拉齐各校的名人

白映星（1890—1945年），字镜谭，萨拉齐人。少时在萨拉齐育才书院读书。国立北京大学哲学系毕业，是新文化运动的倡导者。1922年北大毕业后任归绥中学教师，积极宣传“五四”运动，并组织指导学生写作白话文，在塞外思想界引起震动。1929年任中山学院院长，推动新学科建设，引入自然、社会和文艺、宗教等课程。1937年10月绥远沦陷后，白映星等人四处联络，以各县保安队为基干力量，自发组建了绥远民众抗日自卫军，打击了日军的嚣张气焰。后与八路军大青山支队配合，成功组织了蜈蚣坝伏击战。抗战期间，他一直随自卫军转战在抗日前线，1945年去世。

刘盛五（1897—1951年），原名刘世昌，号盛五，苏波盖村人。刘盛五幼时在苏波盖村上私塾，1906至1915年就读于萨拉齐蒙小两等合设学堂（大东街小学）。1918年入归绥中学。1922年入太原学兵团受训。先后任萨拉齐县保卫团分队长、归绥县警备队第二路教练官、绥远省警备司令部副官、警备第一师副官长、参谋长，萨拉齐保卫团副团长、县保安队队长。1937 年 10 月 16 日，日军侵占萨拉齐时，刘盛五曾指挥保卫萨拉齐县城的战斗。抗战时期历任马占山挺进军暂编骑兵第二旅少将旅长、骑五师副师长等职。日军投降后，任国民军第 67 军少将高参、暂三军补训 17 师中将师长等职。1949 年参加绥远省“九·一九”和平起义。1951 年，刘盛五在家中病逝，终年 54 岁。

尹世增（1902—1989 年），字如川，苏波盖村人。8 岁时在萨拉齐城隍庙街小学读书，后考入绥远归绥中学。1924 年入北平中国大学西洋文学系学习，1928 年毕业，获文学学士学位。后又先后留学日本、英国，毕业后移居到美国，在美国一所大学当教授。

贾海峰（1904—1985 年），萨拉齐人。宣统三年（1911 年），入萨拉齐育才书院读书。民国 7 年（1918 年），考入绥远师范学校。民国 10 年（1921 年），又考入太原党政学院。民国 13 年（1924 年）毕业后，先后担任国民党萨拉齐县党部执行委员，萨拉齐一校、女校教员，固阳县第六区区长，萨拉齐县第一、二、三区区长。“七七事变”后，贾海峰投笔从戎，参加绥远民众抗日自卫军，任五路二团团长。1937 年 10 月 16 日，日本侵略军进攻萨拉齐时，他率部参加萨拉齐保卫战。后随部队改编为马占山东北挺进军暂编骑兵第二旅四团，并担任团长。民国 31 年（1942 年），贾海峰调任东胜县县长。民国 36 年（1947 年），贾海峰联络好友李雨田、吕士俊、杨明亭等，创办了萨拉齐县简易师范学校，并担任校长。

张国林（ 1909—1972 年），字茂才，生于萨拉齐，祖籍山西祁县。其父曾在萨拉齐经商，后因亏本，落籍于固阳土龙湾村（今属包头市固阳县怀朔镇）。张国林少时曾在县立第一小学（大东街小学）读书。中学就读于归绥一中。民国 21 年（1932 年）考取了北平大学法学系，在大学期间加入了中国共产党。毕业后考入日本早稻田大学研究院，因此而脱党。“卢沟桥事变”后，张国林愤然回国，参加了“绥远民众抗日自卫军”，任总部主任。1941 年，调任傅作义部骑兵游击第 5 师副师长兼政治部主任。同年冬，又调任“绥远地方行政干部训练团”教务处少将处长。1945 年，任绥远省保安司令部保安处少将处长。1946 年，任绥远省人民政府第三区行政督察专员公署专员兼少将保安司令。1949 年参加“九·一九”和平起义。中华人民共和国成立后，历任绥远省人民政府委员会委员，绥远省工商厅副厅长、商业厅副厅长、财政经济委员会委员、内蒙古人民出版社副社长，自治区文教委员会办公室主任等职。担任内蒙古自治区第一至第四届政协委员、内蒙古自治区人民委员会委员。

刘深源（1910—1944 年），又名刘玉贵，化名刘二秃，土默特右旗美岱桥村人。幼时在萨拉齐第一小学校读书。1927 年初，经该校教师共青团员程国材介绍加入中国少年先锋队。同年夏，考入绥远省第一中学，一年后转学到绥远省中山学院，结识了奎壁、苏谦益、杨业鹏、李维中、武达平等一批无产阶级革命家。在党组织的领导下，参加了一系列革命活动，之后遭到反动当局的逮捕，被学校开除。回到家乡后，他继续在本村的贫苦青年农民中，揭露反动当局的黑暗统治，宣传共产党的主张。1939 年，刘深源重新和党组织取得了联系，加入了中国共产党，更加热情地开展起抗日救国的宣传和组织工作，他与王经雨等共同筹划成立了萨县抗日游击队。曾一度担任中共萨县四区区委书记。从 1940 年冬天起，他由中共绥西地委直接领导，专做地下工作。1942 年冬，刘深源由于叛徒出卖而被捕。在敌人的监狱中，他经受了日本宪兵、警察、特务的各种惨无人道的法西斯刑法，但他始终坚贞不屈。1943 年 1 月，刘深源被押往张家口察南监狱，于 1944 年春天被日军残酷杀害。

刘世明（1911—2001 年），苏波盖村人。9 岁在苏波盖村私塾读书，13 岁在大东街小学读高小。1927 年入归绥中学（后改名为绥远省立第一中学），1929 年上初三时，他被选拔为绥远省中学生男篮代表队队员，1930 年参加了第四届全国运动会。1930 年考入北平河北省立十七中高中，被选入河北省及北平市中学男篮代表队。1933 年考入北平师大体育学系，并以健康教育为副系，研究人体保健。其间，他曾作为本校及北平市男篮代表队员，参加了第十五届华北运动会及第五、第六届全国运动会。抗战时期，担任位于西安的西北农业大学教授兼体育主任。中华人民共和国成立后，一直任北京医科大学体育教研室教授兼主任。1963年，刘世明创编的眼保健操在全国推广。自1950年起，刘世明历任全国武术比赛及华北区武术评审员、北京市武术选拔委员会委员、北京市武术协会副主席等职，对中华武术作出重大贡献。

李维中（1912—2005年），萨拉齐人。少时在萨拉齐大东街小学读书，毕业后到归绥一中上中学，后考入北京大学。1936年冬，参加“一二·九”运动，1937年加入共产党，任山西第二战区总动委会一纵一支参谋长、中队长、副营长等职。1938年随动委会和八路军李井泉支队挺进大青山，任晋察绥边委部长兼绥西动委会主任、绥西专员、晋察冀边区武装部部长。解放战争时期任包头市市长、绥蒙人民政府秘书长等职。中华人民共和国成立后，历任绥远省人民政府秘书长、内蒙古自治区财委副主任、交通部中波海运公司总经理、上海海运局局长兼党委书记、交通部水运总局局长、交通部北方区海运管理局局长、上海港务局党委书记、局长，交通部副部长等职。

刘世藩（1913—1997年），苏波盖村人，中国民主同盟盟员。1922年在苏波盖村刘惠士办的私塾堂接受启蒙，后到萨拉齐大东街小学读书。在归绥读完中学后，考入天津南开大学物理系。他爱好体育，尤酷足球，被南开大学校长张伯苓看中，张伯苓将其吸收为南开大学足球队队员。之后，该足球队更名为天津中华足球队，刘世藩任队长兼主力队员，多次参加国内、国际比赛，取得极为卓著的战绩。中华人民共和国成立后，他曾任国家级足球裁判员，天津足球队、华北足球队主教练。1955年中国足球协会成立，刘世藩被选任为委员。1979年他调入天津体育学院，任天津体育学院运动生物力学教授，硕士生导师，是我国运动生物力学创始人，在国内运动生物力学界有崇高的声望。

邸力（1914—2001年），原名邸俊英，女，回族，萨拉齐人，电影演员、副教授、电影表演教育家。少时先在县清真小学读书，1926年转入县立高等女子小学。1926年考入省立第一女子师范学校，1931年进入北平中华中学学习。1932年在北平参加左翼戏剧联盟，同年9月加入中国共产党，从事党的地下工作。同年与地下党员刘丹顿结婚。1933 年先后在天津、河北、上海做地下工作。1934 年曾在上海被捕，1935 年底出狱。1937 年参加上海救亡演剧一队，演出话剧《八百壮士》《游击队的母亲》《兄弟们手拉手》等。1938 年到延安，在延安鲁迅艺术学院戏剧系学习，改名邸力。同年 8 月，鲁迅实验剧团成立，邸力任演员。1939 年被调入八路军 120 师战斗剧社。1944 年参加歌剧《白毛女》，在延安首次演出，在剧中饰演王大婶。1950 年被调往北京电影制片厂任演员，曾在影片《吕梁英雄传》《新儿女英雄传》中扮演角色。之后又在《祝福》《林家铺子》《少年彭德怀》《老乡》中扮演老年妇女，但是在每部电影中人物性格上有鲜明区别，都有一定的深度，表演质朴、人物塑造得深刻有力。1956 年，邸力进入北京电影学院表演系，开始电影表演艺术教育的工作，先后任教研组长、系主任，并于 1960 年评为副教授。1986 年因在影片《老乡》中扮演王奶奶，获第一届、第三届中国电影表演艺术学会奖与特别荣誉奖。1987 年在《少年彭德怀》中饰演彭奶奶，此片获得第二届童牛优秀故事片奖。获得了电影学院的终身成就“金烛奖”的荣誉证书和金质奖章。1994 年，已经 80 岁的邸力，仍在电影《天地人心》中饰演罗奶奶这一角色。

田绥民（1915—2015 年），萨拉齐人，从黄埔军校第 10 期毕业。1931 年参加晋绥军，历任国民党军傅作义部连长、营长；傅部国骑兵第 4 师参谋处长、团长、参谋长，1948 年参加北平和平解放，后任绥远整编骑兵第 13 旅少将副旅长。1949 年 9 月 19 日参加绥远和平起义，任解放军第 36 军骑兵旅副旅长、第 107 师副师长。1951 年 4 月入朝参加抗美援朝战争；1953 年 4 月回国，任建筑工程部第二工程局副局长、建筑工程部华北包头总公司副总经理，华北联合企业公司经理。1958 年 12 月率队到达内蒙古海勃湾市（今乌海市），考察并领导建设西卓子山水泥厂，先后担任建筑材料工业部西卓子山水泥厂筹建处主任和厂长。曾任内蒙古自治区政协第二、三、四届委员会委员。乌海市第一、二、三、四届人大常委会副主任，乌海市第一届政协副主席，自治区第六、七、八届人民代表大会代表。内蒙古黄埔同学会会长，中国国民党革命委员会乌海市支部主委。

陈炳宇（1918—2003年），蒙古族，土默特右旗美岱召镇上协力气村人。幼年时曾在萨拉齐大东街小学读书。1937年肄业于国民党中央政治学院附属蒙藏学校包头分校师范部。1939年8月赴延安，在延安陕北公学、延安民族学院学习，同年11月，参加中共地下革命工作。先后任中共塞北工委情报处热察绥驻蒙古办事处主任，绥蒙办事处主任，内蒙古自治运动联合会常委、青年部副部长、察哈尔盟副盟长、锡林郭勒盟副盟长等职。中华人民共和国成立后，历任呼伦贝尔纳文慕仁盟盟长，内蒙古东部区行政公署民政厅厅长，包头市副市长、包头市委政法党组书记，自治区监察厅副厅长，呼和浩特市委书记、市长，自治区地质局局长、党委书记，自治区计委副主任、党组成员，中共乌兰察布盟委员会第一书记，内蒙古自治区人民政府副主席、党组副书记，中共内蒙古自治区顾问委员会副主任，全国政协第六届委员会委员、中国国际文化交流中心内蒙古分会理事长。

李振华（1920—1975年），原名连文秀，曾用名高玉山、张毅、巴图，蒙古族。生于民国9年（1920年），土默特旗善岱村人，少时在土默特右旗上协力气村居住。民国15年（1926年），入萨拉齐清真小学学习，民国17年（1928年）转入萨县县立完全小学（大东街小学）。民国23年（1934年），考入国民党中央政治学校包头分校师范班学习。民国26年（1937年）10月，日本侵略军占领包头后，李振华停学回家。民国27年（1938年）9月，参加抗日工作，组织青年救国会。民国28年（1939年）底，到达延安，入陕北公学。民国29年（1940年）9月，在陕北公学加入中国共产党。民国31年（1942年），中共党组织派李振华等人回大青山抗日游击根据地，到集宁地区从事地下工作。同年10月，在陶林县被捕入狱，扣押两个月后，因患严重的伤寒病，被日本侵略军扔出监狱。后在一位老乡的营救下病愈脱险，重返大青山抗日根据地。民国32年（1943年）5月，李振华再赴延安，入中共中央党校参加整风学习。民国34年（1945年）1月，奉命到伊克昭盟王悦丰部做政治工作。民国 36 年（1947 年），任中共伊克昭盟乌审旗旗委组织部部长。民国 37 年（1948 年）5 月，任中共准格尔旗委书记。1949 年 7 月，参加伊克昭盟各旗各界人民代表会议筹备工作，同年 11 月，任盟自治政务委员会秘书长兼民政处处长。中华人民共和国成立后，历任伊克昭盟委副书记兼副盟长、盟委书记，内蒙古自治区党委组织部副部长，呼伦贝尔盟第一书记，内蒙古自治区党委常委、组织部部长，内蒙古自治区革委会政治部副主任，组织部部长。

白铭（1926—2001 年），字旌堂，萨拉齐人，著名工笔花鸟画家。少时曾在萨拉齐大东街小学读书。1941 年在包头中学读书 4 年。1946 年考入北平京华美术学院国画系。1949 年，白铭从京华美术学院毕业，到包头一中任美术教员。中华人民共和国成立后先后任包一中美术教员，包头市工艺美术工业公司副经理、总工艺师，包头市广告艺术公司经理，包头师院美术系主任、教授，中国美术家协会会员、中华全国工艺美术学会理事，内蒙古美术家协会副主席，包头市美术家协会名誉主席，包头市人大常委会委员等职。

董树藩（1932—1986 年），字建屏。原萨拉齐沙图沟村人。董树藩父亲董湖，在国立北平师范大学毕业，曾在萨拉齐第一完全小学任校长多年。董树藩在第一小学读书时，目睹日军侵略行径，切齿愤慨。后投笔从戎，加入青年军第 208 师。之后随军赴台考取陆军军官学校，1954 年 8 月毕业，授少尉官阶。1956 年末，因病奉令退役。1957 年 7 月，参加大专联考，在国立中兴大学的前身——台湾省立法商学院社会学系就读，1961 年 6 月毕业。大学毕业后，先后任职于行政院退除役官兵辅导委员会暨中央党部，后入政大公共行政研究所深造，获硕士学位。1961 年 11 月，任国民党中央党部政策委员会干事。1971 年 11 月，任中央月刊社总编辑。1981 年任中央委员会考核纪律委员会专任委员，继而再擢升为副主任委员，其间，对建立管考制度做出贡献。1984 年 6 月，任国民党蒙藏委员会委员长。1986 年突发心脏病抢救无效去世，终年 54 岁。

刘晓旺，河北省人，1933 年 11 月 23 日生，6 岁时随家迁至萨拉齐，少时在萨拉齐大东街小学读书。1948 年秋考入原绥远省奋斗中学，后转入归绥中学。1949 年 6 月参加革命。曾先后任乌盟兴各县三区团委委员、绥远省团委干事、固阳县团委副书记、归绥县团委书记、包头市团委书记、中共固阳县委书记、内蒙古自治区体委副书记、副主任，阿拉善盟盟委书记兼军分区党委第一书记、自治区民政厅党组书记、厅长，自治区人大常委会副主任等职务。离休后任自治区关心下一代工作委员会常务副主任。

贾才（1936—2018 年），原萨拉齐陶思浩人，少时曾在萨拉齐后炭市街小学读书，1952 年入绥远省师范学校学习。1960 年至 1965 年在中国人民大学哲学系学习。曾任包头市人民政府办公厅秘书处长、办公厅副主任、市委组织部副部长、市政府副市长、自治区劳动厅厅长、呼和浩特市市长、市委书记，自治区人大常委会副主任等职。

第十章　萨拉齐宗教

历史上的萨拉齐是多宗教地区。佛教（藏传、汉传）、道教、伊斯兰教、天主教、基督教相继在这里传播。

明朝中后期，藏传佛教（黄教）传入蒙古地区，萨拉齐镇所在的土默特地区一度为弘法中心。清代以来，随着汉族移民的不断迁入，萨拉齐的宗教信仰也发生转变。清朝中后期，城内及近郊蒙古族人口急剧减少，藏传佛教日渐衰微，至民国初期，萨拉齐镇内已无藏传佛教寺庙。

汉族移民在迁入萨拉齐的同时，也将原籍地的宗教信仰植入这里。自清雍正十二年（1734 年）规模宏大的关帝庙建成以来，城隍、玉皇、观音、吕祖等寺庙日渐增多。清末民国时期，萨拉齐城内的佛、道教除了在居民的信仰体系中承担着重要的角色，其承办的庙会、慈善事业及在工商业行会内发挥的作用也对社会发展产生了积极作用。

萨拉齐有道教，有道士，却无道观，本是道教的城隍庙、玉皇庙、吕祖庙、五道庙、三官庙、奶奶庙、关帝庙、财神庙等本应由道士主持，而在萨拉齐却均由和尚住庙，这是一个奇特的现象，也是萨拉齐宗教一个突出的特点。这种“三教归一”的现象虽不多见，但也不是绝无仅有，包头的吕祖庙、关帝庙等供奉也是和尚住庙，属于佛教。因此，我们把萨拉齐的所有寺庙，都归入佛教之列。

清朝乾隆初年，善岱（今属土默特左旗）一带的部分回族来萨经商，并定居于城内大南街和大北街。随之，伊斯兰教传入萨拉齐。

清朝光绪年间，天主教、耶稣教相继传入萨拉齐镇。天主教在土默特地区的传教模式，一般是以土地为诱饵，吸引民众入教，然后组建教民村，再以同样的模式向四周扩散。天主教因这样的传教模式而导致其势力主要分布在农村。萨拉齐城内仅于民国23年（1934年）在大西街建有教堂一所，有男女信徒250余名。基督教主要以兴办教育、医疗及荒年赈济为传播手段，故与天主教相反，基督教的主要势力集中在萨拉齐城内及近郊。清末民国初期，萨拉齐的教会势力一方面在社会慈善事业方面做了大量工作，另一方面也在信仰、司法、文化、经济利益方面与当地社会构成激烈的冲突。

第一节　宗教类型

一、佛教和道教

（一）佛教和道教概况

萨拉齐的宗教信仰以佛教为主，道教人数很少。道教的活动场所只在自家附近建一个“堂”，如建于民国18年（1929年）2月的“静修堂”，位于东门路北，民国末年住持为王斌元；建于民国24年（1935年）4月的“修真堂”，位于魏家巷，民国末年住持为霍国玉。截至1949年前，城内道士仅有5名，且都住家，都是正一派，1949年后，道士相继还俗，娶妻生子，从事生产劳动。

萨拉齐镇最早的佛教庙宇是清康熙十八年（1679年）在小厂圐圙村修建的龙王庙。清雍正十二年（1734年），萨拉齐城内修建了规模宏大的关帝庙。清末民国初期，境内较大寺庙有12座，其中萨拉齐城区关帝庙有和尚9名，住持人清根；观音庙有和尚8名，住持人黄真；城隍庙有和尚7名，住持人清正；玉皇庙有和尚15名，住持人阎保；吕祖庙有和尚4名，住持人三老虎；财神庙有和尚2名，住持人殷善。每座寺庙对面多筑有戏台，届时举办庙会，经久不衰，尤以20世纪二三十年代为最。日军侵占时期，生产萎缩，商业萧条，市面混乱，各地庙会相继停止。抗战胜利后，庙会逐渐恢复，但远不及20世纪二三十年代隆重、普遍。1945—1949年间，受战争影响，僧侣数量减少，截至1949年，萨拉齐全县仅有和尚14名、居士5名。

（二）信仰原因

1931 年拍摄的萨拉齐县乡间小庙

清末民国初期，佛、道教是萨拉齐民众的主要信仰对象，他们在萨拉齐民众的精神层面上有着重要的作用。这一时期，一方面由于社会失序，天灾人祸接连不断，普通民众的生活毫无保障可言，生存环境的不稳定、生命与财产的朝不保夕，促使人们在精神上寻求宗教带来的庇护；另一方面，萨拉齐地处塞外，普通百姓终年劳作却缺少精神上的享受，进而祭庙与各种神社活动成为这方面的补充；再者，移民虽身处塞外，但仍保有敬畏神灵、通过和尚道士禳治疾病，以及从庙宇之中求子除灾等传统思想与行为；第四，工商业领域内的始祖崇拜行为及庙宇内设立的行会办公场所，也加重了佛、道教在民众生活中的色彩。以上这些因素最终造成了这一时期萨拉齐及周边庙宇遍布，几乎无村没有庙宇的现象，“城市自不待言，即穷乡僻野，亦莫不庙社林立，香烟缭绕，实乃本邑农村社会之特色。”

二、天主教、基督教

（一）天主教

清光绪六年（1880年），天主教圣母圣心会传教士将准格尔旗尔架马梁教堂的大多数教民迁到萨拉齐的二十四顷地村，这就是萨拉齐天主教的源头。天主教在二十四顷地立足之后，发展迅速，教务拓展形成以二十四顷地为中心，向外辐射的状况。

清光绪二十四年（1898年），比利时传教士见二十四顷地教区教务兴盛不衰，遂将西南蒙古教区主教府由三盛公迁到二十四顷地。清光绪二十六年（1900年），二十四顷地总堂所辖地区共有教徒5680名，教堂9座，分堂21处，外国传教士27名，中国传教士1名，修道院1所（设三盛公），修道生26名，男学校30所，学生515名，女学校21所，学生394名，育婴堂4所，养育婴儿456名。

清光绪二十六年（1900年）夏秋，义和团反洋教运动风暴席卷土默川，当地民众积极与义和团配合，于六月二十四攻克二十四顷地主教府，当场焚毁教堂，杀死教徒多人，并活捉主教韩默理，交托克托厅处决。

义和团运动失败后，清政府向天主教会赔偿大量白银，并允许其在中国各地继续传教。清光绪二十七年（1901年），外国神甫便陆续返回教堂，收拢信徒，开展了更大规模的传教活动。民国23年（1934年），天主教在萨拉齐城内大西街建立了教堂，主管人王学明，宣教胡罗撒（女），有男女信徒250名。这是萨拉齐城内及近郊唯一的一座天主教堂。

1943年，日军将所有外国神甫集中到山东潍县，各堂教务便由中国神甫署理。由于当时中国神甫极少，除二十四顷地、萨拉齐等大教堂外，其他教堂、公所则很难顾及。因此，教务活动趋于冷落，教徒人数开始下降。

1949年后，萨拉齐县人民政府将所有外国神甫遣送回国，各教堂事务完全由中国人接管。从此，萨拉齐的教会结束了外国神甫主掌教会一切权力的局面，开始走上“独立自主，自办教会”的道路。

二十四顷地教徒数量变化表

年份	数量	备注
1883 年	160 人	教堂初建后，经过两年发展，有近 40 户人。
1887 年	500 人	是年，司铎汤闵寒趁黄河改道，达拉特与土默特两旗因地界争讼重新勘定之机，以 1 钱白银可购地 1 亩的低贱价格，再次购置土地 100 余顷，以此吸引附近农民前来二十四顷地入教定居、租种田地，教民人数迅速增加。
1892 年	900 人	据《绥远通志稿》记载："光绪十八年空前之灾荒，堂中以振粮迫诱人民入教，于是附近各乡之间救饥而奉天主教，均纷纷趋之若鹜矣。"
1900 年	1200 人	义和团运动期间，教堂被毁，教民死伤 900 人，余者四散。
1903 年	697 人	1901 年，贾明远神父率领部分教民归来。教民当年无法耕种田地，仓库也无积粮，故每月教友按丁口之多少，来教堂各领米若干，以渡难关。
1904 年	884 人	1904 年，兰广济用教案赔款大兴土木，修筑城堡、主教府、省会长府、主教小堂、小修道院，此后教民不断增加。
1905 年	1066 人	经过兰广济、南怀义两任神甫的传教，二十四顷地教徒数量突破千人大关。
1909 年	1343 人	
1911 年	1487 人	二十四顷地的教民数量在义和团运动后的 10 年间一直属于稳定增长态势，从 1903 年的 697 人，增长到 1911 年的 1487 人。实际上，该数量绝不止此数，因为在其他各堂口的开教和发展中，主教还常常遣送该堂教徒到新堂口，协助传教士进行传教。
1940 年	1932 人	数据出自《萨拉齐县志》
1949 年	1800 人	日伪时期由于日军的法西斯统治，教民数量有所减少。数据来源于《土默特右旗志》

注：1883 年数据来源于《土默特右旗村史》，1887 年、1892 年数据为依据史料估计，1903 年、1904 年、1905 年、1909 年、1911 年的数据出自《晚清时期圣母圣心会在内蒙古地区传教活动研究》（张彧，暨南大学博士论文）。

（二）基督教

1853年，英国传教士戴迪生（1832—1905年）由归化城（今呼和浩特市）来萨拉齐厅沙尔沁村（现属包头东河区）、萨拉齐城关传教，1882年瑞典鄂必格牧师也来到沙尔沁、萨拉齐一带传教。1900年因受义和团运动的影响，这些传教士有的回国，有的外逃避难，传教中断。

1903年5月，鄂必格夫妇再次来萨拉齐传教，先在大北街杨仁巷（后称革新巷）建立教会，后在大西街路南，购到尹庭、董二、张存钱等十几家的房产，面积约20亩，在这里建立了耶稣教堂。鄂必格夫妇一面传教，一面收养弃婴、开展社会救助事业，从此基督教在萨拉齐迅速传播开来。

基督教在萨拉齐的传播过程中，先后出现4个派别，即基督教协同内地会、基督教自立会、基督教聚会处、基督教神召会。后3个派系由基督教协同内地会分出。

1. 基督教协同内地会

该会即由鄂必格夫妇传入。民国4年（1915年），该会创办“三妙女校”，校长由瑞典籍女教士达理白担任，办学35年，毕业学生1000多名。同年，在教堂南对门又成立“育英小学校”，招收男学生，直至1948年停办，共毕业学生3000余名。次年，鄂必格死于霍乱病，继由瑞典籍牧师毕德顺主持教务。

民国10年（1921年），由瑞典籍牧师瑞闻生主持设计，在大西街耶稣堂大院内东北侧，建起一座可容纳1500人的人字形哥特式大礼堂。其正门上方建有一座3层钟楼，最上层悬挂一口150公斤重的大钟。每逢礼拜鸣钟，其声响在方圆2.5公里内都能听到。次年，瑞典籍牧师史比善在萨拉齐城东门外建起“三妙医院”，并开设妇产科新法接生。因土匪骚扰，开业不到2年医院便迁回城内教堂，一直持续到20世纪50年代。

民国11年（1922年）后，基督教影响日渐扩大，教会活动逐渐向乡村发展，并设立分会、修建教堂，信教者与日俱增。

民国17年（1928年）前后，萨拉齐境大旱，城乡灾民遍地。萨拉齐耶稣堂与华洋义赈会成立平粜局，并设立 4 个粥场放饭赈济灾民。灾民每人每天可凭证吃到 1 碗小米稀粥。从 2 月初到 6 月底，饥民达 150 万人次。

民国 18 年（1929 年），毕德顺死于伤寒症，其职务由中国牧师葛明洲继任。1947 年中国籍牧师郭保光主持事务，直至 1985 年。

2. 基督教自立会

基督教自立会又名圣灵会，教外人称之为“哈里路”或“跳跳会”。因该会礼拜时边唱边跳而得名。自立会于民国 15 年（1926 年）由基督教教徒郭与仁发起，从协同内地会分出，在城内杨仁巷购买一座小院为礼拜堂，郭芝瑞任牧师。教徒平时数十人，大聚会时百人。该会成立后，在农村发展教堂 8 处，教徒也增加不少，教会经费由信徒募捐。20 世纪 50 年代初，该会又与协同内地会合并。

3. 基督教聚会处

基督教聚会处又名小群、小群会、小群派。1943 年由石玉等 10 人创立，从协同内地会分出，阎加勒任牧师，石玉、刘秉信负责处内事务。初时在城内大北街路东照像馆院内活动。1944 年，典租一座王小锁院落。1949 年后，又迁至后炭市街开明巷内。此外，还在新营子、沟门庙湾等地发展分会 3 处，共有教徒 289 名。

（三）天主教与基督教传播方式的差异

清末民国初期，在萨拉齐地区活跃的基督教瑞典协同会与天主教圣母圣心会，在传教策略上有很大差异——瑞典协同传道会通过创办育婴、教育、医疗等社会福利事业以吸引教民，而圣母圣心会则“把乡村作为传教重点，通过购买、租赁蒙古族人的土地组建新的村落（即天主教村），以入教就可以耕种教会土地为手段，吸引当地或外省来的穷苦汉族农民、灾民入教，向他们提供必要的救济和医疗，组织进行生产和生活”。[1]

[1] 张彧：《晚清时期圣母圣心会在内蒙古地区传教活动研究（1865—1911）》，暨南大学历史学博士论文，2006，第 58 页。

由于传教策略的不同，故瑞典协同传道会的教堂与教民多在人口聚集的城镇，而圣母圣心会则多在农村。

基督教（新教）是天主教在16世纪经过宗教改革后形成的新教派，“其礼仪简洁，宗旨革新，更具有积极进取的资本主义精神，其传教士一般具有较高的科学文化素养，与天主教教士相比，其思想也更为开通”。[1] 新教所采取的这种将先进的科学技术融入社会福利事业的传教途径，比天主教购买土地、组建教民村堡有着明显的优点：一是避开了与当地百姓实际利益（土地）上的冲突，使得传教方法更为温和可近；二是应用了先进科学技术的福利事业，接近于中国传统信仰中宗教的特点——“行善积德”，利于人们接受。三是基督教不置产业（据县志记载，境内除沟门教堂有水地三亩外，其他仅堂院一所，并无其他产业），不组织形成教民村，无城堡武装之军事设备，而天主教则大小教堂“悉为建筑伟壮，设备完整之旧教机关。其华洋屋宇并在三四十楹以上。堂产田地多者数百顷，少者数十顷，以至数顷不等。且各就其力之所及，于学校、育婴堂暨武装团丁等几乎应有而尽有”。[2] 所以基督教与当地社会相对融洽，没有对地方政府的行政力度形成冲击，也没有形成“自成特殊区域，县旗政府殆无能过问者。……（教民）知有教堂，而不知有民族国家，知有罗马教皇而不知有中央政府，县区更不必论也”的局面。

此外，基督教所创办的福利事业并非像天主教那样，必须以入教为前提才能享受。新教的传播大多是没有强迫性的，传教者“每到夏季就组织帐篷布道团，轮流到县城以外远郊乡村支搭帐篷，在农民收工后和夜晚进行宣道工作，……天冷前返回教堂，年年如此”。[3]

瑞典协同传道会在绥远地区的传播，萨拉齐是主要的传播之地。据日伪时

---

[1] 牛敬忠、钟仁：《近代绥远地区的社会问题》，内蒙古大学出版社，2010，第79页。

[2] 绥远通志馆：《绥远通志稿》，七册 卷五十八 宗教（天主教、耶稣教），内蒙古人民出版社，2007，第531、532页。

[3] 曹毅之：《内蒙古西部地区基督教之沿革》，载中国人民政治协商会议内蒙古自治区委员会文史资料委员《内蒙古文史资料》第二十三辑，内蒙古人民出版社，1985，第206页。

期的调查显示，该会在萨拉齐县的信徒人数位居绥远地区首位。在萨拉齐县的经费投资上也居绥远首位，该会在萨拉齐县“常年经费一万元外，并有欧美大量捐赠之款物不时寄来。核计一年所入，不止超过归绥教会一倍以上也。”[1]

1940年瑞典协同传道会教势一览表

县别	信徒数	教堂数
厚和	659	15
萨拉齐	677	7
包头	329	1
固阳	65	1
和林	34	1
托克托	87	2
武川	39	1
凉城	112	1
兴和	5	1
丰镇	302	7
合计	2309	37

表格来源：《基督教在内蒙古—以厚和为中心的概况》，[日] 前岛重男 斯林格译，《内蒙古近代史译丛》第二辑，231页。表中显示的该会在萨拉齐县地区有7座教堂，分别为：城内大西街路南总堂、沟门分堂、苏波盖分堂、纳太分堂、竹拉沁分堂、沙尔沁分堂、鄂尔格逊分堂。

三、伊斯兰教

清乾隆初年，善岱（今土默特左旗）一带的部分回族来萨经商，有20多户首先定居于萨拉齐镇南街和北街。随之，伊斯兰教传入萨拉齐镇。约在清乾

[1] 绥远通志馆：《绥远通志稿》，七册 卷五十八 宗教（天主教、耶稣教），内蒙古人民出版社，2007，第552页。

隆十二年（1747 年），回族群众集资在镇内南营子建起清真寺。寺内设有礼拜殿 3 间，沐浴室 1 间，阿訇住房 1 间。

清乾隆四十七年（1782 年）二月，镇境回族已增加到 100 多户，400 多人。同年，回族群众又集资对清真寺进行了扩建。时有阿訇 3 名，教长为马标。

民国 2 年（1913 年），城内回族集议创“回教俱进会”，举先进乡老马善元为会长；民国 9 年（1920 年）改选王子选为会长；民国 12 年（1923 年）选马子毅为会长；民国 14 年（1925 年）再选王子选为会长；民国 16 年（1927 年）改称“回民公会”，举马伯祥为会长；民国 18 年（1929 年）改组为委员制，委员由 7 人组成，推白万和为常务委员；民国 23 年（1934 年）改选邸占武为常务委员；民国 25 年（1936 年）改选邸占威任常务委员；1938 年改称“回教总分会”，选马廉为会长；1940 年改选魏林为会长，置总务主任 1 员，会计 1 员，监事 3 员，委员 9 员，址设礼拜寺巷内。

“俱进会”是本地回族的一个群众性组织，近 30 年中几经更名易人，但它一直是当地回族的最高权力组织。除了协同乡老办理宗教民族事宜外，同时还代表本民族的利益参与社会活动，如向当地政府提出建议，请求处理和交涉有关民族问题和其他问题等。

日军占领萨拉齐后，“俱进会”改称“回教总分会”，其总会设在包头，会务均由日本人控制，该组织一时成为日本帝国主义奴役回族群众的工具。1943 年，清真寺有阿訇 11 名，信徒 1222 名。

1948 年，国民党成立“中国回教协会理事会”，萨拉齐设立“回教协会分会”，设理事 6 名，理事长为刘忠。

1949 年后，清真寺成立“教务管理委员会”，管理寺内教务活动，一直未曾间断。

第二节　宗教活动场所

一、佛教

萨拉齐道教没有庙宇或道观，所有寺庙均为佛教活动场所，庙内所住一概为和尚，一庙所供奉的神像，既有道教信奉的，也有佛教信奉的。如吕祖庙，主神供奉的是吕洞宾，但也有弥勒佛和观音菩萨。玉皇庙、城隍庙、奶奶庙等，无不如此。这种“三教归一”的现象就是萨拉齐寺庙的特点。

（一）关帝庙

关帝庙位于萨拉齐镇城中心偏东南方向，清朝乾隆三十七年（1772 年）始建，三十八年竣工。庙宇规模宏大，布局合理，工艺精湛，可称全城 7 庙之首。关帝庙占地约 2400 平方米（含西院），筑正殿 9 间，东西配殿各 5 间。院内正中设有过亭，亭前两侧各有房室 3 间（前配庭），月宫门过道通向两边的小院，山门坐北朝南，整个寺庙呈长方形状，石头垫基，蓝砖砌墙，木柱顶立，通瓦盖顶，样式大方美观，雕刻、绘画工艺精湛，雄伟壮观。

（二）玉皇庙

玉皇庙建于清乾隆初年，是一座小庙。后于 1783 年重建，扩大了寺庙规模。该庙约占地 1800 平方米，正殿、配殿、过厅、山门和钟楼等建筑物组成了一座整齐的庙宇。

经 9 层台阶入正殿，正殿约有 9 间，其中 3 间正殿中塑有玉皇大帝坐像，地下站立八大金刚。东正殿塑轩辕黄帝坐像，地下塑有站像；西正殿塑有班禅祖师坐像，地下也有站像。从正殿下来，东、西两侧各建 5 间配庭，东厅内安坐药王神农氏，西庭塑像记忆不清。庙院中央是穿心过厅。过厅前，东、西两边又有各 5 间房室，是和尚的宿舍、炊事室、仓库。山门宽阔，卧石狮 1 对，1 对旗杆迎天直竖，山门左右留着旁门，一侧是钟楼，一侧为鼓楼。

玉皇庙本应是道教寺庙，但却供奉班禅，并由和尚管理。民国末期住持和尚法名诚来，共有徒弟9人，比其他各庙和尚都多。每年八月十五中秋节为庙会节日，由和尚筹备，商行资助（主要是成衣、罗笼饮食行业），为期3~5天，热闹非凡。1952年，庙宇被拆除。1969年，土右旗农机厂扩建，成为农机厂的一部分，1975年改建成包头市水泵厂。现已成为住宅开发用地。

（三）城隍庙

城隍庙建于清乾隆三十四年（1769年），位于解放街东段，坐北向南，占地面积约1800平方米。砖木结构，建有正殿9间，东、西配庭和前庭各5间，后堂庭房3间，别墅2间，山门前旁设有钟鼓楼，山门东西有旁门，山门台墀宽敞，上卧石狮1对，庙院中央直立铁鼎1尊。

正殿中央塑有城隍坐像，长方形供桌摆在台前，安放供品齐全，供神使用。殿内两旁塑有4个站像，一持笔砚，二捧薄箱，三是牛头手执三杈长矛，四为马面手拄狼牙锤。东正殿塑有判官坐像，西正殿塑有城隍小像。这位城隍小像安坐在抬架上（无顶轿），两面加杆，每年寒食节这天，雇上轿夫舁上该像出府，在街巷巡游1次。

东、西配殿有16个站像，是阴府衙役，形状奇怪，手持各种刑具，个个张牙舞爪，看上去使人心惊胆颤。有一个青面獠牙、形象阴险狡诈的塑像，只要稍微碰动它的胸脯，眼球立即活动起来，成人胆小者和儿童都不敢进此庙观赏。

后堂内的供台龛阁坐着城隍奶奶佛像，台前摆放供桌1张，桌两旁站着4位姑娘塑像。堂内套间为寝室，设备齐全。地下铺着白兰色栽绒地毯，木板做炕，炕上常放2卷缎被褥，1对缎靠枕。院中杨柳成荫，鸟语花香，环境幽雅。

前配庭、西庭是和尚的宿舍，东庭接拦灵柩存放。每逢夏季尸体腐烂，臭味满庙，直到日伪时期才督令解除。

民国末期，此庙有和尚1名，法名和月。

1952年，庙宇被拆除。1962年，该地被萨拉齐机耕队占用。1969年，萨拉齐、双龙、二十四顷地机耕队合并成立土右旗农机修造厂，成为旗农机厂厂区，1975 年该场改建成包头市水泵厂。现已成为居民住宅区。

（四）观音庙

观音庙位于萨拉齐城内大南街西侧。清乾隆五十六年（1791 年）完成庭、房、门等主体建筑工程。间隔 3 年又补建乐楼和钟鼓楼，并进行装饰彩画。观音庙坐北朝南，占地 1000 平方米。出厦式正庭 5 间，东、西配庭各 5 间。山门台上蹲着 1 对石狮，台阶两侧竖立 1 对石制旗杆。

正庭中间是南海观音菩萨坐塑像，东、西侧庭塑像较多，供桌、供器齐全。东配房是和尚的宿舍，西配房在民国年间作了南区小学的教室。20 世纪 60 年代，庙宇被拆除，全部改建民房。

（五）财神庙

财神庙建于清嘉庆六年（1801 年），位于萨拉齐西城门内大街南端。占地面积不足 1000 平方米。建有出厦正庭 5 间，南、北配房各 5 间；单山门，旗杆、石狮、钟鼓楼俱全，并有坐东迎西的戏台，所有建筑均是砖木结构。

正庭中 3 间，内塑商纣之赵公明，谓之财神爷；南一间内塑马王神，是三头六臂十二掌，掌中持有刃剑钺斧、棒锤钩镰；北一间内塑何像未知。

南北配房西区小学与和尚占住，单山门内无装饰，旁有便门。

（六）吕祖庙

建于清嘉庆八年（1803 年），坐落北门内路旁，有抱厦式正庭 3 间，单山门。庙院是土围墙，西墙上留有一个小便门。在庙庭西侧大路中单建起一座与庙相依的楼阁，楼底下是约宽 6 米、长 12 米的穿心洞道，行车无阻。洞顶上铺底，长与宽均是 12 米，四周砖砌 80 厘米高的透孔围栏，中间落成庙庭。庭中隔墙分成前后两厢，各开一门。前庭塑有手执宝剑的神像，称其真武；隔壁背面塑着文质彬彬、面向北方的文昌坐像。

吕祖的庭宇，抱厦在前，四明柱围边。东边厦抱柱横梁上挂着直径约 80 厘米铸钟。宇内塑吕纯阳之像，称之吕祖。吕祖金脸佛面，巾冠黄眼，手持佛尘端坐于龛台中间。台前设有供桌，桌上备有供器香炉、罄盂、签筒。

路西是禅院，院中有正房5间，西房5间，除和尚占用外，其他房间作了北区小学的教室。

20世纪60年代，庙院被改建为民房，西半边被用于建路占用。

（七）奶奶庙

建于清乾隆三十八年（1774年），庙址东毗育才书院和巡警营，西连关帝庙，建筑占地面积1200平方米。该庙在民国24年（1935年）某天突然发生火灾，将7间正庭焚毁。于民国27年（1938年）仿照原貌重建，当年建成。

新建庙宇有出厦正庭7间，上庭台阶5层，露明柱6根，屏扉门面，东、西无厦配庭各5间。有山门、旁门，门外即是剧场，南端是戏楼。

正庭内斗砖铺地，画栋雕梁，内壁彩绘，外壁瓦刻，抱柱朱红油漆，旋口牙板三蓝颜色素画，可谓鲜艳夺目。内沿北墙筑成长形坐台，台上塑着突头式月牙形一座山岭，树木、花草、鸟兽配衬。岭中留有上圆下方3个洞孔，洞中各塑奶奶佛像并且全山还约有半百小洞，庙会前夕住庙和尚暗暗塞入部分小泥孩，没生养儿女的夫妻在节日那天早去暗暗“偷”回家里去，如若以后生下男或女，便认为是奶奶奉送来的，要酬敬还愿。

山墙西边有台墩4个，上站塑像。西配庭是和尚宿舍，东配庭为仓库。庙中央竖铁鼎1尊。山门简陋，走廊门前有耳室各1间。

丁绍先、刘子民、杨清兰、甯天贵、张步云、张百平等人筹办重建庙宇。重建正庭用的技工是：木工崔双宝、瓦工刘梅令（均为萨拉齐人）、塑工闫才旺（原萨县五区人）、画工张宝（沟门村人）。经过验收表明，新庙塑、画工艺高于旧庙标准，而瓦、木刻制等工艺不及原旧水平。

二、伊斯兰教

萨拉齐清真寺位于镇内大南街。始建于清乾隆十二年（1747年）。寺内设礼拜堂3间，沐浴室1间，阿訇宿舍1间。清乾隆四十年（1775年）前后，镇内穆斯林又集资在原址上扩建清真寺。清乾隆四十七年（1782年）2月26

日，寺院落成。现寺内尚存当年所制石匾（0.55m×1.4m），匾内正中刻有“清真寺”，两旁刻有“大清乾隆四十七年二月”“建立”等字样。

扩建后的清真寺有礼拜大殿15间，沐浴室4间，讲经堂2间，南房2间及五檩四椽大门洞等。1936年将原来的沐浴室由原来的4间扩建为5间，新建阿訇住房3间。1947年，又将礼拜大殿由15间扩建为25间，新建南房3间，作为讲经堂。

此外，民国年间，在城内礼拜寺巷建有回教总分会办公室，亦为伊斯兰教活动场所。

三、天主教

二十四顷地教堂初建于1880年，1900年在义和团运动中被毁。1904年，主教闵玉清（比利时）利用教案赔款重建二十四顷地教堂。教堂外围有城堡，内设主教府和修道院等，城堡高大宽厚，便于防守，为绥远全区城堡之冠，费银一万三千两。1905年又修建大经堂，费银七千两。经堂南端修建起一幢高30余米的钟楼，最高层悬挂三口大铜钟，每口重约一百公斤。据传，铜钟是

民国时期的二十四顷地教堂

由银、锌、锡合金而成，钟声清脆宏亮，三口钟的音阶为道、来、米三音，可惜该钟在“文化大革命”中被毁。随后，二十四顷地修建男女问答书房，即要理学校。1914 年成立正式学校，次年修建男校舍 9 间，1916 年修建女校舍 9 间，男女分校教学。二十四顷地天主教堂规模最大时，计有大经堂、主教小堂、要理问答书房、小修道院、主教府、传教先生训练所、育婴院、安老院、学校、圣母圣心楼、绕堂内寨以及砌有炮台的高大围堡等设施。

1904 年建成的二十四顷地城堡，周长 3000 米，为绥远地区城堡之冠，费银 1.3 万两。

四、耶稣教

1903 年，瑞典籍传教士鄂必格牧师再一次（义和团运动前曾在萨拉齐传教）来到了萨拉齐传教。他先在大西街路南（今土默特右旗联通公司楼对面）买下董姓居民院落一处，建起了最初的萨拉齐基督教教堂。随着教务的扩展，他又相继买下了附近居民张存钱、尹廷等十几家民房，占地共约 20 亩。1920 年时，教会在萨拉齐已建起 4 座大小礼拜堂及一些校舍、医院等，共有房屋 70 多间，使教会有了一定的规模。

1920 年，瑞典国籍的瑞闻生牧师在萨拉齐城内设计并监工建立了一座松木椽檩、青砖砌墙、厚铁皮瓦屋顶结构的“人”字形礼拜堂，计 44 间合 800

多平方米。该礼拜堂可容纳1200多人，男女分两边坐。堂内设有靠背长凳200多条。礼堂的门面是凸出来的三层尖顶钟楼，三层上挂有一口大钟，尖顶上挂有十字架耸立，并有避雷针线引地。门面二、三层中竖写着“礼拜堂”三个大字，右边写着经文“人活着不是单靠食物，乃是神口里所出的一切话”。左边写着主历1920年建，字周围为一些彩图。

从西门进入礼拜堂，便是迎东再向南拐的转角形空间，共44间，5~6米高。堂内有35根松木圆柱支撑着堂顶，远看显得有些影响视线；在东北角处，设有1米多高、40多平方米大的讲坛，在讲坛地面上，有2米长、1米宽、1米高的浸礼池，这是信徒入教时接受洗礼的地方。浸礼池后边，有2个小角屋，各开一小门，是受洗者的更衣室。讲坛上前边，有2尺多高四棱柱12根，表示基督教十二支派。讲坛中间放一个扇形小讲桌，上面摆放着《圣经》和《赞美诗》。讲坛下设有8行、36排长靠凳，男4行，女4行，每凳能坐4~5人。男、女信徒之间用1.5米高的界墙隔开。男信徒进堂走西门，女信徒进堂走南门。在女信徒一边的东南角处，设有一个小火炕，是放婴儿的地方。这座有着西洋风格的礼拜堂及钟楼，屹立在萨拉齐城的中心，每当礼拜时，悠扬震荡的钟声远隔10多里即可听到。钟楼高约4丈许，从城外远远地即可瞭见。这是当时城内的最高建筑物。

1920年后，这里又建起外国牧师及女传教士居住的2座厅房，有40多间。庭前有花、果园，栽培着果树等，园中间设有风力提水机，离地高约20米的风扇转动时将井里的水抽上来浇园中的果树。新型的提水设备令塞外的百姓很是稀罕。此后，又在礼拜堂南侧建立一座小二楼，作为教师、医务人员、讲道员的居住所；在礼拜堂西院建男女谈道所、医务室，建立正房3间作为中国牧师阎贞儒的宿舍及灵修室。

五、宗教活动场所的其他功能

（一）行会的办公所

萨拉齐的商业行会——公行，其办公场所在关帝庙内。手工业领域的各类会社也均在庙宇内办公。如鲁班社于清乾隆三十八年（1773 年）以后在祖师庙内设立社房，当作行会活动的会馆。其他手工业行会也都在和本行业有关系的寺庙里设置了会馆，这些会馆不仅仅是举行祭祀活动的场所，还被当作团体活动的根据地使用。各类匠人或在祖师庙或在其他庙宇内，都树立起了本行业的始祖塑像，定期举办庙会、酬神唱戏、召开会议等。

（二）庙会的载体

清末民国初期，萨拉齐镇内以佛、道教场所为载体而兴办的庙会很多，差不多每月都有，尤其在初春秋后更为集中，甚至一天有几个庙会同时举办。由于庙会都由工商业行会组织（社）或农村各社组织承担相关费用，因此，庙会的名称便以承担举办的社名出现。萨拉齐城内及周边地区有庙会如下：

正月初二灯油社：在关帝庙举办。

正月十五东西两大社同时举办庙会：萨拉齐镇以城中心十字大街南北为界，路东为东大社地片，路西为西大社地片。到了正月十五这天，两个大社都在自己的地片举办庙会，形成唱对台戏。

二月十九恒山社：在观音庙举办庙会，属软山货行主办。软山货行即经营副食品和糖业烟酒等货物的行业。

四月初一明德马王社：在关帝庙举办庙会。由粮店、面铺主办，即粮面行。

四月十八圣母社：即奶奶庙会。传说王母娘娘是给百姓送儿女和保护儿童的女神，庙会期间，赶会的人都要祈求王母娘娘给自家的儿女祈福消灾。

五月初五忻定社：在关帝庙举办。是原籍忻州定襄人轮流担任会首举办，不是忻定帮子的商号不参加。此庙会规模最大，花销最多。

六月二十四，萨拉齐城北的庙湾村也有一次传统庙会，由萨拉齐七圣社主办。

七月初一文殊社：地址在关帝庙。因为文殊菩萨的神像在朝阳洞，庙会前需从朝阳洞把神像请回来，庙会后再把神像送回去。

七月十八官坝社：地址在萨拉齐城北门铁道北边的龙王庙，每年有人员会搭台演戏。这个庙会正值瓜果成熟季节，会上摆摊的瓜果种类及数量都比较多，赶会的人们可以随意购买和品尝，所以，当地又戏称为“瓜皮会”。

八月十五中秋社：地址在玉皇庙，有时不唱戏，只做摆供祭祀。会期正值农忙季节，因而不是很热闹。

九月初九牛犋社：地址在吕祖庙，由地方上的农民主办，演戏 3 天。

十月初一城隍社：地址在城隍庙，有时也演戏，但进入到寒冷季节时，人们看到庙内塑像及廊坊内壁上画的阴司公案会害怕，所以胆小者不敢进去看。

（三）教育职能

1914 年，二十四顷地天主教在教堂内成立了第一所初级小学。第二年夏天，在村中间又新建了校舍 9 间。学校内的设备也比较齐全。至 1921 年，二十四顷地修道院教学设施渐趋完善，增设数、理、化科目，并从国外购回多种仪器、标本、挂图；另据《萨拉齐县志》载，民国 32 年（1943 年），二十四顷地村小学有 3 个班，学生 63 名；另有天主教明德小学，学级数 4 个，班数 4 个，教师 5 名，学生 134 名。[1]

1931 年冬，二十四顷地本堂司铎陶德默还在此地开办了一所幼儿园，“一者可以补救家庭教育之不足，再者可以改进学校教育之基础”，[2] 这是萨拉齐地区第一所学前教育机构。

萨拉齐城内的基督教会，于 1922 年在礼拜堂东边建立育英小学，招收教会内外的学生，当时系男校。日伪统治时期，该校学生人数增加到 200 多人，年级有 1~6 年级。

（四）社会救助职能

二十四顷地于 1886 年成立了一所育婴院。1914 年又将育婴院扩修，增建

[1] 韩绍祖、望月稔修，张树培总纂：《萨拉齐县志》卷六 政治，收入包头市地方志办公室、包头市档案馆、内蒙古社科院图书馆合编《内蒙古历史文献丛书》之八，下册，内蒙古出版集团远方出版社，2009，第 582 页。

[2] 王学明：《天主教内蒙古传教简史》，天主教内蒙古呼和浩特市神哲院，1984，第 63—64 页。

新房20余间。从1886年设立育婴院起到1938年止，52年内共收入婴儿1800余名。

1918年，二十四顷地教会开办“男子安老院”，收容的都是瞎子、瘸子、哑巴、痴呆等残障或是无人赡养的老人。二十四顷地常年收养这样的人。每年夏天给每人换一身单衣，冬天给每人一套老羊皮皮衣和一对毡袜。[1]

在萨拉齐传教的基督教瑞典协同会规定：凡是往救婴院送婴儿的人，每送一婴儿就得赏钱200文。救婴院对婴儿逐个编号登记，注明出生年月，并将婴儿每10个编为一组，统一起名字。婴儿在五岁前由救婴院出钱送交奶妈喂养，五岁后接回。到入学年龄就送到三妙女校学习。尤其感动的是，经鄂必格夫妇养育成人者“视之常如父母，虽离堂之男女，犹时往探视慰问，若归宁也。综计鄂氏数十年中所育婴孩不下二千人，其公德亦不可谓不伟矣”。[2] 还有一些被抚养者，干脆取鄂必格的“鄂”字为姓，如抗战时期绥远民众自卫军将领鄂友山即为此类。

日伪时期，萨拉齐县是烟毒的重灾区，吸食大烟成为各种居民的家常便饭。因此教会曾两次成立戒烟所，进戒烟所的戒烟者每批三四十人，以一月为限，这使很多染有大烟瘾的人戒掉了烟瘾。

（五）避难所、调停所

清末民国初期，萨拉齐地区的教会势力凭借众多的教民、坚固的城堡与强大的武力、广阔的田地、诸多社会福利事业、优越的政治特权等，在动乱的年代里成为了除政府以外的另一种社会权威。[3] 这一方面表现为，动乱中的人们往往选择教堂作为避难所；另一方面表现在一些对立的政治力量相持不下

---

[1] 王学明：《天主教内蒙古传教简史》，天主教内蒙古呼和浩特市神哲院，1984，第62页。

[2] 绥远通志馆：《绥远通志稿》，七册 卷五十八 宗教（天主教、耶稣教），内蒙古人民出版社，2007，第551、552页。

[3] 牛敬忠、钟仁：《近代绥远地区的社会问题》，内蒙古人民出版社，2010，第118—114页。

时，教会便往往担当起调停的角色。武昌起义后，阎锡山率山西革命军进入绥远，由包头东进攻打萨拉齐时，“双方交战数日，最后清军不支，城内混乱，遂由教堂牧师鄂必格高举红十字旗出城讲和。经过双方协商，讲好条件：清军必须开城投降，但革命军对县官不加杀害。开城前县官携带家属十余人避入教堂，革命军完全占领县城，双方所有伤兵都移入教堂由医疗室医生给以治疗，县官宣布退位”。[1] 1922年，萨拉齐保卫团与哥老会势力合成一股，图谋打击统治绥远的军阀马福祥，双方在二十四顷地一带陈兵对抗时，“均驰函教堂，请出头居中调停，办理收抚，以求事之和平解决，而安民生……”1926年阎锡山将新收编的一支3000多人的队伍派驻在准格尔旗，一心筹备武力的纳森达赖便秘密收购该部人马的枪械。此事后被驻军军官发现，他们将纳森达赖捆吊在马棚里边。那森达赖的堂弟“奇文英闻讯，连夜骑马过河到萨县二十四顷地教堂，请来外国人陶神甫营救。经陶神甫居中调停，由奇文英代纳森达赖退还200多支步枪，拿出10万银洋，才把纳森达赖从马棚的二梁上放下来”。[2]

第三节 民间信仰

一、自然物崇拜

天地　萨拉齐民间对天、地的崇拜体现在诸多的习俗中。比如，在婚姻礼俗中，新婚夫妇在结为百年合好之前，一定要先拜天地，或是私定终身的男女也要向天祈祷。夫妇跪地发誓，以天、地为证，保佑他们白头偕老，永不分离。

---

[1] 曹毅之：《内蒙古西部地区基督教之沿革》，载中国人民政治协商会议内蒙古自治区委员会文史资料委员会编《内蒙古文史资料》第二十三辑，207页。

[2] 钟正文：《血雨腥风的年代》，载中国人民政治协商会议内蒙古自治区委员会文史资料委员会编《内蒙古文史资料》十三辑，内蒙古人民出版社，1984，第20页。

石　萨拉齐民间将石头看作是能避邪去灾的灵物，故在民居门口、村口或胡同面向大路口处立石或将石嵌于墙上，有的书有“泰山石敢当”，因而泰山山神为影响最大的山神。这种敬石风俗一直延续至今。

太阳　萨拉齐民间有祭祀太阳的习俗。传说农历二月初一是太阳神的生日，这一天家家都要烙糖饼，并在院内设供桌祭祀太阳。供品除糖饼外，还有焖子、豆腐各一碟，两碟中间，是一棵立放在碟子中的大白菜心，菜心上要有一张小公鸡图案的红剪纸。并且人们还要燃烛焚香，跪拜谢神。亲朋邻里之间，要互赠家中烙好的糖饼，街上也有卖这种糖饼的。还有一种是用黄米做成的米糕，上面印有雄鸡图案，称之为“太阳糕”。民国时期，太阳崇拜日渐衰落。中华人民共和国成立后失去传承。

月亮　农历八月十五是祭拜月亮的节日。是日，外出人员尽量赶回，家家户户都要团聚庆祝并烙月饼。月饼的图案是用木头模子扣出来的，多为广寒宫殿，旁边有桂树和一个捣药的玉兔。月饼馅有枣泥、五仁儿、什锦、提浆等品种。还有的人家到点心铺去买现成的月饼。亲朋好友和邻里之间多以月饼互相赠送。有小孩的人家还要到街上为孩子购买一些泥制或纸制的小兔捣碓玩具，或到点心铺买糖制的“兔捣碓”食品。晚上月亮升起时，家家户户的庭院内都摆上香案，供上月亮神，前面摆放月饼、鲜果、西瓜、莲毛豆角等，并燃烛焚香，跪拜如仪，此过程称之为“圆月”。

木星　即为太岁，又称“龙凶神”。萨拉齐民间多以其方位定凶位，忌动土木、出行。俗语有“太岁头上，不宜动土”。

植物　在民间的自然崇拜当中，植物崇拜也是一个极为重要的方面。在万物有灵的观念支配下，一些树木、花草被赋予了某种灵性与神力。老树、古井往往被迷信的人所崇拜敬祀。如萨拉齐镇城区、榆树营、小厂圐圙等村都有百年大树，当地人称树仙显灵，求治病者甚多。祭拜大树时，树上贴满了红纸，枝头挂满了红布条，人山人海，锣鼓喧天，目的就是为了祈福除灾，求得风调雨顺、人畜平安。

二、神灵崇拜

三官 即天官、地官、水官的总称。清末民国初期，萨拉齐城郊各村社每逢正月十五都要搭“三官庙”祭拜，俗称“闹三官”。届时，在各村“三官社”的组织下，举办秧歌、酬神等活动。民众都要来烧香磕头，祈祷一年风调雨顺，五谷丰登。

火神 清末民国初期，萨拉齐北门外的水涧沟门建有火神庙，每年六月二十四举办庙会。其他玉皇阁、天后宫也曾设有火神殿来供奉火帝。火帝形象极其凶恶，满面通红，两眉之间多一只眼。一共有 8 只手，分别持有剑、火轮、火球等不同的法器。在火帝塑像两旁还有 4 位站神，即火龙、避火猪、食火猴、围火虎。据说都是火帝的弟子。火龙全身盔甲，手持红蛇，面为白色；避火猪面目为猪形，蓝脸，着黑袍，头戴猪形帽子；食火猴尖嘴红腮，如同猴形，身着黄袍；围火虎为白色，一副武士装扮，头戴老虎帽。

灶神 在普通百姓之家，灶神是居家保护神，所以形成农历腊月二十三日祭灶的风俗。在这一天，萨拉齐的百姓都要洒扫庭除，并在灶王神像前摆放许多用饴糖滚芝麻做成的麻糖。民间认为用麻糖可以粘住灶王爷的嘴，这样他就不能说人们的坏话，如果说话，也只能是甜言蜜语。有的人们还在灶神像两侧贴上对联：“上天言好事，回宫降吉祥。”到了晚上，人们要将灶王的神像取下，连同准备好的纸钱、纸金元宝等祭品烧掉，但也有的人家常年贴挂神像，到年终另请，以新换旧。

玉皇 萨拉齐城内的玉皇庙建于清乾隆初年，最初为一座小庙，后于 1783 年扩建。扩建后占地约 1800 平方米，建筑雄伟壮观，包括山门、牌坊、大殿、配殿、钟鼓楼等。玉皇大帝的塑像，身穿九章法服，头戴十二行珠冠冕旒，手持玉笏，旁侍金童玉女。一年当中，民间对玉皇大帝的祭祀活动主要有两次：一次是农历正月初九的玉皇诞辰庆典，一次是农历腊月二十五日的玉皇出巡庆典。届时，善男信女纷纷前来敬香，玉皇庙内道士也要举办规模隆重的道场，诵经礼忏，迎接玉皇御驾。玉皇庙外，民间各路表演会前来献艺，来自各地的小商贩也云聚于此，并销售各种小商品。

门神　门神是具有驱邪魔、卫家宅、保平安、助功利、降吉祥等多种功能的保护神。萨拉齐民间信仰的门神为秦琼、尉迟恭这样能驱鬼镇妖的武神。他们常被贴在临街大门上，威猛雄壮，堪可镇伏鬼魅，保佑阖家一年平安。

八仙　八仙为李铁拐、钟离权、张果老、何仙姑、蓝采和、吕洞宾、韩湘子、曹国舅。其中对吕洞宾的崇信，在萨拉齐民间最为突出。萨拉齐的吕祖庙建于清嘉庆八年（1803 年），坐落北门内路旁，有抱厦式正庭 3 间，单山门。庙院是土围墙，西墙上留有一个小便门。

被尊为吕祖的吕洞宾，民间传说他是唐、五代时期著名的道士，姓吕名嵒，号纯阳子，自称回道人。年少时熟读经史，但考了几次进士都未中榜，遂浪迹江湖。64 岁时在长安赴试时，因向钟离权学到延命之术和金液大丹之功，成道为仙；还传说他遇到火龙真人，得到天盾剑法，他的剑术一断烦恼，二断色欲，三断贪嗔。元明时期被官方封为“纯阳孚佑帝君”，全真道教奉他为“纯阳祖师”，号称“吕祖”。

观音　萨拉齐城内的观音庙位于大南街西侧。清乾隆五十六年（1791 年）建成，坐北朝南，占地 1000 平方米。观音是佛国众菩萨中的首席菩萨，应叫“观世音”。由于唐代为避太宗李世民名讳，略去“世”字，简称“观音”。观音菩萨在民间几乎家喻户晓，人们普遍认为民间众生受苦受难时，念诵其名，菩萨就会“观”到这个声音，立刻前往解救。在民间，观音菩萨的信徒以妇女居多。民间传说的观音菩萨有很多形象，如南海观音、送子观音、披发观音、白衣观音、长带观音、渔篮观音、千手千眼观音等，其中都有不同的意义和故事传说。

关帝　关帝庙位于萨拉齐城中心偏东南方向，清乾隆三十七年（1772 年）始建，清乾隆三十八年竣工。庙宇规模宏大，布局合理，工艺精湛。关帝，即关羽，字云长，俗称“关公”，是三国时期蜀国大将。当时他与吴国作战而死被追封为壮缪侯，所以在当地建寺供奉。唐代以后被视为人鬼。北宋以后被封为公或真君，被列为张天师的神将之一。宣和年间被封武安王。明万历时被封为关圣帝君。佛教将其神化为伽蓝神之一。道教传说关羽为老龙化身，称其为关圣帝君。宋徽宗追封关羽为“忠惠公”，明万历年间加封为“三界伏魔大帝神威远震天尊关圣帝君”。关羽生前英勇而讲义气，可谓义结千秋，忠贞不二。因此人们敬爱他，将其视为偶像。萨拉齐人多是晋人后裔，尤其崇拜关帝，一些重要的机构如商会组织等也都设立在关帝庙中。

财神　萨拉齐的财神庙建于清嘉庆六年（1801 年），位于西城门内大街南端，占地面积不足 1000 平方米。在萨拉齐民间，春节前后都要请财神和敬财神。农历腊月三十之前，各家各户要到街市请（买）一张财神爷供于家中佛堂或堂屋内供全神像的地方。这时，街面上还有一种专门走街串户为各家送财神的小贩，这些人多出自贫寒之家，有的就以此为行乞的借口，他们低价趸来财神像，然后挨家叫卖：“送财神爷来喽！”进家后，户主热情迎接，并花上几个铜子请（买）一张财神像。农历正月初二是请财神的日子，民间要举行一系列祭祀活动。

第十一章　萨拉齐戏曲

第一节　概述

萨拉齐镇的戏剧史，有迹追寻者，可以追溯到清朝康熙年间。在萨拉齐镇小厂汗圐圙，有建于清康熙十八年（1679年）的龙王庙和戏台，这是内蒙古西部发现的较早的古戏台。

萨拉齐作为一个城镇，是晋、陕汉族人民走西口形成的。走西口使内蒙古土默特地区的农牧业经济和商品经济得到大力发展，在经济发展的同时，土默特地区的文化也得到了发展，正是在这种文化大发展的过程中，诞生了二人台这种小戏，这也使得晋剧北路梆子这种大戏在萨拉齐一带发展壮大起来。

早在明朝中晚期，各个大大小小的板升内，就有了汉族和蒙古族人民的文化娱乐活动。到走西口的“雁行”时期，各种娱乐活动又得以延续。那些最早走西口的人们，在劳作一天后的夏夜里，在秋收后的月光下，一些爱“红火”的受苦人，拿出他们各自的家具，吹起来，拉起来，唱起来，舞起来，内容都是他们喜闻乐见的家乡秧歌、道清、高跷、码头调、爬山歌。蒙古族弟兄们也和他们一起歌舞，汉族人们给这些风格大不相同的曲调起名曰“蒙古曲儿”。当走西口移民由“雁行”变成定居后，这种活动更加频繁，年始节落。红白喜事也都少不了红火一番。

走西口的山西人，有不少是来自山西忻州、太谷、祁县等地的经商者，人们称他们为旅蒙商。这些靠做生意富起来的地商、行商也请戏班唱堂会。

乡村集镇的建立，城市商业的兴隆，像磁铁一样吸引着口里各种爱好歌舞戏剧的人们，他们意识到，口外是个聚宝盆，那里有挖不尽的银子，靠吹拉弹唱办红火远比种地能挣钱。为了谋生，他们组织起许多小班蜂拥来到口外。这些班道有秦腔班、蒲州梆子班、花儿班、乱弹班以及各种杂耍，真是五花八门。在口外，已定居了一些头脑机灵的、有文艺天赋的早年走西口者，他们发现在不算短的冬闲时期可以唱戏挣钱，而且这种钱远比种地轻松得多，于是也组织起形形色色的戏班，有的干脆从娃娃抓起，组织起为数不少的“娃娃班”，娃娃们学戏、打戏，班主能够赚到大把的银子，娃娃们学好戏长大后成为角儿，也能挣很多钱。

已经形成村落和集镇的地方大兴建庙之风。萨拉齐周边较早的庙宇是建于清顺治二年（1645 年）的白庙子村龙王庙和建于清康熙十八年（1679 年）的小厂汗囫圇村龙王庙。整个清代到民国初期，可以说是土默川上形成村落的年代，也是村村建庙的年代。据不完全统计，在清代，萨拉齐县共建庙宇 171 座，仅萨拉齐城内和城周村就有庙宇 16 座。有庙必办庙会，庙会上除了寺庙音乐外，必要时还有搭台酬神唱戏、请戏。萨拉齐城内和不少村的寺庙都建有戏楼。

清乾隆三十六年（1771 年）的萨拉齐观音庙兴建乐楼，乐楼碑文载：“至于清歌妙舞之乐事，尤为祀典之所必不可废者，不竭力经营，诚心修造，非所以尊神明，肃瞻视也。”此碑文至少说明三点：其一，当时萨拉齐城里的寺庙已相继建起了乐楼；其二，演出内容是“清歌妙舞”，还不是戏剧；其三，以“祀典”酬神为宗旨的赛社演艺活动是必不可少的。几十年后，社戏的演出内容已有了重大变化。土默特右旗美岱召镇协力气村遗存着清道光九年（1829 年）建的龙王庙戏台，戏台内壁上绘着彩色壁画，内容是戏剧人物表演，此壁画绘制时间不会晚于咸丰，说明当时或更早的时候就已有了在舞台上表演的戏剧了。成书于清咸丰九年（1859 年）的《归绥识略》卷十八《赛社》一章对当时归化城的赛社唱戏活动作了记述：“报赛之说，从古有之。演戏事神，未详肇自何代。盖四民各有本业，自当追奉其先代创始之人，崇德报功，祈福答贶。即藉酬神之举，以为燕乐之期。桑柘影斜，家家扶醉，歌台舞榭，亦足以点缀升平，圣人在上，原所弗禁。惟口外市廛森列，梵宇如林，商贾踵事增华。归化一城，岁三百六旬六日，赛社之期，十逾七八。此外四乡各厅，尚难指数。”在该书勘印时删除的部分，还有如下记载：“归化仅弹丸之地，戏楼酒肆，大小数十百区。镇日间燔炙煎熬，管弦弦哑，选声择味，列坐喧呼。”贻谷、高赓恩所编的《归绥道志》亦有“各庙演戏，四序不绝”的记载。

尽管来口外的民间娱乐活动五彩纷呈，然而由于当时内蒙古西部尚属山西省管辖，自然走西口的人以山西籍的人居多，观众最爱看的还是自晋南北上的山西戏蒲州梆子，学戏者的首选当然也是学蒲州梆子。蒲州梆子又称为“南路梆子”“乱弹”，属于晋南的戏，而西口移民大都是晋北人，这就使得蒲州梆子戏班在演出时尽量使用晋北方言，或吸收晋北孩子加入戏班，而当地成立的娃娃戏班，由于语言相通且更接地气，大受人们的欢迎。同时，他们在唱腔上也进行了改革，更适合于口外人们的口味。当时，口里口外不过只隔着一道长城关口，口外诸厅当然也属于晋北之域，口里口外的人们大都是近亲，如遇红白肆筵，逢年过节，还要来往走串。忻州、大同等雁北地区是走西口人在口里的家，归化城、萨拉齐、包头是走西口人口外的家。人走到哪里，戏便唱到哪里。日久年长，一个新的梆子戏——北路梆子，就在包括口外的晋北慢慢地形成了。因此，可以说是走西口催生并壮大了北路梆子的形成。《萨拉齐县志》载：“山西梆子原有南北两路之分，晋南演者，腔调柔靡，传为南路梆子，晋北演者，声音高亢，传为北路梆子。城乡旧例，四时季节，赛社酬神或祈雨还愿，演唱台戏，北路梆子最为民众所欢迎。如在郊外演唱，为野台，车马辐辏，远近观剧者均高支布幕，饮酒歌笑，男女杂沓，流连行乐，兴尽始归。”

当地人称梆子戏为大戏，仅在庙会等时节演唱，而平时娱乐则更多的是当地的清唱或小戏，当地人称坐腔、玩意儿。《绥远通志稿》载：“又有坐腔、小唱二种。坐腔即清唱也，善此者多为山西梆子；小唱则歌小曲，本地称为蒙古曲儿，实则歌词内容并无蒙古情事。”又载：“辛亥革命以前，城内各行社及四郊村镇均有酬神演剧之习。夏秋两季，殆无虚日。或为大戏，或为秧歌。

大戏有两种，皆梆子腔。演于城市者名字号班，另有一种演于乡村者，角色较低，俗谓之跑营子班。秧歌纯属田家风味，口白用本地土语，取材亦多通俗故事，乐器与大戏略同，惟多一笛。农人平日工作，喜歌此调以调节劳苦。酬神时亦多农居自行扮演，完全为土戏性质，为他处所无。”这种玩意儿，班子小，人员少，便于流动演出，遍布于整个内蒙古中西部，然而就是这种为人民群众喜闻乐见的民间艺术，在中华人民共和国成立前难登大雅之堂，也不得在舞台上演出，又没有正式名称，“打玩意儿”“打土滩儿”“挖莜面”“刮野鬼”，一直叫到中华人民共和国成立后，直到 1951 年，才有了大名，即称作“二人台”。

北路梆子是口外人的最爱，也是晋商们的最爱，一些蒙古王公贵族也喜欢上了梆子。晋商们、王爷们都曾养活戏班，人们称之为“字号班”“王府班”。口外晋商以太谷、祁县、太原、忻州人居多。清道光和咸丰年间，风靡于雁北、塞外的北路梆子，随着回乡的山西财主们来到晋中，与北上的蒲州梆子一起，融合了当地的民间艺术，成为了中路梆子的滥觞。到民国时，中路梆子日渐兴盛，而北路梆子却趋于式微，玩意儿却走向成熟，成熟的玩意儿，尤以萨拉齐为最。

萨拉齐是玩意儿的故乡，玩意儿诞生在萨拉齐。它由蒙古曲儿到坐腔，再由坐腔到化妆表演，首功当为蒙古族艺人云双羊和他的弟子们，是他们把坐着唱变成了一种歌舞形式的小戏，开始了打玩意儿的表演。他们组织了许多戏班，广泛活动于土默川、后套，流布于蒙晋陕冀宁。

中华人民共和国成立后，内蒙古地区的中路梆子和二人台共同发展，“文革”前一度出现两个高峰。特别是二人台，从成立到发展不断走向新的辉煌。而中路梆子出现了低迷不振。20 世纪 50 年代和 20 世纪 80 年代，为抢救北路梆子这一古老剧种，包头市曾努力先将晋剧一团改为北路梆子剧团，后成立了包头市北路梆子剧团，然而终难挽颓势，仅存在 3 年便销声匿迹。

萨拉齐县于 1950 年在原共和戏班的基础上，成立了大众晋剧团，后改为县立剧团，再后来萨拉齐县与土默特旗合并后改称土默特旗晋剧团，两旗分设后，剧团归土默特左旗。1979年又成立土默特右旗晋剧团，几年后因财政、编制和自身管理的问题而解体，此后便再无晋剧团。

如今的萨拉齐，二人台一枝独秀，土默特右旗先后被中国乡土艺术协会和国家文化部授予“中国·二人台艺术之乡”和“中国·二人台文化艺术之乡”称号。

第二节　二人台

二人台原称“打玩意儿”，是广泛流布于晋、蒙、陕、冀、宁部分地区的民间戏曲剧种。二人台从民歌化妆演唱到舞台演出，发展至今经历了150余年。2006年5月20日，经国务院批准，二人台被列入第一批国家级非物质文化遗产名录。

国学大师王国维在《宋元戏曲史》中对戏剧、戏曲作过如下表述：“戏剧，必合言语、动作、歌唱，以演一故事，而后戏剧之意义始全。故真戏剧必与戏曲相表里。”《辞海》对戏曲的定义是：“戏曲是包含文学、音乐、舞蹈、美术、杂技等各种因素而以音乐和舞蹈为主要表现手段的戏剧。”二人台就是一种融民歌、舞蹈、说唱、牌子曲等技艺为一体的综合艺术，是经过100多年发展而形成的戏曲艺术。

按照地域和艺术特色，二人台分为东路和西路两个流派。内蒙古呼和浩特市以西（包含呼和浩特市）的二人台属西路二人台，流行于内蒙古西部的有呼和浩特市、包头市、鄂尔多斯市、巴彦淖尔市、乌海市、阿拉善盟、山西忻州市、太原市北部、大同市西部、宁夏石嘴山市、陕西榆林市、延安市北部等地；内蒙古乌兰察布市以东（含乌兰察布市）的二人台属东路二人台，流行于内蒙古中部的有乌兰察布市、锡林郭勒盟西部、山西大同市东部、河北张家口市等地。东路二人台由西路二人台衍生而来，产生时间晚于西路二人台。二人台流行于这么大的范围，覆盖2000多万人口的近百个县市区旗。一般来讲，二人台的概念就是指西路二人台，萨拉齐二人台是最正宗的二人台。

二人台起源于清代后期，成长于民国时期，成熟于20世纪50年代。中华人民共和国成立前，二人台没有正式名称，按照不同的历史发展时期，二人台先后被称作“秧歌戏”“玩意儿”，直到中华人民共和国成立后，二人台才正式得名。

一、二人台的形成

任何艺术的诞生都有其某个历史阶段复杂的社会背景和丰富厚实的文化背景。二人台，就是在清代晋陕人民走西口这一历史长河中孕育而成的，她是走西口的产物。萨拉齐厅（县）是清代至民国时期山西、陕西、河北、宁夏等地人民走西口的主要落脚地，也是二人台的发祥地之一。

自清康熙、乾隆时期开始，内地走西口人民与土默川上的蒙古族人民长期和睦相处，休戚相关，结下了深厚的兄弟情谊。特别是文化的交流与融合，真正体现和形成了你中有我，我中有你，谁也离不开谁的关系。二人台，就是在这种长期的相互交流中诞生的，它是汉族和蒙古族民间文化的天然融合，它广泛吸收了汉族和蒙古族各类艺术形式的精华，是多种民族文化艺术元素扭结的奇葩，是民族团结之花结出的一颗令人喜闻乐见的硕果。

（一）二人台的艺术元素

1. 蒙古曲儿和蒙古坐唱

蒙古曲儿也称“鞑子曲儿”，是土默川上的人们对蒙古族民歌的称谓。蒙古民歌，早已有之。后来人们给蒙古族民歌起的“蒙古曲儿”名，则有着特别的含义。蒙古曲儿，特指土默特蒙古族在清代形成的蒙古族短调民歌，这一名称起源于一首民间歌曲，蒙古语称为《乌勒贡花》，汉语译名为《海梨儿花》。《绥远通志稿》载：“土默特旗在前清盛行所谓‘蒙古曲儿’，其起源传说为清咸丰、同治年间，太平天国起兵抗拒清政府，本旗两翼官兵，奉调从征。兵士某远役南服，渴思故土，兼以怀念所爱，乃编成《乌勒贡花》（盖所爱者之名也）一曲，朝夕歌之以遣怀。于是同营兵士触动乡思，此歌彼和，遂风行一时。迨战后归来，斯曲流传愈广，或编他曲，词中亦加‘乌勒贡花’。于是‘蒙古曲儿’之名，传遍各厅矣。今省垣以西各县，尚有歌者，无论何曲句中，每加入‘海梨儿花、乌勒英气花’句，盖即‘乌勒贡花’之演变也。遂统名之曰‘蒙古曲儿’，城乡蒙汉，遇有喜庆筵席，多有以此娱客者。”这一曲蒙古族民歌流布甚广，产生于延安的《拥军花鼓》就是从这一蒙古曲儿而来，衬字衍变为“哎勒梅翠花，海呀海棠花”，曲名衍变为陕北民歌《打黄羊》调。

这种大家聚在一起演唱的“蒙古坐唱”，被后来的人们称为“坐腔”。蒙古坐唱已经具备了后世所谓“坐腔”的形式。史书记载：“土默特社会家庭及儿童娱乐方法，曩年有蒙古曲儿一种，以蒙古语编词，用普通乐器如三弦、四弦、笛子等合奏歌之，歌时用拍板及落子以为节奏，音调激扬，别具一种风格。迨后略仿其调，易以汉词，而仍以蒙古曲儿名之。久而汉人凡用丝竹合歌小曲儿者，亦均称蒙古曲儿，实则所歌者皆汉曲也。”

蒙古曲儿演奏用的乐器是三弦、四胡、枚（笛子）三大件。四胡是胡琴（又称“奚琴”）的一种，是与二胡同样古老的拉弦乐器。

二人台音乐有许多牌子曲，其中相当一部分是蒙古族曲儿。如《森吉德玛》《巴音杭盖》《四公主》《三百六十只黄羊》《喇嘛苏》《沙油圪包》《金盏盏花》《巴音厂汉》《大青马》《银镫海骝》《井泉水》等。这些蒙古曲儿最初都是有歌词的蒙古族民歌，由于时久年长，歌词多已失传，曲调却流传下来，成为二人台牌子曲。

2. 爬山调、码头调等汉族民歌

（1）爬山调

爬山调又称爬山歌、山曲儿，在鄂尔多斯地区又称漫瀚调，是流行于内蒙古中西部和晋西北、陕北榆林地区的汉族民歌，其本身也是走西口的产物，是先于二人台出现的民间艺术品类。晋陕人走西口来到土默川，同时也带来了晋西北的山曲儿、陕北的信天游等民间艺术，吸取和融合了蒙古族民歌中的某些元素，从而产生了具有当地艺术风格的爬山调。

萨拉齐是走西口移民最早到达的地方之一，因而也是爬山调最为流行的地区。萨拉齐一带的爬山调具有旋律高亢、音程跳荡、曲调婉转、尾音悠长等特点。爬山调有固定的曲调，但没有固定的词，基本结构是每首由上下2个乐句，8个小节组成，回环往复，相连成篇。演唱者即兴发挥，脱口就唱，想到什么唱什么，看到什么唱什么，其数量无穷无尽。“山曲儿本是没梁的斗，多会儿想唱多会有。唱不完的山曲儿谈不完的话，哪哪儿想起哪哪儿唱。”爬山调歌词常用比兴、夸张等手法，两句一韵，合辙对称，节奏鲜明，上口易记。语言多用叠词，生动亲切，朴实无华，灵俏幽默，有着浓郁的乡土风味和泥土气息。爬山调的这些艺术特色都被二人台所吸收。

（2）码头调

码头调，也写作“马头调”，系曲牌类名，因最初流行于商业繁盛的水陆码头而得名。著名音乐史家杨荫浏先生在其《中国古代音乐史稿》一书中，对码头调进行了详述：“码头的狭义，是指岸边停船的地点，那里一般有斜坡或石级，便于人们上船下船。古代交通全靠河道，有河道才有码头。交通便利的地方更容易发展成为商业都市，因此码头的广义便引申为‘商业都市’。如今天的上海市，在过去也曾被称为‘上海码头’。码头调这一名词，系泛指在码头流行的多少曲调，并不是专指一个曲调，是多曲的类名，而不是单曲的曲名。”与二人台有渊源关系的码头调是流行于蒙、晋、陕黄河两岸的一种民歌，主要用于民间社火如高跷、车船、秧歌队表演结束后演出人员的齐唱。萨拉齐是内蒙古西部走西口人的重要落脚地之一，黄河未改道前，一条支河自城南流过，萨拉齐是口外重要的粮食、药材、皮毛等货物的集散地，被称为“水旱码头”。萨拉齐码头调，大多是晋陕移民带过来的，也有不少当地码头自创的民歌，如《撑船》《碰和》《九九图》等，还有的是吸收引自其他省的民歌，如《茉莉花》是由江浙吴歌码头调引入，《画八扇》《鹅绒花》引自北京码头调，《放风筝》来自河北码头调，等等。码头调伴奏乐器为锣鼓镲组成的打击乐器。萨拉齐码头调有一百多首，一首一曲，一曲多段，有的甚至多达十多段，大多有完整的故事内容。码头调歌词直白纯朴，通俗生动，具有浓烈的泥土芳香气息。曲调节奏鲜明，温润亲切，可一人独唱，二人对唱，多人合唱。二人台不少剧目、曲目，或直接将码头调搬上舞台，或将码头调改编成二人台歌舞戏演出。常用的码头调曲目有《撑船》《画扇面》《卖菜》《西厢》《割韭菜》《掐蒜苔》等。

3. 社火、秧歌

社火是汉族在春节、元宵节、庙会期间举办的一种民间娱乐活动，主要有高跷、小车、旱船、骑驴、舞龙、舞狮、哑老背妻、大头和尚戏柳翠、秧歌等表演形式。清康熙和乾隆以后，随着大批晋、陕等地移民的迁入和萨拉齐镇的形成，种地移民也带来了原籍各种各样的民间艺术，并相互融合，形成了萨拉齐社火，极具地方特色。

社火活动一般为锣鼓伴奏，以大鼓主奏，铙、钹、大锣、小锣 4 件铜器与之合奏。有的加入唢呐、笙、管等吹奏乐器。

社火表演阵容庞大，雄浑壮美。最前面的是舞龙锣鼓队，紧接着是由龙虎旗、社名旗组成的仪仗队，舞龙者紧跟，具有开场子的作用；其后是秧歌锣鼓队，敲打着节奏鲜明的秧歌鼓，是几对大头娃娃和秧歌队；再后是高跷锣鼓，紧随着高跷队；高跷队后面又是锣鼓，是旱船、小车队；最后是舞狮压轴。表演者尽情地舞，尽情地扭，还有的插科打诨，嬉笑怒骂，洋相百出，动作极度夸张，引人发笑。

秧歌有跑圈子秧歌、踢股子秧歌、行进秧歌，其形式又分为过街和走场两种。过街常见表演形式有一条龙、双鞭阵、满天星、八卦阵和蒜辫子等。走场秧歌以定点表演为主，兼用锣鼓伴奏，表演套路多样。

社火和秧歌这些表演形式，大都被二人台吸收。有的甚至形成了秧歌戏，成为二人台的雏形。协力气舞台壁画内容生动地表现了这种秧歌戏。

4. 串话

串话又叫串串话、葡萄话，是广大汉族和蒙古族劳动人民在长期的生产生活中共同创造的一种顺口溜。串话内容丰富，率真通俗，诙谐幽默，合辙上口，具有浓郁的地方色彩和乡土气息，极受人民群众欢迎。正是有这样的特点，串话被广泛应用于群众性的表演活动，包括在高跷、秧歌等社火中，也被二人台所吸收，成为二人台艺术的重要构成元素，二人台的许多道白都是用串话编成的。

萨拉齐是串话的主要发源地和流传地之一，二人台形成伊始，串话就被二人台创始人云双羊所应用，在他演唱的二人台《亲家翁相会》中，编出两段串话，这两段串话不仅为二人台宾白中运用串话开了先河，而且成为二人台“风搅雪”的名段。

二人台呱嘴，就是典型的串话段子。清光绪年间，二人台呱嘴演员王二挨是一位编串话的高手，他演出时善于临场发挥，编说出一套套串话。有时用右手持扇遮住嘴巴，向左边的观众编说一套串话，必能逗得左边观众哄堂大笑，反过来，再向右边的观众编说一套串话，又能逗得右边的观众哄堂大笑。二人台《种洋烟》中的几十段串话全是他编创的。二人台《王婆骂鸡》就是一出纯呱嘴戏。

（二）坐腔

“坐唱”是蒙古民族中广泛流行的艺术。蒙古族家中大都有四胡、扬琴、枚（笛）、三弦等民间乐器。家庭成员既是歌手又是乐手。大家一边畅饮美酒，一边唱着优美动听的蒙古族曲儿。酒酣情浓之时还会情不自禁地敲打起酒盅和碗筷而舞蹈起来。这种蒙古族固有的生活习俗和文化传统，在汉族和蒙古族民间艺术交流和融合过程中被汉族人民所接受，并加以学习和效仿。如遇刮风下雨特别是冬季三个月的农闲季节，一些能拉会唱的人们便聚在一起“坐唱”。并且由于语言上的相互交流，汉族和蒙古族的唱词中也常出现用汉语和蒙古语混合演唱的“风搅雪”演唱形式。蒙古族的“坐唱”形式，汉族称为

“坐腔”。

坐腔的内容既有蒙古族曲儿，也有汉族小调，包括秧歌调、爬山调、码头调等，还有戏曲段子，以及无唱腔的纯乐器合奏的牌子曲——“耍丝弦”。坐腔的历史非常久远，早在明朝中后期板升形成时，就有了坐腔。从那时起，坐腔这种艺术形式一直流传下来，成为一种独立的艺术。《绥远通志稿》载：清代至民国时期，归绥县的民间娱乐“有坐腔、小唱二种。坐腔即清唱也，善此者多为山西梆子；小唱则歌小曲，本地称为蒙古曲儿，实则歌词内容并无蒙古情事。”“秧歌纯属田家风味，口白用本地土语，取材亦多通俗故事，乐器与大戏略同，惟多一笛。农人平日工作，喜歌此调以调节劳苦。酬神时亦多农居自行扮演，完全为土戏性质，为他处所无。”“人民工作余暇，多以吹弹拉唱为乐。吹笛、操二弦、操四弦（俗称胡胡），而唱词以小曲为多。社会方面，有时亦作坐腔、秧歌等剧。”归绥县如此，萨拉齐县亦如此。到清朝道光、咸丰年后，坐腔已有了专门的小班，跑堂会，跑码头，跑庙会，跑烟市（收大烟时期称烟市）。二人台就是在这种小班坐腔演唱中逐渐形成的。

（三）玩意儿

清同治年间，萨拉齐众多的坐腔小班中出现了一个边舞边唱走场子的小班，班主叫云双羊（蒙古族，萨拉齐县古雁村人）。他自幼能歌善舞，嗓音洪亮，口齿伶俐，蒙古语和汉语兼通。他曾组织坐腔小班，演唱蒙古曲儿。清光绪元年（1875年）左右，云双羊吸收民间的踢股子、跑圈子秧歌、高跷、旱船等其他社火活动中的表演动作，以及秧歌戏、梆子戏中的化妆表演和唱念做打的程式动作，在原萨拉齐县协胜窑子村演出时，创造了一丑一旦化妆表演形式，他自演丑角，由协胜窑子村张闰月演旦角，在枚（笛子）、四胡、扬琴“三大件”和四块瓦儿或梆子的伴奏下，将坐腔演唱改为边唱边舞的走场子表演形式。此后，他们长期在土默川、鄂尔多斯、后套等地演出，授徒传艺。其他坐腔班相继效仿，人们把这种演唱称作“玩意儿”，称这种演出为“打玩意儿”，称戏班为“玩意儿班”。参加云双羊玩意儿班的演员和演奏人员先后有：

板达子、丙生子、云亮、云贵、曹长有、何三、巴图、满贵、喜奎、鲁三、云海宇、特孟达赖、杨玉拉等。演出剧目有《海莲花》《牧牛》《阿拉奔花》《打金钱》《走西口》《下山》《打后套》等。塞外汉族与蒙古族聚居处，有的蒙古族不懂汉语，有的汉族人不懂蒙古语，为了解决汉族和蒙古族观众同看一台戏时的语言障碍，早期的玩意儿演出中，演员们创造了一种用汉语和蒙古语掺合在一起演唱的方法，人们称其为“风搅雪”。早期的演员中，许多人都能用“风搅雪”演唱。

打玩意儿的演员在一出戏中只有丑角和旦角二人。丑角又称“耍丑的”，因在表演时常围着旦角转，故叫“滚边的”；旦角化妆打脸子浓妆艳抹，故叫“抹粉的”，又因学习戏曲大包头的头饰，又称“包头的”。自此，二人台这朵绚烂的山花璨然开放在了土默川上，并很快传播到鄂尔多斯、河套、后山，乃至山西、陕西。因为云双羊在上述过程中做出了重要贡献，许多艺人、专家学者都尊称云双羊是二人台的鼻祖。二人台《打金钱》就展现了清末时期艺人夫妇打玩意儿情景。于是，作为戏曲的一个门类，被人们称做“玩意儿”的艺术产生了，虽然它只是一个雏形，但也标志着二人台艺术的正式形成。二人台形成后，一直被称作“玩意儿”，直到中华人民共和国成立后的1951年，它才有了“二人台”这一正式名号。

二、二人台的发展

二人台从形成到成熟，经过了漫长的历史发展。它萌芽于200多年前，形成于150多年前，由于这种艺术形式与劳动人民的生活密切相关，深受人民群众的欢迎，最终能够在民间代代相传，不仅成为土默川上一枝盛开的民间文化艺术奇葩，而且远播到蒙晋陕冀宁的广大地区，表现出顽强的艺术生命力。

（一）1949年前，玩意儿在萨拉齐县的发展

1. 清末民初，半职业、职业艺人的出现和小班的兴起

清朝光绪初年，萨拉齐开始出现了半职业性的打玩意儿艺人，他们各自都组织过由6~8人组成的玩意儿班，在城乡流动演出。主要有云双羊班、潘五

兰班、刘恒班、白栓栓班、云阿斯楞班、侯五庆班、李万通班、何三班、计子玉班、张小四班等数十个班。这种玩意儿小班，造就了一批优秀的的玩意儿演员和演奏员，促进了二人台艺术的发展。到民国前期，萨拉齐县一带的半职业性艺人已经很多，较有名的有云双羊（老双羊）、李万通（四大肚）、侯五庆（本名王五庆，艺名猴儿五庆）、潘五兰、许云威（老山羊）、刘平安、王三满红、何三（何三旦）、侯天才、云贵、云阿斯楞、张根锁（万人迷、锁锁旦）、钟杏儿（杏儿旦、芫荽花）、白英顺、越五、越明、狗狗旦、麻角旦、老虎印、董成（侉侉旦）、阿力亚、秦亮、刘满贵、铁锁子、拴套子、小在在、任留子、刘海旺、双狮子、樊贵中、王喇嘛、老铁锁、孙银鱼、芝麻旦、王发子、张三狗、满天星（杨三）、周三眼、蔺铁和、王二挨、王挨锁、张小四、刘登、薛正全、刘继生、计子玉等。

民国初期，玩意儿班的演员全部是男演员，旦角也由男演员充任，民国24年（1935年），潘五兰班吸收一名女青年毛虎虎入班。毛虎虎是周文义的小名和艺名，她是二人台第一位女演员。周文义的入班，突破了玩意儿男扮女装的传统，具有划时代的意义。此后，先后又有岳秀梅、班玉莲等女演员入班。到民国后期，一些职业性小班的演员也逐渐职业化。

玩意儿班的演出活动为赶庙会、赶集会、赶肆筵、跑大店、跳粮仓、赶烟市、串商号、串宝局、打地摊等。演出区域为土默川、鄂尔多斯、河套和后山。民国后期的名艺人有：樊六、秦五毛眼、巴图淖、周山、樊二仓（小白灵旦）、张挨宾（吹塌天）、周治家（拉塌地）、赵四（神枚）、刘全、刘银威、高金栓、张羔换（小羔换）、周文义（毛虎虎）、周巴达尔虎、张廷、亢文彬、白樊桃、刘铁柱、白银师、十四子、顾小青、班玉莲、赵明灯、任万保、王发、张华、张海小等。

清末民初的主要玩意儿班：

（1）云双羊班

班主云双羊。云双羊为蒙古族民间艺人，工丑行。清光绪元年（1875年）

在萨拉齐县协盛窑子村组班，组班前后从其学艺并参加其小班者甚多，诸如板达子（丑）、炳生子（旦）、云亮亮（蒙古族，丑）、曹长有（旦）、红恩（蒙古族，旦）、张根锁（旦，艺名锁锁旦、万人迷）、奔颅（旦）、越明（丑）、何三（旦，艺名何三旦）、杨玉拉（丑）、巴图（蒙古族，枚）、满贵（枚）、喜奎（四胡）、鲁三（四胡）、云海宇（蒙古族，扬琴）、特孟达赖（蒙古族，扬琴）等。长年活动在土默川、准格尔、河套以及乌兰察布盟等地。民国15年（1926年）解散。

（2）越明班

班主越明（丑、旦）。民国6年（1917年）组班。同班的艺人有丁喜财、贾大和、贾二、赵老巴、周治家、赵四、张挨兵、张羔换、周三眼等。主要活动于准格尔旗、萨拉齐县、达拉特旗、托克托县、河曲县、府谷县等地。

（3）侯五庆班

班主侯五庆（丑）。民国初年在北牛皮营村与王挨锁组班。一同合作过的还有杏儿旦、李起成、何三旦、钟杏儿、李万通、齐八、刘八、张小四等。演出地主要在萨拉齐县，也远探到包头、归绥、伊克昭盟演出。

（4）潘五兰班

班主潘五兰（旦）。民国7年（1918年）在今土默特右旗五卜树村组班。先后参加其小班的有王二挨（丑）、张小四（旦）、老虎印（丑）、张羔换（旦）、周文义（女，旦，艺名毛虎子）、董成（艺名侉侉旦）、官官（旦）、白英顺（四胡）等。活动范围遍及土默川、河套、鄂尔多斯、大青山后。民国34年（1945年）散班。

（5）计子玉班

班主计子玉（丑）。计子玉因伤寒于19岁双目失明，师从杨玉拉习唱玩意儿。民国14年（1925年）在萨拉齐县包头镇组班。先后入班者甚多，主要有根秃子（旦）、有福子（旦）、金换子（丑）、秦五毛眼、王老虎（丑）、刘海全（枚）、赵四（枚）、郭长根（笛）、五喇嘛（四胡）、张来运（扬琴）、班玉莲（女，旦）、任小凤（女，丑）、李小芸（女，旦）、吕三河（旦）、周满仓（笛）、贾红红（旦）等。长年活动于土默川、准格尔、河套以及乌兰察布等地。

（6）张羔换班

班主张羔换（旦），萨拉齐县公盖营村人，民国23年（1934年）组班，主要艺人有周治家、张挨宾、郝兰宽、周文义等，主要活动于归绥、包头、萨拉齐、伊克昭盟、河套等地。1948年，张羔换到当时萨拉齐县白泥井乡海流素村定居，1954年，白泥井乡划归达拉特旗，张羔换、周文义夫妇加入了达拉特旗剧团。

其他还有小六合庄村李万通班、沙海子村钟杏儿班、北只图村刘继生班、将军窑子侯天才班、榆次营村的何三旦班、温布壕村的张小四班、西老藏营村的云亮班等。

2. 民国时期，玩意儿向戏曲的过渡

民国前期，玩意儿已开始了从演唱向戏曲的过渡，出现了一些有故事情节的小戏。到民国后期，出现了如《走西口》《小寡妇上坟》《祝英台下山》《扇子计》等剧目。这类剧目有简单的戏剧情节、有人物，像《小寡妇上坟》，已经有了好几个人物，除小寡妇一人由小旦固定扮演外，其余公、婆、叔、伯等几个人物则都由丑角一人轮流扮演，称为“抹帽戏”。这种“抹帽戏”表明，虽然演员还是二人，但角色却已经丰富化了，已经开始了戏曲化的发展。在音乐上也向戏曲化发展，开始有了一些节奏变化、板式变化，在表演上也越来越细腻丰富，而且演员的剧中人身份基本上以“第一人称”出现。

玩意儿演唱的方式，剧中人大都使用“第三人称”。到中华人民共和国成立后，二人台的许多剧目仍然运用“第三人称”讲故事的演唱方式，如《五哥放羊》《惊五更》《挂红灯》等。“第一人称”的出现，无疑是向戏曲化迈进的一大进步。但在一些传统剧目中，仍然还保留有“第三人称”演唱方式的痕迹，如原本《走西口》的开头：“咸丰整五年，逸事出了个鲜，逸事出自在西府太原……"，显然这是在用"第三人称"讲述故事。而后面则分别以孙玉莲和太春身份出现，用"第一人称"演唱。

虽然玩意儿在民国时期有了较大发展，特别是已开始了戏曲化的过渡，但直到民国后期，这种艺术依然称"玩意儿"，依然上不了舞台。人们将晋剧等舞台演出的戏剧称为"大戏"，用以与玩意儿相区别。玩意儿班的演出收入也不固定，或银圆，或大烟，或粮食，且以粮食为多，而艺人们自己也将这种东三天西两天的走江湖活动称为"刮野鬼"。他们这种半卖艺半乞讨的生活，使得他们的社会地位极为低下，生活也极其艰难凄惨。

（二）中华人民共和国成立后，二人台在土默特右旗的发展

1. 二人台名称的由来和中华人民共和国成立初期的演出活动

1950 年 3 月，萨拉齐县人民政府成立。人民政府成立不久，县文教科即责成县人民文化馆组织优秀的二人台艺人，成立了由 38 人组成的土改文艺宣传队，改编排演了《长工与地主》《滚出去》《谁是你的侄子》《小二黑结婚》《小女婿》等 15 个新编戏，与经过审定的二人台剧目《走西口》《打樱桃》《打秋千》《挂红灯》等传统剧目一起，巡回全县 93 个村镇，演出 130 多场次。自此，玩意儿才正式登上了舞台。由于其演员仅有二人，群众戏称其为"二人台"。1951 年初，萨拉齐县文艺宣传队选派刘银威、刘全、赵四、张挨宾等艺人参加了绥远省文教厅举办的民间艺人学习会。同年 4 月，绥远省人民政府副主席杨植霖在学习会上作了《二人台翻身》的报告，从此，玩意儿正式被称为"二人台"。

1952 年，萨拉齐县业余文艺宣传队下乡演出 2 个多月，并参加了绥远省文艺汇演，获得了多项奖励。刘全、刘银威等演员一鸣惊人，被选留到绥远省前进实验剧团。同年 12 月，县文化馆举办了业余文艺汇演，全县 30 多个宣传队参加，参赛人数达 600 多人。此后，县文教科分别在苏波盖、朝号等村召开了 5 次文艺代表座谈会，当地艺人参加了会议。1953 年春节，这些艺人在当地地区、乡政府的组织下，配合土地改革、"二五"减租和《婚姻法》等进行

了演出。春节过后，全县 19 个乡镇和一些大村成立了 230 多个业余文艺宣传队，演职人员达 6000 多人，从而为萨拉齐县乃至全绥远省培养了一批二人台骨干，也进一步为萨拉齐二人台之乡和二人台之渊源奠定了基础。自 1950 年后组建的较出色的村镇剧团（队）有：双龙村业余剧团、毛岱村业余剧团、北只图村业余剧团、庙湾村业余剧团、苏波盖村业余剧团、西老藏营村业余剧团、堂将军窑村业余剧团、葛家营子村剧团等。

1953 年 4 月，绥远省文教厅选调萨拉齐县刘银威、刘全、高金栓、任万宝、赵四、何生云等，代表绥远省参加全国民间音乐舞蹈汇演大会，演出了传统剧目《打金钱》《打秋千》《走西口》，在怀仁堂为中央首长演出后，受到周恩来、朱德、贺龙等中央领导人的接见，周总理赞扬二人台演出非常成功。同年 9 月，绥远省组织赴朝鲜演出队，慰问赴朝的中国人民志愿军。演出队人员全部为萨拉齐县的民间艺人，他们是刘银威、刘全、高金栓、周治家、任万宝等。10 月，绥远省前进实验剧团成立，刘银威、刘全、赵四、任万宝、温万、张春溪等萨拉齐县二人台艺人和编剧席子杰参加了剧团。从此，在党的“百花齐放”“推陈出新”方针指导下，二人台的发展掀开了崭新的一页，进入了新的发展阶段。

三、著名二人台艺人简介

云双羊（1857—1928 年），蒙古族，艺名老双羊，原萨拉齐古雁村人。二人台创始人，擅丑角。云双羊自幼能歌善舞，少时在本村放牧务农，常与人一起打坐腔，唱蒙古族曲儿、码头调、爬山歌，是村里社火的积极参与者，表演踢股子秧歌、跑圈子秧歌。他嗓音洪亮，口齿伶俐，表演诙谐幽默，深为人们所喜爱。17 岁时他到西协盛窑子村（今包头市东河区沙尔沁镇阿都赖村）当长工，与该村青年张闰月一起，将坐腔的唱与秧歌的扭相结合进行边舞边唱、一丑一旦的化妆表演，他饰演丑角，张闰月饰演旦角。这种表演比打坐腔更红火热闹，受到人们的欢迎，其他坐腔、社火艺人也争相效仿，人们称之为“打玩意儿”。许多村便邀请他们去演出。于是，清光绪元年（1875 年），云双羊与张闰月一起，又吸收炳生子、张根锁等，组织起了玩意儿小班，自编了曲目剧目，在各村辗转演出，演出的剧目有《顶灯》《钉缸》等。他们赶庙会、转烟市、串码头、唱堂会，演出范围近在土默川各地，远达河套、鄂尔多斯、后山等地。因其较早尝试一丑一旦化妆表演并组成打玩意儿小班，因而在内蒙古中西部并晋陕地区，许多艺人和理论工作者都认为云双羊为二人台创始者。云双羊汉语和蒙古语兼通，除演出汉语剧目外，还将汉语道白唱词翻译成蒙古语，将蒙古语唱词翻译成汉语，采用双语演唱，使汉族和蒙古族观众都能听得懂，看得明白，人们称之为“风搅雪”。云双羊是二人台的第一代艺人，其徒弟有张根锁、炳生子、何三旦、洪恩、板达子、越明等。

云·阿尔斯楞（1875—1906 年），蒙古族，萨拉齐偏关营村人，擅丑角。15 岁师从云双羊学艺，16 岁登台演戏。经常与李万通、张根锁、侯五庆、侯天才、王二挨等搭班，他举止儒雅，扮相俊俏，唱腔细腻婉转，特别是扮演小生时，动作大方，气度不凡，所以观众戏言称其为“二八少爷”。他为人正直，讲江湖义气，好报打不平，在演出中结识了不少社会上的朋友。清光绪三十年（1904 年），河套地区的地商王同春与陈四因争水霸地而互相仇杀，引起了刘天佑造反起义，为陈四报仇，云·阿尔斯楞与刘天佑拜把参与。后刘天佑被清军镇压，而云·阿尔斯楞幸免于难。他跑回萨拉齐后，便日夜将自己的亲身经历倾心编写成《打后套》剧本。一年后，云·阿尔斯楞因又组织地方武装反对当时政府，被逮捕杀害，时年 31 岁。而由他编唱的《打后套》则传唱至今。

何三（1894—1937 年），艺名何三旦，萨拉齐榆次营村人。青年时期师从云双羊学唱玩意儿，后自己组班，常与其合作的有王挨锁、侯五庆、钟杏儿等。何三旦嗓音宽亮，唱腔委婉，表演细腻。民国 8 年（1919 年）正当唱红时，何三旦因得罪一名姓段的国民党团长，遂与王挨锁一起逃往后套避难。到后套后，仍与后套二人台艺人搭班演出，传授演技。跟随他学艺的先后有高齐、李铁锁、戴五宝、五喇嘛、樊贵中（老百灵旦）、樊二仓（樊贵中之子，艺名小百灵旦）等。

任留子（1899—1961年），萨拉齐吴坝村人，擅丑角。他15岁师从云双羊、李万通学艺，经常与赵四娃、白银顺、崔四才、许云威（老山羊）、张小四、云亮等搭班演出。他性格活泼，善解人意，为人厚道。嗓音高亢，表演幽默，尤以呱嘴串话见长。有一年深秋夜里，他与本村大户人家的闺女花桃子听房而产生爱恋之情，后被花桃父亲发现，将任留子赶出吴坝村。此后，他便将亲身经历的听房故事编唱成二人台小戏《听房》，当时轰动了整个前川后套。不久后传入山西、陕西等地区，任留子也随之红极一时。绥远中西部的鄂尔多斯、巴彦淖尔、乌兰察布及土默川乡村都留下了他的足迹。向他学艺的有赵四娃、赵八、马锄、高原、贾成福等50多人。

云亮（1905—1941年），蒙古族，萨拉齐西老藏营村人，擅丑角。20岁拜叔父云双羊为师，得到云双羊真传。在技艺方面，云亮既有传承，又有发展提高。早期二人台丑角的语言和表演大多低级庸俗，而云亮则以舒展大方的身段表演和优美传情的唱腔来取悦观众，从而使人们耳目一新，深受称赞。云亮扮相好，嗓音甜，吐字清晰，脸上有戏。有时即兴表演赢得观众阵阵掌声和喝彩。云亮和张小四的《下山》经两位艺人精心琢磨，唱做独到，人物把握恰到好处。戏中的梁山伯憨而不傻，痴而不呆；祝英台聪颖多情，为了爱而费尽心机。二人唱做具有真情实感，表演不温不火，人物刻画得栩栩如生，给观众留下深刻印象。

刘登（1908—1946年），萨拉齐东老藏营人，擅丑角。刘登20岁时正式拜师侯五庆学艺，与张羔换、张小四、王虎印搭班演出。他的《英台下山》能返场唱一下午，演《顶灯》时能将灯置于头、就地打滚而不掉。30岁时在归绥市（今呼和浩特市）旧城大召前挂牌演出《英台下山》《顶灯》《走西口》《种洋烟》《钉缸》《打后套》《红云》《庆寿》《洛阳桥》等剧目，颇受群众欢迎，曾在萨拉齐轰动一时。1946年不慎被疯狗咬伤，同年病逝。

何生云（1909—1982年），萨拉齐榆次营村人，主演旦角兼演丑角。20岁跟王挨锁学艺。1953 年参加绥远省前进实验剧团，1954 年随团去二连浩特慰问铁路工人。曾多次参加省、自治区文艺汇演并获奖。何生云丑、旦皆通，戏路很宽，而且记忆超群，师傅教戏能速记，看完一场戏即能将大部唱下来。他还是一位热心的二人台教师，50 多年的艺术生涯中，他教过的学生达 300 多名。他演出的剧目达 100 多个。

张羔换（1917—1969 年），艺名小羔换，萨拉齐公盖营村人，旦角演员。张羔换 14 岁拜潘五兰、鲁三、王虎印、刘登山、张小四等为师学艺。1934 年，与周治家、张挨宾、郝三宽、周文义等人组成玩意儿班子，沿黄河两岸的土默川、鄂尔多斯地区流动演出。1948 年，与妻周文义在当时还属萨拉齐县的白泥井乡海流素村（1954 年划属达拉特旗）定居，农闲时组织小班流动演出。中华人民共和国成立后，在当地政府的支持下，白泥井乡成立伊克昭盟第一个农村二人台业余剧团，张羔换担任副团长兼导演。他扮相俊秀，嗓音脆亮，吐字清晰，台风严谨，颇受广大农牧民欢迎，当地就有“听说来了小羔换，媳妇儿们连鞋也穿不办”（意“穿不及”）之谚语。

周文义（1918—1989 年），女，艺名毛虎子，原萨拉齐县善友板村人。后与张羔换结为夫妻，在萨拉齐县公盖营定居。周文义是中国二人台第一位女旦角。周文义有一副好嗓子，她自小爱唱乡间小曲，对玩意儿极其喜爱，哪里闹红火，哪里打玩意儿，定要想方设法地跟着看、偷着学。16 岁时，父亲将其嫁给陶思浩的赵八全。17 岁那年正月，村里来了个玩意儿班演出。周文义趁赵八全不在，偷跑出来，苦苦哀求班主收留她。班主潘五兰请了几位当地头面人物，又凑了 30 块钱，赎出周文义，收她入班。当时玩意儿班没有女演员，为便于演出活动，经潘五兰介绍，周文义与唱小旦的张羔换结为夫妇。在潘五兰、张羔换的指导下，周文义刻苦学练，很快就能登台演出，随小班长期辗转在土默川、后山一带。周文义表演技艺比较全面，擅演天真活泼的少女，如《卖菜》《耍女婿》等戏中的旦角，以她特有的俏丽、做派和甜润淳朴的唱腔，把人物表演得活灵活现，栩栩如生。抗战期间，她随张羔换回到公盖营子老家，继续组班演唱。中华人民共和国成立后，她参加绥远省民间艺人学习会。学习会后，她留在省前进实验剧团任教，后因身体不佳，请假回家养病。康复后，她没有回原单位，而是再度组班，渡过黄河，进入鄂尔多斯等地演出。张羔换病故后，她改嫁到达拉特旗定居。

第三节　晋剧

一、晋剧的发展历程

（一）北路梆子的催生与兴起

晋剧是比较复杂的一个剧种，从广义讲，它是包括蒲州梆子、北路梆子、中路梆子、上党梆子在内的山西戏剧的统称，从狭义讲，特指山西戏剧中的中路梆子。

萨拉齐，在清代是山西省口外几厅中的一个直隶大厅，是晋、陕人走西口的主要落脚地之一，也是成就晋商的一个重要地域。萨拉齐也可称戏剧之乡，这不仅因为它是二人台的主要发源地，其实也是晋剧中北路梆子的催生地和发展地之一。

蒲州梆子原称“乱弹”，因兴于山西晋南古蒲州（今永济）一带而得名。它是一个古老的剧种，约形成于明代嘉靖年间，也是梆子腔的鼻祖，主要流行于山西及陕西、河南、甘肃、青海、内蒙古、河北等省的部分地区，奠定了中国戏曲“南昆北弋，东柳西梆”的格局。

明朝晚期之后，特别是清代以来，山西和陕西的农民大批流入土默特地区租田垦殖，渐渐地，山西忻州、太原、祁县、太谷等地的汉人也来到口外行商，人们称之为“走西口”。时间既久，随着朝廷“蒙禁”政策的放开，这些走西口人逐渐由春去秋回的“跑青牛犋”“雁行”，到建屋定居，从而形成村落，开始了盖庙搭台，酬神唱戏的活动。一些做买卖的商人也开店设铺，从而成为晋商。富起来的晋商也需要请戏娱乐、扩大声望。恰值此时，活跃在晋南的蒲剧也早已瞄准了走西口发了财的山西忻州家、祁太家，遂纷纷北上，也出西口来到口外。于是口里口外便流传着“祁太镏子，蒲州戏子”的顺口溜。据史料记载，萨拉齐地区在清代兴建庙宇215座，有乐楼者达半数之多。仅萨拉齐城内，就有关帝庙戏场、奶奶庙戏场、观音庙戏场、财神庙戏场、吕祖庙戏场、玉皇庙戏场、龙王庙戏场、三官庙戏场等10余处。发现较早的古戏台是建于清康熙十八年（1679年）的萨拉齐镇小厂汗圐圙村龙王庙戏台，在建于清道光九年（1829年）的协力气古戏台上，还保留着绘制于当时戏剧内容的壁画。所以可以肯定地判断，在建于清康熙年间的小厂汗圐圙村龙王庙戏台上演出的，正是蒲剧。经过百年左右的时间，蒲剧的道白、唱词已与当地语言（晋北、晋中语言）磨合，产生了更加高亢明亮、婉转悠扬的新戏，人们称这种戏为上路戏，以区别于难以听得懂的下路戏，上路戏就是新出现的北路梆子，下路戏就是老戏蒲州梆子。因为当时口里口外均属于山西省，所以北路梆子的产生地应包括当时归化厅、萨拉齐厅等地区在内的山西北部地区。它是蒲剧北上走西口的产物。

到清咸丰、同治年间，北路梆子的演出已臻极盛。成书于清咸丰十一年（1861年）的《归绥识略》记云：“归化仅弹丸之地，戏楼酒肆，大小数十百区。镇日间燔炙煎熬，管弦弦哑，选声择味，列坐喧呼。问之，则曰某店肆新开，燕贺请客也。又问，则曰某店肆算账赢余请客也。再问，则曰某店肆歇业亏本抵债请客也。循环终岁，络绎不休。而开设戏楼酒肆之家，亦复彼此效尤，恣情挥霍。”归绥如是，萨拉齐厅亦复如是。诚如《萨拉齐县志》所载：“城乡居民尤多晋裔，遗风所播，土著同化，故唯一娱乐，酷好秦腔戏剧，凡有庙会，临时唱演。”清同治年间，萨拉齐已有同兴园茶馆，所属包头镇，在光绪年间先后有戏馆义生泉、信和元、东西惠丰轩，有三庆、升平（共和舞台）等茶园。其时，萨拉齐已形成了九行十六社的行会格局，这十六社中的仙翁合义社，就是茶坊酒馆业，在大型的饭馆里，就有住馆的戏班。每年正月初二财神庙庙会便开始唱戏，相继有正月十五三官庙会、正月十五西老藏营龙王庙会、正月十五小袄兑龙王庙会、正月二十五马王庙会、二月二龙王庙会、二月十九苏波盖观音庙会、三月三真武庙会、牛马桥春季交易会、四月初八县城观音庙会、四月十八县城奶奶庙会、五月十一县城城隍庙会、五月十三各地关帝庙会、五月十三美岱召庙会、五月十五小厂圐圙龙王庙会、五月十五真武庙会、五月二十榆树营龙王庙会、五月二十五大袄兑龙王庙会、五月烟市会、六月初三大袄兑马王庙会、六月初六北只图龙王庙会、六月二十四沟门七圣庙会、七月初二吴坝财神庙会、七月七牛郎织女会、七月十五城隍庙会、夏秋之季的瓜果市会、八月初一吕祖庙会、八月十五县城玉皇庙会、王庆营龙王庙会、九月秋季骡马交易会、秋后各地庆贺丰收会等。各行会按例按期轮番起社赛会，会馆、茶园、骡马市、烟市、祈雨谢雨、开园谢茬等也按期唱戏。商路即戏路，商业兴，戏剧亦兴，闻名于清的塞外水旱码头萨拉齐厅，终年唱戏不绝。《萨拉齐县志》载：“城乡旧例，四时季节，赛社酬神或祈雨还愿，演唱台戏，北路梆子最为民众所欢迎。如在郊外演唱，为野台，车马辐辏，远近观剧者均高支布幕，饮酒歌笑，男女杂沓，流连行乐，兴尽始归。”

1. 清朝与民国时期的主要戏班和名伶

（1）主要班社

“生在蒲州，长在忻州，红火在东西两口，老死在宁武朔州。”这段流行于晋北蒙西的顺口溜，是戏人们对北路梆子从生成到成熟、再到繁荣整个过程的真实叙说。

清代道光、咸丰之后，北路梆子渐趋成熟，晋北的唱家纷纷搭伙组班，请蒲剧名角教习，而后便涌到口外唱戏赚钱。这些戏班大都是“娃娃班”。正是这些穷苦人家出身的娃娃们，为糊口保命，被无奈的父母卖身到戏班“打戏”，学成后来到口外，边学边唱，有的竟一炮唱红，北路梆子的许多名伶大都是先在口外唱红，而后才在口里出名。为减省成本，有的班主则直接在口外招收娃娃组班，从而使之成为口外最早的戏班。也有当地喜爱唱戏的人组织娃娃班的。这种娃娃班，大多是班主花钱买来，以契约的形式加以确定，称为写

“投师字”。一次招生多则三四十人，少则十几到二十人不等，年龄在10岁左右，初时皆为男童。学制一般三到五年，也是边学边唱，不吃闲饭，出科后再白唱二三年“谢师戏”，所得收入大都或全部归班主，直到唱红后，或留在本班与班主分成，或另行搭伙、组班。其教学形式采取先集中教戏1~2年，边教边排，而后便出台演出。由于当时大多是农村庙附明台，冬季严寒不能演出，回驻地集中培训。戏班的班规十分严苛，如有触犯或久学不会，轻则会遭到师傅或班主的责骂羞辱，重则遭致棒打鞭抽，因称学戏为“打戏”，称冬训为“打冬”。因此有的人家是极不情愿把自家的孩子送到戏班“打戏”的。

清代的戏班，有如下一些类型：一是从山西来的现成班，到口外一边演戏，一边收徒，长年累月，以新顶旧；二是从口里流落到口外的师傅，在口外买童授艺建班；三是当地有一定名望和影响的艺人收徒建班；四是较大的商户自养戏班；五是一些喜爱山西梆子的蒙古王爷有的常常请戏班到府上演出，有的则挑选牧民子弟，聘请汉族艺人任教和充任主要演员，成立自己的戏班，有的则直接把成熟的娃娃班接收过来，称为“自演戏班”。如准格尔旗东协理那森达赖（大汉台吉）就将到沙圪堵唱戏的张金花戏班收留供养，成为王府戏班。中华人民共和国成立后，该班改建为准格尔旗晋剧团。

口外的戏班，以归化厅和萨拉齐厅形成较早。归化城的戏班较早的有吉升、长盛两个戏班，人们称之为“字号班”。每班都有自己的“好把式”，表演水平较高。萨拉齐的北路梆子娃娃班最早的是成立于清代咸丰和同治年间的丰州班和德盛班。班主是贾灿（萨拉齐镇人），至清光绪二十六年（1900年）散班，前后存在40多年。稍晚一些的是清同治时期沙兵崖的张姓娃娃班。到清光绪年间，萨拉齐城内外的戏班有10多个，较有名的有北只图村的马如福班、张明锁班、苏波盖的秦长太三和班、萨拉齐城关的侯攀龙班、葛家营村的张老三班等。

马如福，祖籍为山西省代县，曾与他人搭班到口外唱戏，在萨拉齐县北只图村演戏时患病，被酷爱戏剧的张姓财主（张明锁之父）收留养病，后定居于北只图村。清光绪初年创立了娃娃班，培养出一批优秀演员，狮子黑张玉玺、高旺黑、张明锁等就是其中的佼佼者。马如福班于民国12年（1923年）散班。

秦长太，山西省祁县人，幼年曾在武当山习武，少时又曾学戏，清光绪十六年（1890年），因惹官司逃到萨拉齐厅苏波盖村避难。同年在苏波盖村成立了三和戏班和三和武术班，收徒教戏学武。清光绪二十四年（1898年）七月，三和班在缸房营村演出《大闹天宫》，遭到教会恶棍以“孙悟空闹了天主堂”为借口的毒打，行头、乐器被砸毁，戏班随之解体。后专事练武，人员众多，加入了义和团，传有“秦长太的兵——数不清”的歇后语。清光绪二十六年（1900年），秦长太率团先后捣毁了苏波盖、何家圐圙、美岱召、缸房营天主教堂，又参加了围攻二十四顷地教堂的战斗。义和团运动失败后遇难。

侯攀龙，萨拉齐人，清光绪末年组班，在萨拉齐及周边的归化城、托克托、包头一带演出。该班后移驻归化城。民国6年（1917年），远赴商都县演出时散班，原因未详。

张老三，毛岱村人。清朝末年组班，演员有刘三、柳三、杨二、张明顺、王罕、贾四娃等人。民国后期又建立了玩意儿班。

进入民国后期，萨拉齐戏班更多了。主要有成立于民国16年（1927年）的北只图张玉玺班、萨拉齐金应事班（金家圪堵迁来），未知班主名的还有东老藏营班、西老藏营班、何家圐圙班、大脑包班等。张玉玺班后迁往张家口，张玉玺小兴园班培养出了蛮庆旦常兴业、夺庆旦李子健兄弟和五月鲜刘明山、小十二红刘宝山兄弟等晋剧大师。

（2）主要演员

清末民国初期，当地的北路梆子主要演员有狮子黑张玉玺、高旺黑、千二红、喜儿生、一杆旗李海明、云遮月刘德荣、生铁旦杜贵小、飞来凤、鸡毛丑等。千二红是蒲州（永济）人，从小在戏班学戏，出科后在当地上堡大兴园挂头牌须生，是影响较大的名伶，一年包银高达1200两，艺名故称“千二红”。清末来到口外，渐由南路改唱北路，在萨拉齐、归绥都搭过班。八百黑名叫秋瑞，张家口人，北路梆子演员。清咸丰至光绪年间，演戏走红，因日薪八百文，便得了“八百黑”的艺名。清末时在归化城、萨拉齐等地演出。

民国时期，在萨拉齐县演出的著名演员有：狮子黑张玉玺、金兰红赵雨亭、十六红焦玉生等，再后来有夺庆旦李子健、五月鲜刘明山、水上漂王玉山、凤凰旦王治安、十二红刘宝山、鱼儿生魏林等，也都曾在萨拉齐搭过班演过戏。李子健最早到萨拉齐演出的时间约在民国 7 年（1918 年）左右。李子健原姓常，乳名夺磬，工青衣、刀马旦，山西太谷朝阳人，后入赘于北京一李姓财主后改姓李，其妻为河北梆子坤伶李翠芬。李子健多次到归化城、萨拉齐、包头搭班演出。1921 年，与妻子李翠芬来萨拉齐演出时，住在后炭市街，就在这一年，生下了后成为京剧四小名旦的李世芳。民国 20 年（1931 年）后主要有花女子李桂林、三女红宋玉芬、十七生陈宝山、卢三红等；抗战时期有九岁红康佩元及其妻金凤仙、小狮子黑张庆云、筱玉凤、筱金喜（郭秀云）、高旺黑、丁耀臣、白果子红王静嫦、三娃黑白永、舍命红邓有山、十六红冯金泉等。本地演员有王月霞、方月英、冀素梅、孔月卿等。1945 年抗日战争胜利后，王玉山、邓友山、任翠凤、康翠玲、苏玉兰、郝盛魁、武仙梅、王静卿、赵锦瑞、凤凰旦、杨盛鹏、冯金泉、曹正中等把土默川晋剧事业推向一个新高潮。

（二）中路梆子及其在萨拉齐等地的发展

（1）中路梆子的形成

走西口是北路梆子形成的催化剂，同样也是中路梆子形成的助推器。从形成时间上来看，中路梆子的形成比北路梆子的形成要晚得多。中路梆子约形成于清嘉庆年间，其形成不仅与北路梆子形成一样与蒲剧北上有关，而且与北路梆子南下也有很大关系。

口外行商者，以太原、忻州、祁县、太谷人为多，称为晋商。晋商遍布口外各厅，尤以归化厅、萨拉齐厅为最。因商务活动以及交流、交际之需，他们在归化城、萨拉齐城、包头城都修建有会馆和戏楼。萨拉齐各处（包括包头）的庙宇戏楼，都是由他们捐银修建而成的。有的商家还在口外常年养活着戏班。晋商们不仅在口外兴建会馆戏楼，在他们的家乡也设有会馆、建有戏楼。如乔家大院、常家大院、王家大院、渠家大院、曹家三多堂等，这些大院都建有戏楼。拥有戏班的商户们，不仅在口外常年演戏，当年终节落时，或当他们在家乡起房盖屋、娶儿聘女、生日祝寿以及重大商事活动时，也往往将戏班带回口里唱戏。即使没有自己戏班的，也要延请口外戏班回老家唱几天戏。也有的北路梆子戏班，因口外冬季严寒而转到气候较暖的晋中一带演出。久而久之，晋北和口外的北路梆子、晋南的蒲州梆子，在晋中汇合，且与晋中的语言、社火、秧歌相互融合，从而逐渐形成一种较北路梆子柔婉，较蒲州梆子豪劲的唱法，人们称之为中路梆子（这就是中路梆子的雏形）。这个过程在时间上，应是清嘉道年间到咸丰初年的半个世纪的光景。

在清咸丰初年，由于太平天国打到山西南部，致使南（蒲州梆子）北（北路梆子）两路戏剧不敢进入晋中演出，晋中戏剧处于真空状态，这使酷爱戏剧的晋中观众，特别是那些视戏如酒饭的富商财主们倍感失落。为满足人们的强烈欲望，当地一些文人、票友、滞留于此的艺人，便在当地组班。成立于清嘉庆三年（1798 年）的“云生班”，是晋中地区最早的娃娃班，就是由在口外经商发了财的祁县张庄村财主岳彩光创办的。此后，榆次王湖村三家窑主合资创办了“三合店班”，祁县渠家财主创办了“三庆班”，太原东米市济生馆药店四掌柜创办了“太平班”，榆次富商崔玉峰创办了“保和班”，徐沟东罗村巨商时成瀛创办了“小梨园班”，榆次东辋常家巨商创办了“乾梨园班”，榆次聂店村财主王亚元创办了“四喜班”，平遥巨商尹光禄创办了“祝丰园班”等。科班的纷纷建立，标志着一个剧种的形成。正是这些娃娃班，培养了如“说书红”高文翰、“盖天红”王步云、“三儿生”孟珍卿、“毛毛旦”王云山、“狮子黑”乔国瑞等第一代中路梆子名角。

（2）中路梆子的成熟与北路梆子的式微

清同治以后到清末，是中路梆子大发展的一个时期。这是由于班社的增多，以太原、祁太为中心的晋中地区已经影响着他们的生存，于是他们踏着晋商的足迹，向北流动，走向雁北大同，走向张家口，走向口外的归化、萨拉齐、托克托、包头等厅（县、镇）。这一时期的口外，中路梆子与北路梆子一起成为绥蒙地区戏剧舞台上并行不悖的双秀。就在这一时期，中路梆子戏班进入了萨拉齐的戏馆戏楼，中路梆子演员也与当地演员搭班同台演出。而在其时，人们并不知道什么北路中路，都称其为山西梆子，甚至演员自己也不明白，只是认为二者在唱法上有些不同而已。

来到口外的中路梆子戏班也招收当地少年入班。出生于萨拉齐厅包头镇的张锦云就是在这一时期经祁太商人引荐加入太谷二锦梨园学的艺。张锦云生于1894年，自幼在当地戏班学戏，后入二锦梨园班学中路梆子。工须生，13岁登台，一鸣惊人，观众赠艺名十三红。出科后，张锦云长期在万福园搭班演出，与高文翰（说书红）、杜福盛（十二红）、王步云（盖天红）齐名，被誉为中路梆子“四大须生”之一，是中路梆子走向成熟的标杆性人物。他学在晋中，红在张家口，正当他如日中天之时，1930年因肺气肿发作而病故于演出途中。晋剧中有不少十三红，均尊张锦云为老十三红，其他为小十三红。而像张锦云这样的口外人学中路梆子的绝不在少数。

民国前期，中路梆子开始趋于成熟，口里的戏班、戏子纷纷涌向口外，艺人们认为，只有到了口外，特别是到归绥、包头、萨拉齐才能够唱红出名。由于京绥铁路通车，张家口、大同、太原、太谷、祁县等口里的北路、中路演员大批涌来。十三红孙培亭、金兰红赵雨亭、花女子李桂林、千二红、飞来凤、一杆旗、鸡毛丑、杏娃黑、杏儿生、夺庆旦李子健、五月鲜刘明山、十二红刘宝山、六月鲜刘玉山、水上漂王玉山、凤凰旦王治安、鱼儿生魏林、三女红宋玉生、十七生陈宝山、二庆旦、元元红、芦三红、二奴旦、八百黑、二娃娃等，都曾在萨拉齐的戏班搭伙演出。

20世纪二三十年代，一位大师级人物的出现，标志着中路梆子的成熟，她就是在张家口唱红又回到晋中，名震华夏的果子红丁果仙。她打破了梆子戏须生角色由男演员扮演的传统，并创造了晋剧须生“丁派”唱腔，对晋剧产生了深远的影响，促进了晋剧艺术的发展，有“山西梆子大王”的称誉。这一时期，中路梆子班社林立，流派纷呈，名家辈出。到中华人民共和国成立前，中路梆子的班社和演员，以及演出数量均已超过了北路梆子。口外观众也逐渐认可和喜欢上了中路梆子的唱法。正因为如此，许多北路梆子演员也开始学唱，改唱中路梆子。如原来唱北路梆子的张玉玺、王玉山、孙培亭、康翠玲、李桂林等著名演员也都改变了戏路，由北路梆子改为中路梆子。从此，北路梆子江河日下，渐成绝唱，而中路梆子则走向了它最为辉煌的时期。

二、剧场与剧团

（一）剧场

萨拉齐最早的演出场所是建于清同治年间的同兴茶园，地址在萨拉齐城关镇西街上。到民国时期扩建为戏园，有了观众坐的长条木橛腿板凳，并且售票演出，是绥西最早的售票演出戏园，称为同兴园子。外地戏班和当地演员狮子黑、高旺黑、把扎旦、阳高十四红、金兰红等都曾在这个戏园演出过。民国18年（1929年），狮子黑、金兰红等又曾在这里演出。

民国20年（1931年）以后，这个剧园由本地一财主胡永泰所购，并投资改建成了“戏馆”，即白天卖饭，晚上演剧。日伪时期，胡永泰去世，又由他人集资拆毁戏台，这里不再是演戏的场所，但仍名为同兴园，成为专一营业的饭馆。

1948年，萨拉齐侯四开元和李有德（蒙古族）合伙筹办了“共和剧社”，共和剧社成立后组建了“共和戏班”，建设了“共和戏园”。戏园改建后有舞台，观众席分为池坐和廊坐，池坐为长条椅，廊坐为木橛腿板凳。地址在萨拉齐城关西街路北万亨店巷口东侧。

中华人民共和国成立后的1950年，共和剧社改名为大众剧社，戏园也改称为大众戏园。

（二）晋剧团

1948 年，萨拉齐侯四开元和李有德（蒙古族）合伙筹办了“共和剧社”，剧社分为戏园和戏班，戏班的主要演员有马台昆、魏国茂、侯四开元、李有德、王艳梅、印铭（十三旦）阎彩云等。“共和剧社”改名为“大众剧社”。由于政府的支持，大众剧社成立伊始，晋剧艺人纷纷加入，排演了一些宣传“土改”的剧目。新成立的大众剧社，由侯四开元负责，业务上受县文化馆指导。

萨拉齐晋剧团演过的主要剧目有：《打金枝》《算粮登殿》《六月雪》《教子》《走雪山》《团雪山》《斩子》《骂曹》《哭殿》《血手印》《双锁山》《审土地》《红桃山》《柴桑关》《斩颜良》《白水滩》《三滴血》《香罗帕》《三岔口》《回荆州》《劈殿》《闹龙宫》《破洪州》《岳雷醉酒》《鸳鸯楼》《乾坤带》《火焰驹》《黄鹤楼》《三关排宴》《明公断》《打鱼杀家》《薛刚反唐》《柜中缘》《游龟山》《藏舟》《洞房》《空城计》《大报仇》《余唐关》《太君辞朝》《九江口》《司马庄》等传统戏。

三、晋剧著名演员

二德子，艺名北来官，出生于清道光年间，是原萨拉齐县二区小鄂尔格逊村（现属包头市郊区）人，后曾在萨拉齐镇贾灿的德盛班演出，是早期出名的演员之一。他是个“下海”演员（即票友，后来成了专业戏曲工作者）。由于他谦恭好学、刻苦钻研，表演艺术高超，所扮演的不同角色，个个都能逼真传神。加之他唱腔高亢有力，因而曾被观众誉称为“气死南来官”。如：扮演《坐曹营》中的徐庶，其风格深沉，含蓄细腻，感情真挚。

张明锁（1875—1935 年），萨拉齐北只图村人，幼年在艺人马如福办的娃娃班受到启蒙，后又参加了武登之的娃娃班学戏。清光绪十八年（1892 年），他在本村办起娃娃班，聘请山西来的一位田瞎子任教师，边演出边教戏。演出的剧目主要有《打宫门》《打金枝》《骂金殿》《三娘教子》《牧羊圈》等。主要演员有：高有生（大二娃生）、三娃黑（白永）、王来才（青衣）、福来子

（须生子）等。活动范围初期主要在萨拉齐城里、乡村赶庙会、行市，后期也到包头、归绥、大同、张家口等地演出。张明锁多才多艺，除领戏班兼任教师外，对红、黑、生、旦兼通，并对戏班成员管教甚严，因而后来的高有生（大二娃生）、二后生、三娃黑等，都在土默川一带享有盛名。

张玉玺（1880—1939 年），艺名狮子黑，乳名拴拴，萨拉齐北只图哈只盖村人，晋剧花脸大王。张玉玺幼年丧父，家境贫寒，少时曾拜师习武。12 岁入北只图马如福娃娃班学戏，未出科即崭露头角。六年后出科，随班在萨拉齐、归绥、包头一带演戏，后又在萨拉齐自行组班，名声大震。有一年的正月初二，张玉玺在萨拉齐关帝庙戏楼演出《金沙滩》时扮演杨七郎，因表演台步疾如风、快如电，威武豪放，猛如雄狮，观众齐声喝彩，遂送艺名“狮子黑”。为深入学艺，他于清光绪二十八年（1902 年）毅然辞班，只身前往名伶荟萃的张家口，拜小昌黑为过门师父。而后又南下蒲州、太原，向渭南黑、月亮黑、梦来黑、八百黑求艺。经诸多名师指点，博采众长，融会贯通，终于自成一派。民国 2 年（1913 年），张玉玺成为张家口挂头牌的名净，先后在小兴园和旧园领班。民国 15 年（1926 年），张玉玺领戏班西行，沿平绥线在归绥、萨拉齐、包头一带演出。次年，他赴京在平介会馆演出《抱烙柱》，轰动京城。当时的京剧名花脸金少山看过后，盛赞说：“张老板乃花脸活祖师爷!”民国 18 年（1929 年）初冬，张玉玺与金兰红赵雨亭、花女子李桂林、河北梆子演员葛小霞，以及萨拉齐本城演员生铁旦等，在奶奶庙院售票演出。民国 23 年（1934 年），包头西北剧影社落成，张玉玺应包头侯如山戏班之聘，任承事老板。在此期间，他重金邀来李子健（夺庆旦）、李翠芬、刘明山（五月鲜）、王玉山（水上漂）、刘宝山（十二红）、贾桂林（小电灯）、焦生玉（十六红）、张林（露水珠）、杨丹卿（筱桂桃）、康佩元（九岁红）及其妻金凤仙等演员，阵容空前强大，艺术力量极其雄厚，服装新鲜，场面齐美，名角荟萃，从而为之后包头晋剧事业崛起与辉煌奠定了基础。张玉玺对家乡戏剧事业非常关心，凡家乡萨拉齐县请他回来演戏，无论远近，他必设法如期带剧班归来献演，以报家乡对他的养育培植之恩，报酬不计薄厚。民国25年（1936年）农历七月初二，萨拉齐县鄂尔圪逊村举办河神庙会时，请张玉玺班唱戏4天，万人逛会，盛况空前。七月初三那天下午，张玉玺演《抱烙柱》时，突然天降暴雨，场内观众都四散避雨，张玉玺仍在台上一腔一板地唱着。散戏后，会首们说："张老板，天气不好，少唱几句就行啦！"他笑着回答："我回到家乡，哪怕一个人看戏，我也照例卖劲。"1937年"七七事变"后，日军大举侵华，张家口、大同、归绥、萨拉齐、包头相继沦陷，张玉玺痛恨至极。他坚决拒绝日本侵略者和伪公署的诱逼，封箱罢戏，蓄须明志，卖衣典当，开门教徒。继大徒弟高旺出师走后，又收了萨拉齐人张庆云（小狮子黑）、公玉昌等。一次，日本宪兵司令部为接待他们一个上司，逼张玉玺演戏，让他演喜悦的戏，他说："我从不会演喜剧，只会演悲剧！"日军只好作罢。张玉玺罢演一年多，过着清贫的生活，在同行们的劝说下，为了糊口，只好重登舞台。1938年，他率班到北平广德楼演出，主要演员有李子健、九岁红、一千红、彦章黑、牛头黑、王正魁、李桂林、宋玉芬、陈宝山、白永等。在京期间，张玉玺与马连良等京剧名伶广泛接触，应马连良之请，在新新剧院演出《春秋笔》，并分别为马连良和袁世海说戏，切磋技艺。1939年，张玉玺随班到多伦县演出4天，返回张家口时，路过万全坝的狼窝沟，被日本侵略军无故盘查，遭受毒打凌辱，悲愤致疾，面壁而卧，不吃不喝，不发一言，含恨去世。张玉玺逝世后，其灵柩由师弟三大肚护送回家乡，安葬于哈只盖村的柏树坡上。张玉玺一生为山西梆子奔波，凡传统梆子剧目中的花脸戏，他都烂熟于胸。《抱烙柱》《罢州》《取洛阳》《鸡架山》《五梅驹》《黄沙岭》《风仪亭》《八义图》《泰山图》《美人图》《过巴州》《回荆州》《赠绨袍》《匕首剑》《锁五龙》《金沙滩》等都是他的拿手戏。他的表演风格凝重、严谨，致力于挖掘人物的内心世界。为了弥补嗓音条件欠佳的局限，他特别注重武功身段，尤其善于通过细节刻画人物。他十分讲究脸谱勾画，他的脸谱色彩鲜明、笔功深厚、线条清晰，加之演出时面部肌肉的巧妙控制，脸谱变化自如，极富表现力。他艺术精湛，人品、戏德也人口皆碑。他常对同行说：“唱戏的应该自尊，不能叫人看不起。一台戏有价，一个人的为人无价。”他从艺近半个世纪，在充满荆棘的艺术道路上探求了一生，在萨拉齐、包头、归绥、大同、忻州、太原、张家口、北京、天津，狮子黑名震戏界。他逝世后，被戏剧界誉为“晋梆花脸泰斗”。

李子健（1893—1948年），原姓常，乳名夺庆，山西祁县人，晋剧刀马旦翘楚，京剧四小名旦李世芳之父。李子健幼年丧父，入太谷锦霓园科班学艺，工青衣，后又转入二锦霓园学刀马旦。出科不久就显露头角。民国2年（1913年），与其兄常蛮庆随伯父常二满到张家口，入张玉玺的小兴园戏班，从师王天恩，攻刀马旦，文武兼备，唱做俱佳。其间随班在张家口、宣化、大同、归绥、萨拉齐、包头等地演出，驰名长城内外。民国6年（1917年）返回晋中，在聚梨园、自诚园等名班演出，以精湛的技艺名噪一时。1919年入京演出时，受到北京大珠宝商李某的赏识，遂招赘入室，与其女河北梆子演员李翠芬结为伉俪，从此改常姓为李姓。1921年，李子健偕妻子李翠芬，应约与张玉玺等在萨拉齐驻地演出一年，在萨拉齐后炭市街租房居住，生一子，取名李福根，即后来的京剧四小名旦之一李世芳。民国15年（1926年），包头由萨拉齐县分出单独设县，李子健应邀与马武黑、盖天红、喜荣生等到萨拉齐、包头演出，以示祝贺。此后他常年往来于张家口、归绥、萨拉齐、包头等铁路沿线城市演出。民国23年（1934年），李子健受张玉玺之邀，加入包头侯如山戏班，常年住在包头，与“水上漂”王玉山联袂演出《百花点将》等剧目。1947至1948年期间，应聘任傅作义西北戏剧学校校长，并为牛桂英说戏，其间培养了不少晋剧名演员。1948年9月19日，李子健突发脑溢血病逝，时年55岁。李子健在京演出时，经常与梅兰芳、马连良、尚小云等京剧名家切磋技艺。他吸取众家所长，融汇京剧、河北梆子的表演技艺，形成了自己唱念声情并茂、做工飘逸洒脱，武打干净利落的表演风格。他还多次与“水上漂”王玉山同台演出，与王玉山、刘明山、刘宝山等既是师徒，又是好友。李子健演戏善于

“武戏文唱”，讲究“唱一出是一出，以艺惊人”，被誉为晋剧刀马旦的翘楚，代表剧目有《百花点将》《阴魂阵》《英杰烈》《凤台关》《反延安》《富贵图》《凤仪亭》《梅绛亵》《骂鸡》《换花》等。

杜贵小（1896—1932年），父亲是萨拉齐著名手工业字号“文元炉”的第二代掌柜杜月小，杜贵小不爱祖业，改行唱戏，故艺名生铁旦。青年时爱好文艺，经常参加当地晋剧坐腔活动，后抛弃祖传铸铁业，从事晋剧专业，工青衣。他唱腔婉转，声情并茂，扮演不同女性形象，都能够充分运用表现主人公外在情绪的办法，来揭示人物的内心世界，具有极强的艺术魅力。他演出的《秦香莲》《走雪山》《汾河湾》《打宫门》等戏，颇受群众欢迎。民国21年（1932年），因患鼠疫病去世。

韩福林（1905—1973年），艺名铃铃红，山西省原平（原崞县）人。民国7年（1918年）拜六六丑（真名不详）为师，学唱北路梆子。民国16年（1927年），韩福林出师，先在大同搭班演出，后来到土默川一带。民国19年（1930年），与宋玉芬等进入内蒙古西部的河套地区，先搭李老九班，后入筱月仙、高旺黑的合股班。民国30年（1941年），由河套到萨拉齐县一带演出。1952年，韩福林任新组建的萨拉齐大众剧社（萨拉齐晋剧团）团长。韩福林以身段动作舒展大方，嗓音洪如铜铃享誉河套、土默川，人送艺名“铃铃红”。他擅演做工戏，在《杀楼》中饰宋江，《金沙滩》中饰杨令公，深得观众赞赏。曾多次参加自治区戏曲会演并获奖。韩福林曾任土默特旗人大代表、政协委员。1973年病逝。

玉马旦（1909—），萨拉齐人，票友出身，专工老旦。他演的佘太君，《火焰驹》的老旦，《捡柴》中的乳娘，稳重大方，台词精炼，辙韵无误，尺寸整齐，富有老年女性风度，后来她到包头的西北剧社给名演员王玉山陪戏。

阎锁（1910—?），萨拉齐人。从小爱好戏剧场面，后来专工晋剧司鼓，为下海票友。1951年参加萨拉齐县大众剧社，曾给小全全（苗全全）打过下手，司鼓技艺超强，1957年内蒙古自治区戏曲会演，萨拉齐县晋剧团以《出沁阳》参赛，阎锁担任这个戏的司鼓，受到评委和同行们的好评。

铜匠黑（1910—?），萨拉齐人。萨拉齐“下海”的演员大都是他的过门徒弟。他通晓几十个传统剧目。舞台艺术形象较为真实，受到群众好评。他主演《明公断》《捉放曹》《忠保国》等，在萨拉齐、包头一带很有名气。

高有生（1912—?），乳名高二娃，艺名二娃生、十七生，萨拉齐人。他先在张明锁娃娃班学艺，出科后作领教兼演员。中华人民共和国成立后在萨拉齐县大众剧社工作。唱生起家，是五月鲜过门弟子，曾在张家口一带演出。经常请教于张玉玺老板。四功（唱、念、做、打）样样过硬，他演的《卖水》《打黄盖》《黄鹤楼》等生角戏，别致优越。他在艺史上跻于强林之中，后来不幸因病在伊克昭盟去世。

公玉昌（1912—?），萨拉齐人，后在张家口堡子里定居。他先在侯潘龙未班学徒，后投奔于张玉玺门下，专工二花脸角色，酷爱武术，一手好梅花枪为他唱武戏打下了良好的基础。他的启蒙戏《看兵书》就是张老板亲授，又经马武黑过门。公玉昌《斩单通》中扮演的单通出色动人，显露了表演艺术才华。1954年曾到固阳县晋剧团任艺术指导，他演的《李闯王》给广大观众留下了深刻的印象。他的特点是：表现自然，善于钻研思考，总结经验，纠正创新。

王海云（1918—?），乳名王二后，艺名二后生，萨拉齐人。自幼在北只图村明锁子娃娃班学艺，专工二花脸，后因倒仓、嗓音变哑，改工武花脸，武功坚硬，做戏好，他的《斩彦良》《访白袍》两出戏最拿手。后来去了固阳县晋剧团、伊克昭盟达拉特旗晋剧团。

徐文科（1912—），萨拉齐人。自幼爱好晋剧，中年时期从业戏曲，专工丑角。因为他表演得潇洒自如，曾评为半路出家的好演员。他的特点是：戏路子宽，红黑生旦的戏都有。后来他到了固阳晋剧团一边演出，一边教戏。他天资聪颖，勤奋好学，颇有表演才能。

王月霞（1921—1998年），女，艺名筱月仙，旦角演员，祖籍山西省浑源县毕村，1940 年到萨拉齐演出，后定居萨拉齐城内。王月霞本姓马，生父马少山既是烟鬼又是赌棍，一个富裕之家被他败光无法生活。4 岁时，月霞被其父卖予妓院，而后又将其母卖予当地人王兆祥为妻。幸而外祖父将王月霞赎回交付王兆祥抚养，从此她便改姓王。不久，全家迁往大同居住。在大同时，养父见她爱唱爱跳，遂请当地晋剧名伶到家教她北路梆子戏，王月霞得以开蒙。1929 年举家逃荒到归绥。养父又请归绥晋剧演员老十三旦来家教月霞学戏。11 岁时，王月霞被送到晋剧演员辛梨红门下学徒，为期 5 年，期满出徒后谢师 1 年。王月霞自幼在大同启蒙学习小旦，底功扎实，天资聪颖，勤苦学习，专工青衣，皆学花旦、生角，唱念做打俱佳。学习期满后，即登台大同，献艺谢师，一炮打红。在大同连演 2 年，筱月仙的名声已在大同叫响。此后，她回到归绥参加了“老财迷剧团”。1940 年，王月霞与其过门师傅正旦演员“万人迷”一同来萨拉齐楼子店院“俱乐部”（日本人开设的赌场），在“四寡妇戏班”演出近一年后，游走于宁武、浑源、大同、张家口、丰镇、集宁、归绥、包头、萨拉齐、河套等地演出，成为当时坤角名流。1952 年，王月霞再度到萨拉齐演出，加入了大众剧社。此后，与北只图人田二厚（琴师）结婚，定居落籍于萨拉齐。1954 年，大众剧社改称萨拉齐县晋剧团，王月霞任团长。在艺术上，王月霞戏路宽，勇于探索，表演深沉、真挚，追求含蓄，讲究节制，善于表现古代女性善良、贤淑、温柔、多情的性格。她嗓音宽厚，洪亮激越，吐字清晰，运腔刚健，功力卓越。她扮演的秦香莲、王宝钏、白娘子、沈后等角色，演技刚柔并济，富有艺术感染力。在山西雁北、河北张家口，内蒙古伊克昭盟、锡林郭勒盟、巴彦淖尔盟、乌兰察布盟等地区和呼和浩特、包头二市享有盛誉，人们说：宁可三天不吃饭，也不要误了王月霞的明公断。王月霞的司鼓宫步生评价她：唱腔柔嫩，嗓功刚硬，字句分明，纯洁有力，调有奇特，韵有风味，板眼准确，丝竹协调，拍节均匀，扮演角色惟妙惟肖。王月霞曾任萨拉齐县晋剧团团长、县人民代表、政协委员。代表剧目有：《断桥》《三上轿》《鞭打芦花》《三娘教子》《算粮登殿》《明公断》《双蝴蝶》等。

张富招（1922—1986年），艺名二奔颅，回族，萨拉齐人。从小酷爱文艺，专工花脸，嗓音洪亮。模仿性强，戏路也很宽，能演大、能演小，严肃认真，感情饱满，并拜“八百黑”张树亭为师，他演出的《劈殿》《访白袍》很有特色。1956年在集宁市晋剧团任花脸演员。1986年病逝。

第十二章　萨拉齐民间文学艺术

第一节　民歌

一、山曲儿的形成

萨拉齐民歌即爬山调，爬山调也称作山曲儿。萨拉齐山曲儿是走西口人从山西、陕西带过来的。但它又不同于山西的爬山调和陕西的信天游，萨拉齐山曲儿融入了蒙古族民歌的元素，它是晋陕民歌与蒙古族民歌融合的产物。流行于萨拉齐的山曲儿，既有传统的爬山调曲调，也有来源于蒙古族民间传统“短调”民歌。其代表作如《联四曲儿》《二道圪梁》《王爱召》《达庆老爷》等。

二、山曲儿的艺术手法

山曲儿歌词的基本艺术手法，采用了中国诗歌传统的赋、比、兴。

赋是“铺陈其事而直言之”，也就是直接说要说的事物。如：

鬼子兵来了埋地雷，
八路军来了烧开水。
前半夜想你扇不熄个灯，
后半夜想你翻不过个身。
南傍黄河北靠山，
海海漫漫米粮川。
三面圪塄一面壕，
立逼穷人上树梢。
呼塌子风箱烂锅盖，
喝了糊糊没咸菜。

比和兴是所有民歌中运用最多的艺术手法，比、兴常常连，山曲儿的歌词也是如此。

“比者，以彼物比此物也。”比即比喻，有明喻、暗喻、借喻等。如：

来时候好似蝴蝶飞，
走时候好像鬼拉腿。
白萝卜胳膊膊水萝卜腿，
果子花的脸蛋蛋海葋花花嘴。
摘一根豆角抽的两股筋，
为一回朋友伤的一回心。

“兴者，先言他物以引起所咏之词也。”兴就是起兴，即借助其他事物为发端，以引起所要歌唱的内容。

起兴一般有两种。一种是起兴句与要歌咏的事物没有什么关系，只起一个“引起”的作用。例如：

野鹊鹊飞在那窗棂棂上，
知心话说在哥哥心眼眼上。
天天刮风天天下，
天天见面说不上话。

另一种情况是起兴句与要说的事物有一种似有似无的关系，如：

桃花开罢杏花开，
挣下两个银钱快回来。
正手风箱左手拉，
什么人留下个活守寡？

山曲儿一个突出的表现手法是叠词的广泛运用，大大增强了艺术感染力和表现力，这与萨拉齐方言中叠词甚多有很大关系。如：

芫荽开花碎纷纷，
妹妹两眼花生生。

麻阴阴天气雾沉沉，
小妹妹哭成个泪人人。
苦苗苗结的苦瓜瓜，
苦妈妈养下我这苦娃娃。

三、山曲儿的“风搅雪”现象

山曲儿产生于萨拉齐汉族和蒙古族杂居地区，汉族和蒙古族人民群众一起生产劳动，一起对歌，两个民族的语言掺合起来用，这对于两个民族的文化艺术等发展都有益处。虽然山曲儿歌词以汉语为主，但在山曲儿中有时也出现了一些汉语和蒙古语混用的歌词，民间称之为“风搅雪”。

蒙古语的使用，有用半句的，有用一句的，有用一个词的，也有用一段的。以半句和一个词运用来看，有前置的，有后置的，也有镶嵌在句中的。如：

三十三颗荞麦“依仁依松达楞太”（九十九道棱），
再好的妹妹“忽尼混拜”（人家的人）。
“毛日呀呼奎”拿鞭鞭打（马儿不走），
“努呼日依日奎”捎上一句话（朋友不来）。
“布拉格”流水万年长（布拉格：水泉子），
妹妹想哥哥往死价想。
“阿爸”的盛情“额吉”的心（阿爸、额吉：父亲、母亲），
盼得和哥哥快成亲。
“诺纲”裤子“乌兰”袄（诺纲：绿色，乌兰：红色），
看见妹妹哪哪儿也好。
戴上“阿力塔”戴“们各”（阿力塔、们各：金、银），
骑上“茂哩尔”娶你呀（茂哩尔：马）。
水红花开在“乌松当特勒瓦”（乌松当特勒瓦：水），
想你想在“色那当特勒瓦”（色那当特勒瓦：心里头）。

骑了个爬床毛驴也是“依勒吉格勒”哇（依勒吉格勒：毛驴），
虽然你是小脚脚女人也是我的“努呼日”哇（努呼日：朋友）。

第二节 民谣

一、串话

串话就是顺口溜。它内容丰富，运用广泛，语言通俗，格调诙谐，具有浓郁的地方色彩和乡土气息。听起来节奏明快，语言流畅，诙谐通俗，形象生动，富于表情和动作。

串话随时随地都可编说，以其评论时政、褒贬人物，记述风俗，总结经验教训，反映生活情趣，表达内心思想，敏锐尖刻，直率恳切。萨拉齐的许多串话被搬上二人台，不少精彩篇段被广泛吸收，成为地方上经典的口头文学。

串话有诙谐风趣、口语化、通俗化、顺口押韵等特点。和其他文学形式一样，串话也通过运用夸张、比喻、对偶、排比、叠字等修辞手段，突出所表达的内容，加强艺术效果。

萨拉齐串话选录：

（一）风搅雪

《亲家翁相会》：

玛奈到了塔奈家，
黄油酪蛋奶子茶。
正赶念经巴雅尔啦，
玛奈的幸运多好啊。
中午席上放乌叉，
玛奈安在首席上。
塔奈敬酒我紧唱，
你看玛奈多喜乐！

塔奈到了玛奈家，
正赶玛奈不在家，
进门碰上锁疙瘩，
对不起呀，失礼啦！
瞎眼脑亥咬塔奈，
塔奈掏出大烟袋，
狠狠地揍了它讨劳盖，
让您受惊怨玛奈。

在这段串话中，汉语和蒙古语夹杂，在蒙古语中“玛奈”，意为我们；“塔奈”意为你们；“巴雅尔”，意为喜庆；“乌叉”意为羊背子；“脑亥”，意为狗；“讨劳盖”，意为头。这种汉语和蒙古语夹杂的说唱，称之为“风搅雪”。

（二）总结经验教训，表述生活哲理：

娃娃勤，爱死人；
娃娃懒，狼吃没人管。

女的帮楼男的种，
娃娃后头打砬砘，
光景越过越兴盛。
女的要钱男的混，
光景越过越紧困。

为人寻不上个好女婿，
珍馐佳肴也没味；
为人寻上个好女婿，

吃糠咽菜也愿意。

不笑补，不笑破，
就笑日子不会过；
吃不穷，穿不穷，
计划不周要受穷。

顾远不顾近，
生活有疑问；
顾近不顾远，
前途有危险；
远近都兼顾，
致富迈大步。

多贪不如少种，
少种不如上粪。
如若你不信，
粪盘子就是指实见证。

（三）串联地名、特产，记述生活、风俗：

萨县的官，管得宽：
东至归绥界，
西至河套川，
北过大青山，
南到河那畔。

来到土默川，

心中就喜欢。
乌拉（蒙古语：山）高，
岗勒（蒙古语：河）湾，
牛羊肥，庄稼宽，
海海漫漫的米粮川，
逃难人见了怎能不喜欢！

出了萨拉齐西门外，
吴坝紧挨朱尔圪岱，
小板申气过去是巴拉盖……
出了萨拉齐北门外，
沟门、威俊、阿刀亥，
悦来窑大炭卖得快。
出了萨拉齐东门外，
小厂圐圙来得快，
东、西老藏营苏波盖……
出了萨拉齐南门外，
南园子的水地真不赖，
拔了麦子种白菜……

康卜儿的谷米，
耳沁尧子的糕，
西老藏营子的铺沙西瓜不用挑。

枝头乌鸦懂反哺，
地上羊羔能跪母，

过河燕子会背母，
畜中公马不欺母。

早起辣角子抹酸粥，
晌午猪肉烩菜蒸馒头，
黑夜白面圪瘩子炝葱油。

二、歌谣

（一）民谣

提起正月里，榆树剥了皮，买高粱二元几，和上些蒲梨梨。

提起二月整，地下消了冰，叫秋凤拿上锹，去挖甜根根。

提起三月整，天天刮大风，拿上耧不能种，田苗没一根。

提起四月整，下了归化城，回口里多卖钱，度咱们的穷光景。

提起五月整，我妻你是听，女子你带上去，小子要留根。

提起六月里，天天下大雨，没烧的没吃的，拆房烧椽檩。

提起七月里，家家存秏米，虽然是草籽籽，也是好东西。

提起八月里，田苗已长成，人皆看没收望，工作没人寻。

提起九月整，天气又寒冷，买下布没人缝，伤心又惨忍。

提起十月整，雪花乱纷纷，没娘的小孩子，叫谁来照应？

提起十一月整，遍地冷成冰，身无衣肚无食，冻死谁心疼？

提起十二月整，新年又来临，家家团圆贺新春，我自孤独冷清清。

想起了前事情，满腹泪淹心，真也苦受尽，劝同胞都注意，不要学我这浪荡飘流的二油泥人。

（《萨拉齐县志》卷十四《俚歌》）

（二）童谣

1.《大豆大剥皮皮》

大豆大，剥皮皮，

踩上高跷瞭姨姨，
姨姨坐的花花轿，
舅舅骑的毛驴驴……
问姥姥要枣枣，
枣枣没骨骨，
嫁给牛犊犊；
牛犊不吃夜草，
嫁给夜瓢；
夜瓢不会舀水，
嫁给小鬼；
小鬼不会把门，
嫁给瓦盆；
瓦盆不会坐地，
嫁给簸箕；
簸箕不会扇凉，
嫁给阴凉；
阴凉不会倒西，
嫁给草鸡；
草鸡不会呱蛋，
嫁给疤汉；
疤汉不会上树，
扯了疤汉大肚。

2.《说灯》

大车灯，小车灯，
娃娃赶得轿车灯，
西瓜灯，红腾腾，

芫荽灯，碎纷纷，

白菜灯，绿茵茵，

蝴蝶灯，花生生，

姑娘灯，扁盈盈，

媳妇灯，俏生生，

老奶奶灯，拄拐棍，

老汉灯，筋头玛瑙不是好鬼灯。

3.《打闪翅儿闪》（打花棍口诀）

一二三，闪翅儿闪，

紧赶慢，慢赶紧，

权把扫帚一十六……

袄什么袄？袄夜瓢；

夜什么夜？孙猴疥；

孙什么孙？吕洞宾；

李什么李？铁拐李；

铁什么铁？铁打铁；

铁匠炉上住的一窝鳖。

4.《上学堂》

男子上学堂，

女子去厨房。

男子吃肉，

女子喝汤。

5.《缠脚》

缠小足，我嫌疼，

打一巴掌拧一拧。

又流血，又流脓，

你说我疼不疼。

大脚好，大脚好，
下雨路泞跌不倒。
路远去送饭，
汤也冷不了。

第三节　民间歌舞——社火

一、观灯

阴历正月十五是元宵节，又称上元节，是新的一年中第一个月圆之夜。元宵节看灯，是男女老幼最为开心之事。萨拉齐一带的元宵节极为隆重，几乎是家家参与、人人看灯，尤其是正月十四、十五、十六三个晚上，街面上真是火树银花不夜天。再加上穿着戏装的高跷队、旱船、舞龙、戏狮、大头宝宝、秧歌队等，并配有乐队、唢呐班，箫鼓声闻宛如仙乐下凡，吸引着男女老少穿街走巷拥挤不堪。

萨拉齐的花灯品种很多，制作精美。有寿星、八仙、聚宝盆、西瓜、草虫、金鱼、楼船灯等，还有纱、绢制作的纱灯和巨型华灯，用玻璃制作的宫灯等，另外还有一种制作精妙的“走马灯”，当地人也称这种灯为“鱼龙变化灯”。

二、舞狮

舞狮是流行于全国各地的群众喜闻乐见的杂耍之一。所舞之狮有南狮、北狮之分。南狮主要以广东、福建的狮舞著称，其貌玲珑剔透，动作灵活多样，能踩桩、能上房，堪称江南一绝。北狮主要以山西、河北、陕西、内蒙古的舞狮为主，其狮的制作要比南狮粗糙，但有兽中之王的风范。文的动作有搔痒、舔毛、打滚、抖毛，武的动作有登高、跌扑、腾、挪等。萨拉齐的舞狮属于北狮的范畴，在技巧上有戏绣球、出洞、下山、嬉戏采青等。

三、踩高跷

春节时，萨拉齐极为盛行踩高跷。其风格粗犷，内容复杂，跷腿高，表演难度大，参与人数可多达数十人，堪称一绝。中华人民共和国成立初期，王光亮营、双龙、东老藏营、威俊、萨拉齐的高跷，以武跷著称，难度很大，绝活很多，如大跨步、单跳眼、前滚翻、后跌子、放八叉、跨转式、扑蝴蝶、上高桌表演，令人胆战心惊，十分精彩。还有一种是文跷，就是踩高跷者都扮成戏剧人物上街表演，一般都取材于《水浒传》《三国演义》《西游记》《白蛇传》等故事。走街时其队形为双行，插花对扭，边扭边走。场地表演时（俗称打场子），花样较多，一般有“大八字”“卷白菜”“压葫芦”“五莲灯”等，同时还配以音乐边舞边唱。唱腔多用“码头调”或“道情”。每年农历正月十五前后，各地的高跷队都穿上各式戏剧服装，化装成各种脸谱，伴随着锣鼓声、唢呐声的节奏，与舞狮、舞龙、划旱船、秧歌等出现在大街小巷，因其高人一节，所以表演的节目特别引人注目。有的动作惊险，有的表演十分幽默诙谐，令观者捧腹大笑。

四、舞龙灯

过去每逢春节、元宵节、二月二及其他喜庆日子或庙会，都有舞龙灯的娱乐活动。舞龙灯，也叫耍龙，是一种民间民俗舞蹈，历史悠久、形式多样。

萨拉齐龙灯龙头金角红舌，绿眼紫须，制作十分精巧。龙身有许多节，每节约 1.5 米，节数不等，但多数为单数，意图吉利，有的多达 20 节。一般以铅丝为骨架，用纸、纱或布糊制而成。龙身内点燃蜡烛便称为“龙灯”。

舞龙时，阵势要摆好，有一红球或制作的大蜘蛛领先引戏龙起舞，龙摇头摆尾，千方百计抢红球，因而有盘、翻、滚、游、跳、咬、戏、踏等几十个套路。舞龙时，还有锣鼓唢呐伴奏，场面极为热闹。套路之外，还有许多舞技，如“二龙戏珠”“百龙出洞”“猛龙过江”“金龙蹈海”“海底捞月”“二龙出水”等，技技相套，结构紧凑，引人入胜。

在元宵日，龙灯要挨家挨户恭贺新禧，这时各家各户放鞭炮，迎龙进院，俗称“接青龙”，这时舞龙的人便在院中舞上一会儿，此时主人一般都会赏钱、焚香、祈祷平安，如户主吝啬不给，龙灯便倒退出门，俗称“倒拔龙”，这是不吉利的兆头。

五、转九曲

萨拉齐的“九曲灯”和山西、陕西、河北、河南的形式差不多。“九曲灯”一般占地3~5亩不等，用361根木杆将中华九州（青州、衮州、幽州、并州、冀州、豫州、雍州、荆州、扬州）用绳索分割成9个方阵，代表9个州，弯弯曲曲、阵阵相连。九曲阵的中央设一个高10米的盘龙大柱，称为老杆，杆顶置一大灯，照耀四方。另外代表9个州的小方阵中间，也有一个比老杆低的大杆，用柏枝装饰，其杆顶也置灯一盏，与老杆灯和361根小杆灯相呼应，灯火齐明、层次分明，气氛显得非常庄重热烈。

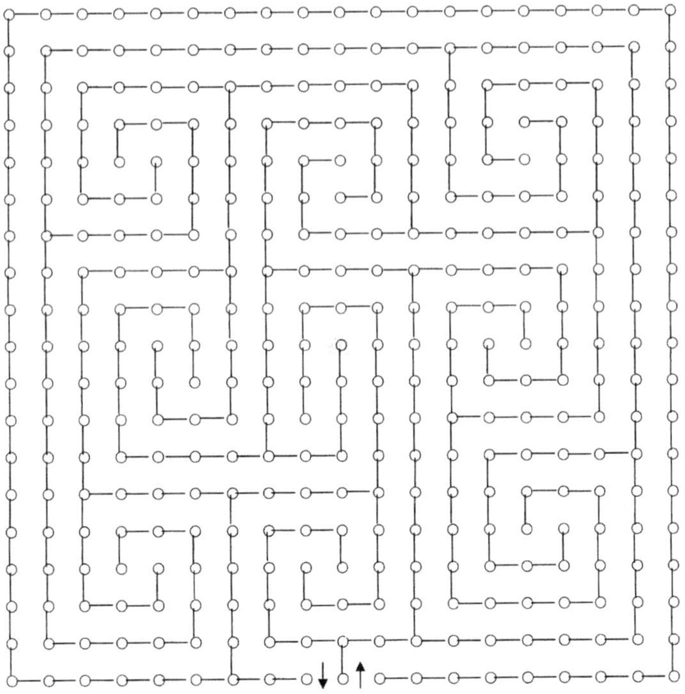

十三省九曲图

转九曲阵，当地还有好多说法：九曲代表中华九州，360根灯杆代表360天，即应周天之度，也合一年之日。九曲路线曲径通幽，柳暗花明，也就是游完了九曲就代表踏平坎坷，逢凶化吉，走遍了中华九州大地，经历了九九八十一难，一年就顺顺利利、万事如意。当转到老杆前，都要抱一抱老杆，俗话有“抱老杆，一百三”，可延年益寿。所以参加此项活动的人特别多。

六、秧歌

秧歌，有秧歌舞和秧歌戏之分。秧歌戏产生于山西，流行于河北、内蒙古西部、陕西北部。原本属“下里巴人”之作，后因慈禧太后喜欢秧歌，故登上了大雅之堂，变成“阳春白雪”。秧歌舞也是萨拉齐人民热爱的民间艺术形式之一，主要有社火秧歌、踢股子秧歌、大秧歌、大头娃娃等。

踢股子秧歌，又名“地蹦子”“跑圈子秧歌”，是社火中一种古朴的自娱民间舞蹈。它短小精悍，风趣活泼，在城乡间广为流传。其中萨拉齐表演最具有代表性。在其长期的发展演变过程中，逐渐形成了自己的艺术特色和风格特点，使之在同类型的民间舞蹈中独树一帜。

跑圈子秧歌，顾名思义，它是从始至终保持了“跑圈子”的队形。无论“圈”内表演哪一出“套子”，外面的“圈”不变。早期表演时，只是简单的表演形式，后来结合自身生产劳动与社会生活，编成了一个个“套子”。每个“套子”反映一个内容。在不断吸收、充实、演变、发展过程中，它的舞蹈语汇、技巧动作、程式套路日趋丰富，从而发展成为过街龙、罗成大点兵、大踢四门带罗成、捂雀、整衣、小踢四门、踩萝卜、压葫芦、四门扫堂带斗子、扑灯花、浪三下、蛛蛛抖丝丝、蛇盘九颗蛋、老汉带着老婆来等14个完整的“套子”。

表演队伍的顺序：两面大黑虎旗走在前面，而后是令旗（指挥），再下来是乐队，最后是诸葛亮带领的表演队伍。

参加表演队伍的人数，多则五六十人，少则二三十人。主要根据村里具有表演能力的人数而定。一个套子至少由三人表演，即：一个股子、两个拉花，或两个股子、四个拉花，至多三个股子、六个拉花。

表演时所有参加演出者踩着锣鼓点圆场跑圈子。“套子“进圈内表演时，须由诸葛亮来点。如：诸葛亮唱：“今天人来的真不少，诸葛亮我再把秧歌挑，下一个秧歌该谁跳？‘罗成点兵’还是喜全子跳得好。”然后，被点到的“套子”进场表演。其他未被点到的表演者仍继续跑圈子，直至场内“套子”演完，诸葛亮再进场来点。

表演中的队形变化，当地艺人称为“场子”。舞蹈动作的变化是随着表演者的“场子”变化而变，极其丰富多彩，变化无穷。艺人们称其为“拉不断”，即像一根拉不断的线。有过街龙、二龙出水、走八字、压葫芦、蒜辫子、龙摆尾、天地牌子、卷白菜心、里外罗成平安阵、四季平安、菱角串、大圆场等。

七、抬搁

当地每逢元宵节、庙会等大型娱乐活动，总有抬阁。每出一次抬搁少则六七架，多则二十几架，而且是一架抬搁一出戏，一出场便是二十几出戏，使观者眼花缭乱。

八、脑阁

也叫重搁或节节高。中华人民共和国成立前后，萨拉齐的脑阁是很有讲究的，由成人 8 人，每人肩上立一幼童，分别扮成八出戏：一为《白蛇传》，下面成人扮许仙，身背伞，上边幼童扮白蛇，立于伞上。二为《错中错》，下边人身背一拂尘，大姐立拂尘上。三为《辛安驿》，公子身背一把刀，女盗立刀上。四为《一片漆》，由后背一水桶，姑娘立桶上。五为《戏牡丹》，吕洞宾背一宝剑，白牡丹立剑上。六为《泣残红》，宝玉身背花篮，黛玉立花篮上。七为《探亲家》，傻小子背上插一旗，奶奶立旗上。八为《逛花灯》，瞎子背一竹笛，大姐立笛上。当然这也不是固定模式，各地有各地的组合法。表演时，在鼓、钹、锣、唢呐的伴奏下，八组走“单夹篱笆”“双龙出水”等队形，边唱边舞。近年，脑阁也在发展，如呼和浩特、毕克齐的脑搁。从早期的脑阁1个少儿，增加到3个；从最初七架脑搁，增加到20~30架，组成大型的脑阁队伍。由于演员是被固定在架上的10岁以下小孩，其表演全依仗“大力士”，伴随鼓点的“扭”“颤”“摆”等适度舞蹈动作。脑阁表演动作十分丰富，以妆扮戏剧或故乡中的一个角色，发展到一架就是一出戏，如《三打白骨精》《天女散花》《打渔杀家》《凤仪亭》《花和尚鲁智深》《打金枝》《武松》《走雪山》等。脑阁充分利用了力学中的杠杆原理，并十分讲究造型，在固定的格局中力求变化。脑阁架分单人架、双人偏架、三人高低架、担篮架、转架等，变化的架式适应了各种不同的剧情和人物。演员年纪虽小，但童稚的面庞、浓艳的扮装、认真的表演，使人感到亲切可爱，百看不厌。

九、假人摔跤

假人，即只有一支纸精泥做的二人身，这两个人身下部接连着，仅有头和上身贴着花布衣服，很像泥娃，尺寸与真人差不多，这两个人相向距离一尺左右，下身没有，用一块蓝布遮蔽着，外衣看不出。

演练的时候，把假人背在后背，手也穿着一双靴子，身体向前弯曲，两手着地，手尖向前，这时因为腰际围有白布，所以冷眼看来，确像两个立着的人。这个假人，各分门式，摆着架式，表演者按着摔跤的路子，指导假人互相厮打着、挣扎着，步伐由慢而快，劈啪的脚步声清晰而紧凑。观者眼花缭乱、赞不绝口。这虽是一个人表演的独角戏，却很像两个人在摔跤。

十、旱船舞

旱船舞的船由竹、木扎成，用画布包裹，配置彩旗、花篮、灯笼等。船队多为双数，多则4支，少则2支。大船每支一个划船艄公，两个坐船女子，小船一个艄公，一个女子。乘船者将船套在腰间，双手提船沿，极像坐船的样子，艄公手拿木桨，作划船舞表演。

艄公多以碎步摇桨划船，踏步点舟转弯，跨步快速行船，跪步收桨触滩等动作，扛船、扳船为主要动作，多以弓步、马步、踏步、跺步等。坐船者多以碎步、转身、扭腰、挑腰、摆腰、转圈等为主。主要套路有：二龙出水、压葫芦、蒜辫、金钱圈、八宝罗汉圈、塌滩、扳船等。所有套路都表现了行船开始至扳船回归的途中所遇到的风、浪、旋涡、回水湾、触沙滩的情形。表演形象真切、配合默契，确如水上行舟，既漂又稳，十分有趣。

第四节　民间吹打乐

萨拉齐人把从事民间吹打乐的组织叫“鼓匠班”，把从事鼓乐的民间艺人叫做“鼓匠”或“吹鼓手”。萨拉齐的民间吹打乐具有浓郁的地方特色，广泛流行于萨拉齐地区及内蒙古西部区。

清朝年间，地处水陆交通要道的萨拉齐，人口日渐增多，经济日趋繁荣，逐渐形成了商业、手工业中心。随着农业、手工业、工商业的发展，文化也日渐繁荣，在这样的经济文化的社会背景下，鼓吹乐产生并得以发展。

同打玩意儿一样，最初，萨拉齐的吹打乐艺人也是以自由组班的方式进行鼓乐活动的。他们中间除少数职业艺人外，多数是半职业艺人。职业艺人多为唢呐演奏者，就以职业的主奏艺人为主，再招呼几个伴奏者，搭成小班进行活动。后来随着鼓乐艺人的增多以及民间对鼓乐的需求逐渐增大，遂产生了以经营鼓乐为主的班社组织——鼓房。

旧时，人们对鼓匠非常歧视，称之为“王八”“戏子”“吹鼓手”，并将其归入“下九流”之中，鼓匠的社会地位非常低下，只有身体不健全的人才从小学鼓匠，以此为谋生之技，因此鼓吹艺人多数是盲人。学成后，被鼓房聘用，成为职业艺人。萨拉齐的鼓房历经清朝、民国时期，到中华人民共和国成立前夕，境内已发展到 10 家之多。

闻名于包头、萨拉齐、托克托县乃至后山、河套地区的著名唢呐主奏艺人瞎虎挠，就是萨拉齐镇人，是土默川地区鼓乐界最具代表性的第二代艺人。瞎虎挠约生于清光绪年间，卒于 1972 年。幼年时，虎挠跟随鼓匠班学艺。他天资聪敏，加之刻苦练习，练就了一手扎实功夫。出徒后没有几年，就由“拉踏”（吹踏唢呐）的伴奏地位升为“吹尖”（即主奏唢呐）的领班地位。

虎挠无论吹奏曲牌还是大戏，均有很高的造诣，特别是吹奏山西梆子如《明公断》《打宫门》《走雪山》《鞭打芦花》《杀狗》等戏时，不但能用唢呐、管子、口琴子等乐器吹奏出红、黑、生、旦各行角色的各种唱腔，而且经常在模仿不同流派风格演员的基础上，有发展、有创新。故在民间流传有“三班大戏我不看，单听瞎虎挠吹《走山》”的顺口溜。瞎虎挠不但在吹奏方面具有独特的技艺，而且还为鼓乐班吹奏大戏的伴奏增加了晋剧板胡，从而大大丰富了鼓吹乐的表现力。

第五节　民间工艺美术

一、剪纸

剪纸是用剪和刀在纸上剪刻缕空的图画，是劳动人民创造的表达自己思想感情和愿望的传统民间工艺品。剪纸有两种方法，一是剪工，一是刀工。剪工即用铁剪剜铰，刀工是用刻刀划刻。剪纸内容以花草、动物以及吉祥图案为多。剪纸构图简练、线条流畅、造型生动、稚拙活泼。萨拉齐剪纸的品类主要有窗花、灯花、顶棚花、边花、角花、团花、炕围子花、门花、中堂花、门帘吊子等，色彩有单色、双色和印染花。

剪纸的主要用途：节庆、喜庆婚嫁、生子、乔迁、祝寿、祈福、驱邪消灾、殡葬、祭祀等。

二、炕围画

炕围画，也叫“腰墙子”“炕围子”，是地方文化中地域性很强的一种绘画艺术形式，是壁画、建筑彩绘、年画的复合体，为建筑彩画艺术的一种。

炕围画是在居室炕面与墙壁交汇处画在墙壁上的画，其上罩有油漆，光洁鲜亮，十分好看，其用意在于保护墙面，避免将衣服弄脏，同时使居室增加美感。

炕围画有两种，一种较为简单，涂以底色后，只画整齐的边道，中间绘一些简单的图案、花卉，称为包黄土炕围；另一种则要分区开池，里面绘实际内容，边道也较为复杂，一般有一粗一细，另绘“卐”字边、盘肠边、花卉边等图案。绘画内容有《二十四孝》、戏剧人物、历史故事、民间传说、山水风景、鸟兽花卉等。

三、油布画

油布又称油单，是将布块经油漆、清油等涂刷后的铺具，有防水、防潮、防脏的作用。油布画就是画在上面用作观赏的绘画。

油布画这一传统民间绘画技艺，传承了古代壁画、建筑、庙宇、条屏中的绘画艺术，是广大人民群众追求环境美、心灵美、艺术美的综合表现。

油布画的画法是：先在成型的布上刮浆底料，涂刷底色，然后绘画。画面分画边、画心，也有脱边的画法。画好后，在画面上罩桐油或清油和清漆。油布画颜料多为油彩，但也有水粉。画面内容有丹凤朝阳、孔雀戏牡丹、鲤鱼闹莲、喜鹊登梅、金鸡独立、猛虎下山、二龙戏珠、龙凤呈祥、锦上添花、龙腾虎跃、鹏程万里、松鹤延年，花草类如松、竹、兰、梅四君子，以及牡丹、月季、玉兰、山水花鸟等百余种。

第十三章　萨拉齐民间游艺竞技

萨拉齐民间游戏是一种闲暇适意的生活调剂。其中既有节令性游乐活动，也有充满竞技色彩的对抗性活动，更多的则是不受时间、地点、条件制约的随意方便的自娱自乐活动。其中有的继承性极强，规则较严格；有的则是无拘无束的即兴自娱；有的干脆是一种与生产紧密结合的小型采集和捕捉活动。

第一节　智能型

智能型游戏包括纸牌、棋类活动等，这种游戏在街头巷尾、室内室外，随处可见。成人多下象棋，一些爱好者下到尽头上，家人多次喊吃饭，都不理会，并美其言“学会下棋、不嫌饭迟”。儿童游戏则就地取材，用石子、杏核、羊粪珠珠下“五子棋”“狼吃羊”“逼茅子”“四方”“六方”等传统民间棋类。

一、下棋

下棋一般指下象棋，在当地又叫“杀棋”。棋子称“棋砣子”，棋枰称“棋盘子”。执红子者称“红方”，执绿子者称“黑方”。将（帅）统称“老将”，卒（兵）统称“卒子”。对局称“杀”，吃子一般也皆称“杀”，但不同的子吃杀时又分别有不同的叫法。将（帅）吃子叫“克”，士（仕）吃子叫“支”，相（象）吃子叫“飞”，马吃子叫“蹬”或“踩”，车吃子叫“吃”，炮吃子叫“打”，卒（兵）吃子叫“攻”。走棋也各有各的叫法。走将（帅）称“出”“上”“下”“拐”，走士（仕）称“支”“落”“上”“下”，走相（象）称“飞”“落”；走“马”称“上”“退”，走车、炮称“挺”“拉”“退”“缩”，走卒（兵）称“攻”。输赢一次多称“盘”，也称“局”。

下棋活动极为自由，街头巷尾、墙角树下、室内室外，随时随地就可下棋。一些爱好者下到劲头上，家人多次喊吃饭都不理会，并美其言“学会下棋，不嫌饭迟”。更有甚者，为悔一步棋而与人争得脸红脖子粗，乱抢乱夺棋子，所以，有的棋盘在河界上写着“不要脸红，再来一盘”。和颜悦色者，则将对方被悔的棋子放在自己的手背上，笑嘻嘻地伸给对方，以此来羞辱对方“挖手背”（当地对悔棋的叫法）。

二、打扑克

旧时，当地人称扑克为“王八”，称打扑克为“耍王八”牌。至于为何称“王八牌”却无人知晓。打扑克，不用分场合、地点、时间，想什么时候玩就什么时候玩，2 人可以玩、3 人也可以玩，4 人、5 人、6 人甚至再多人也都可以玩，一般以 4 人、6 人玩最常见。常见的玩法有“拉毛驴”“上王八”“捉愣子”“摸十点半”“吹牛腿”“打百分”等。

三、打麻将

当地人称麻将为“麻架”，旧时只有富贵人家才玩麻将，一般农家很少会玩。到“文革”以后才传到普通人家。其玩法简便，变幻莫测，趣味无穷。闲暇之余，亲朋至友聚集一起，桌上竞技一番，可谓良好的文化式的休息。

麻将牌有“万子、条子、筒子”（即原来的文钱）三门，每门一至九色，每色 4 张；“中、发、白”三箭 12 张和“东、西、南、北”四风 16 张，共 136 张组成。在有的地方则又加入四张季花和四张混子（蕙）或百搭，共成 144 张。同时，尚备有两粒骰子用来掷点数。打麻将牌由四人同玩。其完成规则是参加者把自己抓来的 13 张牌，通过摸、吃、碰尽快调整组合成几副碰子或顺子及对子，首先完成者即为“和牌”（成功），一轮结束。若将全部牌起完没有能够“和牌”者称为“和局”，一轮也告结束。打牌程序包括：班位、定庄、洗牌、叠牌、开门、起牌、理牌、行张、开和、和局、算番计点、牌局结束并宣布连庄或轮庄等，可周而复始。

四、编棍棍

编棍棍是用纸牌玩儿的用于赌输赢的一种游艺活动。它是由万子、皮子、贡子三门组成，每门从一至九各 4 张共 36 张，三门共 108 张（古人称水浒上的一百单八将）。再加上老千、花花、靴靴也各 4 张共 12 张，共计 120 张，同时附加有 3 粒骰子用来打点。骰子过去是用骨头刻制成为正方体，每面分别刻有 1、2、3、4、5、6 的点数，俗称色儿。

玩时 4 人或 6 人都行，一般来说是 6 人组成，每人共 9 张牌，通过摸、吃、调组合成三组，另加贡头 1 张，即为成胡。成胡有通天、一色、自摸、单折。

编棍棍玩儿法还有推牌九、挂胡、碰胡等。

五、斗兽棋

也叫纸片棋，玩具要自制，用硬纸剪成 16 张乒乓球大小的纸片，分成两份。纸片上分别写上“象、狮、虎、豹、狼、狗、猫、鼠”，再找一张纸画棋盘，棋盘就是 16 个格，从中间分开甲、乙两方。玩时，两方各将纸片背面向上摆好，然后用锤子、剪刀、布决定谁先翻棋，翻开后看挨着的双方谁的动物厉害，就吃掉对方，规则是象吃狮，狮吃虎，虎吃豹，豹吃狼，狼吃狗，狗吃猫，猫吃鼠，鼠吃象。以吃完对方动物或对方动物再不能动为胜。

六、逼茅子

甲、乙双方选定地方之后，坐下来，在二人之间画如下图形：

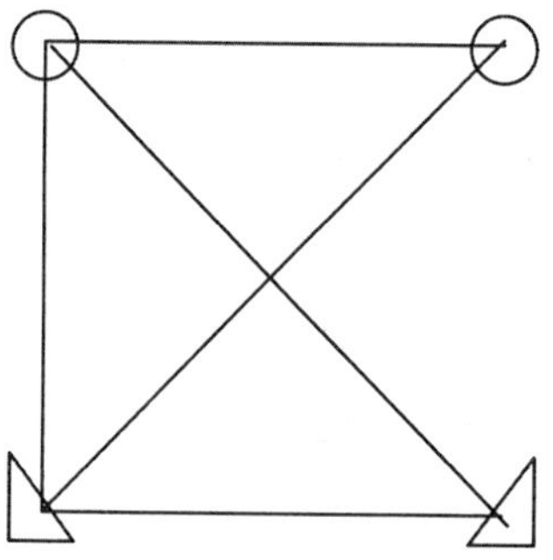

如上图，甲、乙二人任选画三角形一边或圆圈一边坐下，分别选与对方不同的两个子（可以是石子、柴禾棍、羊粪珠等），放到自己一方的画三角处或画圆圈处。两人猜猜猜决定谁先走，但不准先走锐角上的子，因为先走这一子，就将对方的路堵死了。必须先走直角处的一子，然后轮流走子。如果一方将另一方路堵死，另一方两子也就被叫做逼到茅子中，算是输掉了这一局。

逼茅子比赛开始后，每走一步，不准有任何思考的时间，因为这是一种极简单的竞赛活动，稍有时间动脑，就不会走下败步，只有在快速地相互交替的走步中，才可能出现失误。这对训练孩子或大人的迅速思维能力而言，是个极好的活动项目。

七、灌驴球

灌驴球的活动与逼茅子相比，程度就难了些。甲乙二人坐定后，于二人中间画如下图形：

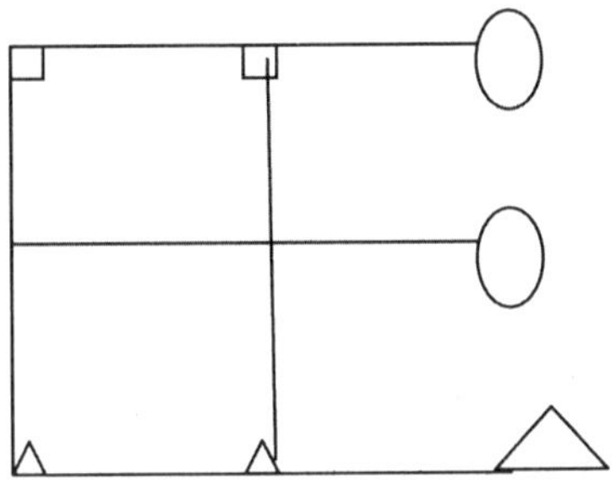

甲乙双方分别选择与对手不同的 3 颗子，放到自己坐定一边的每个方框或三角处。竞赛开始后，甲方走一步，乙方接走一步。这样一轮一轮地走下去，如果一方的 3 颗子把另一方的 3 颗子全部逼到画有圆圈的位置（即被灌到驴球上），无路可走，那么另一方算输。

灌驴球这一活动虽不算复杂，但比赛开始后，就不能像逼茅子那样只图快而不动脑。稍有不慎，考虑不周，走错一步，就会满盘皆输。

八、下四方

“方”，普通话读一声，当地人在下“四方”中读三声。“四方”游戏规则如下：

甲乙双方坐定后，画好“四方”，分别拿上对方不同的12颗子，一递一子地往十字交叉处放子。放子并不是无目的地乱放，它的玩法近似于围棋，一经摆好某种阵势，胜局基本就可确定。放子时，想方设法使自己的子形成“方”阵，即每个方格的四角全部是自己的子；或形成“杠”，即一条线段上全部是自己的子。与此同时，放子时也要绞尽脑汁，阻止对方摆成“方”或形成“杠”。当各自的子全部摆完后，如果有形成“方”或“杠”的，每有一项，就可吃掉对方一子。之后，双方一递一步地向空位处走子。如果在放完全部子后，无任何一方形成“方”或“杠”，“四方”有25个放子位置，而双方子的总数为24个，那么，先走的一方就可选择一子移动到空位上。双方一递一步走下去，直到形成“方”或“杠”，尽可能多地吃掉对方的子，使对方彻底失掉作战能力并认输。

下“六方”与下“四方”的规则完全一样，只不过是下“六方”比下“四方”更复杂些，每人执子24颗。

九、围老虎

围老虎是一项极有吸引力的竞赛活动，无论大人或孩子，都跃跃欲试地想当一下老虎，品尝一下吃完对方“子”的“味道”；也有人想执子堵死老虎跳跃进退的路子，当一回打虎英雄。

围老虎的游戏规则如下：

当老虎的一方将虎放入正中央画有方格的位置，接着围老虎的一方将用来围老虎的24颗子中的8颗子分别放到画有圆圈的位置，对老虎形成包围的态势。老虎先走，规则是它前进的任何线路上如果没有子阻拦，就可以向前走一步。如果它前进的任何一条道路上，紧挨它所占位置的前面只有一子，它便可跃过去进入下一位置，同时将跃过位置上的子吃掉。如果前进的路上连续两个位置有子，那么这条路就算被堵死，只得再谋其他道路。老虎无论是在正方形还是在两端菱形的任何部位，尽量造成前进路上紧挨一子的部位，从而跃过去吃掉子。比如开头的第一步，走任何一条线路，都可尝到第一口美餐。老虎每走一步，执子的人可以放一子，堵截老虎的通道。当 24 颗子全部放完后，虎每走一步，他也挪动子走一步。当老虎所在的位置上任何一条线路都紧挨着两个子，老虎就算被围住，执子者从而成为打虎英雄。当老虎在吃掉多个子之后，执子一方不能形成围堵老虎的态势，就会主动宣布投降。

十、点羊粪珠珠

点羊粪珠珠这个游戏需要先选一块较为平坦的地面，然后在地上造两行平行的钵钵，每行 5 个，距离相等。另在两行之间造 2 个大钵钵作为放珠珠的仓库。

每人选出完整的、光亮的羊粪珠珠，每个钵钵放 5 颗，一人放一排钵钵。然后通过猜猜猜的形式决定谁先点，先出者可以从任意一个钵钵中取出全部珠珠，按逆时针方向，每一个钵钵点入一颗。点完后，再取下一钵钵中的羊粪珠珠，继续点下去，如果珠珠点完，前面有一个空钵子，就可以赢取靠近空钵子另一头钵子中的全部珠珠，如果连续隔一空一，可连续赢，把赢的放入靠近座位的大钵子。然后，另一个接着再点下去，赢法同前。如果珠珠点完，前面遇到两个或以上的空钵子，就再轮另一方开始点，两人直到点完才为一局。最后大钵钵里的珠珠谁多谁就赢。

点羊粪珠珠也是一种智力活动，要周密地考虑哪个钵子里有几颗珠珠，点完后，能否接着再点，或是能否碰上一个空钵子，从而赢取下一钵子中的全部珠珠。

十一、捉中指

二人或二人以上的游戏。游戏时，一人把自己一只手的五个指头交叉叠加，用另一只手满把握住，只从虎口处露出另一只手的五个指尖，让其他人猜哪个是中指。猜的人要抓住所猜的“中指”不松手，让其松手展示真伪。

猜中者作为下一轮的出指者，所有人都没有猜中，仍由这一轮出指者继续下一轮。先后顺序按顺时针轮流进行。

出指人出指时要背对猜指人做准备，根据个人的手指柔软度和机智能力，把中指和食指或无名指交叉隐藏，用另一只手满把紧紧握住，把中指头尽可能地压扁压尖，把食指或无名指压大压粗，达到以假乱真的目的，取得游戏的胜利。

准备好后转过身来，把握紧中指的手背面对参加游戏的人，让其从虎口处看露出的五个指尖进行猜指活动。

第二节　体能型

一、碰拐拐

也称“撞拐拐”“抗拐拐”“顶拐拐”等，是孩子们喜欢玩儿的一种游戏。

游戏时，每人各将自己的一条腿从前盘起，用手拢着脚面和小腿部位，然后以各自的膝盖为武器，即单腿蹦，将另一条腿向对方碰撞行走。被撞倒或双脚着地者为败，始终不倒者为胜。

此项游戏至少为 2 个人，多者可分为 2 组。双方争斗，以最后一名不倒者为胜。

二、跳马

跳马是摹仿体育运动的一种游戏，一个孩子弯腰用双手撑着膝盖，另一个孩子跑过来，两手按着他的后背用力一跳，双腿分开从背上跳过去，随后弯腰让另一个孩子跳过去。有时放学后，几个孩子就这么轮番跳着回家了。

还有一种玩法，弯腰者从双手触脚面，到双手撑膝盖，双手叉腰，直到全身站立，逐渐升高，称为升级。另一名如逐级跳过则赢，跳不过去为输，输者弯腰让别人再跳。现今该游戏已不多见。

三、扳船

扳船是在两个人或两组人之间进行的游戏。两个小伙伴搂在一起，坐在对方的脚上，倒替着一起一坐，如小船上下起伏、游动，可进可退也能转弯，一旦失去平衡还会“翻船”。该游戏今已不多见。

四、跳绳

跳绳，有短绳跳和长绳跳两种。

短绳跳，即用一条比人身高长约2倍的绳子。旧时使用的跳绳，一般用的是线绳，两端有木把儿。有的线绳在中心部位设一段牛筋儿，既有重力，又耐磨。如今绳子除线质之外，还有塑料尼龙绳等。跳短绳的方法是用两只手各拿住绳子的一端，在身体两侧，左右成一中轴，然后摇绳起跳。绳子从头顶到脚下穿过，手摇一圈儿，脚下起跳一次，跳得越多越好。一旦脚踩或绊上绳子，游戏便宣告失败。短绳跳的形式有单人跳、双人并排跳（每个人各拿绳的一端，一起用力摇绳，同时起跳）、前后带人跳（一个人摇绳，另一个人可在摇绳人前或后，两人一起跳）。跳短绳的技巧主要有前摇绳蹦跳、后摇绳蹦跳、单腿跳、踏步跳以及双手交叉摇绳跳、一跳双摇等。短绳跳的比赛规则是，在规定的时间内，跳得最多者或跳绳形式最多者为胜。

长绳跳，一般为多人游戏，由2人各拿住长绳的一端，对面站立，使绳拉成弧状，然后按同一方向顺势摇动。凡跳绳者在摇绳者一侧排成一队，一个接一个地跳。一轮过后，再接一轮，如此反复。跳长绳游戏时，人数一般不限。比赛时，应规定时间和人数。在规定时间内，跳的多者为集体获胜。

五、推铁环

推铁环也称滚筒圈。推铁环是一种自娱自乐的竞技性游戏，是男孩子爱玩儿的一种游戏。

游戏的玩具是一个铁圈儿和一个铁钩子，均为自制。铁圈儿一般用废木筒的铁箍或用一根铁棍儿围制而成，铁钩子也用铁棍儿弯成钩状。

游戏时，用铁钩子推着铁圈儿走或跑。技艺高超者，推着铁圈儿走或跑很长时间。无论道路多么难行，他都能推着铁圈儿躲闪，并能平稳地移至易走的路。

六、溜冰车

也称滑冰车，每当数九寒天的时候，小河、小湖、沟、渠结满了冰，儿童们在冰面上迅速奔跑，然后在光滑如镜的冰面上或站或蹲滑行，看谁滑得最远，俗称“打滑溜擦儿”。有的还带上自做的冰车，用一块40厘米左右见方的木板，下面平行钉两根3~5厘米粗细宽的木条，木条的下面再钉上粗一点的铁丝，冰车就算做成了。再修两根一尺多长的木棒，一头将大洋钉子钉入一半，留出的一半磨尖，作为冰钎，这就把溜冰的玩具做成了。溜冰车时，儿童可以坐或跪在冰车上，用冰钎扎住冰面，使冰车向前滑行。你追我赶，非常好玩。后来有的大孩子把冰车小型化，木板尺寸做成只能站下两只脚，下面钉一根一脚长的角钢，这种冰车滑起来更快，但稳定性差，一不小心就会从侧面摔倒。

七、放风筝

放风筝，是民间普及性最强的游戏竞技项目之一。土默川素有“风筝之乡”的美誉，每逢春秋两季，时常有不少人在一些较宽敞的地方放风筝。其中不仅有青少年，也有中年和老年人。他们在游戏的同时，相互竞争技艺高低。

放风筝的工具有“线”及绕线的“风筝车子”等。线的种类很多，一般是根据风筝的大小选择线的粗细与质地。

风筝车子，俗称“线榥子”，有竹制和木制两种。一般为四柱状，较大的多是两柱形。旧时，富家子弟喜好保存风筝，亦讲求风筝车子的质地和做工。凡大型者多为花梨木制成。放大风筝时，风筝往往在空中飘游数小时，带有比赛性质。此时，放风筝者就可以把两柱形风筝车子放于平地，用砖石压住，人可以腾开双手休息，并观其飞舞形态。若要风筝变动时，只需牵动一下引线即可。一般的风筝，人们多用四柱状的风筝车子，将风筝引线缠绕其上。放飞时，左手把握风筝引线，右手把握车子，放线或者缠线。放线时，右手只需控制放线的速度。收线时，左手往下拽引线，右手用食指拨动四柱中的任一柱，即可使车子转动，将线缠绕其上。平民百姓的孩子放风筝，不仅自己糊制被称为“屁股帘儿”的风筝，而且风筝车子也多使用自制的简易“榥子”。外形为扁形木框，中间有轴柄，用起来也很方便。

放风筝时，要顶着风向，循序渐进地放开引线，使风筝顺势飘向空中。蝴蝶、蜻蜓、雄鹰、仙鹤、蜈蚣、串燕等各种造型的风筝，犹如真的飞禽一般，在蓝天衬映下甚是好看。

民间有风筝因断线飘走绝不再找，别人也不去拾取的风俗，反映了放风筝的原始初衷是祛病除灾。

如今，放风筝已成为民间普及体育竞技活动的主要项目之一。为此，土默川成立了风筝协会，对风筝的放飞技巧不断研究探讨。一些风筝爱好者，在广场一带进行放飞练习和表演，成为市井生活的又一景观。

八、耍水水

夏秋之季是孩子们耍水水的好时光。孩子们往往成群结伙地跑到积存雨水的大水坑旁，若是浇地时节，便跑到渠边开始耍水水。

耍水水不同于游泳，游泳突出一个“游”字，只局限在游水，或是狗刨刨，或是水门扇（仰泳），或是大掉膀……。耍水水就不同了，它突出了一个“耍”字。除上述游泳活动外，或是打水仗，或是沏水猛（扎猛子、潜水），或是打水漂漂，耍得不亦乐乎。

孩子们衣服脱光之后，各自分别尿出尿来，用手把尿抹到小腹和大腿上（据说，这样耍开水水之后，就不会出现肚疼、腿抽筋等毛病），便迅速地跳入水中，水上百样图便展现开来。狗刨刨、大掉膀的有之，沏水猛、打水仗的也有之。击水声、笑声、喊叫声搅和在一起，水面一片沸腾。

（一）打水仗

或是甲与乙，或是分两组，用手掌，用脚板子，将水尽量击打到对方的脸上，使对方难以睁眼，从而逼迫对方退却，直到逃跑。还有一种是用“水枪”打水仗。“水枪”是用一节竹筒钻个眼儿，再用一根竹棍，其头上用布绑个球塞到竹筒里，吸进水用力一推竹棍，水就从竹筒里射出去，很好玩儿。一般水枪都是自己做的。

（二）沏水猛猛

这个游戏是大家捏住鼻子，憋足了气，有一人发令，便一齐潜入水中。潜得时间长，最后露出水面者赢。

（三）打水漂漂

水中玩得时间长了，大家便跑到干滩上，捡上被太阳晒得卷起来的泥片片，然后站在水边，打起水漂漂来。孩子们将泥片片扔向水面，尽量使泥片片与水面平行而点状接触，借着水的浮力，泥片片可以漂过水面，到达对岸。泥片片与水面接触的点数越多且漂得越远者为胜。

（四）跑蹦蹦

为防止出水后身体冷，孩子们也想出许多驱冷的办法。大家一起跑一段距离后再返回来。这其间，身上的水分都挥发完了，再加上运动，身子也就不冷了。

（五）干沙浴

耍水上岸之后，孩子们各自选一处向阳的坡地，仰面朝天躺下，把身旁的干沙土撒到身上，再经太阳一晒，全身便热乎乎的，简直是千金难买的“干沙浴”。更有调皮的孩子将沤泥糊糊抹遍全身，好像是活着的泥人人也躺在向阳坡上，享受起“日光浴”来。

九、跌大垛

跌大垛也有叫“骑马砸骆驼”的，是男孩子们玩儿的竞技项目。用“手心手背”分成两伙，一伙人靠墙弯腰撅着屁股，另一伙人挨个跳到他们背上，直到下面的人支持不住了，于是一起倒在地上，人摞人的跌了大垛。

十、打游起

俗称打秋千。每到清明之时，城乡各街巷都栽秋千，无论小孩还是男女青年争抢玩要，嬉笑闹玩声、秋千环套摩擦声，深夜犹闻。秋千架，大多由木头制作，呈门字形，两根立木深埋土中，前后有拉锁平衡，横梁上穿入铁环，与绳索连接，绳索下端牢固捆绑一块木板，以便入坐前后摆荡。打秋千有单人、双人之分，有打坐、打站、打跪之别。特别有趣的是男女合打秋千，男跪女站，两手握绳，借势用力，使之前后摆动，越荡越高，技艺高超者能将二人荡到大梁水平线以上，观者赞不绝口。

十一、角力

冬季农雨闲，农人无事可做，纷纷集中在村中热闹之地，进行腕力比赛活动。其形式多样，随地取材，现场就来，有“扭钩钩”“掰腕子”“翻手”“单手角力”“木棍角力”“大绳拔河”等。

（一）扭钩钩

双方左手或右手中指互相紧握，在裁判示意开始后，一齐用力向左右方向扭动，谁吃不消或被压到手的下方谁就输。

（二）掰腕子

角力的双方分别坐于桌子的两头，肘支撑双手互握，用腕部的力量把对方的手背压倒为胜者。

（三）翻手

有翻单手、翻双手之分。翻单手可坐可站，单手互握用劲儿把对方手掌翻倒在自己手下不让再翻起来，即为胜。翻双手，双方坐于地上，双手交叉互握，一方在上一方在下，在下的使劲翻上，在上的使劲压住，直到一方疲惫无力为止，在上的为胜方。翻双手有一定技巧，在下的想反败为胜，就要想方设法把对方双手拉到自己的胸前，使对方力弱无支的时候迅速翻起双手牢牢压住，并夹紧双臂不使对方把手拉远，使用这种巧法往往胜时为多，当然最主要的还是讲究实力。

（四）单手角力

也称单手较力。就是角力双方呈丁字步站立，两人前脚背相靠，整个比赛过程两脚都不得移动，只用前手互握，采用拉、扯、推、别等动作巧劲使对方身体晃动，带动脚步移动即输。谁输了就要加入对方一边。

（五）打台

打台是打木头，也有打缸（即打瓦片、碎缸片），打骨头（即打牲畜腿棒骨），其玩法是在一定距离内划一横线，撂杠争名次，次者栽立木头（缸片、骨头），依次而击，谁击中谁赢。然后重新撂杠、栽台、打台开始新一轮比赛。

（六）骑马打仗

骑马打仗也称骑马刁仗，是男孩子的竞技游戏，是一种很热闹、很过瘾的游戏。两人一组，一人为“将”，一人为“马”，与对方厮打。两“将”在“马”上互相揪斗，两“马”在下用肩膀互撞，落“马”者为输。人多时恰如战场，一般各自为战，直打得气喘吁吁，人仰马翻，汗流浃背方算尽兴。还有一种是将参战儿童分成两队，由两人或四人互相紧密搭手组成坐骑，一人骑在上面，剩余人等排成纵队抓住前人衣襟一齐向前冲锋，两队骑马人互相拉扯厮打，马下之人也可互相勾、拌、踢、碰，直到一方掉下马或马匹散架、倒地就被判输，然后重新比赛。另一种玩法是，玩时分两组进行对抗，一组三人，一人站立，另一人两手抱住站立者的腰部，弓腰弯下，背向上头前倾，另一人脸向后，倒骑在弓腰者的背上。游艺开始骑在背上的两组人对抓或刁，跌下马背者为输。

十二、背靠背

背靠背是男孩子们爱玩儿的游戏。两个孩子背靠背，双臂相挽，互相转流将对方驮起来。这里有一个不成文的规矩：两个孩子的身高、体重差不多才行，否则高矮不一。若矮个子驮高个子，高个子的孩子两脚离不了地，而小瘦子也驮不动大胖子。当一方蹬倒对方为赢。

十三、打雪仗

冬天的游戏也很多，打雪仗就是一种。雪仗的开始往往是一个孩子捧一团雪偷袭别人，以挑起“争端”，于是对方反击，最后人数越来越多，相互攻击，雪球乱飞，一场雪仗便形成了。“战争”直打得头上冒汗，脸上开花的雪化成水仍不停战。这是冬季锻炼身体的有益活动。

第三节　技能型

一、跳方方

也称跳房子、跳格格，是自娱或多人共娱的一种竞技游戏，是以女孩子为主进行的游戏项目。此游戏的方法十分简单，人数不限，人多时分为2组。游戏方法以下面两种较为典型。

第一种游戏时，在地面上画8个相等的长方形格子，分别写上1、2、3、4、5、6、7、8。将一布袋袋扔到第一格内，然后悬起一条腿单脚跳到第一格，用脚将布袋袋踢向第二格；再跳到第二格，将布袋袋踢向第三格内。由此，一直踢至第八格内。最后，将布袋子踢出，游戏告捷。其规则是，单脚只能一间房子跳一下，脚不许踩线，布袋袋不许轧线，也不许过格。否则就算输。

第二种游戏玩时，先将布袋袋扔至1，然后单脚将布袋袋踢至2，左右脚自然站于2、3之间处，左脚将布袋袋踢入3，右脚再踢至4；再单脚至4，将布袋踢至5，两脚再自然站于5、6之间，将袋子从5踢入6，再从6踢入7，然后侧身站至7，由7将袋子踢回1，再按上述方法一格一脚一下回至1，最后单脚将布袋从1踢出格外，这轮就算赢了。再从2开始玩，进入第二轮。

二、老道搬家

老道搬家也叫搬家家，是男孩子玩儿的游戏，由三人组成。其中二人一个头向上，一个头向下，互相抱紧，是一人站立，另一人头向下抱住站立者的两大腿，站立者抱住倒栽者的腰部，搬家时其中一人搬住倒立者的腿一边上下翻动，一边往前移动，直至搬家搬不动为止。

三、打布袋

也称夹布包，是可一人或多人共同玩儿的竞技游戏。先在地上画一条线，参赛者站在线外用双脚夹住一个“子儿”，跳起来用力将“子儿”甩出去，谁甩的最远，谁就是第一。

“子儿”是用碎布片缝制的一个四面或六面的小口袋，里面装着绿豆或红小豆，是女孩子身边常带着的玩具。

四、打弹弓

弹弓由弓架、弓弦、石子组成。粗铅丝做弓架，气门芯或松紧带做弓弦，石子用一小块皮子包住，男孩子都爱自己做弹弓玩儿，他们喜欢找个没人的地方打鸟，打老鼠或比赛打砖头、打瓶子，更无聊的是打电线杆上的白瓷瓶，看谁打得最“准”。家长大都不愿意孩子们玩儿这种游戏，因为太危险，容易伤人。

五、翻烟盒儿

也叫搧片片。翻烟盒是用软包装的烟盒叠成四方形，名为方宝。游戏规则与弹蛋儿近似，谁能用自己的方宝将别人的方宝搧打出界外，即可赢得这枚方宝。也有的用自己的方宝将对方的方宝搧得翻了个儿即为赢。

六、打花棍

萨拉齐地区庄户人家的耕种拉运主要靠畜力。等到耕种下去，牲口就需要有人放牧，于是孩子们便当起牧童来。放牲口的孩子每人手中拿一根长约二尺、粗约一寸的棍子。当牲口快接近庄稼地畔时，他们便将棍子扔打过去，把牲口吓回到牧场。然后，便捡起棍子聚到一起，玩起“打花棍”的游戏来。两个孩子或坐或是站着，面对面地互相碰撞棍子，同时合着拍节顺口道出悦耳的“打花棍”词来：

我打花棍一月一，牛头小鬼立起臂；

我打花棍二月二，二郎庙上穿蓝裤；

我打花棍三月三，三椇骑马跑南山；

我打花棍四月四，四个铜钱四个字；

我打花棍五月五，家家每每过端午；

我打花棍六月六，六盘馍馍六盘肉；

我打花棍七月七，天上下雨地上湿；

我打花棍八月八，八两银子捣手镯；

我打花棍九月九，放牛小子扭一扭；

我打花棍十月十，家家每每包扁食。

“打花棍”词每句七字，四个拍节。两个孩子“打花棍”时，每个回合也合着拍节击打四次。第一次，甲将棍子与地面形成约45°角握着，乙反方向将棍子与地面形成45°角握着，二人用棍子的正中部位相碰；第二次，甲乙部位与第一次相反；第三次，甲以棍子的一头与乙之棍子的反方向一头相击；第四次，甲乙棍子部位与第三次相反。孩子们每念一句，打花棍便完成一个回合。就这样，从一月一一直打到十月。

孩子们打开花棍后，趣味儿特别浓，很像耍丝弦的人们演奏二人台牌子曲，拍节由慢到快。花棍舞动，眼花缭乱，神情兼备，唱词铿锵。最后一拍，语音一停，翻舞的花棍也急停在最后一拍的部位。到此一个回合结束。

七、刨窑窑跌蛋蛋

孩子们喜欢的是群体活动，他们经常拿上铲铲，在掏苦菜、挖甜苣之余玩“刨窑窑，跌蛋蛋”。

此游戏是两人对赛，也可以是两组对赛。在任何一片空地上，各自选中自己的场所后，用铲铲在地上刨个窑窑，在刨出的土中选取湿度最大的土，攥成拳头大的蛋蛋，然后互相商定把同等数量的蛋蛋放入窑窑中自认为最为安全隐蔽的地方，用虚土把窑窑掩起来。接下来就是跌蛋蛋（“跌”，辞海中解释为跺脚，普通话读“diē”，一声，此处的方言中读四声）。每个孩子实事求是地告诉给对方自己窑窑准确的开口处，然后由对方在他认为藏有蛋蛋的窑窑外用脚后跟狠跌三处。完后，每一个人极为谨慎地将自己窑窑中的虚土取出，看对方是否将蛋蛋全部或部分跌烂，以取出完整的蛋蛋越多越好。其后，双方比完整的蛋蛋谁多，多出部分即可成为惩罚对方的武器。输方把裤腿挽起，露出膝盖，胜方将完整的蛋蛋稍用力搡到对方的膝盖上，常使对方疼得叫出声来。若是双方完整的蛋蛋数目相同，算是平局。

八、打麻笼笼

农村的孩子为行动方便，到田地里捡茬茬时，把鞋一脱露出光脚板子，四处去捡茬茬。等到捡完茬茬又聚在一起，利用鞋玩起那最有刺激性的“打麻笼笼”。

游戏过程是先在地上划一条横线，根据参与玩要的人数，同等数量在横线上等距离地将鞋一只一只地立起来，剩余三两只作豯子，其余的都立到正中那只鞋周围，鞋子互相依托，成为麻笼笼状。接下来，距立鞋的横线五六米的地方再画一条与之平行的直线。孩子们依次站在线外，瞄准前方的麻笼笼与立着的鞋，把豯子扔过去，力求将目标打倒，按打倒麻笼笼及其他鞋子的先后次序决定出每人的名次。

谁先开始，还要经过竞争比赛。方法是孩子们爬在田地上，用脚后跟勾住一只鞋后跟，然后摆动腿，用力向头顶所指方向将鞋钵子扔出。谁扔得远，谁是第一个扔豯子打麻笼笼的人选。以此类推，决定出名次。

接下来的比赛就是打麻笼笼了。首先是将麻笼笼打倒，第一个打倒麻笼笼的是最大的赢家。接下来，打横线上立着的任一只鞋子，按打倒的先后顺序决定出名次，但最后一只鞋子是不用打倒的，它证明剩下的那一人“名落孙山”了。

根据比赛结果，就要“梁山泊英雄排座次”了。打倒麻笼笼的孩子地位最高，当起阎王来，第二名是判官，第三名是鸡鸡鸣，最后一名是死讨吃子，倒数第二名是肉板凳，其余名次的孩子都是观众了。

阎王是大头目，他坐在肉板凳上，向判官发出指令，是否去打死讨吃子。

判官是具体执法者，他得到阎王的指令后，就骑在死讨吃子身上，用一只鞋一次次向死讨吃子的尻蛋子上打去。鸡鸡鸣的权力也极大，因为民间传说“狼黄昏，鬼半夜”，意思是说，狼到了黄昏才出来觅食，鬼到半夜就开始作祟，一到鸡叫，他们就躲回阴间地府。那么，若鸡鸡鸣不叫，他们就胡作非为。若鸡鸡鸣一叫，他们便立即停止活动。此游戏受罪的是肉板凳与死讨吃子。

那阎王若与死讨吃子是铁关系，他便不等惩罚开始，就向判官发出指令，停止执法。于是，所有的角色都成了零，肉板凳与死讨吃子获得了自由，下一轮比赛开始。如果阎王发出执法的指令，可鸡鸡鸣与死讨吃子也是铁关系，他就会马上学着公鸡的叫声：“鸡——鸡——鸣——！”一听到这叫声，判官必须立即停止执法，这轮活动也随之结束。判官执法的过程如下：

他举起一只鞋来，骑在死讨吃子身上，大声向阎王发问：“我问阎王饶不饶！”

阎王回答：“定不饶！”

于是，判官边吼着“二十四个草籽糕”，边将鞋打向死讨吃子的尻蛋子上。判官的执法点到为止，决不致于使死讨吃子受多大罪；若判官与死讨吃子关系好，那手中的鞋更是高高举起，轻轻放下。

总有阎王说饶，鸡鸡鸣叫鸣的时候，也就是这一轮活动结束的时候，然后再开始新的一轮角逐，直到大家尽兴才收事。

九、补窟儿

也称摔泥罐，是男孩子较为偏爱的一种游戏，盛行于20世纪六七十年代。

游戏时，先将黏土加水和成泥，并将泥摔“到”，也称摔“熟”，即柔软、绵、精的意思。然后用手蘸水将泥捏成一个小碗、小罐儿等形状，用嘴对着泥罐吹口气，随即将泥罐儿高高举起，再使劲儿往地面上一摔，把泥罐顶部摔漏、发出“叭”的声响。谁摔的泥罐儿漏洞最大，声响最大，就越好。为获得如此效果，孩子们往往将泥罐的底部捏得很薄。而且在摔罐之前，在罐里面的底部涂抹点水，摔后就容易漏洞大。然而越想出此效果，使劲就越要大。往往随着“叭”的声响和大漏洞的出现，泥水也会随之四处崩溅，孩子们躲闪不及，身上、脸上不免要溅些泥水。尽管如此，孩子们仍玩儿得不亦乐乎。玩此游戏，一般为两个人，多人也可。谁的泥罐摔破了，对方就要根据其漏洞大小，给他补上一块儿泥，直至将一方的泥全部输掉为止。故而这种游戏又叫“补锅”。

十、弹杏核

俗称弹杏骨骨，多人玩耍，每人每次出两枚杏核，用石头、剪刀、布（俗称猜猜猜）争先后，然后在平坦的土地或桌面上丢掷，另一人根据丢出去的形状随意取一枚，给对方造成三枚连一线的形势让其弹碰，弹骨的人不能使一二枚相近的杏核互相碰在一起，而要让一三枚碰在一起，就是说弹骨的人要使第一枚杏核绕过第二枚障碍和第三枚碰在一起，碰到即算赢。当然，如果第一名丢掷的人丢出四方形且距离较近，另一名无论怎么取都不会形成障碍，弹核的人很容易就可弹碰到。只要碰到了就算赢，一盘结束，每人再出两枚开盘。如果第一人没弹碰到，轮第二人丢掷弹碰，直至一方赢到为止。弹杏核只用拇指、食指和中指三根手指，其技巧有平弹、旋、挑等指法。

十一、挑单单

也叫挑槽槽或纳大底、翻绳绳，用一根二三尺长的细绳，两头结起来，形成一个圈，然后两手套进圈内，经过各个手指的勾、挑，形成多种图形，另一方用手指接过的同时，要变换图形，然后再接过挑到自己手上，形成另一种形状，对方再挑到自己的手上，反复改变形状，直到线绳散了或再编不出花样为止。借助双手，通过勾挑翻动，可挑翻成各种图案。最常见二人挑的图案有：双十字、花手绢、花篮篮、长寿面、老牛槽、酒盅、蜘蛛网、媳妇开门等。

一人挑是用细绳在自己手腕、手指间缠绕、勾、掏、挑，形成各种有趣图形，如乌龟、蚊子、松紧带、金鱼、香皂盒、桥、喇叭、秋千、降落伞、红枣、太阳落山等。这是一种很有趣的游戏，对于锻炼手的灵活性有好处。

十二、抽毛猴儿

抽毛猴儿，也叫“抽汉奸”，是男孩子爱玩儿的一种游戏。游戏的玩具是一个木制的“毛猴”和一条鞭子，均为自制。

“毛猴”形状为圆柱形，高约10厘米。在圆底中心处，镶一颗滚珠；另一头为平面，上贴几圈彩色纸，中心贴红纸。游戏时，毛猴儿的滚珠部位朝下放于地面，或者放于冰面上。先用手将毛猴儿转动，随即用鞭子抽打，也有用鞭鞘缠绕毛猴，手指摁毛猴顶端，扯动鞭鞘，使毛猴儿在地面或冰面上旋转。待毛猴儿转得稍慢时，再用鞭子抽打，使毛猴儿保持始终不倒的状态。特别是毛猴儿上的颜色，在快速旋转时非常好看。

此游戏由于多在冰面上抽打，是冬季锻炼身体的一种好游戏。如今，玩具摊儿上也有类似毛猴儿类的玩具，孩子们多在平地上玩儿。

十三、背杏核

可多人参与，每人每次出5枚或10枚杏核不等，用猜猜猜的方法争先后。首名先背，方法是双手合在一起捧着众人所出的杏核，一起抛向空中，然后迅速用一只手背接着，接到多少算多少，再反手抓或捞在手中。其方法很多，规则不一，需事先商定。比如，手背接着数，反手抓多少就赢多少。手背接着数，反手要都抓到，不能掉一颗，否则判输，需下一人背。手背接着数，反手抓到的数单、双数，若商定单数，双输；若商定双数，单输。手背接着数，反手要少抓一，都抓或掉一个以上，判输……剩余的由二名、三名再背，方法同上，直至众人所出杏核背完为一局。然后再进行下局。

十四、撂杠杠

在一块空旷平坦的地上相距三四步划两条横线，俗称杠，用瓦片、铜镚儿、制钱、钢镚儿等玩儿。参玩人站在一条线上向另一条线上撂，谁撂的铜钱离杠近，谁就有权拃对方的铜钱。拃就是用一个手的大拇指与中指或无名指、小拇指伸展度量，能将两个钱拃住，就算赢，铜钱就归了赢家。如果相互离的较远，不在拃的范围，就互不相赢，再重新撂，撂的先后是由离杠远近决定，杠远者先搭，杠近者后搭。此游戏有杠里杠外的规定，比如杠里只可拃一拃，杠外可拃三至十拃，拃到赢，拃不到赔二至五不等。

开扇钱同上，也是在两杠之间玩，只不过是一人用3枚铜钱搭，用拃来拃；其他人用一枚铜钱压，用虎来虎，谁的钱离线近谁就有权“虎”，所谓“虎”就是攥住拳头用四根手指的背部去量。能将两个钱“虎”住的，就赢对方的铜钱。

十五、凿制钱

两面有不同图案的制钱、钢镚等圆形小物件，都可玩这个游戏。事先选择一个光滑平整的石头或水泥地，以“猜猜猜”方法争开砸先后，输的一方把制钱、钢镚等物正面朝上放在石板上，另一方用拇指、食指夹住同样正面朝上的制钱、钢镚等物，用力向石板上的钱砸去，使其翻转或翻到所砸钱币的上面，就为赢；如果没有翻转且所砸钱币压在了石板钱币上，为输；如果既没有翻转又没有压住，则另一方开砸。

十六、弹蛋儿

也称弹玻璃球或瓷球。为较近代的玩法，玩法多样。一种为在一边划一横线，在两三步远挖一小坑，俗称“卯儿”，仍用“猜猜猜”方法争先后，然后用大拇指指甲根部与食指夹住一颗玻璃球，换次向“卯儿”处弹，能一次进坑最好，只有进过坑的才有条件击打别人并且赢“蛋儿”。如果进坑前打到了别的“蛋儿”，还有机会继续击打别的“蛋儿”，并向洞边靠拢或边击打边传递到坑口，进坑后击打别的“蛋儿”赢球。这项游戏最后只剩一家赢者结束，为一局，然后再开球。

另一种玩法是每人出球数个，一起放在一个划好的圆圈内，在一定距离内划一横线，然后用“猜猜猜”方法争击打先后换次打击，直至把圈内球打完为一局。谁把球打出圈的球就归谁赢，谁若把自己手中母卯儿留在圈内就被判输，没有机会再击打，只能等待参加下轮。弹蛋儿十分讲究眼准、手劲足、功夫硬。

十七、吸毛耗

夏、秋季节，几个小朋友找一块整砖，在土堆上把砖立起埋一半，在下半部用细木棍，扎一个细洞，洞口放一个棉花或纸捻子，然后把砖头猛劲拔起，在土里找棉花或纸捻子，看谁吸得到位。这个游戏，要完后身上、鞋里都是土。

十八、抓齿齿

又称抓子子，是一种多为女孩子玩耍的儿童游戏。用杏核、羊肘骨作为子，数量五枚、七枚、九枚不等，有单手或双手两种抓法。小皮球或其中的一枚子作为子头，玩时将子头向上掷，待其未落时尽快抓起地下的一子或数子，同时必须将子头接住，子头不得掉在地下，否则为输。如果没有相同面的，如一枚正、一枚反、一枚立、一枚竖，可四枚连抓，不能空抓，然后再抛再抓，直至子头落地或没有抓到，交由对方抛、抓。熟练者边掷边拾边接，连续不断，全靠眼明手快。明刘侗、于奕正《帝京景物略·春场》云："是月也，女妇闲，手五丸，且掷拾且承，曰抓子。"这种游戏对锻炼人们的手眼配合、动作敏捷大有益处。此种玩法今已不见。

十九、砸砖头

砸砖头，即场中立一块整砖，用半砖去砸，砸倒整砖为胜，可以取回半砖，别人再上场。如砸不中，半砖留在场中不能动，由下一人先砸整砖，砸中后再砸场上的半砖。如砸中，被砸的半砖主人便被淘汰出局。此游戏多在男孩子中进行，今已不见。

第四节　娱乐型

一、藏谜谜

即用"锤子、剪子、包子"的方法找出一个人坐庄，脸冲墙，蒙上眼不许偷看，其他人各找自己的藏身处躲起来。都藏好了，喊一声："开利了!"

于是坐庄的四处找人，找到一个喊一声：“××电报。”下一次他就得坐庄了。过去的孩子几乎都玩儿过这个游戏。

二、狼吃羊

玩耍的儿童中选出一人为狼，其余为羊，羊中还要选出身强体壮者为“领头羊”，其余抓住衣襟排成一行。具体玩法是，狼想方设法要抓到“头羊”后边的“小羊”，如果抓到或碰到任一只“小羊”，羊输，输者扮狼继续玩。“头羊”带领“小羊”队伍竭力抵抗“狼”的进攻，“头羊”可动手与“狼”交战，扭、拉、推、摔、勾、拌都可，如果“狼”倒地，“狼”败，继续做“狼”。

这个游戏现在也叫老鹰抓小鸡，或黄鹞吃鸡。

三、瞎子逮拐子

拐子即瘸子。瞎子逮拐子，是集体游戏，一个孩子用手绢蒙上眼睛去逮那些用一只手搬着一条腿，而另一条腿蹦着走的“拐子”。“瞎子”逮“瘸子”时，“拐子”不能两脚着地，也不能跑出规定的范围（有时是在地上划一个大圈）。被逮着的“拐子”，双脚着地、跑出圈外都为输，输了当“瞎子”，再去逮别的“拐子”。

四、编花篮

编花篮是女孩子们爱玩儿的游戏。4 个女孩将每人一条腿互相编搭在一起，边跳边唱，“编，编，编花篮，花篮里面有小孩儿，小孩儿的名字叫花篮，蹲下起不来，坐下起不来……”随歌词内容时蹲时站，单腿跳跃，直到跳散了架，再重新编。

五、玍鼻子

玍鼻子是二人以上玩儿的游戏，其中一人拉住另一人的手，在其手心打一下，同时喊：“鼻子！”另一人得立刻摸到自己的鼻子。若是喊：“耳朵！”其得摸到自己耳朵。如摸错了，接着挨打。摸对了，两人调换角色接着玩儿。这是一种锻炼反应能力的游戏。

六、画鼻子

画鼻子即蒙上双眼，拿一支粉笔，原地转三圈，晕头转向地凭感觉去找墙上画的那个大脑袋，给他画上一个鼻子。能把鼻子画到墙上就不容易，有的孩子转三圈后连墙在哪儿都找不到了。这是一个使大家都十分开心的游戏。

第五节　情趣型

一、吹蛤蟆

用纸折叠一只“蛤蟆”，放在桌上用嘴轻轻一吹，蛤蟆就会一蹦一蹦地向前蹿。比赛时划一条起跑线，一条终点线，各人把自己的纸蛤蟆放到起跑线上，一齐吹气，各人吹各人的蛤蟆。把蛤蟆吹翻了，拿回起跑线重吹，蛤蟆先到终点为赢者。

二、叠纸船

雨过天晴，胡同里、马路边都会留有积水。叠一只小纸船放到水中，有时还要捉一只蚂蚁放到船上当乘客，看小船随水流漂动。直到小船被阻，蚂蚁才能逃生。

三、斗蟋蟀

当地人叫“黑蛩儿”，也有人叫“秋玲儿”或“蛐蛐”。由于雄性蟋蟀争雄好斗，胜者鼓翅高歌而深受人们喜爱，进而演变成一种赌弈博采的民间活动。两人或多人把自己喜爱的蟋蟀在手掌里顺一个方向反复溜上多遭后，一起放入陶罐或盆中，用草杆轻触尾部使其向前互争互斗，直至分出胜负为止，胜者赢取负出的蟋蟀或其他彩物。喜好者把自养的蟋蟀根据长相取以好听的名字，一般多为“虎头”“长扉”“大棒”“苍珍”等，在市区城镇还辟有专门的买卖和斗蟋蟀市场。

四、吹柳笛

初春季节，柳树泛青未吐芽时，折一柳枝，选择筷子或小指头粗细，截一寸多长一截，用手搓揉松软后，抽去里面的木条，把柳皮筒一头掐扁，稍作加工放在嘴里即可吹出声响，柳皮筒粗细不同，吹出的声响音调不同，截取稍长的捅些小眼上去，还可吹出不同音调，这就是俗称的柳笛，又叫“咪咪”（读作去声）。当地多为放牧儿童吹奏取乐。现今已无人再制作、吹奏柳笛了。

五、做手枪

做手枪是手工劳动，有纸叠的，也有用冰棍儿棍儿做的。用纸做是把纸叠成方块儿再组合起来，插上一根筷子，可以做成一只“盒子枪”。用冰棍儿棍儿做枪，是将棍儿按手枪形状一根根拼接起来、加上一根猴皮筋，可以打纸弹，自已动手又省钱又好玩儿。

六、打雀儿套鸟

春暖花开的季节，小葱、菠菜等蔬菜和小麦等农作物竞相生长，田园垄上的“白圪针”也开花吐艳，这时各种鸟类竞相来到，初期“火燕儿”“兰靛”“红靛”“麻梨梨”“屁嘎”“黄德溜”“白胡胡”等鸟相继飞来觅食、饮水、栖息，稍后“十二红”等大鸟也相继到来，铺窝、产卵、孵化。当地儿童用铅丝、弹簧丝自制“夹挠”“扣板儿”等捕具，以蝼蛄、蛐蛐、蚯蚓作饵，埋或放在水畔、田埂、地头、圪针丛中捕之。捕捉后或系之以架训技或养之笼中听鸣，其乐趣自在不言之中。

到了夏季，麻雀开始大量繁殖后代，这时，当地儿童又以掏雀儿窝为乐，因受“恶五月”的影响，掏麻雀活动多在过了农历五月以后进行。掏出的幼雀根据不同生长程度，俗称“大皮袄”（几近成鸟）、“小皮袄”（羽毛已长全）、“布衫”（羽毛已稀疏长起）、“光不溜”（裸身没羽毛）。掏幼小麻雀的目的，在于喂养取乐，将小米、糜米焖或蒸成饭团一天三次地喂养，在喂养过程中，不断用诱食法教之以各种技艺，倒架、空中刁食、院外撒架，最后长大到成鸟后，放之也不远去，俗称为“老家巴子”。

冬天，沙鸡、百灵鸟、画眉鸟等候鸟成群成群地光临土默川大地，孩子们又玩开了套鸟。套鸟最好的时机是下雪后，先用扫帚扫开一片空地，然后把套鸟工具安到空地上。什么索蛋蛋、索拍拍、索绳绳、三架架，真是形式多样。但有一点是共同的，即用马尾做成活套——索，把索固定到泥蛋蛋、索拍拍、索绳绳、三架架上。在索的周围撒一些糜子、谷子。鸟儿们看到有食可觅，就窜了过去，一不小心就会钻入索中，被索死死地套住。越是挣扎，越是套得紧。

七、苦红雀

春日，城郊乡野“榆钱钱”成串之时，正是青雀、红雀大批来临之际，城乡闲散之人，多携带网具到城郊、乡野有榆树的地方埋网套雀，又俗称扯红雀。扯红雀是一个有一定技术含量的活动，先把网（两片）平铺于草滩或绿地，把网的四脚绑牢在木棍钉于地上，网中间两片的连结边缘用木条或竹竿固定，并能翻向两边或支成一个开口空间，网内拴一只或两只去年养到现在的红雀或青雀，俗称縻游子，再在网前挖一长形水槽，添入清水，四周披一些树枝、树叶、野草作为伪装。一旦野生红雀来临后，会先在榆树上停留一会儿查看四周动静，确认无危险后才会跳下与“游子”接近，近而喝水、吃食。扯红雀的人则用一根细绳拴在网的开口一编，躲在远处隐蔽的地方，一旦发现野生红雀入网，立刻拉动绳索，网会迅速合在一起，连家雀带野生的一起粘在网中，不能飞出，然后迅速跑出，把野生的红雀、青雀一一提入早已准备好的笼中。扯红雀时拉动绳子的时间、力度是关键，太早会惊跑，太迟会吃饱喝足飞走。

扯住的红雀、青雀或自己驯养或售之于市。红雀的驯养十分讲究，折一枝柳枝，去皮去叶，一头直一头略带一截弯枝，用花红绒线缠绕出漂亮的手提木架，手柄处钉两个小钉，缠绕一段儿红丝线，一头拴在红雀的颈项处，用饥饿驯养法驯之，每做会一个动作，喂一粒带壳谷子，直至学会倒架、玩花、撤卡，上房上树，飞空刁食等技能为止，每到这时，许多玩红雀者纷纷街头献技比武，博取围观者一乐。天冷时，把驯好的红雀再放入笼中进行笼养，早晚听取悦耳鸣叫，来年再做縻游子。

除此之外，还有扯“百灵子”、套“十二红”之活动，其形式和驯养方法与上大同小异，对其所套之鸟品质评价又有些许讲究之处，这里不再赘述。

八、玩儿风车

茭棒棒（高粱秆）是做风车车的尚好材料。

正月过后，按照农村的风俗，孩子们就可以把对联小心地从墙上剥下来，用来做风车车的风扇。接下来，选一根茭棒棒最上面的一节，截取长约六寸的一段，破成两片，取其中一片作风车车的梁，用浆糊把宽约二寸、长约二寸多的双层对联纸裁成的风扇粘到其两端，然后烧红铁丝，于两叶风扇正中的风车车梁上烫开略粗于枳芨的孔。之后，挑选最为周正的茭棒棒，把表面的茭叶子剥光，把底部削得圆圆的，顶部截成平面，并把长约三寸的枳芨棍棍插入顶部的瓤瓤中一寸左右，再以棍棍的另一头穿过风扇梁上的孔（风扇梁有皮的一面朝下，目的是风扇转动时减轻摩擦力），枳芨棍棍顶端再安上一短节茭棒棒，风扇就不会脱落，这样，风车车就做成了。

用对联纸制成的红色风车车，小朋友将红色风车车拿在手中，逆着风跑，风车车就迅速地飞转，孩子们高兴极了。玩得累了，他们就把风车车插到房屋的上面，让它在春风的吹动下自由旋转。

还有一种是蒙着牛皮纸、泥做的小鼓，和风车扎在一起，风车轴上穿一根“鼓键”，风一吹风车转动，发出“嘎嘎”的响声，很是吸引孩子们。看着红红绿绿的风车叶伴着“嘎嘎”的鼓声转个不停，孩子们高兴极了，手拿风车满街跑。农村的娃娃们自己动手实在做不来的，就只有缠着大人帮忙。

九、逮叫蚂蚱

叫蚂蚱也叫蝈蝈儿，叫声“咋…咋…咋”，十分响亮悠长。盛夏季节，野外到处能听到叫蚂蚱的叫声。这时，小伙伴们三五个人相约到田间逮叫蚂蚱。走之前要用高粱杆编几个拳头大小的笼子，圈叫蚂蚱用。到了庄稼地边上，要辨别蚂蚱叫声的远近，几个人就慢慢地靠近寻找。有时候叫蚂蚱听到有响动就不叫了，几个人就屏声静气地等待，等声音再叫起来时，很快就能找到。叫蚂蚱是一种比较笨的昆虫，动作迟缓，只要瞅准，一把上去就能逮住，赶快装到笼子里。有时也能抓到一种通体绿色，也能发出叫声的蚂蚱，人们叫秋铃儿，其声音也很好听。捕好后一个蚂蚱装一个笼子，然后回家挂起来，每天还要给喂新鲜的瓜菜或芦草心。

第十四章　萨拉齐古迹、遗址

第一节　清代古迹

一、城郭垣墉

历史上，萨拉齐境域曾有过四次建城的历史。最早的应在东汉时期，萨拉齐境域设的犊和县城。第二次是北魏时期所建立的塞泉城。郦道元在《水经注》中记载："河水又东径塞泉城南而东注。"据专家考证，此塞泉城址即在萨拉齐城附近，塞泉即今称作水涧沟的苏塞沟。第三次是晚唐时僖宗乾符二年（875 年），李克用被任为云中守捉使，此云中守捉城，就在萨拉齐城内。《绥远通志稿》载："云中守捉故城，亦唐置，在今萨拉齐县境。《方舆纪要》：……自单于府西北二百七十里，有云中守捉城，调露中，裴行俭置。"第四次是清同治九年（1870 年）建成的萨拉齐城垣。

清同治元年（1861 年），西北陕甘回民暴动，数年时间就进入萨拉齐厅河套地区，逼近萨拉齐。清同治六年（1867 年）十一月，萨拉齐厅同知文山与当地绅商大行协调，提出筹集资金，修筑萨拉齐城垣，同时设立团防局，招募和训练团丁，以阻东进的回军。为此，他亲自带头捐银 600 两。文山的举动感动了商家市民，纷纷捐款捐银，当地绅商周召棠一人就捐银三千两，很快就筹集到十二万多两银子。清同治七年（1868 年），萨拉齐城垣正式开工。由于民工奋力，文山同知亲自监修，工程进展很快，当年就已完成总体。

萨拉齐城堡形呈出海之龟状，头西北，尾东南，东北和东南开排水孔洞各一。垣墙为黏土掺砂夯筑，四门为大砖砌筑，圆型门洞起碹，白灰满刮，麻刀勾缝，顶上建有门楼。城墙周长九里十三步（4522 米），高二丈（6.7 米），女墙也为砖砌，高五尺五寸（1.8 米），厚 0.4 米，垛口相距约 1.2 米，共

3600个。垣墉底宽二丈五尺（8米），顶宽一丈五尺（5米），可并排行走两辆马车。每隔150米左右建有炮台一座，共28个，每个台墩凸出外墙面3米，形成马面，城门两边和四角的台墩更加突出，有马道通向墙顶，马道宽5米左右，马道外边有坯筑护墙，护墙厚约0.6米。城外距城墙根10米处有城壕，壕宽一丈（3.3米），深五尺（1.7米）。

萨拉齐城墙的周长、垛口等数字都有不同的寓意。古代县城的垣墉周长，有不少是九里十三步，这大概与当时的建设规制有关。另外，九里十三步是二千七百一十三步，2713，这是个质数，除1和它自身外，不能被任何数整除，其商为无限循环小数。无限即无穷，体现着古人的智慧和愿望。28个炮台象征着天上二十八宿。

城垣东南西北各建一门，上嵌石匾门额，东门称“泰来”，寓意好运东来；南门称“永清”，萨拉齐城南就是浑浊奔腾的黄河，寓意黄河永远安定清澈，据说同知文山在筑城结束后于永清门外树立巨型的毛笔雕塑，取笔的谐音“逼”，逼迫黄河南移；西门称“定远”，当时清政府正派左宗棠率军全力平乱，取平定远疆之意；北门称“磐安”，因萨拉齐往北都是蒙古草原，这块地方在冷兵器时代一直战争不断，所以要稳如磐石。西门额上镌刻“同治己巳年文山经建”字样。各城门洞均为拱形砖碹，高约3米，深12米，上筑有单檐硬山式二层门楼，高6.7米，内供奉大仙神像。西门门楼上装有木匾额，上刻“保障西陲，庚午年立”字样。在北门口内距磐安门150米处建有一阁门，人称北阁。北阁门楼也为单檐硬山式，阁楼虽为一层，没有城门楼高大雄伟，但也十分壮观，楼内向南供真武大帝神像，向北供观音神像。清光绪十年（1884年），为便于煤炭运输，修筑了西北门，称昌源门。民国23年（1934年），县政府将城垣进行了修缮，重新修筑了女墙。民国25年（1936年），因城壕长年淤浅，又重新进行疏浚，并沿渠畔栽植了岸柳。同年，又在东门内加筑了内墙，以固外壁。

城垣落成后的清同治十二年（1873年）四月，地方绅耆刻石勒碑，立于关帝庙。碑文略云：同治六年，陕甘逆氛窜扰草地，逼近萨厅。是年冬月，奉厅谕在关帝庙设团防局，筹捐经费，举办民团。七年创筑围堡，八年加工培修。当是时，狼烽四起，鹤泪频惊，公督同绅商，日夜训练民团。迨九年冬，贼氛既退，防务稍松。当贼扰檀盖卯独、大小佘太之际。萨厅地方，既无险要可守，又无兵力可恃。贼匪乘虚，旦夕可至。幸我文公筑斯城也。与民守之，卒以有备无患，转危为安云。

1951 年，城楼和城门皆被拆除。1958 年，萨拉齐暴发百年不遇的山洪，山洪冲决官坝，漫溢到了城墙的一半，五个城门口都用装满了土的麻袋塞筑。若非有此城墙，萨拉齐将被洪水淹没。同年秋季大炼钢铁时，土默特旗人委下令，将城墙挖掘成洞充作炼铁炉，致使城墙残破不堪。1978—1979 年，土默特右旗政府修筑环城公路，将城墙铲平。

二、萨拉齐厅衙

萨拉齐清代厅衙曾是萨拉齐厅同知署，位于萨拉齐大西街路北，民国时期的县政府和中华人民共和国成立后的萨拉齐县人民政府，都曾延用。萨拉齐厅衙建于何时，目前尚无确凿史料记载。清道光和光绪年间，都曾修过厅志，可惜厅志都于民国 4 年（1915 年）12 月巨匪卢占魁在血洗萨拉齐时化为灰烬。《绥远通志稿》记述了民国时期县政府院存的两件遗物。一是遗置于大堂旁边的一件铁镈，上铸乾隆二年五月造字样；一是在废监内发现的乾隆四十一年展移监狱的石碑，碑文记载萨拉齐厅署建于乾隆元载，光绪二十一年，同知阎继忠改建一次。但从萨拉齐太平街原称后衙门街的历史事实考证，最早的萨拉齐厅署应在那里。据此，我们得出这样的结论：清乾隆四年（1739 年）萨拉齐设协理通判后，衙址位于当时的圐圙南，后称为达子巷西，即后来的太平街。清乾隆六年（1741 年）在西街东口路北正式建公署衙门，原达子巷西的衙门称后衙门。清咸丰六年（1856 年）、清同治六年（1867 年），该衙先后遭山洪与泛滥的黄河水毁坏。清光绪十九年（1893 年）该衙门在原址上重修。

重修后的厅署衙，大门外有辕门，有正门、仪门、牌坊、前后厅、会议厅、大堂、二堂、三堂，院子分前院和后院，前后院左右都建有两廊厢房，公署内所有屋宇全部为硬山式建筑。前院按大二三堂分为三进，大堂五间、二堂五间、三堂三间、左右都有耳房。后院正房五间。大堂东西两侧各有一小院，二堂西侧建有小花园一处。后院西有一门，通往衙署西建有仓廒的院落（注：即上世纪七十年代的土右旗广播站院）。民国25年（1936年）将衙门院内的义仓改建为看守所（注：原看守所建于院外），并辟有东院，东院东北角又有一小院，有月亮门通过，内建会议大厅，也为单檐硬山式建筑，门窗为满天星花格风格，民国时期和20世纪80年代曾作为法厅。整个公署东西长300多米，南北宽100多米，占地面积约30000多平方米，是塞外绥蒙地区最为宏大的县衙署。

20世纪50年代萨拉齐县党委、政府办公地

正门即大门，坐北朝南，有大门楼，大门楼也为硬山式，门楼阔 12 米，门阔 4 米，左右各有一小看台，高 1.5 米，阔 4 米，进深 6 米，其上各置大鼓一面。如有告状者，可上台击鼓，当任同知或县尹就要升堂断案。左右看台中间搭起后，可作为戏楼，元宵节时是县衙的观礼台。据资料载，只有当地出过进士以上官僚，才可在衙署门建设看台。大门之内有仪门，形制与大门基本相同，无看台，仪门后是大堂，大堂后是二堂。

清朝时期，该署为萨拉齐直隶厅衙门，民国元年，萨拉齐厅改为县，为县公署，日本侵占后为伪县公署。1949 年“9·19”绥远和平解放后，为萨拉齐县人民政府（人民委员会）办公地；1958 年 5 月后为土默特旗人民委员会办公地；1960 年 10 月，旗人委迁往察素齐后闲置；1964 年，为中国人民解放军二炮一营指挥部驻地。20 世纪 50 年代，院内房屋基本改建为砖木结构栋房，正门也于 1964 年拆除。20 世纪 70 年代，土默特右旗成立后，东院曾作为旗革命委员会、旗党委、旗政府办公地。20 世纪 80 年代后，东院为土默特右旗人民法院、土默特右旗人民检察院、土默特右旗公安局、土默特右旗司法局办公地，西院为土默特右旗人民武装部办公地。

三、关帝庙

萨拉齐关帝庙，习称“老爷庙”，位于萨拉齐镇中心闹市，是清初以来塞外土默川上较早建起的汉庙之一，迄今已有 270 余年历史。据《萨拉齐县志》载，该庙建成于清雍正十二年（1734 年）农历十月。当时该庙规模较小，仅“殿唯数椽，阶仅盈尺”；当年竣工时碑记为：“厂地本系边陲，近世渐沐王化。华夏之民离故土而徙居此者甚众，由是德教洋溢，时和年丰，民安乐业。居兹土者咸思以神道设教，新建寿亭侯大庙，丹垩其宫，金碧其像。……”这是现有史料中对萨拉齐关帝庙最早的描述。

萨拉齐关帝庙从初创至清道光二十四年（1844 年）的百余年间，曾几次增修扩建，庙院占地面积达到了 2400 平方米左右，地上建筑物有：大殿 9 间、东西相对配殿各 8 间、院中方形过亭 3 间、东西相对前配庭各 3 间，碑厢、公行用房等共60多间，以及木柱牌坊式庙院门楼、钟楼、鼓楼各一座。全院用于装饰的砖雕、石雕、木刻、彩塑、绘画等不计其数。

庙院整体建筑以大殿抱厦与院门为轴线，呈东西对称分布，格调统一和谐；在条石基础上，一色磨砖错缝清水墙加筒瓦硬山顶殿宇，斗拱飞檐画栋雕梁，并配以宫廷屏扉式门窗，十分精美雅致；廊檐下木雕、彩绘图案至今清晰可辨。所有廊柱及大面上的门窗，皆用紫红油漆罩面，彰显出古朴庄重的氛围。一道两米多高的围墙，将以上建筑圈起，形成一个完整的院落。东墙上小月宫门与乾隆年间兴建的奶奶庙（也叫圣母庙或娘娘庙）大院相通，西墙北端小月宫门则是进入祖师庙小院的通道，三庙比邻，相互衬托，常年香火不断。庙院前的一条大道横贯东西，旧称“老爷庙街”，中华人民共和国成立后，更名为“大众巷”。庙院前路南的一片足球场大的空地，是关帝庙戏场，旧时人们叫“老爷庙戏场”，也有人叫“奶奶庙戏场”，是当年举办庙会时唱戏、娱乐、做买卖的主要场所，戏场周围布满各业店铺，琳琅满目，非常繁华热闹。

关帝庙自落成后，即成为萨拉齐当时最精美的建筑景物，它不仅牵动了此地的建庙热潮，而且逐步形成了一种特定的庙会文化习俗，并不断传承扩展。各业商社操办庙会，成了那个时代民间商贸、信息流通、文化繁荣不可缺少的形式。除重灾年外，萨拉齐县城年年都要举办多场庙会。据本地一些耆老回忆，民国年间，萨拉齐的庙会依然很兴盛，仅关帝庙戏场每年就要举办四五次大型庙会活动，已成惯例。如正月初二“灯油会”、四月初一“马王会”、四月十八“奶奶庙会”、五月初五“忻定会”、七月初一“文殊会”等；这些庙会都是由各业商社轮流担当会首并募资筹办，在老爷庙戏场举办，会期三五天、七八天不等。会期最长、规模最大的是每年五月初五举办的“忻定会”，会首由经济实力较强的忻州、定襄籍商人担当，会期一般长达十多天。

那时，凡举办庙会都要唱戏，举办者专程请来山西、陕西或河北等地的戏班子公演；民国年间，又增加了本地土生土长的二人台小戏班（旧称玩意儿班）演出，扩大了剧目的观赏范围，以吸引更多的人前来赶会。庙会期间也有外地闻讯赶来练杂耍的、踢拳卖艺的、卖吃喝穿戴日常用品的等。每逢此时，关帝庙戏场就成了这一带商业贸易、文化娱乐的中心，附近十里八乡的村民，不少人要抽空到萨拉齐城里逛庙会看戏剧、走亲戚访朋友，并采买生产生活用品。这时正是商家赚钱的极佳时机，也是各业商社积极举办庙会的目的所在。清末时，萨拉齐城里已有十多座寺庙，且各庙每年都举办庙会，但最热闹、最繁华的庙会，还是首推关帝庙庙会。

庙会习俗，不仅使当地呈现出前所未有的商业、文化繁荣景象，而且也促进了经济与社会的发展。

1937 年 10 月，日军侵占萨拉齐后，禁止举办各种庙会、集会活动，关帝庙庙会从此停办，以后该庙再未举办过庙会。

萨拉齐关帝庙，在创建年代、建筑规模及工艺技术上，均居城内其他各庙之首，其用材精良、工艺精湛，堪称本地一流；是集建筑、雕塑、绘画、书法等艺术为一体的佳作，也是当时萨拉齐地区社会物质财富和文化艺术水准的集中反映。据清道光二十四年（1844 年）重修该庙时碑文记载：清道光十六年（1836 年）前，庙址上已有“正殿、廊庑门坊、钟鼓乐楼以及配亭诸神祠，次第备举，……但向归剥落，弗堪瞻仰”，商众多次集议，募资修缮未成。越数年，至道光二十二年，始“量费募资，鸠工庀材，拓其基址，大其规模，悉心营葺”，两年内完工。此次修缮后，商众对本庙勤于管理，爱护有加，在百余年内未作更动。

20 世纪 80 年代初，土默特右旗修志时一些老者回忆，在民国初年，该庙的殿宇、庭堂楼阁及院落还很完整，里外装饰依然如故，其总体建筑层次分明，布局整齐。

庙院正门建在一个七级台阶、十多米宽的平台上，古称“丹墀”；台上是木柱支撑、筒瓦盖顶牌坊式门楼，顶端呈“凸”字形，斗拱飞檐，刻画精细。正中门额上悬挂“关圣帝君庙”金字牌匾，十分显眼。门前两侧蹲坐一对大石狮，台前分立两根木质铜顶圆柱，高出门楼数米，柱底直径约一尺三、四寸，插入雕刻整齐的大石墩中间。门楼两侧是两个小旁门，平时进出只走此门，再两侧是钟鼓乐楼，东楼挂钟，西楼吊鼓，楼底围墙各有字池，上书“朝钟”“暮鼓”两对大字；该门外观建筑比较独特，与其他庙门相比有所不同。

进入庙院，首先是两匹战马雕塑迎面而立：一为黄骠马，一为赤兔马，均鞍辔齐全，项挂串铃下坠红缨，昂首挺胸一足开弓，形态刚烈、威猛，栩栩欲活；马旁各有一马夫塑像双手扯着缰绳。当院是三间正方形过亭，该亭由十二根明柱托起瓦顶，四面出厦翘角，角下垂铃。檐下一圈围板插在顶柱之间上部，板上均是工艺木雕，有喜鹊登梅、蝴蝶牡丹、老鼠闹葡萄等，其雕艺精巧，形象逼真。围板下四面以屏扉为窗，南北开门，门楣木匾上书“大义参天”“忠信典范”各四字，苍劲有力。亭内四周陈列满了历年间名人商号捐赠的石碑。此过亭小巧玲珑，做工超群，实为院中一景。

亭子北边便是本庙的主建筑——高大宽敞的九间正殿。前面一人多高的沿台上，十根直径近尺许的明柱托起廊檐，中间四根立柱前又加四根向外突出，还有两柱在两侧前后柱间顶腰组成一方形门廊，古称“抱厦”，是大殿的正门。硬山式殿顶前后出檐，蓝瓦覆盖。脊墙正中饰有一米多高的象形砖雕，象背上塔形叠起；左右两边对称镶有兽头饰物。四个檐角下各挂一对铜铃，每当刮起三或四级以上的风时才能摆动，铜铃便发出清脆的声音。大殿插框檐下均是彩绘图案，至今部分图案色调仍清晰可辨。檩担相交外露的榫头，均雕刻成兽头形状，双目圆瞪，口衔铁环，面目狰狞。整个大殿外形给人以高大、庄重的感觉。

登上九级台阶进入大殿的抱厦，迎面中檩、后檩下各横挂一匾，上刻“正大光明”和“真大丈夫”蓝底金字；大殿门柱上则钉一幅木板楹联，上联刻“单刀跨马入侯门进则以义退则以义”，下联刻“挂印封金辞相府名不动心利不动心”，其笔法出众，苍劲动人。相传此联是清初山西书法家、思想家傅山先生所书，挂在山西某地一关庙中，后人有存心者从山西依原样拓来献与本庙。抱厦内东西两面还悬挂着一些牌匾，都是颂扬关羽一生气节的华丽词句。

步入正殿，眼前方砖铺地，彩绘壁顶，牌匾满悬，塑像逼真，这是本庙的核心部分。正中龛台上，塑六尺高关羽坐像一尊，此塑身着绿色战袍金黄披甲，腰围玉带，足登朝靴，左手托膝，右手揽须，蚕眉凤眼，紫红脸膛，神情豁达，貌相刚毅。龛台前摆一香案，上置香炉、供器、蜡烛、供品等。香案两旁，分立四位侍从塑像，左为关平托印、周仓持刀，右为简雍抱簿、孙乾执册，几尊塑像均表情庄重，色彩自然，塑造精美。正殿顶棚开池，通称“藻井”。藻井围板均为彩绘图案，画有山水花鸟，典故传说等。北面围板下，是一丈长、二尺高的镂空木板雕刻，其刀工细腻、图形美观，至今可见。北围板前，悬一块字画木刻大横匾，翠蓝色匾底上写有“气壮山河”四个金色阳文大字，字上端刻画八洞神仙乘风漫游图景，底部配以山水花鸟、亭台楼阁，相互映衬，融为一体，展现出雕绘艺术之精巧别致，引人入胜。殿内墙壁上挂满了各地拜谒者馈赠的牌匾，大小约有四五十块。

大殿外是东西相对、距离二十多米的两个配殿，各五间大，均石基砖壁，明柱顶檐，屏扉门窗，廊檐下刻画精致；与正殿所不同的是没有抱厦，入间较浅，顶部装饰简单；但檐下两侧山墙上，各开五尺高、二尺五宽槽池，内镶精美青砖浮雕，有松鹿、竹鹤、丹凤、骏马图案，可惜现在只有松鹿一幅尚存。另外，山墙的前后马头上，各镶有一尺见方的镂空砖雕，十分精细。雕形有海马朝阳、犀牛望月、狮子绣球、喜鹊梅花等。这些雕刻保留较完整的现在也仅剩几件。两个配殿内没有塑像陈设，只是墙壁上绘满了彩画，都是围绕关羽一生忠勇仗义而作。东配殿从“桃园结义”画起，直至西配殿“水淹七军”止，几乎画出半部《三国演义》，可谓宏篇大作。现在仍然保留的部分壁画有：大战曹仁、汉津解危、诱取樊城、古城聚义、斩阳释疑、界外送憑、寄书胡班、东祯斩秀、千里单骑、夜得兄书、怒斩颜良、美女十人、秉烛达旦、土山义说、活拿王忠、煮酒谈雄、会合三将、北海救融、温酒斩雄、安喜赴任等，一幅幅逼真的场面，展示出当年画工精湛超群的技艺，让多少前人叹为观止。可惜两个配殿中还有近百幅这样的画作在“文革”初被毁坏，着实令人惋惜。

庙院南端两侧，建有东西前配庭各三间，砖木结构，纸糊顶棚大火炕；西庭由萨拉齐商会（清朝时叫大行、公行）使用，东庭在民国年间由萨镇公所办公占用。

从庙院西北的小月宫门穿过，是二百多平方米的祖师庙院；院北端与关帝庙大殿一线建有祖师庙三间，供奉着鲁班爷、太上老君、赵公元帅等各业祖师塑像。匠人、商人们每年都要到此祭奠自己的祖师爷，祈求事业成功，平安发财。院内立着一块大石碑，上面刻写着修庙时捐银者姓名、金额。有资料记载，清道光二十四年，维修关帝庙、祖师庙时，仅萨拉齐就有九十三家店铺、作坊施银赞助，使之修葺一新。

关帝庙壁画

萨拉齐关帝庙各个建筑，用材讲究，布局合理，装饰工艺精细，即使在晋、陕一带也属少见，它是当时当地经济、文化发展水平的一个历史佐证。

18 世纪初，清朝政府开始在土默川推行屯垦戍边政策，萨拉齐随之而繁华起来。修建关帝庙及后来兴起的城乡建庙热潮，是这一时期大量汉族人口增加和人们精神生活需求的结果。

据史料记载，在清康熙年间，清政府为抵御北方噶尔丹部进犯，始用兵西北。从清康熙二十七年（1688年）起，三朝皇帝（康熙、雍正、乾隆）都在西土默特（今土默川）一带派重兵驻守，连续长达五六十年。起初，驻军所需的大量粮食、草料及生活用品，每年都需从内地征运，但路途遥远极其不便。为了成边长远之计，清政府看准了土默川肥沃的土地，开始大规模开垦这里的草牧场来发展农业，以划拨“庄头地”、开垦“大、小官粮地”等形式和较低的租税为诱饵，招募大批长城以南农民出边垦地纳粮，以供军需。所以，这个时期晋、陕一带的大量农民，包括很多商人、建筑工匠、手工业者等，以前所未有的规模涌入土默川谋生挣钱。

萨拉齐北靠大青山南麓，近临黄河古道，土质肥沃，水源充足，光照时间长，一望无际的平原地形最适宜农耕牧放，加之水陆交通便利及原有游牧民族的淳朴、好客和宽容，使不少走出口外的农民选中此地扎站下来，由春种秋回的雁行式租种耕作土地，逐步到举家迁来定居，他们在此安身立命、生息繁衍进而不断发展。

清雍正年间，萨拉齐聚居点周围百十里内，连续十多年没有发生大的自然灾害，可谓风调雨顺，物阜民安，农牧业经济得到进一步繁荣发展。较低的粮价和大量的牲畜、皮毛、药材，吸引了更多的内地农民及商人落脚此地。数年间，萨拉齐已是商旅云集，店铺林立，居民和附近村民也随之再次猛增。山西祁县乔家大院的前人乔贵发，就是在乾隆初年来到萨拉齐做小买卖，从卖豆腐豆芽、拉骆驼起家后，又迁到包头西脑包经商积累资本，继而创办起几十处“复”字号铺面，并在山西老家建起至今闻名的祁县“乔家大院”，成为那时山西、内蒙古、河北、宁夏一带有名的富商。

清雍正十二年（1734年），清政府首次在萨拉齐设置了协理笔帖式，专门办理归化厅所辖萨拉齐一带汉族和蒙古族之间事务。同年，居于萨拉齐的富户商贾仿照内地习俗，在居民、店铺集中的地段，集资建起了本城第一座庙宇——“寿亭侯大庙”（即关帝庙）。至清道光二十四年（1844 年），该庙面积扩大了七八倍，装修、装饰也达到了较高水准。

关帝庙建成后近二百年间，萨拉齐城内先后建起了城隍庙、玉皇庙、奶奶庙、观音庙、财神庙、吕祖庙、五道庙、三官庙、火神庙、龙王庙、官坝庙及清真寺、耶稣堂等，这些寺庙、教堂建造精良，各具特色，但建筑规模和工艺技术都不及关帝庙讲究。

从清代后期到民国年间，萨拉齐关帝庙是当地商业管理、民间社团和一些公务活动的重要场所。清同治年间，萨拉齐以粮、货、钱、当四业为主组立了公行（民国元年改名为商务会，中华人民共和国成立后改为工商联），其办公地点一直设于本庙西小院内。清同治六年（1867 年）萨拉齐理事同知厅文山同知，在关帝庙设团防局，训练团丁，防匪护民。1925 年，在第一次国共合作时期，国民党萨拉齐县党部也设于关帝庙内。同年，土默特旗著名武术师云连升（萨拉齐县北只图村人），在庙内设立武术馆为当地人教授武术，健身强体。日伪时期，伪萨拉齐镇公所、伪巴彦塔拉盟兴亚协进会萨拉齐县支部、萨拉齐县保安石坝保管委员会等机构均先后在关帝庙内办公。所以，清朝至民国时的萨拉齐关帝庙，既是祠堂庙宇，又是一些民间组织和行政机构的活动场所，加之庙会影响，它的知名度一直很高。

第二节　近现代知名人文景观

一、义园

清同治年间，萨拉齐经济繁荣，人烟辐辏，晋陕等地来此经商、务工的流动人口日渐增多。客居他乡的下层百姓，一旦因病身亡，葬事无人操办，尸体只好寄藏城内寺庙或暴尸野外。当时萨拉齐厅同知文山，关心民瘼，他由筑城费用中节得盈余巨款，于清同治九年在萨拉齐城东五里的小厂圐圙村西南，购地100亩，专葬客死他乡的鳏寡孤独者。

义园环栽杨柳，筑屋数椽，常年有人驻守。这项民生事业深得百姓赞许，《萨拉齐县志》记载为“功德在民，遗迹永垂不朽”。

二、同兴戏园

建于清朝末年（1911年），位于萨拉齐镇大西街北侧，是萨拉齐最早的售票演出的剧院。民国初年，当地演员高旺黑、把扎旦、阳高十四红等在此演出；民国18年（1929年），地方名角狮子黑、金兰红等也到此演出过。这个剧院后来由本县人胡永泰投资改建，白天卖饭，晚上演剧。胡永泰死后，由他人集资拆毁戏台，不再演戏，更名为“同兴饭馆”。

三、图书馆

民国年间，绥远的各个城镇都还是一片店肆作坊、赶车叫卖的情景，但在萨拉齐，一派欧式建筑的图书馆已然挺立在街衢中央，崇文重教在这里蔚然成风。

萨拉齐县图书馆建成后，在绥西地区首屈一指，民众争相进馆阅读。图书馆的历任馆长都尽力收集图书、订购报纸充实新馆，尤其是民国21年（1932年），由地方教育经费内拨款五百元，向上海商务图书馆定购了《万有文库》一部，极大地丰富了馆藏内容。截至1940年，图书馆馆藏图书有5676册，分哲学、宗教、自然科学、文学、史地、万有文库、小学生文库、精装文献通考等几类。

民国22年（1932年），萨拉齐县图书馆更名为社会教育事务所。民国23年（1934年），又改为民众教育馆。

抗日战争爆发前，民众教育馆还办有萨拉齐县地方性报刊《萨县民生周报》。从现存资料来看，《民生周报》每周出报一张，辟有《评坛》《总理遗训》《本县新闻》等栏目，并密切报道日军的行动。

日伪时期，民众教育馆成为侵略者进行奴化教育的地方。他们在馆内创办日语讲习所，并在阅览室订有《蒙疆新报》《晋北报》《民生报》《新民报》

中華民國二十一年四月四日

民生週報

中華民族為生存來抗日懷有敵無我之決心！

全國同胞齊奮鬥共禦侮絕不受強權的屈辱！

本縣新聞

1932 年 4 月印发的萨拉齐县《民生周报》

《泰东日报》等报纸。抗战胜利后，馆内报纸换订为《大公报》《益世报》《绥远日报》《绥远民国日报》，并写有黑板报以宣传各种知识。

中华人民共和国成立后，县人民政府将原民众教育馆改为人民文化馆，人民文化馆经多次修缮，增添了文化设施，并购进了部分新书及上百种报刊、杂志、画册等。20 世纪 90 年代人民文化馆被拆除。

第三节　胜迹传说

一、柏树坡的传说

在古城萨拉齐东北 17 里处的哈只盖村后，有一座方圆百亩的黄土岗。1945 年前，这座黄土岗长满了茂密的又高又大的柏树，人称柏树坡。

早先，柏树坡东1里多地，有一个背山向阳的朝阳洞；在朝阳洞脚下盖着一座文殊菩萨庙，庙内有老小两个和尚。这老和尚好吃懒做，贪得无厌，整天让小和尚服侍。这小和尚本是穷人家的子弟，7岁死了爹妈，因生活无着落，便到这座庙里落发出家。他长得光眉俊眼，生性勤劳善良、老实巴交，从早忙到晚也不说半句怨言。一天晌午，老和尚从城里买回一头毛驴，一拴到柱上就招呼小和尚去给毛驴割草。小和尚没有推辞，拿了镰刀和绳子就走。当时正值盛夏，热得人们汗流浃背。他路过黄土岗时，烤得人焦躁难忍，附近只有那棵长在半坡的柏树下有一片阴凉！他连忙走过去站在树下乘凉。这时阵阵凉风吹来，沁人心脾，他十分惬意。心想：要是长上这么一岗柏树该有多么好啊！他停留片刻，便向前边的一片洼地走去，发现有一片芦草长得又高又嫩，是喂驴的上等好草！他立即放下绳子，甩开镰刀割起来。一阵功夫便割了一大捆，他用绳子索捆住背回庙内，喂给毛驴就干其他活计去了。老和尚原以为这大热天，小和尚起码得用半天才能割回草来，没想到一阵功夫小和尚便割回这么多又嫩又鲜的芦草，心里觉得有点儿惊奇。到第二天烈日当头时，毛驴把割回的草全吃光了。老和尚又让小和尚去割草，小和尚仍是拿上绳子、镰刀便走。翻过黄土岗一看，在昨日割过草的那片地上又长起一片又高又嫩的芦草，不禁喜出望外，一阵功夫又割了一大捆背了回去。从此以后，天天如此。这时，老和尚便起了疑心，从第四天开始一连几天跟在小和尚后边想观察个究竟。他把小和尚的割草情况了解以后，起初感到神奇，后来用脑子一推测：莫非这块长芦草的地下有宝物不成？一天晚上，老和尚等小和尚睡熟以后，悄悄地起来，拿了一把铁锹向那片洼地走去。到了那片长芦草的地方，他看到芦草正不断地往上长。他在那片芦草的中心地挖了一尺多深，挖出了一个长满绿锈的铜盆。心想：莫非这是一个聚宝盆不成，待我拿回去试试。他拿回去放在狗窝跟前倒了些食物喂狗，眼巴巴地看着狗子狼吞虎咽地吃了起来。一会儿，狗吃饱了，盆底还剩了些食物，他也不去理会就回去了。第二天早上起来一看，盆里又盛满了与昨天一样多的食物，而狗肚却是饱饱的。他一连观察了几天，天天如此！

他断定这真是个聚宝盆，便起了歹意，想把这宝贝拿回家放金、放银。老和尚想着，想着，渐渐进入梦乡，梦见他回到家里，用这聚宝盆堆成了金山、银山、粮山，发了大财，娶了大、小老婆，享尽了人间的荣华富贵。

再说小和尚又去那里割草时，发现原来长好草的地方成了一片空地，当地还有人挖了一个圆坑，他便心里有些纳闷，却一时想不出个原因，就又去远处，用了整整半天时间才割回去一背草。晚上，他端着食物去喂狗时，发现那个空盆子旁边又多了一个盛满食物的铜盆。再看，狗吃得饱饱地卧在那里给他直摇尾巴呢，心里便产生了疑问。他第二天清早又去喂狗时，发现那个铜盆里仍然盛满同昨天一样的食物，狗子已吃饱肚子仍然卧在那里给他摇尾巴。他突然眼睛一亮，联想到这个铜盆与那草滩的土坑大小一模一样，莫非这是个聚宝盆，被老和尚偷挖回来了？这个聚宝盆埋在草地它能长草；拿回来盛狗食，它能长食；如果把它埋在黄土岗的那棵柏树下，它可能给长出一岗子柏树呢！要是能长出一岗郁郁葱葱的柏树那该多好啊！他想到这里，就一手拿上盆，一手提上锹，三步并作两步地向黄土岗走去，在那棵柏树下挖了一个坑，把聚宝盆埋了进去。他擦了擦脸上沁出的汗珠，像做了一件称心如意的大事一样，心里美滋滋地回庙休息去了。

第二天早上，老和尚一觉醒来，穿好衣服就到狗窝前寻找聚宝盆，找了半天也没有找到，不禁心里发火。他想到了小和尚，就气势汹汹地去盘问。小和尚是个老实人，就把事情的经过一五一十地告诉了老和尚。老和尚气得顿足捶胸，拉着小和尚去黄土岗一看，那里已经长起一岗郁郁葱葱的柏树。小和尚看了一阵喜悦，脱口赞道："真是好宝贝！"老和尚却气急败坏，走进柏树林想寻找那聚宝盆。但老和尚分辨不清哪棵是原来的，也就不知该从哪里下手了。老和尚恼羞成怒，伸手就打小和尚；小和尚拔腿便跑，老和尚随后就追，追到朝阳洞前，小和尚一路钻进洞内藏了起来。老和尚正要进洞寻找，被一条水桶粗的巨蟒挡住去路，吓得他连连后退，但已来不及了，巨蟒张开大口，老和尚一会儿被卷上高空，一会儿被吸下地面，疼得他不住求饶。附近劳动的人们见到这种情形，跑来一看，那巨蟒一口将老和尚吸进肚里，随后便窜进朝阳洞那个扎地窟子里。这时小和尚从朝阳洞里走了出来，向人们诉说了事情的经过。人们齐声称赞小和尚做得好、办得对！大家一致推举小和尚当了文珠菩萨庙主持僧，并把黄土岗更名叫柏树坡。

第十五章　疫灾祸乱

第一节　灾荒与疫病

一、民国 18 年（1929 年）大旱

民国 18 年（1929 年）前后，绥远地区大旱成灾，萨拉齐尤为惨烈。

民国 18 年（1929 年）的大灾祸是由天灾、人祸等多种因素交织，并逐步酝酿达到高峰的。据《绥远通志稿》记载："民国 15 年（1926 年）春多风，一入夏少雨，全境苦旱，田禾多枯，又值大军过境，匪扰民逃，秋禾践踏萎弃，秋收歉薄，遂成饥馑岁。……民国 16 年（1927 年），各县以去岁兵、旱灾甚重，民以无力各种，春耕大半停辍。夏复大旱，下种之田秋收无望，又成饥年，灾情甚重。"从以上记载不难看出：民国 15 年和民国 16 年两年除连续遭受旱灾外，还遭兵、匪骚扰。

"大兵过境"是指冯玉祥的西北国民军和阎锡山的晋军、张作霖的奉军轮番来绥远驻扎或路过。萨拉齐为绥远腹地，首遭其害。对此，《萨拉齐县志》作了较详细的记载："十五年秋，国民兵十余万众败退压境，其中二、三、四军皆陕豫察绥招抚杂匪，故经过之处，洗劫一空。当地土匪亦乘此时机，昼夜行劫，杀人放火，任性所为……。十六年冬，晋奉战起，匪势大扩，如赵青山、郭春山、金宝山、徐文标、李三河，皆被收抚为旅长；戴海源、广义、烂镰高、辛留柱、张升云、广林、杨五在、李福小、苏八音为团长；陈得胜直属奉系师长，皆扬眉吐气，弹冠相庆……名为官人，实较当匪时尤毒。故抢掠而变为发掘，殃及枯骨，其害更不可胜言者。"

民国 17 年（1928 年）灾祸更加严重。从春到夏，大风无雨，干旱持续发展，地里插耧不入；入夏又遭雹灾，秋天场门未开。加之兵匪搜刮，鼠疫、赤

痢流行，萨拉齐一带赤地满目，饿殍遍野，灾民人数多达二十余万。当时国民政府赈务处编印的《各省灾情概况》载文说：“民国十七年，入春亢旱，春苗枯槁……萨拉齐、托克托两县向为繁盛区域，其牛马骆驼亦均烹食，有因挖食田鼠猫犬而致疫疠者，有因食苜蓿蒺藜而致病者，有因食树皮草根枯槁而死者不下数万人，逃往甘肃外蒙古者约五六万人。”在这样的背景下，各路驻军却仍在无休止地搜刮。《萨拉齐县志》记载：“民国十七年春，匪军驻扎邑境，大事搜刮。金宝山搜掘准格尔旗及二区食粮，赵青山搜掘三区食粮，徐文标搜掘四区食粮，郭春山搜掘五区食粮。白昼结伙成群，沿村逐户，横打立骂，任意勒索；夜晚百十为群，逞势抢掠。妇女之稍有姿色者，皆被欺凌。家户之稍有积蓄者，必遭飞祸。故死于非命者不知凡几矣！且人民稍有口角之争，一旦闻知，立即派队遗传到营后，不问曲直，先则非刑毒打，继财凶勒罚款。兵敲欺诈，种种恶迹，罄竹难书。匪人既造成灾象，又兼昊天不吊，旱魃为虐，赤地满目，人民流离。是年冬，赵青山率匪伙三千余众，渡河东窜与邑境，小股土匪伙并约五千余众。北至阴山麓，南达托县城，漫村遍野，一片土匪世界。杀人放火，吊烤烧迫，视人命如草芥。经过乡村，男无完肤，女多逃命，而灾劫游魂，何堪受此荼毒！”

到了民国18年（1929年），从春到夏，仍然滴雨未降，荒旱达到了空前未有的高峰；而秋天，滂沱大雨连降五昼夜，山洪暴发，黄河决口，冲毁房屋、田地不计其数；冬季，大雪屡降，厚积数尺，匝月之间，不见天日，气侯严寒降到零下三十余度，水井也结了冰，果木全部冻死。在这种情况下，萨拉齐一带“饥荒之象，遍布全邑。人民倾家荡产，十室尽成邱墟。城市鬻妻卖子，入口悉遭涂炭；露天席地逆旅，古刹荒寺作宿所；野草树皮以果腹，蝼蛄蝗蛹而充饥；罗雀掘鼠搜刮已穷，啼饥号寒，哭声载道，黄童、白叟鹄面鸠形，鸿鹤之哀鸣未绝，庚癸之愁呼时起。一乡之中，炊烟断绝；四境之内，鸡犬无声。凄凄戚戚，何其惨耶！出口之品，以人为大宗：少壮妇女，作人妻妾；髫龄子女，男为优，女为妓。晋冀居民，平津人贩，相率来邑，娶妻贩人者络绎不绝于途。妇女值价二百元，童子十元。卖在本省与邑境者，价值尤低。传日易子而食，执骸以爨，此之谓也。苟得一食之饱。即人世讥笑、轻薄、揶揄之态，任何形容、任何牺牲，在所不计……”

在重重灾难的胁迫下，在底层百姓穷困潦倒的同时，少数奸商却趁机大发难民财。萨拉齐镇内的刘好收，在民国17年，他用一亩好地五升米的廉价买下十顷下湿田，加之原有的土地，萨拉齐附近十里方圆的沃土都成了他的地盘。其后，他又用“春三夏四秋八比”（即长工春天打半工，工资只发三分，七分扣下；余类推）的毒计，雇人来起早贪黑地为他卖命，给他拉犁、耕耘、锄耧，到秋后又用十倍于平时的昂价粜米，放高利贷，赚了一笔大钱，添盖了四处大院，八十多间房屋。

地处土默川平原西部的萨拉齐，北依阴山，南临黄河，地势平坦，土质肥沃，水源充足，本是塞外少有的富庶地方。可是灾难来临时，百姓束手待毙，又有奸商盘剥、兵匪搜刮，将膏腴之地变为人间炼狱，究其根源便是时代的落后。

二、萨拉齐历史上的鼠疫

鼠疫曾为萨拉齐境域烈性传染病危害之首。此疫发病急、传染快、死亡率高。清光绪二十九年（1903年），萨拉齐、毛岱、三间房等地发生鼠疫流行，死亡90多人。民国6年（1917年），伊克昭盟发生鼠疫，迅速向东发展，同年12月22日传入萨拉齐县地区，使所属7个区64个村成为疫区。其范围南自黄河畔，北至大青山。死亡约1.5万人，次年3月才停息。临床流行病学分析判明此次疫情系肺型鼠疫，症状为恶心呕吐，3日后咳黑血而亡，老百姓称为“黑死病”。此疫发生后，各村路口均派人把守，禁止出入通行，如有外乡人欲进，用椽子击之，老百姓又称“椽头子病”。民国7年（1918年）元月，北京陆军军医学院院长余绍清率人员、带药品亲临疫区防治，历经3个月扑灭此疫。

民国17年（1928年）3月1日夜，狂风怒号，飞沙走石。翌日早晨，萨拉齐西城门洞鼠尸堆集，门为之塞，沿城墙根视察亦如之，人皆诧异。当时有人检查鼠尸，左肺部有一小孔，稍现血迹，足证为鼠疫。不久，萨拉齐境有9个村庄发生鼠疫，共死亡千余人，由于群众防范严密，疫情很快得以控制。中华人民共和国成立后，国家卫生部特别注重这一历史情况，立即采取有效措施，设站派员进行调查。1955年，前苏联鼠疫病专家苏诺耶夫亲临萨拉齐县考察，经过4年辛勤工作，查清情况，彻底消灭了鼠疫。

第二节　匪患

一、卢占魁匪部的劫掠

1916年1月1日，[1] 绥远巨匪卢占魁率众攻克萨拉齐县城，烧杀抢掠四日之久，影响最为恶劣。1915年冬，盘踞于后山固阳、武川等地的卢占魁匪部积聚二三千人，绕道乌拉山转至大青山前，其中一路由后套劫掠至包萨境内。由是“包镇以东、萨城以西各村庄，多被贼队催草索饷”，水涧沟、武当沟等通往后山各口也均被贼队把持。此时萨城仅有维持治安的警备兵80余名，快枪30余支，县知事急电绥远都统乞速派兵守萨，最终没有应允。12月31日夜，匪部三百余人焚杀县城西郊的沙尔沁村，1916年1月1日晨8时，此三百余土匪将萨城包围，县知事情急之下率十数骑兵突出包围向绥远奔去求援。随后“贼入城，毁狱门，纵囚上马持械相助，抢巨商二十余家、巨富十余户、杀人数十，焚公署，各科册卷烬焉”。次日，匪首卢占魁率土匪二千人入萨，并贴出安民布告，强迫高小教员篆刻“塞北都督招讨使兵马大元帅飞虎上将卢占魁”印符。抢掠四日后，待官军开到旋即东向往攻托克托县。[2]

---

[1] 关于卢占魁匪部攻陷萨拉齐县城的日期历来有多种说法，但经孟锦梅、忒莫勒据史料《萨县失守记》考证，确切时间为1916年1月1日。详见孟锦梅，忒莫勒：“民国初年绥远萨拉齐、托克托两城被匪攻占时间考”，载《内蒙古师大学报》（哲社版），2000年10月，第5期。

[2] 仇翰垣：《萨县失守记》，收于包头市地方志办公室、包头市档案馆、内蒙古社科院图书馆合编《内蒙古历史文献丛书》之八，内蒙古出版集团远方出版社，2011年。

此次卢占魁匪部大规模的入城抢劫，给萨拉齐县的商业造成毁灭性的影响。原本在绥西一直富庶的萨拉齐县，“及民国四年冬，卢匪乱起，城陷，被掠四日之久，商界损失奇重，当业受害尤惨，乃一蹶不振”。[1] 当时著名的一些的商号如“货行的德茂永、万兴和、义德恒、德兴店、聚德成、永茂泉、和义隆、泰恒衣铺、南当铺、西当铺、东当铺、北当铺也全遭洗劫。钱行如公和德、集义和、复和庆、德庆隆，虽勉强开业，也和倒闭没有两样。粮行的新盛店等十家也是萧条不堪”。[2] 据劫难过后的统计，“至所失黄金、现银、现洋、钞票、货物、衣物、器具、马匹等项，均按价估成现洋……计其大洋三十二万八千九百零五元。乡民损失……共合大洋二万零六百八十二元”。[3] 经过这次匪乱，地方元气大伤，原本用于防卫的武器马匹均被卢匪抢走。警备能力的下降更壮大了地方小股土匪的胆目，“自此之后，土匪时起时伏，千百为群，屡年啸扰，迄无宁日，水生火热，民已不堪命矣”。[4]

民国 14 年（1925 年），绥西著名匪首苏雨生、赵有禄、刘喇嘛“由五原哔变来邑，伙约二千余众，杀人放火，沿路掳掠，横行万状，惨酷倍至；所过之处，焰雾弥天，人民携老扶幼，四处逃避，途为之塞。”[5] 像这样的现象还能举出很多来，究其原因，一是县境所处的土默特平原是绥远地区宜于农业的地带，土匪到此往往能够抢得大量财富粮草；二是这里的地形有山有平原，易于土匪作乱后逃窜和躲藏。

二、助长匪患的秘密会社

---

[1] 韩绍祖、望月稔修，张树培总纂：《萨拉齐县志》，卷八 产业，土默特右旗志史办公室校注出版，1943，第 651 页。

[2] 李本温：《匪首卢占魁抢掠萨拉齐》，载《包头文史资料选编》七辑，第 68 页。

[3] 绥远通志馆：《绥远通志稿》，九册 卷七十三 民变，内蒙古人民出版社，2007，第 425 页。

[4] 韩绍祖、望月稔修，张树培总纂：《萨拉齐县志》卷十六 杂记，土默特右旗志史办公室校注出版，1943，第 784 页。

[5] 韩绍祖、望月稔修，张树培总纂：《萨拉齐县志》卷十六 杂记，土默特右旗志史办公室校注出版，1943，第 786 页。

1921年冬，哥老会势力传入萨拉齐境，社会上的无业游民、劣绅、流氓争相入会，会社势力一时大振。因为“乡人有反对或不赞成者，立遭横祸”，所以一般善良人等也冀求入会以自保。据调查，到1923年，萨拉齐县加入哥老会者占90%。[1] 哥老会势力猖獗，竟敢于将监狱当做袭击的目标。

民国11年（1922年）4月24日夜，萨拉齐城内的县保卫团哗变，将早已联络好的城外哥老会员放进城内，合兵一处，攻下萨拉齐县署；将警察队长击毙；打开监狱，释放囚犯。然后合兵围攻驻西营盘的步兵2营。先行喊话，叫步兵2营缴械投降。步兵2营官兵凭工事奋起还击，坚守营地。接着发起猛攻，双方激战数时，哥老会未能取胜。

次日，哥老会抢掠商户骡马千余及库存各村自卫团枪支300支，保卫团枪支400余支，胁迫保卫团团总侯斌成、县知事范振绪而去。走到十大股村，遇两营西军追剿，双方激战1日，西军死50余人，败回萨拉齐。

除哥老会外，“反动的一贯道也很猖狂，坛主以上的道首有六百多名，道徒约有两万人”，加入这些反动会道门的人等，白昼为民夜间为匪，反复无常。

三、匪患的形成的原因

（一）萨拉齐县境内的地形给匪患的发生提供了先决条件

萨拉齐县境内北部为山，山前是一望无尽的平原，平原的南部渡过黄河又是鄂尔多斯的沙漠地带，这样的地形最易形成匪患。

首先，大青山里有许多易守难攻的地形和通往后山的沟口，土匪易于在此据险盘踞和隐伏。萨拉齐县解放以前，境内的大青山里巴总窑子一带盘踞着绥远地区的一个“独立王国”——土匪李海龙部。李海龙本是巴总窑子一带的地主，抗战以前他联络了一批靠山吃山的“山汉”，这些人“由于经常打猎，每个人都有很好的射击技术，遇到荒年凶岁，便到前山后山刁抢”，加之“其他地方的土匪与军队哗变出来的士兵，也来这里潜伏隐藏，因此良民和土匪不

[1] 牛敬忠：《近代绥远的社会变迁》，内蒙古大学出版社，2001，第167页。

分，私有枪支很多。”[1] 1937年归绥失守后，萨拉齐县城里的人纷纷进山逃难，李海龙收容了许多泥瓦木匠，并利用大军退却之际，拣了许多游勇散兵的武器，“力量扩充到五百多支枪”。就是这样一个聚集着大量山贼的匪首在抗战与内战时期居然受到各方面的“青睐”：日军委任他为伪保安团长，让他在巴总窑子一带，防范八路军和自卫军渗入；国民党鄂友山部灭他不成，反而在抗战结束后被董其武收编；共产党组建八路军大青山支队时，司令部一度设在他的势力范围之内，且解放战争第二次绥包战役中，贺龙曾委任他为游击司令使之牵制敌军兵力。李海龙盘踞大青山数十年，非但没有被剿，反而成为各方面拉拢的对象，原因就是他占据了易守难攻的地形，剿之不易索性就尽可能地利用了。

其次，山前的平原利于骑马奔袭，土匪逃窜时一鞭十里，官军不易追剿。1916年卢占魁匪部攻打萨拉齐县城时就充分利用了骑兵在平原上来去自如的特点。事发前还在沙尔沁村焚杀的匪部，“早八点钟时，贼大至，马纵横驰骋，瞬息将萨城包围”，事后“侦得贼兵每人马二三匹”，占据萨城后，卢匪又“出遣各队，东取老藏营、托斯和、察署旗、比协旗等处马匹、枪械、银钱，进窥归绥；南取二十四顷地村，以收其保卫枪械暨左近各村枪械、马匹、银钱，会于托城”，盘踞四日等到包头援军到萨后，卢匪又纵马扬鞭向东劫掠托克托县了。纵观卢匪的整个劫掠过程，似是一支训练有素的骑兵在机动作战，这不能不说是土匪充分利用了骑兵在平原地区的优势。[2]

再者，在此劫掠的土匪向南一过黄河便是鄂尔多斯高原，这里到处是沙窝与沟壑，既可以设伏攻击官军又可以掩藏逃窜。民国时期绥远地区著名的剿匪人物——土默特地方武装“老一团”首领玉禄，便是在追剿由县境逃往鄂尔

[1] 刘映元：《旧绥远省的三个“独立王国”》，载中国人民政治协商会议内蒙古自治区委员会文史资料委员会编《内蒙古文史资料》第一辑，内蒙古人民出版社，1979，第115页。

[2] 仇翰垣：《萨县失守记》，收于包头市地方志办公室、包头市档案馆、内蒙古社科院图书馆合编《内蒙古历史文献丛书》之八，内蒙古出版集团远方出版社，2011年。

多斯东胜附近的苏雨生、赵有禄、刘喇嘛等土匪的行动中，在杨三虎圪泊误入土匪设下的埋伏后牺牲的。

（二）官军剿匪不力和兵匪一家的现象经常出现

匪患发生后，官军不但作战效率低下还在剿匪的过程中浑水摸鱼，乘机勒索。前文已经说到1916年，卢占魁率部由后山绕到包萨境内烧杀劫掠时，萨拉齐县知事即发电绥远都统求援，但未能应允。事发后，该知事骑马突围往归绥求救也是一走了之音信全无。按理包头、归绥皆有守军，包头来萨只一日，归绥来萨需二日，但援军在卢匪蹂躏萨城四日后才来到。即使这样，士兵还是迟迟不肯作战，“包头镇李司令鹤祥率部来攻，而兵不用命，乃下令城破之后准予重赏，城遂克服。官兵入城，亦复沿门逐户，籍查匪为名，任意搜刮，民不聊生，以致政治枢纽、繁富城市竟成废墟”。[1] 民谚“匪如梳，兵如篦”，正是此类现象的绝佳形容。

民国时期绥远政局动荡，萨拉齐县境内过往军队频繁，这些军队（有的就是收编的土匪）在管制不利的情况下很容易哗变为匪。1926年6月，“驻在萨拉齐县的二路警备队准备开往和林，未及成行，冯六奎、尚得胜等人首先哗变，聚起三四十人，与苏八音等匪股合成一个二百余人的大匪股，公开围攻萨拉齐县第一大村——朝号村。将村内粮食财务劫掠一空，打死男女老幼五十余人”。同年冯玉祥部沿京绥铁路向西北退却经过县境时，“其中二、三、四军皆陕、豫、察、绥招抚杂匪，故经过之处，洗劫一空。当地土匪亦乘此时机，昼夜行劫，杀人放火，任性所为”。[2]

这一时期，由于土匪剿不胜剿，一些主政者便行收抚之计，将土匪改编为官军。例如满泰就曾将萨拉齐县著名的土匪郭秃子、赵半吊子、烂脸高等收编

[1] 韩绍祖、望月稔修，张树培总纂：《萨拉齐县志》，卷十六 杂记，土默特右旗志史办公室校注出版，1943，第784页。

[2] 韩绍祖、望月稔修，张树培总纂：《萨拉齐县志》，卷十六 杂记，土默特右旗志史办公室校注出版，1943，第786页。

为两个保卫团。其实这不仅迎合了土匪希望侥幸逃脱法律制裁的心理，而且导致“土匪身价日高，自居奇货，横暴之心，日益骄恣”，[1] 无异于饮鸩止渴。当时土匪口中唱道的“当两天独立队刁两天人，等到收抚了再当两天兵。二号自来得（手枪）随身带，跟上哥哥当太太。妹妹妹妹不要怕，一过黄河都是咱的家。抽完洋烟吸水烟，小妹妹坐在眼跟前。人人都说独立队好，官兵追上绕滩跑”，就是这种心理的真实写照。1927 年萨拉齐县流行鼠疫，城门外鼠尸堆积，不知疫情的民众对此怪异现象编了顺口溜，“先死耗子后死兵，死了满泰死王英，城外庄稼没一根……”满泰早年是著名的同盟会会员，后又参与护法运动，追随老一团玉禄剿匪，出任土默特旗总管，是颇有作为的军政官员，但民众之所以将他与王英放在一块进行诅咒，是缘于当地官兵常常变相劫掠类于土匪所致。

另外，萨拉齐县保卫团作为维护境内治安的中坚力量，竟然屡有变故，时存时亡，涣散不堪。“萨拉齐县保卫团亦脱胎于民国二年之各区民警。当时各区有民营一二十名不等，……四年冬，卢匪过境，枪械损失大半，民警由是停办。五年秋，成立保卫团，每区团丁三四十名……枪械一百支，设立正副团董各一人，侯（斌成）为团董……，乃于十一年四月，除第三区团丁外，其他各区及总团团丁受哥老会煽惑，完全哗变。……是年秋，地方收抚哗溃团丁，一部分与县团丁重行组织，恢复成立，推王耀宗任团总，有团丁百余人。十五年八月，西北军驻包，王耀宗曾在水涧沟门截留退军大宗枪械。恶其横恣，枪毙于包。而团丁及枪械大半损失，总团因以取消。”[2] 如此涣散的保卫团，怎能抵御亡命的悍匪呢？

---

[1] 韩绍祖、望月稔修，张树培总纂：《萨拉齐县志》，卷十六 杂记，土默特右旗志史办公室校注出版，1943，第 787 页。

[2] 绥远通志馆：《绥远通志稿》，八册 卷六十三 保甲团防，内蒙古人民出版社，2007，第 450 页。

（三）各类人通过加入土匪达到某种目的

仍以1922年萨拉齐县哥老会陷城为例，在这次由哥老会挑起的暴乱中，"各区亦盲从响应，推侯团总为首领。……，一般落伍军官接济枪弹，无聊吏员筹谋擘划，故人皆先在会后当匪，一经为匪，腰缠万金，囊橐累累，走马扬鞭，耀武乡曲"。[1] 可见参与这次混乱抢劫的不仅为哥老会员，落伍军官、县衙职员等各类人亦在其内。由此可以窥见当时人们的心态是处于一种对社会极度不满而又无从发泄的境地，故而一人作乱万人响应，妄图通过暴力手段来发泄不满与收集财富。此外，《绥远通志稿》里还记载了一则发人深思的案例，也反映了无助的人们通过加入土匪来实现自己的某种目标。

例如"有中学生萨拉齐县张炳者，秉性坚强，任侠好义。因避乱于友人祁志厚家，炳赴包访友，苦无资，志厚予以银镯，使易资行。至包头东门，为卫士查诘，指为匪类，遂送营部，施以严刑。炳终不为屈，事经萨绅白映星竭力解释，得保出。炳自是心中抑郁，时有奋起草泽，一吐不平之气。未几竟往武川投入卢伙，因刺激过度，致入歧途。当时驻军剿匪不足，扰民有余，往往良莠不分。血性青年，目击家破人亡，愤而投身匪中者，张炳之外，尚有何全孝、冀天富、史华甫诸人。噫，当其家产荡尽，骨肉流离，绝处求生，铤而走险，曾受教育者尚有不免，又何论蚩蚩之民。"[2]

第三节　烟毒

一、鸦片的种植

鸦片在萨拉齐的种植始于清咸丰年间，"萨拉齐在咸丰末年传入鸦片种

[1] 韩绍祖、望月稔修，张树培总纂：《萨拉齐县志》卷十六 杂记，土默特右旗志史办公室校注出版，1943，第785页。

[2] 绥远通志馆：《绥远通志稿》，九册 卷七十三 民变，内蒙古人民出版社，2007，第431页。

子，进行试种，以后逐年扩散”。[1] 萨拉齐县山前与沿黄河一带浇灌方便，水地多，土质肥沃，因此鸦片在此有良好的种植环境。到清朝光绪末年，鸦片在县境内已普遍种植，因为此时县境所在的土默特地区的烟税收入已十分可观。清光绪三十一年，姚锡光在其《筹蒙刍议》中提出，在内蒙古地区建立行省的经费应以乌珠穆沁盐税、察哈尔大道商货税及土默特土药地亩为大宗，因为“土默特土药出产甚旺”。此时由于蒙古族种地不纳税，故当地的汉族移民在种植鸦片上便与蒙古族互通声息，相互利用。

进入民国以来，军阀混战不断，主政绥远的军阀为图鸦片的税收之利，便将鸦片种植合法化。“民国7年（1918年），当时的绥远都统蔡成勋出于筹措军费的需要，断然解除了历来作为禁区的绥远地区的烟禁，从陕北购进罂粟种子，颁令各县种植。尔后，绥远地区的鸦片种植一年比一年兴隆。随着良好的气候、风土等自然条件，加之以晋绥为地盘的山西军阀的奖励更加速了它的发展。仅仅二十年之间，其产量仅次于四川、云南、甘肃等地，作为中国为数不多的产地之一为世人所知”。上有官方的政策鼓励，下有民间种植鸦片的利益驱使，县境的鸦片种植便成泛滥趋势，农民大有非种鸦片便不得获利的意识，“当时每亩水地约收一百多两鸦片板子。每两板子可卖三四元（银币），每元钱可买白面二十多斤。当时在萨拉齐吃白面比较困难（因种小麦产量低，每亩正常情况下只能收150斤左右，如遇上‘黄疸’，就一无所收）。所以人们有地愿种大烟，而且千方百计地改善水利条件（将秤杆井改为较先进的水车井）”。[2] 到20世纪30年代左右，萨拉齐县境内已是大面积的种植鸦片，时人纪蔼士在其游记中写到：“自归绥到绥西唯一大埠——包头，距离三百二十里，火车要走六个钟头，沿道北是大青山，南望一片原野，禾黍离离中，有时

[1] 吕士俊、刘绍仁：《鸦片烟毒在萨县的流行》，载中国人民政治协商会议包头市委员会文史资料研究委员会编《包头文史资料选编》第八辑，第119页。

[2] 刘绍仁供稿、李维章整理：《萨县种植鸦片及其恶果》，载《土默特右旗文史资料》第3辑，第39—40页。

夹杂大片绚烂夺目的花朵，那就是罂粟田”。归绥到包头有一大半的路程在萨拉齐县境内，以上文字无疑是对萨拉齐县种植鸦片的真实描写。1931年6月22日，位于萨托两县之间的民生渠举行开闸典礼，这是绥远当时著名的事件，也是萨拉齐县人民的光彩，但是当时的报纸却有着这样的报道：“中外驰名人士莅绥观礼者甚夥，官厅睹渠旁烟苗，有碍观瞻，遂暗谕村民近者即铲除，远者将花瓣打落”。大规模的鸦片种植使得其在收获季节呈现出热闹非凡的场景，“割洋烟”成为穷苦农民做短工与乡间艺人们赚取收入的好时节，“每年烟季（阴历五月到六月底），各行各业的人奔走在阡陌小道上，大部分人是割洋烟的。也有踢拳卖艺的出现在烟地里，他们无非是打闹些烟土。因此当地流传着一句谚语：‘穷半年，富半年，单等六月割洋烟’。”[1]

日伪时期萨拉齐县罂粟栽培表（1940年）

区别	禁烟特税额	水地种植	旱地种植	合计	每亩收获量
第一区	64574元	1795亩	1233亩	3028亩	水30两、旱20两
第二区	8124元	3	77	80	同上
第三区	144800元	4577	835	5412	同上
第四区	124404元	2328	2816	5144	同上
第五区	78018元	296	1020	1316	同上
合计	420000	9000	5083	14083	同上

表格来源：《萨拉齐县志》卷八 产业，第648页。

如此以来，鸦片大量流行于市。由于缺乏法律手段的强制，人们对吸食鸦片司空见惯，久而久之“抽洋烟”成为一种流行和待客交际的必需品，“不论是官员僧道，士农工商，乃至娼妓乞丐及亲友往来红白喜事，无不用鸦片招

[1] 刘绍仁供稿、李维章整理：《萨县种植鸦片及其恶果》，载《土默特右旗文史资料》第3辑，第39—40页。

待，无它却被认为吝啬，冷淡不热情，不礼貌”。[1] 甚至以禁欲修行为旨的佛家子弟，也居然离不开此等物品，县城内城隍庙的主持和尚“为赚得大笔收入吸食大烟，从东门外‘寄骨祠’专管灵柩而失去信任的张三那里，接拦灵柩存放东庭。尸体腐烂，年年逢到夏季臭味满庙”。[2] 吸食鸦片成瘾者，欲罢不能只好变卖家产，20世纪30年代萨拉齐县第二区是鸦片的重灾区，乡民因酷嗜烟赌而“致倾家荡产者数见不鲜”。那时的人们编了很多顺口溜来描述烟民的生活，“灯瓜、纸罩、炕上躺的死耗”“一进二三堂，床铺四五张，烟灯六七座，八九十支枪”。

1931年拍摄的萨拉齐近郊用撑杆井浇灌的罂粟田，当时萨拉齐县境内可浇灌的上等耕田多数用来种植罂粟。

[1] 宋玉：《鸦片对萨县人民的毒害及扫毒禁烟》，载《土默特右旗文史料》第4辑，第106页。

[2] 葛子英供稿、王怀瑀整理：《略谈萨拉齐庙宇古迹》，载《土默特右旗文史资料》第3辑，第107页。

二、鸦片的贩运

因民众大量吸食鸦片，且一经成瘾便难以戒除，故鸦片成为消费的必需品。加之鸦片后来兼有货币的职能，当权者虽对鸦片有种种限制，却给走私者留有余地，在这样的情况下，贩运鸦片成为攫取暴利的途径。

萨拉齐县境内的鸦片贩运起初还是零星小股，到日伪统治时期由于出现“土药组合”机构来集中收购鸦片，故市面流通的鸦片减少，烟价增高，有渠道的商人趁机开始经营此业。成立于1947年的萨拉齐简易师范学校，便是县参议会“专向在日伪时期，以贩卖大烟而大发横财者强行募捐”而修建起来的。日伪时期，在萨拉齐县从事鸦片贩运的不只是本土的“烟客”，由于所产鸦片质优价廉，“为西口外名产，因而外地客商来萨拉齐县购买大烟土的，比比皆是，东有天津、北京等地客商，西有甘肃、兰州、宁夏、青海的烟贩”。[1] 抗战结束后，国民党统治下的萨拉齐县虽明令禁止鸦片贩卖，但私下里暗操此业者有增无减，据解放初期任萨拉齐县县长的董毅民回忆：“仅萨拉齐县城内，贩卖大烟毒品的就有二百多户，吸烟的人占城镇人口的百分之三十左右。……板申气村，全村三百多户中，制贩大烟毒品的有三十多户；公积板村，二百八十来户人家，制贩大烟毒品的竟有八十多户，吸大烟的人就更多了。……三区义城乡三百多户人家，种大烟三千来亩，平均每户种十来亩；二区新城乡四百多户人家，种大烟一千五百多亩，平均每户种四亩多；农民户种大烟最多者达到三十多亩。”[2]

三、鸦片泛滥的原因

鸦片本身的特点。鸦片在少量食用的情况下是一剂良药，清末民国时期境内医疗落后，很多人将鸦片作为治病救人的药品。作为毒品的鸦片不必细说，成瘾者在当时缺乏科学戒毒的环境下，只好食用至毙命为止。再者，这一时期

[1] 刘绍仁、吕士俊：《日伪时期的鸦片种植与土药组合》，载《土默特右旗文史资料》第3辑，第132页。

[2] 董毅民：《解放初期萨县工作回忆》，载《包头史料荟要》第十一辑，第13—14页。

很多人将鸦片作为自杀的道具，一次食用大量鸦片致死要比其他自尽手段痛苦小些。

农民种植利润大。此特点前述引文已有论及。另外，除了利润大，种植鸦片还可以调节农民的劳动量。

1931 年，绥远省当局制定的全省烟款数目为 120 万元，分配到各县的数目为“萨拉齐县 17 万元、归绥县 16 万元、包头县 14 万元、托克托县 10 万元”，萨拉齐县分配额数最多，位居绥远之首。到日伪时期，侵略者居然恬不知耻地贴出布告，怂恿百姓广植鸦片，从中渔利。

第十六章　萨拉齐近现代革命历史事件

第一节　义和团运动

清光绪二十六年（1900年）的夏天，山东、河北等地义和团反侵略斗争的火种传到了塞外。

“光绪二十六年整，绥远到处起神兵。”这是清光绪年间流行于萨拉齐地区有关义和团运动的民间歌谣。

早在清光绪六年（1880年），天主教传入萨拉齐及周边地区。是年，天主教圣母圣心会中国籍师铎陆殿英，在萨拉齐县南20千米处向地商高九威低价购得土地24顷（实际丈量约百顷），并向这里迁来教徒，筑城建堂，将此处取名二十四顷地村。随着天主教教务的发展，萨拉齐周边地区建立了许多“教民村”，二十四顷地村自然成为天主教在萨拉齐地区的传教中心。1898年，鉴于二十四顷地教务进展迅速，天主教圣母圣心会在西南蒙古教区的主教、荷兰人韩默理，将总堂由三盛公迁至二十四顷地。韩默理来到二十四顷地后，采取了一系列扩展教务的措施，教会势力日益壮大。与此同时，教会与周边群众在土地、信仰、文化等层面也积累了大量的矛盾。

清光绪二十六年（1900年）春，二十四顷地主教府强行低价购买兴义楼村蒙古族妇女张贵寡妇的牧地张贵圈子。邻村二道壕村农民高占年等9位农民，为保护张贵寡妇的田地，与教会展开斗争。当年4月下旬的一天，外国传教士贾明远、吴兴国和会长石崇、传教先生任喜才率领教会武装和托克托县等地的教徒300多人，拿着武器，扛着犁、耧等农具，包围了兴义楼，并向当地护田农民发起武装攻击。高占年等村民与教会武装进行了英勇抵抗，终因寡不敌众，高占年等 9 名村民被教会武装抓获，抛入黄河溺杀。[1]

兴义楼事件发生后，高占年等 9 名群众被洋教士杀害的消息很快传遍土默川平原。被害家属和广大人民纷纷要求清政府惩办杀人凶手。但主教韩默理无视中国人民的正义要求，将凶犯窝藏起来，拒不交出。官司一直打到清朝最高统治者那里。光绪皇帝感到“剿抚两难”，未作任何处理。这一事件激起受害农民和当地市民的强烈仇恨。而此时，则正是义和团运动的烈火烧到塞外萨拉齐的时期。

1900 年春夏之交，义和团运动传入萨拉齐厅。当地有威望，特别是那些反帝情绪强烈、又武功突出的人出面发起、组织，广大青年农民、小手工业者、城市贫民等纷纷加入斗争行列。一时间出现了一呼百应、四处设坛练神兵的热烈局面。萨拉齐城内及周边的苏波盖、邬四圪堵、毛岱、双龙、沙街、朱尔圪岱、沙图沟等地都曾设坛练拳。萨拉齐地区义和团的口号是：“保清灭洋”“杀洋灭教为要义”“扶大清，灭洋人，随后剿灭天主教”等。因当时干旱成灾，他们还用“不下雨，地发干，全是教会遮住天”“杀了洋鬼头，猛雨往下流”等歌谣来宣传群众，发动群众。义和团民们头裹红巾，腰腿缠红带，分别化名孙大圣、猪八戒、沙僧、唐僧、关公、张飞、姜子牙、岳飞等历代受敬仰的英雄人物和神话人物，口里念着咒语，手里练习刀枪剑戟。他们每人身备一黄纸人，象征天主教派下来的妖怪，每到一地，将黄纸人钉在墙上，破口而骂，拍手喊杀，表示对帝国主义侵略势力的仇恨。当他们的势力强大后，便开始攻打本地及附近的洋教堂，捕杀洋教士，惩罚为虎作伥的“二毛子”（即当地教棍）。

萨拉齐地区的义和团分为西、北、东、南四大片。其中萨拉齐城内及周边地区的义和团运动兴起最早，他们属于西片和北片。

萨拉齐城内的义和团以郭誉宏、郭誉盛为首领。郭氏兄弟原在小巴拉盖村

[1] 以上兴义楼事件的经过详载于史银堂主编《土默特右旗志》第二十四编《人物·高占年》，内蒙古人民出版社，1994 年。

经营土地，与天主堂发生纠纷连续斗争 7 年之久。义和团运动爆发后，他们从小巴拉盖村回到原住处——萨拉齐城内大北街院内设坛练拳，准备与帝国主义传教士大干一场。由于他们本身武艺高强，平时就招收了不少徒弟，运动爆发后又招收了萨拉齐及附近农村的不少农民和手工业工人，一时人多势众。萨拉齐城内的首富大户赵国安看到郭家院小，便自愿提供德泉店大院（现大西街邮电局家属院）让其设坛练拳。1900 年农历六月十一日，郭誉宏、郭誉盛手执长矛，身背弓箭，骑着高头大马，率领身穿号衣、手执武器的义和团众，威武雄壮地去攻打小巴拉盖教堂。当他们到达目的地后，附近鄂尔圪逊村的义和团首领许文会也率众前来，合兵一处，向小巴拉盖教堂发起攻击。郭誉宏、郭誉盛的徒弟 5 人 1 列，10 人 1 行，冲锋在前，大队人马蜂拥于后。这时教堂也早已做了准备，教徒们用两支双筒猎枪、两门牛腿炮和不少土制手榴弹进行顽抗。较量了几个回合，双方各有伤亡。当战斗打到十分激烈紧张的时候，郭誉宏、郭誉盛带头冲杀，利用飞爪和百练锁攀上围墙，杀进教堂，教徒们人心慌恐，四处逃奔。义和团将教堂焚毁，将粮食、财物分予当地群众。六月二十三日，郭誉宏、郭誉盛带着萨拉齐一带的义和团又参加了攻打二十四顷地教堂战斗。六月二十六日，他们又渡过黄河攻打了小淖儿教堂。

北片的义和团以苏波盖村戏班班主秦长太为首，联同尹留锁、祁广元等人首先在苏波盖设坛练拳，接着沙图沟的董假女、美岱召的荣祥等人也参加了义和团。苏波盖的义和团发展很快，成立不久成员便数不胜数，单头领中名字带“太”字的就有好几个，因此，当地至今还流传着“秦长太的兵——数不清”的歇后语。秦长太人多势众，于六月十二日攻打了缸房营天主堂，抄了该村天主堂会长张殿蛟的家。接着又连续攻打了油房营天主堂、王家营天主堂、何家圐圙天主堂、美岱召天主堂，相继抄了教徒张润和、张都、鄯巨亮、闫杰、杭成、董如林、何典、杭原等的家，而后便投入攻打二十四顷地主教府的战斗行列。

截至 1900 年农历六月二十三日，萨拉齐及周边地区的天主堂，除二十四顷地的西南蒙古教区主教府外，均被义和团攻陷捣毁。

正当义和团运动风起云涌之时，准格尔旗扎萨克贝子扎嘎尔弟，急派专差骑马驰赴二十四顷地主教府，向主教韩默理通风报信说："事机已变，危难将临，本王虽欲保护而力不从心，请贵主教自卫可也。但此地必不能保，请贵主教迁往三道河（即三盛公）为妥。"韩默理看完信当即召集费怀永、魏怀仁、兰广济、贾明远、吴国兴、雷神甫等6名比利时圣母圣心会传教士商定：由韩默理签发，此6人于六月初十午夜，潜行回国。临别时韩默理发誓："我要像牧羊人不离开羊群一样，不离开我的教民！我要和教民生死在一起！"接着他便纠集教民千余人，挖掘工事，手持武器，在村外、村口及村内房屋、教堂排列布防，做好临战准备。

1900年农历六月十五、十七两日，围攻二十四顷地主教府的当地义和团发起攻击，但均被教会武装击退。当地义和团首领苗玉成专程赴萨拉齐厅击鼓控告二十四顷地主教府图谋不轨。知事樊恩庆禀请绥远城将军永德，委派德吉克率领马队，会同驻扎包头的大同练军步队后旗及捕盗营与义和团合作，并肩围攻二十四顷地。与此同时，托克托县搬来了那里的义和团神兵，萨拉齐、苏波盖等地的义和团也相继赶来参战，形成"有拳民数千，官兵二百"的大包围圈（《拳祸记》）。六月二十三日，教会武装对居间防范待命的官兵先行施放洋枪，向前劫杀，击伤官兵前锋校常令，激怒了义和团众和所有官兵，一齐向前冲杀，教会武装拼命抵抗，互有伤亡。六月二十四日清晨，东南风起，烟尘弥漫，义和团众和官兵密切配合，发起强大攻势，官兵朝教会武装防地开枪开炮，义和团众手持武装奋勇冲杀。正准备做弥撒的韩默理听见枪炮声和喊杀声响成一片，急忙上钟楼瞭望，看见义和团和官兵来势迅猛，势不可挡，一边祷告，一边组织教民进行防卫和退却。义和团与官兵趁势攻破了一道道防线，杀进村内，双方展开巷战肉搏。该村东南一带房屋，先经练军枪火点着，烟焰猛起，其余村房及教堂，经义和团点燃焚烧，顷刻烈焰飞腾。接着义和团和官兵攻进主教府，将韩默理生擒。捕盗营兵将杀害高占年等9人的凶犯石宗、任喜才、刘二存拿获，一齐交托城通判李恕带回，归案讯办。在押解韩默理等赴托途中，义和团众和官兵，给韩默理“背上插一小旗，上书‘老洋魔’三字，拽之游街市……四方来观者稠密如织，或毒骂，或击以矛。”（《拳祸记》）二十九日，将石宗、任喜才、刘二存拉到托城南滩刀砍镇法，将韩默理点了人油蜡。此役，教会死伤900余人。官兵死2人，伤5人，义和团死8人，伤2人。至此，旗境的大、中、小型教堂被义和团全部攻陷、焚毁，比利时圣母圣心会传教士有的被赶跑，有的被杀死，广大人民无不扬眉吐气，奔走相告。

清光绪二十六年（1900年）农历七月二十日，帝国主义八国联军攻陷北京，慈禧太后与光绪皇帝逃亡太原，向帝国主义妥协投降。8月14日宣布“剿匪”上谕，调集各路军队向义和团进攻，帝国主义联军“助剿团匪”。在内外反动派的联合进攻下，萨拉齐的义和团和其他地区的义和团一样，由于没有统一的组织和坚强的领导，终于遭到失败。苏波盖义和团首领秦长太，在义和团运动失败后仍潜伏于萨拉齐、包头一带，秘密招兵买马，聚集力量，准备继续与帝国主义侵略势力斗争，不幸事泄，于清光绪二十七年（1901年）四月被捕，杀害于归绥（现呼和浩特市）；萨拉齐义和团首领郭誉宏、郭誉盛逃跑到荒无人烟的后草地，隐姓埋名，浪迹天涯；其兄郭誉丰被捕入狱，折磨致死……

义和团运动失败后，比利时神甫闵玉清等急速抵达萨拉齐，乘机讹诈，让土默特旗等赔款白银59.2万两，萨拉齐等7厅赔银20万两。教棍逯满仓、卢兵、石桂柱等也乘机向广大民众讹诈、抢掠，弄得“合境良民，稍有饭吃者，几无一村一家不被教民讹诈殆遍”（托克托厅通判林开棻光绪二十八年呈托萨一带教士教徒乘乱行抢状况禀文），一些教棍却变为空前发迹的巨富大户。

第二节　辛亥革命

宣统三年（1911年），武昌起义前夕，同盟会派遣正在北京殖边学校读书的云亨（萨拉齐后湾村人）回家乡组织发动起义。他奔走于归、萨、包一线，召开会议，发表演说，宣传革命道理，暗暗做着起义的准备工作。武昌起义后，云亨、经权、满泰等被推举为萨拉齐抚民同知厅咨议局议员，但清朝设在这里的蒙、汉分治政权不仅没有动摇，反而做着扑灭革命的准备。

1911年10月19日，驻归化城小校场的外八旗巡防营发动兵变，起事后绕道后山开到包头。同年的11月5日，治所设在包头的五原厅知事樊恩庆，用反革命两面派手法，在包头公行马号大厅摆下鸿门宴席，将起义军首领全部杀害，只有云亨、巴文峒在回民队长马善元（同盟会员）帮助下，越墙而逃，幸免于难。这就是震惊绥远的“马号事件”。与归化城小校场外八旗巡防营兵变的同一天，山西新军在太原发动起义，杀死巡抚陆钟琦，成立山西军政府，推举新军标统、同盟会员阎锡山为都督。太原起义，京师震动，清政府速调石家庄驻军西击太原，进行镇压。阎锡山避其军锋率队经晋西北、准格尔旗、达拉特旗，于同年的农历十一月二十五日攻取包头。阎锡山抵包消息传来，萨拉齐厅咨议局选派云亨、经权等同盟会员星夜奔赴包头，与阎锡山联络东进。当时，萨拉齐厅驻扎绿营兵40名，民练20名，防务空虚。为了阻止阎锡山率部东进，绥远将军坤岫调派巡防统领谭永发，率领200名营兵于同年的十一月三十日来萨拉齐强化防务。又调遣“满洲常备队的炮兵，赶到萨拉齐防堵”，还调来“察哈尔之李奎元督率步队一营零一队，马队一营、炮队一队、机关枪一队、卫生队少许”。谭永发和萨拉齐厅知事呼延赓紧密配合，协同防范，胁迫萨拉齐城内兵民构筑工事，关闭城门，将抬枪、土炮置于城墙之上，准备阻击阎锡山东攻萨城。当时在萨拉齐城内的同盟会员满泰，星夜缒城而出，赴包给阎锡山报信。同年的农历十一月二十七日，阎锡山派统带王家驹率队离包，东击萨拉齐县，于十一月二十八日夜抵达萨拉齐城西门外一里处的吴坝村。

革命军开到吴坝村后，得到了同盟会员、葫芦头村蒙古族富户伍海的支助，为其提供了大批粮食和肉类作为犒劳，并将自己的一匹叫做黑缎子的坐骑赠予统带王家驹骑乘。

1911 年的农历十一月二十九日清晨，革命军对萨拉齐城发起进攻，战斗正紧，谭永发恐军心有变，单骑弃城而逃。谭永发所部一营炮队在阎部冲锋时，一炮未发，即被夺去。全营弃械溃散，遗失辎重无数，纷纷逃回绥远城。战斗至下午，萨拉齐守城炮兵先由北门撤出，至黄昏时，步兵从东门撤走。同年的农历腊月初三日，阎锡山率部抵达萨拉齐，驻在德泉店院内。

阎锡山在萨拉齐驻扎 5 天，办了两件事。一是招募丁壮，扩充军旅。他打开监狱，释放囚徒，把老弱病残者遣散回家，将年轻力壮、精明强悍者征招入伍，同经权、云亨等同盟会员联络，吸收本地汉族和蒙古族青年并编为敢死队，委任经权为管带，任释囚张万顺（胖挠子）当队长。二是让地主绅商大户捐银助饷，有 10 多家商号，每家捐白银两三千两不等。与此同时，以同盟会的名义，任云亨为绥远城将军，经权为归化城都统，安祥为归绥道道尹；升统带王家驹为前敌总指挥；委托同盟会会员王瑚、游梦周、王三元、马嘉勋、马歧山等人处理萨拉齐善后。从军事和组织两个方面做了东进归绥的准备。

革命军攻占包头、萨拉齐后，继续东进攻取归化、绥远二城。这时，归绥全城，风声鹤唳，官民皆惊。坤岫惊呼："包萨相继失陷，现匪徒节节进攻，归绥岌岌可危，刻下匪徒二三千人尚如此猖獗……况归化五方杂处，人心早已浮动。兵队四出，城镇空虚。外患内讧，朝夕可虑，非有重兵镇慑，万难支持"。随后急忙在衙署召集土默特旗参领举行会议，商讨应战对策，妄图进行垂死挣扎。绥远将军坤岫精神沮丧地说："大清帝国已到存亡之际，新旧二城（指绥远、归化二城）能否守住，全靠你们土默特旗维持，我万不得已时，只有返回北京去了。"会毕，马上派遣土默特旗第二营和蒙古骑兵营共 800 余人，由营官发义、福坦率领，出城向西开拔，于 1911 年农历腊月初七日到达刀什尔村，与由萨拉齐退兵谭永发所部汉军八旗兵会合，并在刀什尔村附近设防。刀什尔村位于萨拉齐城东 35 千米，即今京包铁路线陶思浩车站附近，北依大青山，地势险要。该地“旧有石堡，居高临下，依密林为寨”。清军据此准备随时伏击革命军。

1911 年的农历腊月初八日黎明，雪色茫茫，革命军约 3000 余人自萨拉齐东进。行至刀什尔村附近，遭清军伏击。革命军立即应战，以“携缴获满洲陆军第一营的山炮数门，直攻土默特旗蒙古兵营”。而清军利用有利地形，沿村西南边布置阵地，依靠场面上石垒墙作掩护，于谷勒河畔展开战斗。双方激战终日，革命军几经波浪式的冲锋，未能攻下刀什尔村。日暮时分，革命军前敌总指挥统领王家驹，乘伍海所赠黑缎子马指挥 800 余名“敢死队”，发起冲锋，纵入敌阵。发义、福坦见一个骑着黑马的，猜得是个长官，便集中 12 名射手，集中火力打黑马和骑马者。王家驹不幸中弹阵亡。[1]

王家驹阵亡后革命军仍坚持战斗，激战至黄昏，敌火力益猛，革命军伤亡益重。正在战斗失利的形势下，前敌总司令孔庚亲率炮队，绕登北山（即大青山）西麓，拊敌右侧，排炮齐发，碎其望楼，霎时烟焰弥漫，敌阵顿寂。从此，清军主动撤退。随后阎锡山也以“孤军未可深入，怆惶欲退”，在云亨、经权等的协助下，改道向南，经善岱、托县，从河口附近渡过黄河，由晋西北返回太原。阎锡山走后，土默特蒙古军入城，在萨拉齐厅署的西辕门外杀了咨议局文牍王鸿文。

第三节　大革命及土地革命

一、中共萨拉齐县工委

中共萨拉齐县工委的建立与北京蒙藏学校有着密切的联系。

---

[1] 王家驹，字伯轩，湖北随县人，游学日本士官生，革命党人。他牺牲后，报至南京，大总统孙中山“电令褒惜，赠左将军，并于死事地方，建碑勒名，以奖忠烈”。

1923年秋天，归绥中学读书的吉雅泰、李裕智、孟纯、高喜才等，土默特高等小学校的多松年、云泽（即乌兰夫）、奎璧、云润、佛鼎、赵诚、高布泽博、朱实夫等，怀着为民族的前途而求知的欲望，奔赴北京蒙藏学校求学。

在蒙藏学校聚集的这批蒙古族进步青年，很快就倾心于共产党早期革命家李大钊、邓中夏、赵世炎宣传的马克思主义真理和中国共产党对民族政策的主张。1924年下半年开始，这些蒙古族革命青年中的先进分子多松年、李裕智、孟纯、奎璧、吉雅泰、赵诚、佛鼎、乌兰夫、云润、高布泽博、云霖、朱实夫等陆续转为中共党员。从此，这些蒙古族革命者不断接受党组织的委派，回到内蒙古绥远地区传播革命思想，组织发展积极分子，为内蒙古党组织的建立积极储备力量。

通过这些进步青年的的广泛宣传，绥远地区的青年也从黑暗中看到了曙光。1926年，在归绥中学读书的萨拉齐籍青年学生张焕文、李仲深、程国材、刘成邦、亢仁、王培治等加入了共产主义青年团。

当时正值第一次国共合作，全体共产党员以个人名义加入国民党，并帮助国民党组建省、市地方党部。在这样的背景下，1925年夏天，吉雅泰派赵绥恩到萨拉齐，协助共产党员李瑞成立了中共萨拉齐县工委，李瑞任书记，对外称“中国国民党萨拉齐县党部”。李瑞等人以国民党的名义公开发展国民党党员，同时选择革命意志坚定的人员发展为共青团员和共产党员，在较短的时间内发展了30多名党团员。

中共萨拉齐县工委自成立以后，将工作重心放在了开展农民运动上。1925年8月，中共萨拉齐县工委派李仲深到萨拉齐、水涧沟门一带开展农民运动。在当地共产党员魏昭茂、积极分子贺胜的帮助下，水涧沟门等地成立了农民协会，办起了农民夜校，向农民宣传革命思想。在共产党员的宣传和组织下，萨拉齐县的农民被广泛发动起来，许多村庄成立了农民协会，组织贫苦农民向恶霸地主斗争。

中共萨拉齐县工委还开展了学生运动。他们秘密将宣传革命的小册子

《马列主义学说》《蒙古农民》《唯物史观概论》《辩证法试说》《社会发展史概论》《醒钟》交给在学校教书的共青团员、共产党员，由这些同志组织进步青少年阅读，向青少年宣传革命道理。在人员条件成熟时，中共萨拉齐县工委指示在县立第一高等小学堂成立了共产主义少年先锋队组织，参加的学生有刘深源、胡智登、侯绍先、徐则林、徐传绶、梁生懋、武其高、成建文、武功、高万宝等。

1927年4月12日，蒋介石悍然发动了反革命政变，疯狂镇压屠杀共产党人。此后，萨拉齐县的国民党反动派也成立了以刘子明等为委员的清党委员会，组织了宣传队、纠察队，到处张贴标语，发表演讲，大骂共产党，并出动军警和纠察队逮捕共产党员和进步人士。李仲深、王培治、亢仁、张国玺等同志先后遭到逮捕，党组织和革命群众团体遭到破坏。

二、中共西蒙工委、中共西北特委在萨拉齐周边的活动

“4·12”反革命政变后，土默特右旗境内的党组织和革命团体遭到严重破坏，共产党人和革命群众惨遭迫害，萨拉齐县和全国各地一样，很快被笼罩在白色恐怖之下。但是，党中央时刻关心内蒙古人民的革命斗争，为了尽快恢复党的组织和革命团体，先后成立了中共西蒙工委、中共西北特委，在极其严峻的形势下，党的工作只好转入地下秘密进行。

1927年7月，根据共产国际驻蒙古人民共和国代表阿莫噶耶夫的安排，成立中共西蒙工委三人小组，由佛鼎任书记，乌兰夫任组织部长，奎璧任宣传委员。乌兰夫、奎璧负责大青山以南地区的工作，代号为第一区。同年9月，乌兰夫和奎璧遂即回到内蒙古西部地区开辟工作。翌年4月，佛鼎经由蒙古赴共产国际汇报工作，乌兰夫继任中共西蒙工委书记。

1931年7月底，经共产国际东方部决定，派王若飞（化名黄敬斋）、吉合（化名张其胜）、潘恩普（化名赵必成，后叛变）从莫斯科回国建立中共西北特别委员会，任命王若飞为书记，吉合为军事部长，潘恩普为委员。特委机关设在宁夏，其主要任务是开展农民运动和民族工作，恢复和发展党组织，打通西部路线，把甘、宁、绥、晋一带革命力量连成一体，领导西北地区的革命活动。同年9月，王若飞化装成旅蒙皮毛商，由今蒙古国辗转来到包头。在包头，王若飞与中共西蒙工委书记乌兰夫取得联系，他们讨论和部署了内蒙古的革命斗争，计划在内蒙古西部地区积极开展革命工作。不幸的是，11月21日，由于潘恩普叛变，王若飞在包头泰安客栈被捕。王若飞落入敌网后，特委领导成员只剩吉合一人。1932年春，共产国际又派曾涌泉回国协助工作。曾涌泉回国后很快与吉合取得联系，在乌兰夫、李森等许多蒙古族共产党员和进步青年的掩护下，以美岱召为中心，在萨拉齐北面沿山一带的农村秘密开展地下工作。同年底，曾涌泉返回共产国际汇报工作，特委又剩吉合一人。在乌兰夫、吉合、李森的积极努力下，中共西北特委在萨拉齐城北的水涧沟门建立起群众性的外围组织。

中共西北特委、西蒙工委在王若飞、曾涌泉、吉合、佛鼎、乌兰夫、奎璧、李森等的领导下，在绥包之间的广大农村，以行医、串乡卖布、秣为掩护，先后与朱实夫、赵诚、云润、奇新民、奇子俊等一批分散活动的共产党员和进步青年取得了联系，组成了有力的战斗团体，为有组织有计划地重新点燃内蒙古西部地区革命之火创造了条件。

第四节　抗日战争

一、共产党抗日

1938年秋，遵照党中央、毛主席的指示，李井泉、姚喆、武新宇率八路军大青山支队（亦称李支队）2000余人，从晋西北挺进大青山，开辟抗日根据地。支队司令员李井泉率领3营和2营5连、4支队2连及动委会部分工作人员抵达旗境大青山区的巴总尧一带。李井泉的指挥部驻扎巴总尧村的魏家大院，支队政治部主任彭德大和中共大青山地区特委书记武新宇驻朱尔圪沁村，杨植霖、王弼臣等领导带着电台和4支队供给处驻扎可可沟村，彭达带领3营驻扎六道坝村，其余部队驻扎附近小村。该部在巴总尧一带立足后，便一面派员深入附近山区及南平川、固阳、武川等地宣传群众，组织群众，武装群众，开辟抗日游击根据地；一面按照毛主席的指示和战略战术，打击敌人，消灭敌人。

1938年12月9日，日军从包头、萨拉齐、察素齐、归绥、武川、固阳调集2000余兵力，分4路向八路军大青山支队绥西部队活动的中心地区——巴总尧发动疯狂“扫荡”，八路军指挥机关事先得知情报，迅速撤离巴总尧，向东转移到万家沟一带，主力3营向西运动到德胜沟门，日伪军主力在巴总尧扑了空。13日，八路军绥西部队主力3营在韩沁坝宿营，忽有千余日伪军围扑而来，3营就地设伏。两个伪军中队为前卫，3个日军中队居中，5个伪军中队殿后，走进伏击圈。八路军指挥员一声令下，十几挺轻重机枪及掷弹筒和手榴弹一起猛打，打得日伪军人仰马翻，血肉横飞。激战约两小时后，日伪军伤亡400多人，3营缴获轻机枪9挺，长短枪200多支，弹药数千发。群众赞扬说：“贺龙派来的天兵——八路军打得好啊！”

1938年11月末，八路军大青山支队3营10连，在指导员包盛标带领下，从巴总尧挺进土默川，插入敌后，开辟新区。他们先后在旗境的美岱召、毛岱、葛家营、二十四顷地、将军尧、白青尧、三道河等村开展工作，了解敌情，联络友军，打击顽匪，宣传群众，调查从大青山途经土默川和伊克昭盟到陕北延安的安全路线及黄河渡口等，经过4个多月的艰苦工作，八路军胜利完成任务。

1939年冬，根据形势变化和斗争需要，八路军大青山支队绥西部队撤离巴总尧一带，转移到一前晌、大南沟、万家沟一带继续开展抗日斗争。巴总尧一带被伪军李海龙部占领。

1940年2月28日夜，八路军大青山支队9连从大南沟出发，于次日凌晨赶到巴总尧，向驻守伪军李海龙部发起攻击。李海龙部凭借工事负隅顽抗。当八路军攻进魏家大院分割包围残敌时，驻耳沁尧的伪军和驻后脑包的日军同时赶来支援。八路军一时不能取胜，就向大南沟撤退。此次战斗，毙敌2人，打伤多人，缴获军马30多匹。

1940年9月13日夜，八路军大青山支队的1个营从大南沟出发，去攻打巴总尧的伪军李海龙部。清晨4点到达目的地。天快亮时，八路军开始向村里和炮楼发起猛攻，伪军从梦中惊醒，仓促应战。八路军一部冲进村中，包围了魏家大院。另一部从山上冲下来包围了炮楼，放火将其焚毁。驻于官地、后尧子的日军和驻耳沁尧的伪军得到情报赶来支援。由于寡不敌众，八路军向大南沟转移。这次战斗八路军打死日伪4人，打伤多人，烧毁炮楼1座；八路军牺牲1个事务长和3个班长。

1941年5月，八路军独立绥察2支队司令员于占彪率部在旗境美岱沟一带活动。一天，日军的大队人马向美岱沟袭来。于司令员在滥石湾一带部署了兵力，准备迎击来犯之敌。他将主力埋伏在滥石湾对面的高山上，让2连的1个班埋伏在西山上，9连的1个班埋伏在东山上。当敌人进入伏击圈后，东西两山的八路军根据沟窄坡陡的地形特点，从山上往下猛滚石头，砸得敌人哇哇乱叫。敌人发疯似地打枪，白白浪费了不少子弹，只好败退而归。这次战斗，八路军无一伤亡。打扫战场时，在沟底的沙窝里和石头上，到处可以看到敌人洒下的斑斑血迹。

八路军李支队挺进大青山不久，地方军队便及时派于源、刘启焕、王弼臣、杨思华等工作人员深入大青山脚下的美岱召、美岱桥、沙图沟、河子一带秘密开展地下工作，在群众中揭露日本侵略者暴行，宣传抗日形势，介绍共产党的方针政策，发动群众抗击日本侵略者。具有强烈抗日爱国思想的王经雨、刘深源和一些深受民族压迫、阶级剥削的贫苦青年农民积极响应。有的打入伪军做分化瓦解、传送情报等工作，有的自愿报名参加除奸小组、游击小组。王经雨带头从伪自卫团买了一支匣子枪，董二圪洞卖掉仅有的两亩地也买了一支枪，又从土匪手里缴获了两支枪。不久，随着人员和武器的增加、队伍的不断扩大，游击小组从1个很快发展到几个，美岱桥村一次就有七八个人带着12

支枪加入了游击小组。为了适应形势的发展，游击小组于1940年春汇合在一起，正式成立萨拉齐县抗日游击队。长征干部杨思华任指导员，王经雨任队长，下辖2个排、5个班，共70多人。营地建在美岱沟内的黄土尖。经过一个阶段的思想政治教育和军事训练，八路军便继续投入抗日斗争，在战争实践中学习作战。

此后，这支游击队充分发挥群众基础好和地形熟悉等有利因素，采取机动灵活的战略战术，有时独立作战，有时和兄弟部队配合，先后进行了黄土尖、陶思浩、五里坡、察素齐、大脑包、沙兵崖、东老藏、前脑包、朱尔沟、乌良石太、孤石坝、野马图、门庆坝、上庙沟、徐泥板申、三合义、金銮殿、马黄龙坝、马场梁、李气沟、大南沟、菜园沟、耿家营、刘家营、白石头沟、沙图沟、协力气、九峰山、毕克齐等30多次较大战斗，至于与敌人小规模的摩擦更是不计其数。

抗战时期，中国共产党率领的抗日军队一直活跃在日伪统治薄弱的山区、农村，这些地方虽然远离萨拉齐县城，但是党的抗日主张、英勇事迹对萨拉齐城内居民的思想起到了重要影响。

二、国民党抗日

1937年10月16日清晨，日本侵略军从东进逼萨拉齐。城内驻扎的国民党东北挺进军和刘盛五带领的萨拉齐县民众抗日自卫军分兵把口，布防于萨拉齐城垣东西南北4门。其中东门由刘盛五部与挺进军的1个排防守。大约早晨7点多钟，日军在小场圐圙和小东营子各架起两门大炮，每十来步爬伏1个日军，数架日机在萨拉齐东门附近低飞盘旋。8点多钟，日军向东门发起进攻，4门大炮一齐向萨拉齐城轰击，日本兵站在义坟的棺材上向城头开枪，日机在萨拉齐低空盘旋，不时扔下60多厘米长的炸弹。防守东门的国民党军队进行了抵抗。刘盛五部打到上午10点钟，看到日军来势凶猛便从西撤退；防守城楼的十多个挺进军指战员，用步枪与攻城日军交战，打一阵，停一阵，顶住打了一上午，直到中午日军用大炮把城门轰开大窟窿，城墙上也爬上了日军，才边打边退，距离日军只有数十米远。

东城门打开后，日军的1辆双人摩托飞驰入城，一个负伤的挺进军连长爬在崔三才大门口的小石狮子后边瞄准摩托射击。摩托被击中，两个日军跳下来拔腿朝东门外跑去。接着日军的大队人马开进城来，驻在天泰店的挺进军从容自西门撤走。从此，日本侵略军占领萨拉齐县。在日军占领期间，萨拉齐县境内一直无国民党军队的固定驻地和活动区域，只有部分或零星的国民党军队进行游击活动。

1939年12月中旬，傅作义决定奇袭包头，命令门炳岳的骑7师沿黄河南岸运动，进至萨拉齐至归绥之间，破坏铁路，阻击日伪援军。1939年12月23日上午9时30分，门炳岳率千余人围攻萨拉齐城。由于日伪军防备严密，双方交战一阵后，门炳岳率部撤退。

1944年，原东北挺进军暂编骑兵2旅4团团长贾海峰带领旧部部分战士在美岱召一带打游击。同年夏天的一个深夜，贾率部袭击萨拉齐，先将城东、城北的电话线截断，然后一部分由东城墙登梯而进，一部分由城墙东南角的下水道摸入。进城后，贾命令一个小分队把守水道及附近城墙，并阻击东门、南门之敌。大队人马突入县城中心区，抢占了伪县公署门前的大炮台，用猛烈火力，将驻扎在后炭市街、大东街的敌人压缩、封锁在原地；派部分人将伪县公署警务科的军械库砸开，取出枪支弹药后放火烧了库房。接着游击队向各街巷进攻，在大西街御料馆杀死两个日本人。其他株式会社、御料馆里的日本人闻讯惊慌万状，到处乱跑，有的祈求当地住户救命，有的见人就跪下叩头，有的藏到地窖里，有的藏到柴草垛里……游击队将警察署包围后，向伪警官、警士喊话宣传，教育其不要再为日本侵略者卖命，掉转枪口才是光明出路。伪署长崔英拒不投降，负隅顽抗。游击队又转移到关帝庙街，打开一个组合的仓库，缴获大量布匹等急需物资。

第五节　解放战争

一、萨拉齐第一次解放

1945年8月，日本帝国主义宣布无条件投降，国民党第12战区司令长官傅作义，按照蒋介石的命令，妄图建立所谓“热察绥防共隔绝地带”，指挥其部队抢占了包头、归绥、集宁等重要城市。傅部鄂友三、程启祥、史宜亭也带领绥远保安旅警卫连和别动队，于日军投降后第二天（8月16日）率先抢占萨拉齐。

对于国民党的倒行逆施，中国共产党早已料到，及时制定“针锋相对、寸土必争”的方针，1945年8月30日，中共中央军委发出“力争绥察全境”的指示。1945年10月中旬，八路军绥蒙军区部队配合晋察冀、晋绥两军区部队主力，在聂荣臻、贺龙司令员的统一指挥下，沿京包铁路向绥西发动强大攻势。

1945年10月中旬，由八路军晋绥部队司令员贺龙和绥蒙军区司令员姚喆等率领晋察冀野战军1旅、晋绥野战军3旅和绥蒙军区部队等，在察素齐打了一个大胜仗后，直捣萨拉齐县城。驻防萨拉齐的国民党吕景端团，于11月7日黄昏时弃城西逃。国民党萨拉齐县保安队队长张万瑞也率部逃窜东老藏营一带。国民党萨拉齐县县长于维欧（又名于铭西）亦带领卫队、警察及部分政府官员共100多人奔北城门出逃。这时，八路军已将萨拉齐北门包围，当于维欧等人一开城门，遭到围城八路军迎头痛击，于是又折向西城门落荒西逃。在板申气村打尖时，听到八路军追来的消息，他们又惶然继续向西逃窜。奔命于黑麻板村时，他们又接到八路军从公积板方向开来的消息，遂又向大斗林沁沟逃窜。在沟口，被绥蒙军区3团姜文华政委率部伏击，击毙警察7人，于维欧等人的坐骑被打散，帽子、大衣丢失在战场，空人从榆树沟逃进深山。几天后出水涧沟进驻沟门打探消息。其时，八路军已解放萨拉齐周围的村镇，萨拉齐县人民政府县长王经雨来信敦促于维欧等投降，但于等不想就此罢休，想退回沟中伺机反扑，于是八路军派兵在水涧沟口伏击进沟北窜之敌，当场俘虏12人。

1945年11月7日深夜，八路军开进萨拉齐县城，为不惊扰群众，指战员们冒着零下20℃的严寒天气，露宿于大街小巷的屋檐下、门洞中。

解放了的萨拉齐县，在人民政府的领导下，马上开展维护社会治安、广泛宣传和筹集人力、物力支援前线等工作，萨拉齐街头人来人往，热闹非常。后来国民党飞机前来轰炸，在萨拉齐城大街中心原“官井”附近先后炸死高二娃、黄毛子、赖猴儿的母亲、李存贵的哥哥等人，炸伤王福贵、弓进禄、李存贵等人。此时，耳沁尧一带地方武装李海龙部派员来谈起义一事，贺龙司令员委任李海龙为大青山地区招讨司令。1945年11月24日，傅作义部骑兵第四师由归绥突围，进至萨拉齐境麻花尧、四座尧一带，企图渡河救援包头守军。当八路军得知这一情况后，决定首先歼灭这支增援部队。11月27日八路军派出一部分主力向骑四师驻地运动，11月30日在公义渠一带双方交火，八路军乘大雾猛打猛冲，打得骑四师横尸遍野，副师长负伤，荒然西窜。12月初，经有关领导研究决定，争取驻守准格尔旗黄河北岸的奇子祥部起义。奇子祥先表示愿意起义，后在国民党军统特务、参谋长席良等右派人物的围攻胁迫之下发生动摇，率部偷跑。

由于气候寒冷，八路军衣着单薄、敌人援兵不断增加等原因，八路军从12月4日开始撤离。

二、萨拉齐第二次解放

1948年10月，按照中央军委和毛泽东主席关于拉住国民党傅作义部主力不使其出关，保证辽沈战役取得胜利和为平津战役创造有利条件的指示，第二次绥包战役打响了。

1948年10月中旬，人民解放军第20兵团向国民党“华北剿总”傅作义所统率的绥远主力部队发动猛烈进攻。第20兵团司令员杨成武任前线总指挥，李井泉任政委。参战的有20兵团的3个纵队、姚喆带领的部队和康建民的骑兵旅。其中第2纵队负责攻打包头，绥蒙区党委组织的工作团随2纵队行动。

傅作义深知包头兵力单薄，难以坚守，便决定把驻守包头的部队调归绥。董其武电话指示萨拉齐县县长高映明："及时撤退，不必抵抗。"1948年10月23日，在人民解放军即将兵临萨拉齐城下之际，国民党县政府人员分3路向大青山逃窜。东路由县警察局长程旭初率大部警察和苏波盖自卫队队长李润光带部分乡自卫队驻北只图村，阻击人民解放军；中路由高映明、刘盛五、陈昆山率保安队第1中队井得水部、第2中队秦生富部、第3中队刘永禄部及政府要人等大队人马从水涧沟进山；西路由高修武带保安队排长粟占海等从马留沟入山。当人民解放军先头部队沿大青山西进至北只图村时，与程旭初所率人马遭遇，击毙李润光等人，程旭初潜逃，不少人被俘，而中路之敌却乘机逃进大青山。第二天，20兵团2纵队通过萨拉齐县直逼包头。在萨拉齐城留下1个连。当晚，由随军工作团组成萨拉齐县政府，搜集敌伪枪支、档案，动员青年参军参战，组织游击队，举办知识分子学习会，收税征粮，支援前线。1948年9月中旬，中共萨托地下县委配合第二次绥包战役，组织起一支40多人的游击队。10月下旬的一天，当游击队得知国民党托县、清水河县的政府人员，共400余人西撤至依肯渡口时，负责人白光立即集合起队员，跑步抄近路，埋伏在南北坝塄，将其打了个措手不及，晕头转向，除一县长化装成羊倌潜逃外，其余全被俘虏，缴获步枪96支，迫击炮1门，机枪2挺，手枪4支，手榴弹13箱，子弹24发，电话2部。

同时，人民解放军20兵团2纵队6旅在萨拉齐毛岱乡驻1个教导营，设立萨东办事处。有40~50人，政委李星魁，主任苏东民。下辖1个粮站（毛岱粮站）、4个区（毛岱、美岱召、双龙、党三尧）。人民解放军在征收粮食、支援前线、剿灭土匪、维护治安方面做了大量工作。

1948年11月底，驻绥人民解放军接中央命令，东进投入平津战役。

三、萨拉齐和平解放

1949年1月31日，北平和平解放后，毛泽东主席在中央七届二中全会报告中提出和平解放绥远的主张，称“绥远方式”，即“有意识地保存一部分国民党军队，让其原封不动，或者大体上不动，向这一部分军队作暂时的让步，以利于争取这部分军队在政治上站在我们方面，或者保持中立，以便我们集中力量首先解决国民党残余力量中的重要部分，在一段时间之后（例如在几个月、半年或者一年之后），再去按照人民解放军制度将这部分军队改变为人民解放军”。1949年6月8日在北平签订《绥远协议》。同年7月11日，华北人民政府驻绥联络处正式进驻归绥。由于国民党中央方面的破坏和特务的猖獗活动，绥远和平解放遇到了很大阻力。因此董其武等请求傅作义先生亲自来绥，促成和平解放的实现。

1949年8月25日，傅作义偕邓宝珊到归绥，召见绥远当局高级军政人员。8月29日下午，傅作义到美岱召后，与当地2个步兵团和1个骑兵旅的官兵直接见面，给士兵每人发2元（银圆，下同）、官长5元的饷，并分别与营长以上军官晤谈。8月30日在美岱召传见驻包部队1个步兵师营长以上军官，调整了包头驻军。又在萨拉齐县城大营盘接见邓宝珊部22军驻地军部、86步兵师官兵，也发放饷金，官长5元，士兵3元。晚上，在萨拉齐西耶稣堂作报告，进行和平起义动员，打消了萨拉齐县政府要员和驻萨国民党军队高级军官的思想顾虑。9月19日上午，以董其武为首的绥远军政干部及地方各族各界代表39人在绥远省银行包头分行礼堂签名通电，宣布“正式脱离依靠美帝国主义的蒋介石、李宗仁、阎锡山等反动残余集团，坚决走到人民方面来”。萨拉齐驻军22军副军长兼86师师长胡景通、13旅旅长高理亭等在通电上签字。从此，萨拉齐境各族各界人民获得彻底解放。

起义后，原国民党22军驻萨拉齐部队在萨拉齐东门外大操场全部换上解放军标志——红五星帽徽。不久，上级派来以王振帮为首的萨拉齐县工作团开展工作，宣布成立萨拉齐县人民政府。

第六节 著名革命历史人物

郭誉宏

郭誉宏（1855—1924年），又名郭三，萨拉齐镇人，著名武术家。

清光绪十九年（1883年），担任比利时圣母圣心会联络员的闵玉清（比利时人）亲自选定小巴拉盖为传教据点，要在这里建立一个仅次于二十四顷地天主堂的中型堂口，由此霸占了郭家在小巴拉盖村的土地。

清光绪二十六年（1900年）义和团运动兴起以后，郭誉宏与兄长郭誉盛积极响应。他们在萨拉齐镇内组织义和团，设坛练拳，当地的不少青壮年农民和手工业工人踊跃入团练拳，人数达三四百。经过一段时间的准备，他们带领义和团于1900年的农历六月十一日开始，连续攻打了小巴拉盖教堂。农历六月二十三日，义和团占领了小巴拉盖教堂。之后，又奔赴二十四顷地，与托克托县等地的义和团合兵一起于六月二十四日攻克了主教府，活捉了韩默理等人。不久，郭家弟兄又带领萨拉齐义和团攻打了黄河南岸的小淖儿教堂。

义和团运动失败后，闵玉清急速返回萨拉齐进行疯狂报复。郭誉宏、郭誉盛看到形势不对，骑了两匹马离开了萨拉齐，辛亥革命后返回萨拉齐。

云 亨

云亨（1884—1925年），字嘉惠，蒙古族，萨拉齐后湾村人。少儿时期，他先在本村就读私塾，后得友人援引，去包头读书8年。清光绪二十八年（1902年）入归绥中学第一班，清光绪三十一年（1905年）毕业。在归绥中学就读期间，经王建屏介绍加入同盟会，投入革命宣传活动，介绍经权等蒙古族青年加入同盟会。

在归绥中学毕业后，云亨得到地方津贴补助，于宣统二年（1910年）五月考入北京殖边学校。宣统三年（1911年）九月，云亨受同盟会派遣，回土默特地区策划起义。他先在土默特“启运书院”组织会议，发表演说，继而奔走归、萨、包之间，宣传联络，暗做准备工作，被荐举为萨拉齐抚民同知厅咨议局议员。

1911年农历十一月，在山西起义中被举为山西军政府都督的阎锡山，率部分起义新军北上，于农历十一月二十五日攻占了包头。云亭受萨拉齐厅咨议局委派赴包，欢迎阎锡山率部东进萨拉齐厅。阎锡山派云亭速返萨拉齐策动响应。东进阎军占领萨拉齐城，派王家驹到水涧沟门把云亭请到萨拉齐，共商进兵归绥等大事。农历十二月八日，云亭等随阎锡山率部离萨，向归绥进发，其间军次于陶思浩宿营。同日，同盟会中央任命云亭为绥远城将军。农历十二月九日，革命军在道什尔村口与土默特蒙古军遭遇，云亭与经权函劝福坦起义遭到拒绝，于是展开战斗。阎锡山的前线总指挥王家驹中弹阵亡后，革命军取道托克托河口镇，折返山西，云亭随军赴晋抵忻州。

当时，南、北议和尚未告成，早已继任巡抚的张锡銮和北洋三镇协统卢永祥控制着山西政局。阎锡山军次忻州，回不了太原，委派云亭前往北京找袁世凯进行交涉，袁世凯挟嫌推诿，以自己无权任命督军为由，把事情推到南京政府身上，云亭又南下上海、南京。分别晋见孙中山和黄兴，为在南北议和中确认太原新军起义的历史地位和南京政府承认阎锡山的督军地位起了重要作用。返晋后，南、北合议告成，孙中山解职。袁世凯窃取辛亥革命的果实任大总统，阎锡山成了山西省都督，在副官处给云亭安排了一个闲散职务。

民国4年（1915年），阎锡山派云亭协助孔庚镇守包头，同年八月到任，十月孔庚调任大同镇守使，结果孔庚被迫交出军队，就此下台；云亭跟着失去着落，无处就附。时值袁世凯操纵国民代表大会，就国体进行投票，阴谋取消共和体制，实行君主立宪，推戴袁世凯为洪宪皇帝。此时，资产阶级民主派发动的反袁世凯武装起义正在酝酿，云亭和孔庚旧部的一些革命党人离晋赴陕，投入了胡景翼、弓富魁领导的倒袁运动。时隔不久，云亭又被阎锡山用甜言蜜语骗回太原，一下火车，他就被扣捕起来，押送北京，向袁世凯邀功请赏。到了北京，袁氏已经一病不起，命归黄泉，于是云亭得以解脱。

几经折腾，云亨终于识破了阎锡山的本来面目，他带着屈辱和愤怒由京返回，阎锡山不知羞耻，竟假惺惺地到车站迎接，把扣捕押解云亨的罪责一股脑儿推到袁世凯身上，说他自己“完全不能自主”。并送了百元旅费，表示歉意。对阎氏的表演，云亨嗤之以鼻，激愤不已，掷还“旅费”，拂袖还乡，继续投身于反对北洋军阀的斗争。民国8年（1919年），他和国民党派来的乔之和等人，发动地方武装同军阀都统蔡成勋的部队作战，他们在万家沟被包围，吃了败仗，乔之和牺牲，满泰化装成喇嘛，躲在五当召避难，云亨潜伏在石拐煤窑避风。风声渐息，云亨由石拐回到水涧沟门，在村里做了私塾先生。

民国14年（1925年）初，云亨应冯玉祥之邀赴京，冯让其随胡景翼的第二军前往河南，拟收编游散部队，组织国民军第五军。同年2月22日，国民军胡景翼部队与陕军憨玉琨部于河南禹县开战。3月21日，陕军败北。胡景翼班师洛阳，占领河南。战火刚息，时局动荡，一天，云亨在洛阳西关外的一个黄土坡上不幸中弹身亡，终年42岁。

经　权

经权（1883—1918年），字子衡，蒙古族，萨拉齐厅美岱召村人。幼年时在私塾学习汉语文。19岁时，辍学参加农业劳动，稍后任本村塾师。清光绪三十一年（1905年），经云亨引荐，结识了同盟会骨干王建屏，被吸收为同盟会会员，秘密为革命组织搞联络工作。

辛亥革命爆发后，经权被推选为萨拉齐厅咨议局议员，代表同盟会工作。不久，阎锡山率部北上攻占了包头。萨拉齐厅咨议局闻讯，立即开会选派经权、云亨为代表，连夜赴包头迎接阎锡山率部东进萨拉齐。阎命经权、云亨速返萨拉齐宣传群众，招收人马，配合革命军行动。革命军攻克萨拉齐城后，经权将所招收人马，与从监狱中释放的囚徒共500多人组成“敢死队”，阎任命经权为管带，张万顺为队长。同盟会中央任命经权为归化城都统，同时革命军东进到道什尔村。经权、云亨函劝土默特陆军带队官福坦起义，对方拒绝后，双方展开战斗。经权、张万顺带领“敢死队”拼命冲杀，后因前敌总指挥王家驹被击毙而停止进攻。阎锡山、经权等率革命军取道托克托，返回山西。

民国初年，经权一度在山西忻县为阎锡山训练军队。不到一年时间，阎锡山便开始培植死党，排除异己，对经权的军权与威信很不放心。用明升暗降的办法，调经权为太原警察筹备处主任。经权看出阎的用心，便毅然辞职回乡。

后来袁世凯出卖国家利益，妄图称帝。经权积极投入倒袁斗争。他四处联络，组织地方武装，还亲自到北京、上海向孙中山、黄兴请示工作。袁世凯称帝后，经权由北京返乡，按照同盟会指示，与满泰、安祥等人发动倒袁起义。不料他原先联络好的侯宪章卖友求荣，向绥远都统潘矩楹告了密，潘下令捉拿起义领导人。安祥壮烈牺牲在万家沟，经权也被潘矩楹逮捕。恰在这时，袁世凯去世了。经权被囚禁了 3 个多月后释放，赴北京在陆军讲武堂任少校差遣员。因担任闲散职务，他的内心郁闷不乐，又因狱中所患阴湿病加重，贫病交加，只好告病返乡，于民国 7 年（1918 年）病逝。

王　恺

王　恺（1914—1948 年），又名王子毅，萨拉齐镇人。王恺 9 岁入萨拉齐县高等小学校（现大东街小学）读书，16 岁考入绥远省中山学院，21 岁参加绥远省乡村建设指导训练班，训练结束后被派到萨拉齐县西老藏营村任乡村指导员，后又回萨拉齐吕祖庙街小学任教。民国 26 年（1937 年）“七七事变”后，王恺怀着抗日救国的夙志，抛妻子，撇父母，到包头参加了游击军，不久随军撤到陕坝，被编入军官团。民国 27 年（1938 年）2 月 5 日，王恺作为工作团成员被派到伊克昭盟桃力民宣传抗日。其间，他结识了中共绥蒙工委书记白如冰，并由白如冰介绍，到达延安。在抗大七大队蟠龙镇预科班学习两个月后，被派往晋察冀抗日前线。民国 29 年（1940 年），王恺脱离中共领导的晋察冀边区，回到萨拉齐镇观音庙街中心小学任教。民国 34 年（1945 年）10 月，解放军首次解放萨拉齐，让其保存过文件。民国 37 年（1948 年）10 月，解放军二次解放萨拉齐后，王恺主动找章叶频县长联系，受章委托，动员县城知识分子出来工作。章叶频任命其为大东街小学校长，让他组织教师复课。同年 11 月底，解放军东撤，国民党军政要员返回萨拉齐镇，残酷镇压革命分子。此时王恺利用同学关系，致书国民党萨拉齐县副县长高修武，劝其脱离国民党，跟着共产党走。但此信落到国民党绥远省政府派驻萨拉齐县的督导组副组长冯铭汤之手，遂将王恺逮捕。民国 37 年（1948 年）12 月 16 日，王恺被押赴刑场，高喊“中国共产党万岁”口号，英勇就义，时年 34 岁。

结束语
中华人民共和国成立后萨拉齐镇各项事业的发展

1949 年，萨拉齐镇迎来了解放与新生。中华人民共和国成立后，党和政府领导人民群众在镇内开展了各项社会改造事业。旧制度中不合理的因素逐步被剔除，封建色彩浓厚的塞外古镇蜕化为社会平等、经济有序的新型城镇。改革开放以来，萨拉齐焕发出新的活力，经济繁荣，社会稳定，各项事业均有长足发展，尤其是丰富的历史文化，为萨拉齐的经济转型提供了绿色、健康的资源禀赋。

萨拉齐历史上是商贸活跃地区，曾是塞外商品重要集散地之一。中华人民共和国成立后，开始对私营商业进行社会主义改造，全镇形成了以国营商业和集体商业为主体的商业体制。供销系统发挥主渠道作用，尽力满足人民对商品的多层次需求，积极支持和促进工农业生产的发展。1957 年 1 月，成立公私合营商业总店，下辖批发零售网点 22 个，从业人员 178 名，共有资金 17.2 万元。1959 年 6 月，成立公私合营饮食总店、服务总店和水果合作总店。一直到 20 世纪 80 年代初，境内商业呈现国营和集体绝对优势地位，个体商业几近绝迹。

党的十一届三中全会后，萨拉齐镇的商业更加繁荣昌盛，镇境城区店铺林立，货摊相连，商品齐全。1987 年建成的土默特农贸市场，占地面积 1.04 万平方米，容纳商户摊点 600 多个。1990 年，萨拉齐镇境共有从事商业活动的国营、集体、个体商店、摊点 404 个，从业人员 1 923 名，商品零售总额 6709.21 万元，物资消费总值 4 119 万元。从 1991 年开始，由于国家的经济转型，商业系统有的公司出现了经营性亏损。在国家计划商品的逐步放开，市场竞争日趋激烈的新形势下，各公司的经营状况不同程度逐年下滑。根据市场经济形势发展的需要，经上级批准，于1994年改商业局为商业贸易总公司，由原来的财政拨款，变为向所属企业收管理费。由于下属各公司效益继续下滑，也为适应国家市场经济不断深入发展的需要，1998年，旗政府宣布撤销商贸总公司，成立商贸企业转制领导小组。1999年，转制领导小组按照放活中小企业文件精神，进行了商业系统整体转制，由原来的国有民营彻底转体为股份制经营。国家财产性质转变，职工身份全部置换，企业全部按现代企业制度运行。

随着改革开放的不断深入和市场经济的迅速发展，个体商业竞争激烈，形成了多种经济成分、多种渠道、多种经营方式的商贸流通体制。商业服务网点遍布村镇，市场繁荣，购销两旺。2015年，镇境有蒙大、包百、海富、永盛城、超级市场、小商品批发城和辛集皮革城等25家大型商场陆续开业。按行业分类，商业有百货零售、日用杂货、工艺美术、服装服饰、家用电器、电子产品、家具批零、粮油肉食、米面制品、文化用品、五金产品、烟茶糖酒、金银首饰等60多种；饮食、服务业有星级饭店宾馆、美容美发、按摩足疗、摄影照相、茶馆酒吧、互联网络、服装缝纫、电器维修、车辆维修、工艺美术、文化娱乐、图书阅览等50多种；2015年年底，萨拉齐镇共有个体工商户4 353家，共设摊位约5 000多个，年营业额达18.67亿元。安置就业人员17 400多名，人均年收入2.1万元。

中华人民共和国成立后，经过社会主义改造，工商业领域内的封建私有制转变为社会主义公有制。1956年春，镇内农业、手工业、供销社组成“三位一体”领导小组，全面开展组织城乡生产合作社（组）。到1957年，手工业都组织了起来，包括铁、木、纸、建筑、柳编、制麻、砖瓦、制鞋、箩笼、毡毛、钟表修理、成衣、刻字、毛纺、五金、口袋、自行车修理、缝纫等近20种行业。先后公私合营6家，从业人员299名，固定资产总值4万元。至此，镇内完成对工业、手工业的社会主义改造。

“文化大革命”期间，由于“左”的路线干扰，生产资料所有制方面强化单一的公有制结构，更加限制个体经济。企业内部实行一元化领导。企业吃国家大锅饭，职工吃企业大锅饭，企业普遍存在亏损现象。

党的十一届三中全会后，企业开始恢复性整顿，经济管理机构逐步恢复正常工作秩序。1979 年，根据“调整、改革、整顿、提高”的方针，进行扩大企业自主权的试点，用经济手段管理经济，推行各项经济责任制。1987 年，探索所有权和经营权分离的形式，推行厂长（经理）承包经营责任制，实行“包死基数、确保上交、超收多留、欠收自补”的原则，用合同形式固定下来，承包期限 3~5 年。1990 年，有 20 家一轮承包到期的企业进行了第二轮承包。1998 年，完成工业总产值 5 亿元。

进入 21 世纪，萨拉齐镇累计引进实施总投资近 200 多亿元的工业、物流、农牧产业化项目和东瓯等房地产项目 50 多个。神东电厂、生技铜业、盛华铁路专用线、2 条万吨大列装车线、明华铁路专用线全封闭站台、浙江小商品综合市场、建材商贸物流中心、明华现代设施农业示范园区、包百城市广场和酒店式公寓以及购物广场等均已正式开业运营。城市承载功能和辐射带动能力不断提升，经济发展势头强劲。

2015 年，全镇有机械、煤炭、建材、建筑、化工、皮毛、电力、木材加工、缝纫、食品、印刷等工业企业 180 多个，从业人员 1.2 万名。

萨拉齐镇地处塞外边陲，历史上曾多灾多难。中华人民共和国成立后，在中国共产党和人民政府的领导下，经过土地改革和社会主义改造，镇境各族人民走上了社会主义新生之路。人民的生活水平随着各项事业的发展有了提高。虽然中间经历过几次曲折，但是全镇人民的平均生活水平每年都在上升。1952 年，全镇人均粮食达到 471 公斤，人均纯收入 35 元。20 世纪 60—70 年代，民房建筑四明脚、里软外硬的增多，钢梁开始取代木梁，单进独家院落出现。党的十一届三中全会以后，随着改革的深入和生产的发展，城乡居民衣、食、住、行、用和文化娱乐活动等发生了翻天覆地的变化。1995 年，人均粮食达 1045 公斤，人均纯收入 1 474 元。20 世纪 80~90 年代，民房建筑以砖瓦房为主，后期砖混房大量出现，形式多样，造价较高，装饰讲究。

2015年，萨拉齐镇农民人均纯收入达14 660元，是1978年122元的120.2倍；城乡居民人均可支配收入分别达到29 663元和13 858元，是2010年的6.16倍和2.86倍；城乡居民每百家拥有摩托车40辆，家用汽车43辆，电冰箱106台，彩色电视机100台，家用电脑77台，照相机71架，固定电话20部，移动电话204部；人均住宅面积31.8平方米，是1980年11平方米的2.82倍。

萨拉齐镇土地肥沃、气候适宜，农牧业资源丰富。中华人民共和国成立后，政府狠抓农田水利建设，添置农田基本建设机械、牧业机械、机引耕作机械、机动收获机械、半机械化农具等，使耕地变为旱涝保丰收的高产稳产田。党的十一届三中全会后，在农村实行一系列深得民心的富民政策，特别是家庭联产承包责任制的推行，使种植业生产出现持续增产的大好局面。

进入21世纪，萨拉齐镇的农牧业产业化和现代设施农业建设进程不断加快。奶牛、肉羊养殖规模不断扩大，引导养殖大户和小型散养养殖户合作共赢。2015年，总投资2.46亿元的明华现代农业示范园区项目，已建成80栋日光温室、14个耳房、5 000吨的蔬菜保鲜冷库，每年可向市场提供20 000吨原生态、无公害蔬菜和肉食品；粮食总产量6.5万吨，比2006年3.8万吨增加2.7万吨。粮食作物、经济作物的种植面积比例，由1998年的7∶3，调整为粮食作物、经济作物、饲料作物种植面积比例40∶45∶15。2015年，全镇家畜存栏总数达16.1万头（只），其中大畜：牛1.412万头，是1978年的52.5倍；奶牛1.28万头，是1986年的60.8倍；驴348头，比1978年少254头；有骡209头，比1978年少81头；建成千只以上肉羊养殖场3个，肉羊存栏达到10.8万只，累计出栏达20.5万只。

中华人民共和国成立后，萨拉齐的城镇建设快速发展。20世纪70—80年代，政府动员社会各界力量，修筑萨拉齐镇大西街、和平街、太平街、大南街柏油马路。房屋建筑总面积7.9万平方米。其中城乡居民住宅面积3.5万平方米。1986年后，虽然国家一再压缩基建投资，但镇境城乡建设仍按规划建设中。1984年2月，萨拉齐镇开始对城市总体规划。进入21世纪后，城乡建设更为突出。2004年，旗政府所在地萨拉齐镇被国家确定为“全国重点小城镇”建设之列。

萨拉齐镇城区面积逐年扩大，由1991年的9.4平方千米扩展到2015年的27.8平方千米。拆迁改造旧城区50.4万平方米，开发新区3.2平方千米。建成太平、汇龙、向阳、誉华、源泰、大众苑、华科、祥和、地矿华庭、亿城佳苑、当代、德胜园、花苑园、汇鑫苑、绿苑、府东、果园、公园九号等居民小区；敕勒川、阿勒坦等城市骨架干道竣工通车，萨拉齐火车站实现动车停靠；敕勒川国际大酒店、包百城市广场、辛集皮革城等“名片式”商务楼宇相继建成；城市供热、供气、给排水等地下管网和园林景观、夜景亮化等地上设施基本实现全覆盖，城镇化率达50.1%，较2010年的39.1%提升了11个百分点。萨拉齐成功创建为“国家卫生县城”和“自治区园林县城”，荣获“国家县级文明城市”提名。

中华人民共和国成立以后，萨拉齐镇的教育、医疗、文化和社会管理创新为重点的社会公共服务能力快速提升。其中教育事业更是受到党和政府的重视，得到快速发展。2015年，镇境有公办幼儿园5所，共设班54个，入园幼儿1 506名，有教保员219名。有民办幼儿园21所，入园幼儿2 520名，有教保员254名。共有小学校5所，在校学生8 239名，教职工448名，小学入学率达98.06%，巩固率达97.86%，毕业率达92.3%，普及率达97.72%。有中学5所，共设教学班195个，在校学生8 621名，有教师904名，普及率达98.6%，巩固率97.8%，合格率92.3%。

中华人民共和国成立后，党和政府大力发展医疗卫生事业，积极开展疫病防治，从根本上改变了缺医少药和疫病蔓延的局面。改革开放以来，职工干部实行公费医疗，农民全部加入医疗保险。萨拉齐镇现有社区卫生服务中心2所，街道卫生院、个人诊所64所；镇境有旗级医院2所，另有防疫站、妇幼保健所、医药公司等5个。基本达到了小病不出村镇，大病不出旗，真正解决了群众看病难住院难的问题。萨拉齐镇卫生院曾被评为“全国卫生先进集体”。

萨拉齐镇的文化事业在1949年前以民族民间传统文化为主要内容，除了1所“民众教育馆”外，没有其他固定的文化设施和机构。1949年以来，萨拉齐镇逐步建立起门类齐全的文化设施和机构，至2018年，萨拉齐镇建立基层文化站、室32个，覆盖率达到100%，建立文化大院28个，群众活动品牌名列文化部“群星奖”榜首。2011年以后，新建的敕勒川博物馆、土右旗文化馆、土右旗图书馆、土右旗农牧民文化活动中心相继投入使用。各社区和22个村建立了文化活动室，一批文化大院也相继建成。

1949年以来，萨拉齐境内的二人台经过挖掘、整理和推陈出新，得到了振兴发展，并培养出一大批如刘银威、刘全等二人台表演艺术家。土默特右旗被国家文化部命名为“二人台文化艺术之乡”。二人台和坐腔分别被列入国家和自治区首批非物质文化遗产名录，郭威、张福福、曹银凤等多名艺人被命名为国家、自治区非物质文化遗产传承人。

有着悠久历史的萨拉齐镇，正有力地建设成为更具实力、更富活力、更有魅力的国家级美丽宜居城镇。古镇的明天会更加灿烂辉煌！

参考书目

［1］荣戎：《历史上包头地区的人口概况》，载包头市志史馆、包头市档案馆主编《包头史料荟要》第十辑，1984，第43页。

［2］张俊义主编《土默特右旗村史》第一辑，土右旗敕勒川文化研究会、土右旗志史办，2014。

［3］沈云龙主编《中国近代史料丛刊》第二编，台湾文海出版社，1996。

［4］任文彪、杨峰：《解放前萨拉齐镇的粮油业》，载《土右旗粮食志》。

［5］李本温：《匪首卢占魁抢掠萨拉齐》，载《包头文史资料选编》第七辑，第68页。

［6］史银堂主编：《土默特右旗志》第三十章 金融，内蒙古人民出版社，1994年。

［7］赵友仁：《萨拉齐药行史》，载《土默特右旗史料》第三辑。

［8］张静安：《萨拉齐的饮食业》，载《土默特右旗文史资料1—4辑合订本》。

［9］闫建国：《土右旗煤炭工业》，载《土默特右旗史料》第五辑。

［10］董毅民：《解放初期萨县工作回忆》，载《包头史料会要》第十一辑12页。

［11］龚致林：《绥远各县概况》，载《西北问题季刊》第1卷第2期。

［12］张俊义总编：《土默特右旗村史·苏波盖村专辑》，内蒙古大学出版社，2016年。

［13］刘静山：《先有复盛公，后有包头城——山西祁县乔姓复字号的沿革》，载《山西省文史资料选辑》第六辑。

［14］贾海山：《萨县的染工业》，载《包头史料荟要》第二辑。

［15］《土默特特别旗调查报告》，收入《内蒙古历史文献丛书》之七。

［16］札奇斯钦：《我所知道的德王和当时的内蒙古》，中国文史出版社，2005年。

［17］摘自明·萧大亨《夷俗记》。

［18］土默特圪编纂委员会：《土默特志》（上），第十四章第一节 蒙古族风俗习惯，内蒙古人民出版社，1997年版。

［19］胡智登：《解放前萨拉齐县教育概况》，载《土默特右旗文史资料1—4辑合订本》。

［20］土默特左旗历史档案，清文教档0047号。

［21］王云五：《万有文库》，商务印书馆，1937年版，第8645页。

［22］贾海山：《萨县最早的女校》，载《土默特右旗文史资料1—4辑合订本》。

［23］杜金、高致忠、张素清：《杜良臣与启智女校》，载《土默特右旗文史资料1—4辑合订本》，第280页。

［24］韩绍祖、望月稔修，张树培总纂：《萨拉齐县志》，卷十三 宗教，土默特右旗志史办公室校注出版，1943年。

［25］韩绍祖、望月稔修，张树培总纂：《萨拉齐县志》，卷二 建置，土默特右旗志史办公室校注出版，1943年，第441页。

［26］《伊盟左翼三旗调查报告书 》，收入《内蒙古历史文献丛书》六，第144页。

［27］刘敬武：《基督教传入包头及其发展梗概》，载《包头宗教史料》。

［28］常非：《天主教绥远教区传教简史》，内蒙古大学图书馆藏本，第84页。

［29］程景华：《解放前萨拉齐县图书馆沿革》，载《土默特右旗史料》第四辑，第98页。

［30］史银堂：《灾难深重的民国十八年》，载《土右旗文史资料》第五

辑，第160页。

［31］韩绍祖、望月稔修，张树培总纂：《萨拉齐县志》，卷十六 杂志·人祸，土默特右旗志史办公室校注出版，1943年。

［32］董毅民：《解放初期萨县工作回忆》，载包头市志史馆、包头市档案馆主编《包头史料荟要》第十一辑，第10页。

［33］计魁元：《商震在绥远的几件事》，载《呼和浩特史料》第三辑。

［34］（日）江口圭一：《蒙疆政权的鸦片政策》，金海译，收入《内蒙古近代史译丛》第二辑，第50页。

后 记

经过多方的共同努力，《内蒙古记忆丛书·名镇》和广大读者见面了。

本丛书的编写具有很大的挑战性。我们设定这个选题的初衷，是希望通过对特定时间、特定城镇的综合研究，整体再现内蒙古地区 20 世纪前半叶的社会发展状况。从严格意义上来讲，丛书的体例既非传统的历史、志书类著述，也不是人们所熟悉的“旗（县）情”类书籍，而是历史学与社会学理论方法相结合的学术成果。对于每个编写组成员而言，首先面临的问题是资料的缺乏。从已出版的图书中转录、摘抄资料无法满足本丛书编写的要求，需要从文献中查找第一手资料，还需要访问亲历、亲闻和亲见者，以补充文字资料的不足；其次，是研究方法的调整。丛书要求对各个“名镇”的情况做出全面介绍，既要客观、系统，突出时代特征和地域特征，同时又要“述论结合”，要分析各种社会现象生成、衰落和消亡的成因及其规律。为了实现丛书的总要求，大部分课题组付出了艰苦的努力，每一部著作最少做过三次修改，个别课题组甚至五易其稿。在此，对课题组成员严谨的科学态度、高度的责任感致以敬意。

在丛书编写和修改过程中，内蒙古文史研究馆文史研究组织处的周绍慧、高家韫、李春环负责书稿的审读工作，她们反复阅读来稿，提出修改意见，通过电话、微信与作者交流沟通，并到作者所在盟市召开座谈会。徐敬东设计了丛书的封面和版式，并负责与出版社业务联系。他们为丛书的完成付出了智慧和心血。

在丛书出版之际，我们还要感谢很多领导和学界专家。内蒙古大学呼日勒沙教授、周太平教授、牛敬忠教授和内蒙古社会科学院刘蒙林研究员审读了书稿，他们从专家的高度对书稿中存在的不同问题提出了专业化的修改、完善意见，为丛书整体水平的提高做出了重要贡献。内蒙古人民出版社的领导和责任编辑大力支持丛书出版工作，吉日木图社长、武连生副总编辑亲自关心此项工作，各分册编辑同志以高度的责任感和精湛的业务水平，为丛书的出版投入了大量的精力。在此，我们一并表示诚挚的谢意！

《内蒙古记忆丛书·名镇》的编写出版，在一定意义上是我馆履行“存史资政”宗旨的一项探索，由于组织能力和编写组水平所限，存在诸多不足，请广大读者提出宝贵意见。

内蒙古文史研究馆

2019 年 10 月